Д. Э. Розенталь

Справочник
по правописанию и литературной правке

АЙРИС
РОЛЬФ
Москва
1997

Под редакцией И. Б. Голуб

По вопросам оптовых закупок
обращаться в издательство "Айрис"
тел. 956-16-84, 287-89-82
факс 956-05-34

Д. Э. Розенталь
Справочник по правописанию и литературной правке. — М.: Рольф, 1996. — 368 с.

ISBN 5-7836-0014-8

В первых двух разделах справочника содержатся основные правила орфографии и пунктуации с упором на трудные случаи. В третьем разделе приведены сведения и рекомендации нормативного характера, связанные с литературной правкой.

Справочник предназначен для издательских работников, в первую очередь редакторов, а также для всех, кто стремится повысить свою грамотность и культуру речи.

При переиздании содержание справочника дополнено, обновлены примеры к правилам. Изменения внесены в правила употребления прописных и строчных букв.

© Д. Э. Розенталь, 1996
© Рольф, 1996

Предисловие

Настоящий справочник, предназначенный для издательских работников (в первую очередь редакторов), а также авторов, содержит основные сведения по нормативному правописанию и литературной правке.

В справочнике имеются три раздела: 1. Орфография. 2. Пунктуация. 3. Литературная правка.

Первые два раздела построены на основе опубликованных в 1956 г. и действующих в настоящее время «Правил русской орфографии и пунктуации», сыгравших большую роль в упорядочении системы нашего правописания и устранении многочисленных случаев разнобоя, существовавших до издания свода правил и создававших значительные трудности в работе издательств. Однако общий свод не ставил своей задачей охватить все разнообразие частных, иногда единичных случаев спорного или двойственного написания, регламентировать которые могут только специальные словари и справочники, конкретизирующие правила свода.

С особыми трудностями сталкиваются издательские работники и авторы в области пунктуации, где пишущему предоставлена широкая возможность выбора знаков препинания. Русская пунктуационная система обладает большой гибкостью: наряду с обязательными правилами она содержит указания, не имеющие строго нормативного характера и допускающие пунктуационные варианты, необходимые для выражения смысловых оттенков и стилистических особенностей письменной речи. Свобода выбора расширяется благодаря «многозначности» большинства пунктуационных знаков, т.е. возможности употреблять отдельные знаки в различных условиях смыслового и синтаксического членения текста и его интонационного оформления. Общих правил, содержащихся в своде, поэтому недостаточно, и на помощь должны прийти справочники, включающие разнообразный материал, иллюстрирующий стилистические функции пунктуации.

Материал первых двух разделов справочника охватывает всю систему орфографии и пунктуации, но преимущественное внимание уделяется так называемым трудным случаям. В области орфографии это — правописание сложных слов, наречий, частицы *не*, одного или двух *н* в суффиксах прилагательных и причастий, употребление прописных букв. В области пунктуации более детально излагаются правила постановки знаков препинания при однородных и обособленных членах предложения, при вводных словах и словосочетаниях, в конструкциях с союзом *как*, в бессоюзных сложных предложениях, при прямой речи.

Требование точности и ясности изложения, предъявляемое к тексту любого стиля речи, может быть выполнено только при соблюдении определенных норм словоупотребления и правил грамматики. Соответствующие указания нормативного характера содержатся в третьем разделе настоящего справочника.

Вместе с тем нельзя не учитывать, что как раз в выборе слова или грамматической формы пишущему предоставлена большая свобода. Огромное богатство русской лексики, разнообразие конструкций грамматического строя русского языка создают самые благоприятные условия для вариантного выбора языковых средств в зависимости от содержания текста, его общей стилистической направленности, жанра и формы высказывания. В этих условиях не приходится говорить о твердых «правилах», сковывающих автора и редактора. На помощь им приходит языковое чутье, понимание тонких смысловых и стилистических оттенков, содержащихся в конкретном тексте, учет некоторых общих тенденций развития русского литературного языка. Лучшим критерием нормы является литературная практика писателей-классиков, известных публицистов, деятелей науки и культуры. Приводимые в справочнике примеры из произведений различных языковых стилей могут послужить основой для объективного выбора, сводящего к минимуму «вкусовой подход» к фактам литературной речи.

ОРФОГРАФИЯ

I. Правописание гласных в корне

§ 1. Проверяемые безударные гласные

Безударные гласные корня проверяются ударением, т.е. в неударяемом слоге пишется та же гласная, что и в соответствующем ударяемом слоге однокоренного слова, например: *примерять* (мерить) *костюм – примирять* (мир) *соседей; развевается* (веять) *флаг – развивается* (развитие) *промышленность.*

Ср. различное написание безударных гласных корня в близких по звучанию словах: *залезать* (в карман) – *зализать* (раны), *отварить* (картофель) – *отворить* (дверь), *поласкать* (кошку) – *полоскать* (рот), *пристежной* (воротник) – *пристяжной* (о лошади), *разредить* (всходы) – *разрядить* (ружье), *умалять* (значение) – *умолять* (о пощаде) и т.п.

Примечание 1. Гласные *о – а* в неударяемых корнях глаголов совершенного вида нельзя проверять формами несовершенного вида на **-ывать (-ивать)**, например: *опоздать* (*поздний,* хотя *опаздывать*), *раскроить* (*кройка,* хотя *раскраивать*).

Примечание 2. В некоторых словах иноязычного происхождения с выделяемым только этимологически суффиксом написание безударной гласной нельзя проверять однокоренным словом, если проверяемая и проверочная гласные входят в состав суффиксов различного происхождения, например: *абонемент* (**-емент** восходит к французскому суффиксу), хотя *абонировать* (**-ировать** восходит к немецкому суффиксу); *аккомпанемент,* хотя *аккомпанировать, ангажемент,* хотя *ангажировать.* Ср. также аналогичное явление в составе иноязычного корня *апперципировать,* хотя *апперцепция, дезинфицировать,* хотя *дезинфекция.* Сохраняется гласная корня в словах *инъекция – инъецировать, проекция – проецировать* и нек. др.

§ 2. Непроверяемые безударные гласные

Написание безударных гласных, которые не могут быть проверены ударением, определяется по орфографическому словарю, например: *бадминтон, бетон, бечевка, бидон, бодяга, бриолин, валидол, ватрушка, вентиляция, вестибюль, ветчина, винегрет, дизентерия, дрочена, интеллигенция, каламянка, калач, каморка, каравай, каракатица, кобура, компоновка, конфорка, кочан, кощей, ладанка, магарыч, мадаполам, наваждение, палисадник, пантопон, паром, периферия, пескарь, пигалица, пластилин, привилегия, ромштекс, ротапринт, снегирь, снеток, стипендия, тормоз, тороватый, эликсир, эстакада* и мн. др. (как показывают примеры, сюда относятся слова независимо от их происхождения).

§ 3. Чередующиеся гласные

1. В корне *гар- – гор-* под ударением пишется *а*, без ударения – *о*: *загар, угар – загорелый, угореть*.

И с к л ю ч е н и я: *выгарки, изгарь, пригарь* (специальные и диалектные слова).

2. В корне *зар- – зор-* под ударением пишется гласная в соответствии с произношением, без ударения – *а*: *зарево, зорька – зарница, озарять*.

И с к л ю ч е н и е: *зоревать*.

3. В корне *кас- – кос(н)-* пишется *о*, если дальше следует согласная *н*, в остальных случаях – *а*: *касаться, касательная – коснуться, прикосновение*.

4. В корне *клан- – клон-* под ударением пишется гласная в соответствии с произношением, без ударения – *о*: *кланяться, поклон – поклониться, поклонение*.

5. В безударном корне *лаг- – лож-* перед *г* пишется *а*, перед *ж – о*: *предлагать, прилагательное – предложить, обложение*.

И с к л ю ч е н и е: *полог* (семантически уже не связывается с корнем *лаг- – лож-*).

6. Корень *мак-* содержится в глаголах, имеющих значение «погружать в жидкость»: *макать сухарь в чай, обмакнуть перо в чернила*. Корень *мок-* содержится в глаголах со значением «пропускать жидкость»: *вымокнуть под дождем, промокнуть написанное*. Правило распространяется на производные слова: *макание, промокательная бумага, непромокаемый плащ*.

7. В корне *плав-* гласный звук может быть ударяемым и безударным: *плавать, плавучесть, поплавок*. Корень *плов-* содержится в словах *пловец* и *пловчиха*, корень *плыв- –* в слове *плывуны*.

8. Корень *равн-* имеется в словах со значением «равный, одинаковый, наравне»: *уравнение, сравнивать, поравняться* (стать наравне). Корень *ровн- –* в словах со значением «ровный, прямой, гладкий»: *заровнять, ровесник, сровнять, уровень*. Ср.: *подравнять* (сделать равным) – *подровнять* (сделать ровным); *выравнен* (сделан равным) – *выровнен* (сделан ровным).

9. В корне *раст- – рос-* пишется *а* перед последующим сочетанием *ст* (также перед *щ*), в остальных случаях пишется *о*: *расти, наращение – выросший, заросль, поросль*.

И с к л ю ч е н и я: *отрасль* (хотя нет *ст*), *росток, выросток, ростовщик, Ростов* (хотя есть *ст*).

10. В безударном корне *скак- – скоч-* перед *к* пишется *а*, перед *ч – о*: *подскакать – подскочить*.
И с к л ю ч е н и я: *скачок, скачу*.

11. В корне *твар- – твор-* под ударением пишется гласная в соответствии с произношением, без ударения – *о*: *тварь, творчество – творить, творец*.
И с к л ю ч е н и я: *утварь* (семантически уже не связывается с корнем *твар- – твор-*)

12. В корнях *бер- – бир-, дер- – дир-, мер- – мир-, пер- – пир-, тер- – тир-, блест- – блист-, жег- – жиг-, стел- – стил-, чет- – чит-* пишется *и*, если дальше следует суффикс *-а-*: *собирать, задирать, замирать, запирать, стирать, блистать, сжигать, вычитать, расстилать*; в противном случае пишется *е*: *беру, деру, умереть, запереть, стереть, блестеть, выжегший, вычет, расстелить*.
И с к л ю ч е н и я: *сочетать, сочетание*.

13. В корнях с чередованием *а (я) – им, а (я) – ин* пишутся *им* и *ин*, если дальше следует суффикс *-а-*: *сжать – сжимать, понять – понимать, начать – начинать*. Ср.: *внимательный, заклинать, напоминать, приминать* и др. В производных формах сохраняется *им*, даже если дальше и не следует суффикс *-а-*, например: *сниму, сними, подниму, подними* и т.д.

§ 4. Гласные после шипящих

1. После шипящих (*ж, ч, ш, щ*) не пишутся буквы *я, ю, ы,* а пишутся соответственно *а, у, и,* например: *чайка, прощальный, чудо, щуриться, жир, шить*.
И с к л ю ч е н и я: *брошюра, жюри, парашют, пшют, фишю* и некоторые другие слова иноязычного происхождения.

Примечание. Данное правило не распространяется на иноязычные собственные имена (*Жюль, Жюли* и т.п.), а также на сложносокращенные слова и буквенные аббревиатуры, в которых возможны любые сочетания букв (*Межюрбюро* и т.п.).

2. После шипящих под ударением в корне пишется *е (ё)*, соответствующее в произношении звуку *о*, если в родственных словах или в другой форме того же слова пишется *е* (*чёрный – чернеть, жёлтый – желтизна*); при отсутствии таких соотношений пишется *о*. Ср.:

а) *бечёвка, вечёрка, дешёвый, жёваный, жёлоб, жёлудь, жёлчь, жёрнов, жёсткий, зачёт, кошёлка, печёнка, пощёчина, причёска, пчёлка, пшёнка, пшённик, расчёска, решётка, сажёнки, счёт, учёба, учёт, чёботы, чёлка, чёлн, чёрт, чёрный, чёрточка, чечётка, шёпот, щёголь, щёлка, щётка;*

б) *артишок, джонка, жом, жор, жох, изжога, крыжовник, крюшон, мажор, обжора, прожорливый, трещотка* (уже не выделяется суффикс *-отк-а*), *трущоба, чащоба* (уже не выделяется суффикс *-об-а*), *чокаться, чопорный, чох, чохом, шов, шок, шомпол, шоркать, шорник, шорох* (слово *шероховатый* не воспринимается сейчас как однокоренное), *шоры.*

Примечание 1. Написание с *о* сохраняется и в тех случаях, когда при изменении формы слова или в производном слове ударение переходит на другой слог, например: *шомпол – шомпола.*

Примечание 2. Следует различать написание существительных *ожог, пережог, поджог, прожог* и глаголов в форме прошедшего времени *сжёг, пережёг, поджёг, прожёг* (последние сопоставляются с корнем *жечь – жёг*).

Примечание 3. Беглый гласный звук под ударением после шипящих обозначается буквой *о*, например: *кишка – кишок, ножны – ножон.* Ср.: *рожон (рожна).*

3. В словах иноязычного происхождения возможно написание *о* после шипящих в безударном слоге, например: *жокей, жолнёр, жонглёр, мажордом, шовинизм, шокировать, шоколад, шоссе, шотландский, шофёр.*

§ 5. Гласные после ц

1. После **ц** буквы *ю* и *я* могут писаться только в нерусских собственных именах (географических названиях, фамилиях и т.д.). Например: *Цюрих, Цюрупа, Цявловский.*

2. В ударяемом слоге после **ц** пишется *о*, если произносится звук *о*, например: *цокать, цоколь, цокот.*

Примечание 1. Написание с *о* сохраняется в производных словах также в безударном слоге, например: *цокотать, цокотуха.*

Примечание 2. В словах иноязычного происхождения *о* после **ц** может писаться и в безударном слоге, например: *герцог, герцогиня, палаццо, скерцо.*

3. После **ц** в корне пишется *и*, а не *ы*: *цианистый, цибик, цибуля, цивилизация, цигарка, цигейка, цидулка, цикада, цикл, цикорий, цимбалы, цинга, циновка, цирк, циркуль, цирюльник, цитата, цитварный, цифирь, цифра, панцирь* и др.

И с к л ю ч е н и я: *цыган, цыпленок, на цыпочках, цыц* и однокоренные с ними слова (*цыганский, цыпка, цып-цып, цыкать* и др.).

§ 6. Буквы *э – е*

1. Гласная *э* сохраняется после согласной буквы приставки (*отэкзаменовать, сэкономить*) или первой части сложного слова (*бромэтил, квинтэссенция, трехэтажный*), а также в сложносокращенных словах и аббревиатурах (*политэкономия, нэп*).

2. В иноязычных словах после твердых согласных пишется в соответствующих случаях *е*, например: *адекватный, денди, кашне, кеб, кепи, леди, пенсне, стенд, тендер*.
И с к л ю ч е н и я: *мэр, пэр, сэр* и производные от них слова (*мэрия, пэрство*), *пленэр* – живопись или киносъемка на открытом воздухе, а также некоторые собственные имена (*Бэкон, Бэла, Улан-Удэ* и др.).

3. После гласной *и*, как правило, пишется *е*, например: *авиетка, диез, диета, пиетет, реквием* и др. Написание *э* после *и* встречается только после приставок на *и* (*антиэстетический*), в сложных иноязычных словах, первая часть которых оканчивается на *и* (*полиэфирный*), и в некоторых собственных именах (*агентство Ассошиэйтед Пресс*).

4. После остальных гласных в соответствии с произношением пишется *э*, например: *алоэ, дуэль, дуэт, каноэ, маэстро, поэзия, поэт, силуэт* (но: *проект, реестр, феерия* и нек. др.).

§ 7. Буква *й*

В начале иноязычных слов пишется *йо*, если произносится [jo], например: *йоги, йод, йодная настойка, йоркширский, йот, ни на йоту* (но: *ионы, иорданский* – с раздельным произношением обоих начальных гласных звуков).

II. Правописание согласных в корне

§ 8. Звонкие и глухие согласные

1. Для проверки написания сомнительной согласной нужно изменить форму слова или подобрать родственное слово, с тем чтобы за проверяемым согласным стоял гласный звук или один из согласных *л, м, н, р*. Например: *смазка – смазать, молотьба – молотить*.

Ср.: *Луга шли* ***вперемежку*** *с полями* (перемежаться). – *Черные карандаши были разбросаны* ***вперемешку*** *с цветными* (перемешаться); ***Изморозь*** *рисует замысловатые узоры на стеклах окон* (морозить). – *Как сквозь сито сеялась мелкая* ***изморось*** (моросить).

Примечание. В слове *свадьба* пишется *д* (ср. *свадебный),* хотя в однокоренных словах *сват, сватать* пишется *т*. В слове *лестница* пишется *с* (хотя *лезу);* в слове *отверстие* тоже пишется *с* (хотя *отверзать*).

2. Для проверки написания сомнительной согласной иногда используется чередование звуков. Ср.: *коврижка, пичужка* (от *коврига, пичуга*, с чередованием *г – ж*) *– деревяшка, копчушка* (в современном языке соответствующего чередования нет); *скворечник* (от *скворец*, с чередованием *ц – ч*) *– набалдашник* (без чередования).

Не связано с явлением чередования наличие двух вариантов произношения и соответственно написания слов с одним и тем же значением, например: *галоша – калоша, дискутировать – дискуссировать*.

3. В некоторых словах иноязычного происхождения написание сомнительной согласной нельзя проверять однокоренным словом, например: *абстракция* (хотя *абстрагировать*).

4. Написание слов с непроверяемыми согласными определяется по орфографическому словарю, например: *асбест, бонбоньерка, варежка, вокзал, кобчик* (птица), *копчик* (кость в оконечности позвоночника), *мундштук, футбол, ягдташ*.

§ 9. Двойные согласные в корне и на стыке приставки и корня

1. Двойное *ж* пишется в корнях слов *вожжи, дрожжи, жжение, жужжать, можжевельник* и однокоренных с ними. Ср.: *возжечь* (воз+жечь) *– возжжешь* (воз+жжешь), также *возжженный*.

Примечание 1. При наличии звукового чередования *зг – зж, зд – зж* пишется не двойное *ж*, а *зж*, например: *визжать* (визг), *приезжать* (приезд). Ср.: *брезжить, брюзжать, дребезжать, мозжечок* и т.п.

Примечание 2. В словах *брыжейка, брыжи* пишется только одно *ж*.

2. Двойное *с* пишется в слове *ссора* и однокоренных с ним (о принципе написания слова *рассориться* см. § 31, примеч. 4).

3. Двойные согласные пишутся в сложносокращенных словах, если одна часть кончается, а другая начинается одной и той же согласной, например: *главврач, роддом.*

Примечание. В первой части сложносокращенных слов, представляющей собой основу, которая оканчивается двойной согласной, пишется только одна согласная, например: *грампластинка, групорг, конармеец.*

4. В словах, образованных от основ, оканчивающихся на две одинаковые согласные, двойные согласные перед суффиксом сохраняются, например: *балл – пятибалльный, галл – галльский, гунн – гуннский, компромисс – компромиссный; группа – группка, диаграмма – диаграммка, программа – программка, телеграмма – телеграммка.* Ср.: *Канберрский университет, Каннский кинофес-тиваль, Лозаннская конференция, боннское правительство* и т.п.

И с к л ю ч е н и я . В некоторых словах, в частности в уменьшительных именах лиц, в рассматриваемом случае пишется одна согласная. Например:
а) *кристалл – кристальный, финн – финский, колонна – колонка, тонна – пятитонка, финн – финка* (обычно двойное *н* стягивается в одно *н* перед суффиксом *-к-а*), *оперетта – оперетка*;
б) *Алла – Алка, Анна – Анка, Кирилл – Кирилка, Римма – Римка, Савва – Савка, Филипп – Филипка, Эмма – Эмка.*

Примечание. О двойных согласных на стыке корня и суффикса см. § 40, п. 10. О двойных согласных в суффиксах имен прилагательных и причастий см. § 40, п. 10 и § 52. О написании одного или двух *н* в существительных, образованных от страдательных причастий и отглагольных прилагательных, см. § 52, п. 5, примеч. 2.

5. Двойные согласные пишутся на стыке приставки и корня, если приставка кончается, а корень начинается одной и той же согласной, например: *воззвание, подделать, чересседельник.*

Примечание. Следует различать написание слов типа *податься* (приставка *по-*) и *поддаться* (приставка *под-*). Ср.: *Дверь подалась под ударами* (перестала оставаться в первоначальном положении). – *Дверь поддалась ударам лома* (не сдержала напора, нажима).

6. Написание двойных согласных в словах иноязычного происхождения определяется по орфографическому словарю, например: *аббревиатура, абсцисса, агрессия, акклиматизация, аккомодация, аккредитив, аккредитовать, аксессуар, аллитерация, аммиак, аммонит, апелляция, аппендицит, аппликация, аппретура, аппроксимация, асессор, атолл,* *аттракцион, баббит, балласт, баллон, баллотировать, баррикада, беллетристика, босс, гиббон, гиппопотам, гуммиарабик, гуттаперча, дилемма, дистиллировать, дифференциал, идиллия, иллюминация, индифферентный, интеллигенция, иррациональный, ирригация, каллиграфия, кассация, киллер, клемма, коллежский, колосс, коралл, корректор, коррозия, коррупция, коэффициент, кристалл, мантисса, муссон, оппозиция, параллелепипед, параллелограмм, пассат, перрон, пессимизм, рессора, сеттер, сеттльмент, силлабический, симметрия, стеллаж, стрептококк, теннис, терраса, террикон, тер-ритория, триллер, троллейбус, хлорофилл, целлюлоза, эксцесс, эллипс, эссенция.*

Примечание 1. С одной согласной пишутся слова: *агрегат, алюминий, атрибут, бакалавр, балюстрада, баркарола, вернисаж, волейбол, галерея, гуманизм, десант, десерт, децибел, дилер, дилетант, импресарио, карикатура, катар, коридор, лилипут, нивелир, пилигрим, политес, привилегия, продюсер, пудинг, ресурс, росомаха, русизм, тротуар, унисон* и др.

Примечание 2. В суффиксе *-есс-а* пишется два *с* (*поэтесса, стюардесса*), в суффиксе *-ис-а* пишется одно *с* (*актриса, директриса*).

В суффиксе *-етта* пишется два *т*, например: *ариетта, оперетта, симфониетта*. В суффиксе *-иссимус* пишется два *с* (*генералиссимус*).

§ 10. Непроизносимые согласные

Для проверки написания слов, имеющих в своем составе группу согласных *вств, здн, ндск, нтск, стл, стн* и др., нужно изменить форму слова или подобрать однокоренное слово, с тем чтобы после первого или второго согласного этой группы стоял гласный, например: *грустный* (грустен, грустить) – *гнусный* (гнусен); *свистнуть* (свистеть) – *свиснуть* (свисать). Ср.:

а) безвестный, властный, гигантский, голландский, горестный, громоздкий, девственный, дилетантский, доблестный, захолустный, здравствовать, корыстный, костный, местный, ненавистный, ненастный, окрестность, пастбище, поздно, праздновать, прелестный, пристрастный, сверстник, сердце, солнце, счастливый, тростник, хлестнуть, чувствовать, целостный, явственный, яростный;

б) безгласный, вкусный, интриганский, искусный, косный, опасный, ровесник, словесность, ужасный, участвовать, чествовать, шествовать, яства.

Примечание. Пишется *блеснуть* (хотя *блестеть*), *лестница* (хотя *лесенка*), *плеснуть* (хотя *плескать*), *склянка* (хотя *стекло*).

III. Употребление прописных букв

§ 11. Прописные буквы в начале текста

С прописной буквы пишется первое слово текста, в частности первое слово цитаты, приводимой не с начала предложения подлинника, но начинающей собой предложение, например: «...*Басни Крылова не просто басни: это повесть, комедия, юмористический очерк, злая сатира, словом, что хотите, только не просто басня*», – писал В. Г. Белинский.

Примечание. О прописных буквах в начале отдельных рубрик текста см. § 75, п. 4. О прописных и строчных буквах в цитатах и в предложениях с прямой речью см. § 119–121 и 126.

§ 12. Прописные буквы после знаков препинания

1. С прописной буквы пишется первое слово после точки, вопросительного или восклицательного знака, многоточия, стоящих в конце предыдущего предложения. Например: *Черный вечер. Белый снег* (Блок); *Вы не уйдете? Нет?* (Чехов); *Вперед! Не отставать, друзья!* (Чехов); *Дубровский молчал... Вдруг он поднял голову, глаза его засверкали, он топнул ногою, оттолкнул секретаря...* (Пушкин).

Примечание 1. После многоточия, не заканчивающего предложения, первое слово пишется со строчной буквы, например: *Жена его... впрочем, они были совершенно довольны друг другом* (Гоголь) (многоточие поглощает запятую перед вводным словом *впрочем*).

Примечание 2. О строчной букве после вопросительного или восклицательного знака в предложениях с однородными членами см. § 76, примеч. к п. 1 и § 77, примеч. 2.

2. Если восклицательный знак стоит после обращения или междометия, находящегося в начале предложения, то следующее слово текста пишется с прописной буквы, например: *Старик! Я слышал много раз, что ты меня от смерти спас* (Лермонтов); *Ура! Мы ломим, гнутся шведы* (Пушкин).

Примечание. Если восклицательный знак стоит после междометия, находящегося в середине предложения, то следующее слово пишется со строчной буквы, например: *А ныне, ах! за весь его любовный жар готовится ему несносный столь удар* (Крылов).

§ 13. Собственные имена лиц

1. С прописной буквы пишутся имена, отчества, фамилии, прозвища, псевдонимы, например: *Николай Васильевич Гоголь, Всеволод Большое Гнездо, Петр Первый (Петр I), Екатерина Великая, Демьян Бедный, Елена Прекрасная, Иван Грозный, Иоанн Креститель, Карл Смелый, Ричард Львиное Сердце, Федька Умойся Грязью (литературный герой), Лже-Нерон*. Также: *рыцарь Печального Образа* (о Дон-Кихоте).

Примечание. Прозвища пишутся без кавычек, например: *Владимир Красное Солнышко, Ричард Львиное Сердце*. Ср.: *служанка по прозвищу Великий Могол*.

2. В сложных фамилиях, пишущихся через дефис, каждая часть начинается с прописной буквы, например: *Салтыков-Щедрин, Мамин-Сибиряк, Новиков-Прибой, Сквозник-Дмухановский*.

3. Двойные (тройные и т.д.) нерусские имена пишутся все с прописной буквы, раздельно или через дефис в зависимости от того, склоняются или не склоняются все части.

Ф р а н ц у з с к и е составные имена, в которых первое имя в косвенных падежах обычно остается без изменения, как правило, соединяются дефисом, например: *Жан-Жак Руссо* (ср.: *произведения Жан-Жака Руссо*), *Пьер-Анри Симон, Шарль-Мари-Рене Леконт де Пиль*. При склоняемости первого имени оно пишется раздельно, например: *Антуан Франсуа Прево д'Экзиль* (писатель XVIII века).

Раздельно пишутся составные имена:

н е м е ц к и е: *Иоганн Вольфганг Гете, Эрнст Теодор Амадей Гофман, Эрих Мария Ремарк, Иоганнес Роберт Бехер, Ганс Магнус Энцесбергер, Иоганн Грегор Мендель* (чех по национальности); дефисное написание *И.-С. Бах* связано с желанием отграничить инициалы двух немецких имен *(Иоганн Себастьян)* от инициалов русского имени и отчества;

а н г л и й с к и е (в том числе североамериканские): *Джон Ноэль Гордон Байрон, Роберт Льюис Стивенсон, Герберт Джордж Уэллс, Джон Бойнтон Пристли, Франклин Делано Рузвельт, Чарлз Спенсер Чаплин, Джером Дэвид Сэлинджер, Джон Оливер Киллене* (негритянский писатель), *Катарина Сусанна Причард* (австралийская писательница):

с к а н д и н а в с к и е: *Ханс Кристиан Андерсен, Эрик Олбек Енсен, Улла Бритта Ёргенсен* (датск.); *Сванте Август Аррениус* (шведск.); *Улоф Рид Ульсен* (норвежск.);

и т а л ь я н с к и е: *Джованни Джакомо Казанова, Пьер Паоло Пазолини, Мария Бьянка Лупорини;*

и с п а н с к и е (в том числе латиноамериканские): *Хосе Рауль Капабланка, Давид Альфаро Сикейрос, Онелио Хорхе Кардосо, Доминго Альберто Анхель,*

Энрике Гонсалес Мантичи, Эльпирио Абель Диас Дельгадо, Мария Тереса Леон;

п о р т у г а л ь с к и е (в том числе бразильские): *Луис Карлос Престес, Луис Карлос Мартинес Пена, Антонио Агостиньо Нето, Мария Элена Рапозо.*

Ср. также: *Петер Пауль Рубенс* (фламандск.), *Бронислав Войцех Линке* (польск.), *Иона Штефан Радович* (румынск.).

Составные части д р е в н е р и м с к и х (латинских) имен пишутся раздельно, например: *Гай Юлий Цезарь, Марк Туллий Цицерон.*

Через дефис пишутся составные части, служащие сами по себе (без фамилии) средством называния, например: *Франц-Иосиф, Мария-Терезия, Мария-Антуанетта, Мария-Христина-Каролина-Аделаида-Франсуаза-Леопольдина* (художница – герцогиня вюртембергская).

4. Артикли, предлоги, частицы при нерусских фамилиях и именах пишутся со строчной буквы и дефисом не присоединяются, например: *Макс фон дер Грюн, Людвиг ван Бетховен, Густав аф Гейерстам, Антуан де Сент-Экзюпери, Роже Мартен дю Гар, Моник де ла Бришольри, Гарсиласо дела Вега, Энрике дос Сантос, Эдуардо де Филиппо, Кола ди Раенцо, Леонардо да Винчи, Андреа дель Сарто, Лукка делла Роббиа.*

Составные части арабских, тюркских, персидских имен, обозначающие социальное положение, родственные отношения и т.п., а также служебные слова (*ага, ад, ал, ас, ар, аш, бей, бек, бен, заде, зуль, ибн, кызы, оглы, оль, паша, уль, хан, шах, эд, эль,* и др.) пишутся со строчной буквы и, как правило, присоединяются к последующей части дефисом, например:: *Керим-ага, аль-Фашид, Ибрагим-бей, Ахмед ибн Абдуллах, Мамед-оглы, Сейф уль-Ислам, Ахмад эд-Дин, Омар аш-Шариф, Садах зуль-Фикар, Мохаммед эль-Куни, Сулейман-паша, Измаил-бей, Кёр-оглы, Турсун-заде.* С прописной буквы пишется начальное *Ибн,* например: *Ибн-Рошд* (Аверроэс), *Ибн-Сина* (Авиценна), *Ибн-Сауд.*

Написание служебного слова с прописной буквы при некоторых фамилиях отражает написание в языке-источнике, например: *Эдмондо Де Амичис* (итал.), *Агриппа Д'Обинье* (фр.), *Шарль Де Костер* (бельг.) и другие, которые без служебного слова не употребляются: *Де Лонг, Ди Витторио, Дос Пассос, Ван Гог, Ле Корбюзье, Эль Греко, Д'Аламбер, Этьен Ла Боэси.*

Служебные слова, слившиеся с фамилией в одно слово или присоединяемые к фамилии при помощи дефиса, пишутся с прописной буквы, например: *Фонвизин, Вандервельде, Лагранж, Ван-Гог.*

С прописной буквы пишутся стоящие перед фамилией *О* (после него ставится апостроф), присоединяемые дефисом *Мак-, Сан-, Сен-, Сент-,* например: *О'Генри, Мак-Доуэлл, Сан-Мартин, Сен-Жюст, Сент-Бёв;* но: *Дюма-отец, Дюма-сын, Рокфеллер-старший, Сидоров-младший* (в этих случаях второе существи-тельное остается нарицательным и не переходит в разряд прозвищ).

В именах *Дон-Кихот, Дон-Жуан* обе части пишутся с прописной буквы и соединяются дефисом, образуя единое собственное имя. Но если слово *дон* употребляется в значении «господин», оно пишется раздельно со строчной буквы, например: *дон Базилио, дон Андреа.* В нарицательном значении слова *донкихот, донжуан* пишутся со строчной буквы слитно.

5. В китайских собственных именах лиц, состоящих из двух частей, обе части пишутся раздельно с прописной буквы, например: *Сун Ятсен, Е Хаобо.*

В корейских, вьетнамских, бирманских, индонезийских, цейлонских, японских фамилиях и именах все составные части пишутся раздельно с прописной буквы, например: *Пан Су Ен, Ле Тхань Нги, У Дау Ма, Манг Ренг Сай, Курахара Корэхито.* Частица *сан* в японских именах пишется со строчной буквы и присоединяется дефисом: *Тояма-сан.*

6. Собственные имена лиц, превратившиеся в имена нарицательные, пишутся со строчной буквы, например: *меценат, ловелас, альфонс, ванька-встанька* (игрушка), *иван-да-марья, геркулес* (крупа).

Сохраняется написание с прописной буквы, если фамилия, употребляясь в нарицательном значении, не переходит в разряд существительных нарицательных, например: *Мы ... твердо были уверены, что имеем своих Байронов, Шекспиров, Шиллеров, Вальтер Скоттов* (Белинский). То же, если фамилия употреблена в образном значении, например: *Встанешь к полке спиной и руки Наполеоном сложишь.*

Но если индивидуальные названия людей употребляются в презрительном смысле как родовые обозначения, то они пишутся со строчной буквы, например: *презренные гитлеры и геринги, квислинги* (коллаборационисты).

Примечание. Названия предметов, видов растений, единиц измерения и т.д., образованные от имен лиц, пишутся со строчной буквы, например: *форд, френч, галифе, иван-да-марья, бефстроганов, ампер, вольт, рентген, катюша, маузер, наган* (виды оружия).

7. С прописной буквы пишутся индивидуальные названия, относящиеся к области мифологии и религии, например: *Зевс, Марс, Изида, Брахма, Будда, Иисус Христос, Магомет, Афина Паллада.*

Если индивидуальные названия мифологических существ употребляются в нарицательном значении или в переносном смысле, то они пишутся со строчной буквы; ср.: *древнеславянский бог грома и молнии* **Перун** *– метать* **перуны** (гневаться, сердиться).

Родовые названия мифологических существ пишутся со строчной буквы, например: *нимфа, сирена, валькирия, бес, леший, русалка, домовой, сатир, фавн, ведьма, дьявол, демон, пери.*

§ 14. Клички животных, названия видов растений, сортов вин

1. Клички животных пишутся с прописной буквы, например: *собаки Валетка, Пушок, кот Васька, слониха Манька, медвежонок Борька.*

Если индивидуальные названия употребляются в качестве названий видов животных или в переносном смысле, то они пишутся со строчной буквы, например: **мишки** *на картине Шишкина; плюшевый* **мишка.**

Примечание. Названия пород животных, в том числе и образованные от географических наименований, пишутся со строчной буквы, например: *корова холмогорка, лошадь битюг, собака болонка, куры кохинхинки, сенбернар, йоркширы* (свиньи).

2. Названия видов и сортов растений, овощей, фруктов, цветов в специальной литературе пишутся с прописной буквы, например: *крыжовник Слава Никольская, малина Мальборо, земляника Победитель, смородина Выставочная красная, слива Никольская белая, морковь Нантская, картофель Эпикур, пшеница Днепровская-521, фиалка Пармская, тюльпан Черный принц.*

В текстах, не перегруженных названиями сортов растений, овощей, фруктов и т.д., эти названия заключаются в кавычки и пишутся со строчной буквы, например: *клубника «виктория», помидор «иосиф прекрасный», яблоки «пепин литовский», «бельфлер китайский», озимая рожь «ульяновка», георгин «светлана».*

Общепринятые названия цветов, плодов пишутся со строчной буквы, например: *анютины глазки, иван-да-марья, белый налив, папировка, ренклод, розмарин.*

3. Названия сортов вин, образованные от географических наименований, пишутся со строчной буквы, например: *цимлянское, мадера, токай* (но названия марок вина: *шампанское Абрау-Дюрсо, портвейн Айгешат*).

Примечание. Об употреблении прописных букв в заключенных в кавычки названиях фабричных марок машин, производственных изделий и т. д. см. § 131.

§ 15. Имена действующих лиц в баснях, сказках, пьесах

В баснях, сказках, драматических и некоторых других произведениях названия действующих лиц, выраженные нарицательными именами, пишутся с прописной буквы, например: *проказница Мартышка, Осел, Козел да косолапый Мишка затеяли сыграть квартет* (Крылов); *Дед Мороз* (герой сказок; но: *дед-мороз — игрушка*); *Змей Горыныч, Кощей Бессмертный, Красная Шапочка, Зайка-Зазнайка, Петушок со Шпорами, Некто в сером, Синяя Борода, Сахар* (в пьесе

Метерлинка «Синяя птица»); *Однажды Лебедь, Рак да Щука везти с поклажей воз взялись* (Крылов).

§ 16. Имена прилагательные и наречия, образованные от индивидуальных названий

1. Имена прилагательные, обозначающие индивидуальную принадлежность, пишутся с прописной буквы, если они образованы от собственных имен лиц, животных, мифологических существ и др. при помощи суффикса *-ов (-ев)* или *-ин*. Например: *Далев словарь, Гегелева «Логика», Иваново детство, Зевсов гнев, Одиссеевы странствия, Надины куклы, Муркины котята*. Но в составе фразеологизмов и в составных терминах прилагательные на *-ов (-ев), -ин* пишутся со строчной буквы: *прокрустово ложе, каинова печать, демьянова уха, тришкин кафтан, филькина грамота, вольтова дуга, бекфордов шнур, виттова пляска, рентгеновы лучи*.

2. Имена прилагательные, обозначающие принадлежность и образованные от собственных имен лиц, пишутся со строчной буквы, если они имеют в своем составе суффикс *-ск-*. Например: *некрасовское стихотворение, тургеневская усадьба, пришвинская проза*.

3. С прописной буквы пишутся имена прилагательные на *-ский*, входящие в состав названий, имеющих значение «имени такого-то», «памяти такого-то», например: *Ломоносовские чтения, Шевченковская премия*. То же в сочетаниях, имеющих значение собственного имени, например: *Габсбургская династия* (ср.: *династия Габсбургов), Пьемонтский двор* (образовано от географического названия), *Вахтанговский театр, Строгановское училище*.

4. Со строчной буквы пишутся имена прилагательные, образованные от индивидуальных названий, но не обозначающие принадлежности в прямом смысле слова, например: *пушкинский стиль* (т.е. стиль, как у Пушкина), *толстовские взгляды на жизнь*. Ср. фразеологические обороты: *антонов огонь, ариаднина нить, ахиллесова пята, геркулесовы столбы, прокрустово ложе, сизифов труд, эзоповский язык* и т.п.

5. Наречия, образованные от собственных имен лиц, пишутся со строчной буквы, например: *по-суворовски, по-щедрински*.

§ 17. Географические и административно-территориальные названия

1. С прописной буквы пишутся собственные географические наименования, например: *Арктика, Европа, Финляндия, Москва, Кремль* (район города, но: *в древнерусских городах строили кремль* – в значении «крепость»). Также: *анти-Франция* и т.п.

В составных названиях с прописной буквы пишутся все слова, кроме служебных слов и родовых наименований (слов *гора, город, залив, море, озеро, остров, река, улица* и т.д.). Например: *Северная Америка* (обе Америки, открывать Америку), *Старый Свет, Новый Свет, Южная Африка, Азиатский материк, Северный Ледовитый океан, Кавказское побережье, Европейская Россия* (но: *европейская часть РФ*), *Южный полюс, тропик Рака, Красное море, остров Новая Земля, мыс Доброй Надежды, Берингов пролив, Главный Кавказский хребет, Нижняя Тунгуска, город Великие Луки, канал имени Москвы,* также: *площадь Революции, улица Красные Ключи, Малый Афанасьевский переулок, шоссе Энтузиастов, Большой Каменный мост, станция Ерофей Павлович.*

В названиях субъектов Российской Федерации все слова пишутся с большой буквы:

Республика Адыгея (Адыгея), Республика Алтай, Республика Башкортостан, Республика Бурятия, Республика Дагестан, Ингушская республика, Кабардино-Балкарская Республика, Республика Калмыкия-Хальмг Тангч, Карачаево-Черкесская Республика, Республика Карелия, Республика Коми, Республика Марий Эл, Республика Мордовия, Республика Саха (Якутия), Республика Северная Осетия, Республика Татарстан (Татарстан), Республика Тыва, Удмуртская Республика, Республика Хакасия, Чеченская Республика, Чувашская Республика (Чаваш Республики).

В административно-территориальных названиях слова, обозначающие родовое или видовое понятие — автономная область, край, область, район и т.д. — пишутся со строчной буквы, остальные слова — с прописной:

Алтайский край, Краснодарский край, Красноярский край, Приморский край, Ставропольский край, Хабаровский край.

Амурская область, Архангельская область, Астраханская область, Владимирская область, Волгоградская область, Воронежская область, Ивановская область, Иркутская область, Калининградская область, Калужская область, Камчатская область, Кемеровская область, Кировская область, Костромская область, Курганская область, Курская область, Ленинградская область, Липецкая область, Магаданская область, Московская область, Мурманская область, Нижегородская область, Новгородская область, Новосибирская область, Омская область, Оренбургская область, Орловская область, Пензенская область, Пермская область, Псковская область, Ростовская область, Рязанская область, Самарская область, Саратовская область, Сахалинская область, Свердловская область, Смоленская область, Тамбовская область, Тверская область, Томская область, Тульская область, Тюменская область, Ульяновская область, Челябинская область, Читинская область, Ярославская область.

Еврейская автономная область, Агинский Бурятский автономный округ, Коми-Пермяцкий автономный округ, Корякский автономный округ, Ненецкий автономный округ, Таймырский (Долгано-Ненецкий) автономный округ, Усть-Ордынский Бурятский автономный округ, Ханты-Мансийский автономный округ, Чукотский автономный округ, Эвенкийский автономный округ, Ямало-Ненецкий автономный округ.

Примечание. Написания названий, входящих в состав Российского государства, республик и административно-территориальные названия закреплены Конституцией Российской Федерации в 1993 году.

2. Нарицательные существительные в составных географических названиях пишутся с прописной буквы, если они употреблены не в прямом значении и называют объект условно, например: *Белая Церковь* (город), *Красная Поляна* (город), *Красная Горка* (город), *Чешский Лес* (горный хребет), *Золотой Рог* (бухта), *Болванский Нос* (мыс), *Минеральные Воды, Золотые Ворота* (пролив), *Кузнецкий мост, Земляной вал* (улицы), *Никитские ворота* (площадь), *Марьина Роща* (район в Москве), *Елисейские Поля* (улица в Париже).

3. Титулы, звания, должности и т.д. в составных географических наименованиях пишутся с прописной буквы, например: *острова Королевы Шарлотты, остров Земля Принца Карла, мост Лейтенанта Шмидта*. Также: *остров Святой Елены, залив Святого Лаврентия* (но: *церковь святого Иоргена* – не географическое название).

4. Части сложных географических названий пишутся с прописной буквы, причем соединяются дефисом, если они образованы:

а) сочетанием двух существительных со значением частей объекта или единого объекта, например: *Эльзас-Лотарингия, Шлезвиг-Гольштейн* (но: *Чехословакия*), *мыс Сердце-Камень, Покровское-Стрешнево*;

б) сочетанием существительного с последующим прилагательным, например: *Новгород-Северский, Переславль-Залесский, Москва-Товарная*;

в) сложным прилагательным, например: *Западно-Сибирская низменность* (о написаниях этого типа см. § 44, п. 11), *Военно-Грузинская дорога, Волго-Донской канал, Садовая-Самотечная улица, Байкало-Амурская Магистраль, Центрально-Черноземный регион, Индо-Гангская равнина, Ара-Хайгайский аймак, земля Баден-Вюртемберг*;

г) сочетанием элемента *верх-, соль-, усть-* с названием населенного пункта (последнее не всегда употребляется отдельно), например: *Верх-Нейвинский, Соль-Илецк, Усть-Ишим* (но, в соответствии с закрепившейся традицией, пишется слитно: *Сольвычегодск*);

д) сочетанием иноязычных элементов, например: *Санкт-Петербург, Нью-Йорк* («новый Йорк»), *Сан-Франциско, Сен-Готард, Санта-Круз, Сент-Этьен, Норд-Кап* («северный мыс»), .

5. С прописной буквы пишутся иноязычные наименования, входящие в состав географических названий, но не употребляемые в русском языке как нарицательные существительные, например: *Йошкар-Ола* (*ола* – гора), *Рио-Колорадо* (*рио* – река), *Сьерра-Невада* (*сьерра* – горная цепь). Но иноязычные родовые наименования, вошедшие в присущем им значении в русский язык в качестве нарицательных существительных, пишутся со строчной буквы, например: *Варангер-фиорд* (слово *фиорд* употребляется в русском языке как географический термин), *Беркли-сквер* (также: *Уолл-стрит, Бэйкер-стрит*, где *стрит* – улица).

6. Артикли, предлоги, частицы, находящиеся в начале иноязычных географических названий, пишутся с прописной буквы и присоединяются дефисом, например: *Ла-Валлетта, Лас-Вегас, Ле-Крезо, Лос-Эрманос, Де-Лонга*. Также: *Сан-Франциско, Санта-Крус, Сен-Готард, Сент-Этьенн*.

Служебные слова, находящиеся в середине русских и иноязычных сложных географических названий, пишутся со строчной буквы и соединяются двумя дефисами (в отличие от раздельного написания служебных слов при нерусских собственных именах лиц). Например: *Ростов-на-Дону, Франкфурт-на-Майне, Рио-де-Жанейро, Пинар-дель-Рио-Дос, Шуази-ле-Руа, Орадур-сюр-Глан, Сан-Франциско-де-ла-Калета, Абруццо-э-Молизе, Дар-эс-Салам*.

7. Названия стран света, когда они входят в состав территориальных названий или употребляются взамен территориальных названий, пишутся с прописной буквы, например: *народы Востока* (т.е. восточных стран), *Дальний Восток, крайний Север*. Ср.: *Нет, не дряхлому Востоку покорить меня* (Лермонтов). В прямом значении названия стран света пишутся со строчной: *восток, запад, север, юг*.

8. В официальных названиях государств все слова, как правило, пишутся с прописной буквы, например: *Российская Федерация, Республика Украина, Республика Татарстан, Корейская Народно-Демократическая Республика, Соединенные Штаты Америки, Мексиканские Соединенные Штаты, Соединенное Королевство Великобритании и Северной Ирландии, Французская Республика, Южно-Африканская Республика*.

В силу установившейся традиции отдельные слова в официальных названиях государств пишутся со строчной буквы, например: *королевство Саудовская Аравия, Великое герцогство Люксембург*.

В названиях групп (объединений, союзов) государств с прописной буквы пишутся все слова, кроме родовых наименований, например: *Содружество Независимых Государств, Закавказские республики, Скандинавские страны, Объединеные Арабские Эмираты, Швейцарская Конфедерация, Организация Североатлантического договора, Союз государств Центральной Африки, Священный союз, Тройственный союз*.

Неофициальные названия государств обычно тоже пишутся с прописной буквы, например: *Новый Свет*. Родовые наименования в составных названиях зарубежных государств в этом случае пишутся со строчной буквы, например: *Соединенное королевство* (Великобритания).

Названия частей государств, носящие терминологический характер, пишутся с прописной буквы, например: *Европейская Россия, Западная Белоруссия, Правобережная Украина, Внутренняя Монголия, Восточное Забайкалье, Северная Италия.*

В образных названиях государств с прописной буквы пишется или первое слово, или слово, подчеркивающее характерный признак называемого объекта, например: *Страна восходящего солнца* (Япония), *Страна голубых озер* (Карелия), *Страна кленового листа* (Канада), *Страна тюльпанов* (Голландия). Но: *Северная Пальмира* (Санкт-Петербург), *Третий Рим* (Москва).

9. В названиях административно-территориальных единиц зарубежных государств с прописной буквы пишутся все слова, кроме родовых обозначений, например: *графство Суссекс* (Англия), *департамент Верхние Пиренеи* (Франция), *штат Южная Каролина* (США), *область Тоскана* (Италия), *земля Баден-Вюртемберг* (Германия), *Щецинское воеводство* (Польша), *префектура Хоккайдо* (Япония), *провинция Сычуань* (Китай).

§ 18. Астрономические названия

С прописной буквы пишутся индивидуальные астрономические названия: *Сатурн, Галактика* (в которую входит наша солнечная система, но: *отдаленные галактики*). В составных наименованиях с прописной буквы пишутся все слова, кроме родовых названий и порядковых обозначений светил (обычно названий букв греческого алфавита). Например: *Большая Медведица, туманность Андромеды, созвездие Большого Пса, бета Весов, звезда Эрцгерцога Карла; Залив Радуги, Море Дождей, Болото Гнили, Океан Бурь* (на Луне).

Слова *солнце, земля, луна* пишутся с прописной буквы, когда они служат названиями небесных тел, например: *протуберанцы на Солнце, различные теории происхождения Земли, фотоснимки обратной стороны Луны* (но: *взошло солнце, комок земли, свет луны*).

§ 19. Названия исторических эпох и событий

1. С прописной буквы пишутся названия исторических эпох и событий; в составных наименованиях с прописной буквы пишутся все собственные имена, например: *Древний Египет, Древний Рим* (государство, но: *древний Рим* – город). *Римская империя, Новгородская Русь, эпоха Возрождения, Высокое Возрождение* (но: *раннее Возрождение, позднее Возрождение*), *Ренессанс, Реформация, эпоха Просвещения, Смутное время* (в России в XVII в.), *Петровская эпоха* (но: *допетровская эпоха, послепетровская эпоха*), *Куликовская битва, Семилетняя война, Июльская монархия, Вторая империя,*

Пятая республика, Парижская коммуна, Ленский расстрел, Версальский мир, Гражданская война (в России 1918-1921 гг.), *Декабрьское вооруженное восстание 1905 года, Февральская революция 1917 года* (*Февраль*), *Октябрьская революция* (*Октябрь*), *Новый год, Первое мая, Великая Отечественная война, Война за независимость* (в Северной Америке), *День Победы, День независимости, Неделя славянской письменности и культуры*.

2. В названиях конгрессов, съездов, конференций с прописной буквы пишется первое слово и все собственные имена, например: *Базельский конгресс 1 Интернационала, Всемирный конгресс профсоюзов, Апрельская конференция*.

То же в сочетаниях, относящихся к текстам из военной литературы: *Южный фронт, 1-й Белорусский фронт, Калининское направление* и т.п.

3. С прописной буквы пишутся первые слова в названиях некоторых политических, культурных, спортивных и др. мероприятий, имеющих общегосударственное или международное значение, например: *Всемирный экономический форум, Марш мира, Всемирный фестиваль молодежи и студентов, II Международный музыкальный фестиваль, Олимпийские игры 1980 г., Кубок мира по футболу, Кубок Дэвиса, Игры доброй воли, Белая олимпиада*.

§ 20. Названия календарных периодов и торжеств

1. С прописной буквы пишется название месяца в названиях праздников с начальной цифрой: *1 Мая, 8 Марта, 7 Ноября* (День примирения и согласия).

2. Со строчной буквы пишутся названия исторических эпох и календарных периодов, не являющиеся собственными именами: *античный мир, средневековье, феодализм, мезозойская эра, эпоха палеолита, каменный век, ледниковый период, юрский период, меловой период*.

3. Со строчной буквы пишутся названия постоянно проводимых массовых мероприятий: *день встречи выпускников, день донора, день открытых дверей, субботник, воскресник*.

§ 21. Названия, связанные с религией

Употребление прописных и строчных букв при написании названий, связанных с религией, следует учитывать традицию, сложившуюся в церковно-религиозных и религиозно-философских текстах.

1. С прописной буквы пишутся: слово *Бог* как название единого верховного существа, создавшего мир и управляющего им, а также имена всех богов во всех религиях: *Иегова, Саваоф, Яхве, Иисус Христос, Аллах, Шива, Брахма, Вишну*; имена языческих богов: *Перун, Зевс, Молох, Осирис, Ра, Аврора, Вакх, Дионис, Аполлон, Венера* и др.

2. С прописной буквы пишутся имена основателей религий: *Будда, Мухаммед (Магомет, Магомед), Заратуштра (Заратустра)*; апостолов, пророков, святых, например: *Иоанн Предтеча, Иоанн Креститель, Иоанн Богослов, Николай Чудотворец, Георгий Победоносец*.

3. С прописной буквы пишутся все имена Божии лиц Святой Троицы: *Бог Отец, Бог Сын, Бог Дух Святой*, а также слово *Богородица* и все слова, употребляемые вместо слова *Бог*, например: *Господь, Спаситель, Создатель, Всевышний, Вседержитель, Творец, Богочеловек*, также *Царица Небесная, Пречистая Дева, Матерь Божия*.

4. С прописной буквы пишутся все прилагательные, образованные от слов *Бог, Господь*: благодать Божия, Господняя воля, храм Божий, Божественная Троица, Божественная литургия. Но в переносном значении: *божественное пение* (музыка), *божий одуванчик, божья коровка*.

5. Со строчной буквы пишутся слова: *апостол, пророк, святой, преподобный, блаженный, мученик*, например: *апостол Павел, преподобный Сергий Радонежский, святой Василий Великий, блаженная Ксения*. Но: *Пресвятая Богородица, Пресвятая Троица*.

6. С прописной буквы пишутся в церковно-религиозных текстах (молитвах, проповедях и под.) местоимения, заменяющие слова *Бог, Божий: Да святится имя Твое; Да будет Его святая воля*. Однако в значении одного из множества богов или в переносном значении слово «бог» пишется со строчной буквы: *боги Олимпа, бог войны, бог виноделия Дионисий; она моя жена, моя надежда, мой бог*.

7. Со строчной буквы пишется слово «бог» в устойчивых сочетаниях, употребляемых в разговорной речи вне связи с религией: *не бог весть* (кто, что, какой), *бог его знает* (не знаю), *бог с ним* (с ней, с тобой, с вами) – согласен, хотя мне это и не нравится; *бог знает что* – выражение возмущения; *не дай бог, ради бога, убей меня бог, как бог на душу положит, не приведи бог, избави бог* и под., а также междометия: *боже, боже мой, господи, господи боже мой, бог ты мой, боже упаси, ей-богу* и под.

Однако, когда формы *Боже, Господи* выражают обращение к Богу, следует писать эти слова с прописной буквы. В этом случае выбор написания зависит от контекста: выражение «Слава Богу!» может быть употреблено в обращении ко Всевышнему, если из контекста ясно, что говорящий благодарит Бога – в отличие от расхожего выражения «У нее всегда все не слава богу».

8. С прописной буквы пишутся слова, обозначающие важнейшие для православной традиции понятия, например: *Слово* (Вначале было Слово), *Небо* (Уповаю только на Небо), *Крест Господень, Страшный суд, Святые Дары, Святой Дух, Великая суббота, Русская Православная Церковь, Успение Богородицы*.

9. С прописной буквы пишется первое слово и собственные имена в названиях религиозных праздников, например в христианстве: *Пасха Христова*,

Рождество, Вход Господень в Иерусалим (Вербное воскресенье), Вознесение Господне, Троица, Пятидесятница (Троица), Крещение Господне, Сретение, Благовещение Пресвятой Богородицы, Преображение Господне, Успение Пресвятой Богородицы, Воздвижение Креста Господня, Покров Пресвятой Богородицы, Усекновение главы Иоанна Предтечи, Ильин день; а также в других религиях: *Рамазан (Рамадан), Курбан-Байрам, Навруз, Ханука, Шаббат* и др. Так же – в названиях постов и недель: *Светлое воскресенье, Великий пост, Петров пост, Пасхальная (Светлая) седмица, Страстная неделя, Фомина неделя, Масленая неделя (Масленица, Сырная седмица), Святки.*

10. С прописной буквы пишутся все слова в названиях высших органов церковной власти, например: *Вселенский Собор, Поместный Собор, Священный Синод.*

11. С прописной буквы пишутся все слова, кроме служебных и местоимений, в официальных названиях высших религиозных должностных лиц, например: *Патриарх Московский и всея Руси, Местоблюститель Патриаршего Престола*, а также *Папа Римский*. Но: *митрополит Волоколамский, архиепископ, кардинал, архимандрит, игумен, отец Владимир, дьякон, протодьякон, архиерей, епископ.*

12. С прописной буквы пишутся все слова в названиях церквей, монастырей, учебных заведений, готовящих священнослужителей; а также икон, кроме родовых терминов (*церковь, храм, собор, лавра, монастырь, академия, семинария, икона, образ*) и служебных слов, например: *Владимирский собор, Киево-Печерская лавра, храм Всех Святых, храм иконы Божьей Матери «Иверская» при Иверской Общине сестер милосердия, церковь Николы в Кленниках, икона Донской Божьей Матери, образ Знамения Божией Матери, храм Троицы Живоначальной на Грязех, Кафедральный собор Богоявления в Елохове с крестильным храмом Василия Блаженного*, а также *собор Парижской Богоматери, часовня Сент-Шапель.*

13. С прописной буквы пишутся названия культовых книг, например: *Библия, Священное писание (Писание), Евангелие, Ветхий Завет, Новый Завет, Часослов, Четьи-Минеи, Псалтырь, Коран, Тора, Талмуд, Веды.*

14. Со строчной буквы пишутся названия церковных служб и их частей: *литургия, вечерня, утреня, месса, всенощная, повечерие.*

§ 22. Названия органов власти, учреждений, организаций, обществ, партий

1. С прописной буквы пишется первое слово и входящие в состав названия имена собственные, а также первое слово включаемых в них названий других учреждений и организаций, в официальных названиях органов власти, учреждений, организаций, обществ, научных, учебных и зрелищных заведений, политических партий и т.п., например: *Генеральная ассамблея ООН; Всемирный совет мира; Международный валютный фонд; Европарламент; Организация* по безопасности и сотрудничеству в Европе (ОБСЕ); *Генеральный штаб; Государственная дума; Федеральное собрание; Государственный совет; Ассоциация российских банков; Информационное телеграфное агентство России; Российская академия наук; Евровидение; Государственная Третьяковская галерея (Третьяковская галерея); Государственный академический Большой театр; Московский Художественный академический театр (Художественный театр); Театр дружбы народов (Москва); Государственный Русский музей (Русский музей); Музей искусств народов Востока; Театральное училище имени М.С.Щепкина; Фонд социально-политических исследований; Информационно-аналитический центр Федерации фондовых бирж России; Центр японских и тихоокеанских исследований ИМЭМО РАН; Министерство иностранных дел Российской Федерации; Государственный комитет Российской Федерации по печати; Институт русского языка РАН; Генеральная прокуратура России; Верховный суд РФ; Высший арбитражный суд РФ; Московская патриархия; Средневолжский завод; Партия экономической свободы; Дворец бракосочетания; Федеральное собрание РФ; Центральный банк РФ; Счетная палата; Администрация Президента Российской Федерации; Верхняя палата Государственной думы;* конституционный суд РФ. Но: *федеральные суды; две палаты Федерального собрания; комитеты, комиссии палат Федерального собрания; Дом художников; Центральный дом художников; Большой зал Московской консерватории.*

2. Со строчной буквы пишутся названия высших выборных учреждений зарубежных стран, например: *парламент, нижняя палата, палата лордов, рейхстаг, бундесрат, сейм, риксдаг, кнессет, конгресс (сенат и палата представителей) США, меджлис.*

3. С прописной буквы пишется первое (или единственное) слово в кавычках в названиях, состоящих из родового наименования и наименования, ставшего именем собственным и заключенного в кавычки, например: *гостиница «Россия», «Тверская» (гостиница), выставка «Золото скифов», дворец спорта «Юбилейный», издательство «Наука», камерный оркестр «Виртуозы Москвы», политическое движение «Женщины России», производственный комплекс «Южный машиностроительный завод», казино «Арбат», спортобщество «Динамо», спортклуб «Стрела», телерадиокомпания «Останкино», магазин «Руслан», кинотеатр «Художественный», трест «Трансэнергомонтаж», магазин «Петровский пассаж», финансовый центр «Экипаж», фирма «Панасоник», комбинат «Трехгорная мануфактура», акционерное общество «Российская товарно-сырьевая биржа», международный форум «Мировой опыт и экономика России», фирма «Юнайтед фрут компани».*

4. Со строчной буквы пишутся названия учреждений, учебных заведений, отделов и частей учреждений и организаций, не являющиеся собственными именами, например: *бюро несчастных случаев, бюро обмена жилплощади, городское отделение связи, отдел кадров, сектор учета, правление жилищно-*

строительного кооператива, *районный совет народных депутатов, президиум, ученый совет, художественный совет, факультет журналистики.*

§ 23. Названия документов, памятников, предметов и произведений искусства

1. С прописной буквы пишутся первое слово и собственные имена в составных названиях важнейших документов, сборников документов, государственных законов, а также архитектурных и других памятников, предметов и произведений искусства, например: *Конституция Российской федерации, Федеративный договор, Устав ООН, Декрет о мире, Всеобщая декларация прав человека, Меморандум об экономической политике, Кодекс законов о труде, Основы гражданского законодательства, Государственная конвенция по беженцам, Красная книга* (перечень охраняемых животных и птиц), *Великая хартия вольностей, Книга рекордов Гиннесса;* а также *Сикстинская капелла, Большой Кремлевский дворец, Дворец конгрессов, Пискаревское мемориальное кладбище, Елагин дворец, Зимний дворец, Дворец молодежи, Триумфальная арка, Водовозная башня, Грановитая палата, Алмазный фонд* (в московском Кремле), *Медный всадник, Колосс Родосский, Царь-колокол, Царь-пушка, Янтарная комната* (в Царском Селе), *Дорога жизни* (через Ладогу), *Вечный огонь, Венера Милосская, Девятая симфония Бетховена, Первый концерт для фортепиано с оркестром П.И. Чайковского, Вторая баллада Шопена.*

2. С прописной буквы пишутся по традиции все слова в некоторых названиях, например: *Могила Неизвестного Солдата, Родина, Отечество* (этим мы выражаем свое уважение к содержанию подобных слов).

3. Со строчной буквы пишутся названия стилей: *ампир, барокко, готика, рококо, ренессанс* (но в значении эпохи – *Ренессанс*).

§ 24. Наименования должностей, званий, титулов

1. С прописной буквы пишутся названия высших государственных должностей в официальных текстах, например: *Президент Российской Федерации, Председатель Правительства Российской Федерации, Верховный Главнокомандующий Вооруженными силами РФ, Генеральный прокурор России,* также: *Премьер-министр Индии, Канцлер Германии Гельмут Коль.* Однако в неофициальном тексте, употребленные как наименование должности без указания на конкретное лицо, эти слова пишутся со строчной буквы, например: *Выполнение договоренностей будут контролировать президенты этих стран.*

2. Со строчной буквы пишутся названия должностей, званий, титулов, например: *председатель, министр, заместитель министра, мэр, император,* *королева, хан, шейх, генеральный секретарь, заслуженный деятель культуры, лауреат Нобелевской премии, посол, атташе, академик, доктор наук, профессор, член-корреспондент, генерал, майор, командующий войсками.*

3. С прописной буквы пишутся некоторые имена существительные при особом стилистическом употреблении в текстах договоров, актов, сообщений, официальных документов, например: *Высокие Договаривающиеся Стороны, Чрезвычайный и Полномочный Посол, Президент, Премьер-министр, Ее Величество Королева* (в документах при встречах на высшем уровне, в дипломатических документах); также *Автор, Издательство* – в авторском договоре.

4. С прописной буквы пишутся местоимения *Вы, Ваш,* как форма выражения вежливости при обращении к одному лицу в письмах, официальных документах, например: *Сообщаем Вам; На Ваш запрос отвечаем...; Поздравляем Вас* и т.д.

5. С прописной буквы пишется почетное звание *Герой Российской Федерации,* а также почетные звания бывшего СССР: *Герой Советского Союза, Герой Социалистического Труда, Отличник народного просвещения, Народный артист.*

§ 25. Названия орденов и медалей, наград, знаков отличия

1. С прописной буквы пишется первое слово и собственные имена в выделяемых кавычками названиях орденов, медалей, наград, знаков отличия, например: *орден «Мать-героиня», орден «За заслуги перед отечеством», орден «За военные заслуги», медаль «За отвагу», медаль «Защитнику свободной России», медаль «За спасение погибавших», медаль «За отличие в охране государственной границы», медаль «За отличие в охране общественного порядка», юбилейная медаль «50 лет Победы в Великой Отечественной войне 1941 – 1945 гг.», знак отличия «За безупречную службу».*

2. С прописной буквы пишется первое слово, кроме слов *орден, медаль* в названиях, не выделяемых кавычками, например: *орден Дружбы, орден Почета, орден Мужества, орден Жукова, медаль Суворова, медаль Нестерова, военный орден Святого Георгия, знак отличия Георгиевский крест.*

§ 26. Названия литературных произведений и органов печати

1. С прописной буквы пишутся первое слово и собственные имена в выделяемых кавычками названиях литературных и музыкальных произведений, органов печати, например: *роман «Война и мир»; опера «Запорожец за Дунаем»; картина «Утро в сосновом лесу»; газета «Аргументы и факты», «Труд», «Московская правда»; журнал «Русский язык в школе», «Новый мир».* См. также § 129, п. 1.

Примечание. Названия литературных произведений, употребленные в переносном значении, пишутся без кавычек со строчной буквы, например: *Наша одиссея приближалась к концу.*

2. Если наименование литературного произведения состоит из двух названий, соединяемых союзом *или*, то с прописной буквы пишется также первое слово второго названия, например: *«Воевода, или Сон на Волге»*, комедия *«Двенадцатая ночь, или Как вам угодно».*

3. В иноязычных названиях органов печати по общему правилу с прописной буквы пишутся первое слово и собственные имена, например: *«Рейнише пост», «Франкфуртер рундшау», «Санди экспресс», «Коррьере ди Рома», «Неос Агонас».*

4. В иноязычных названиях телеграфных агентств все слова, кроме родового, пишутся с прописной буквы, например: *агентство Юнион Франсэз д'Энформасьон, агентство Юнайтед Пресс Интернэшнл.* Но: *Информационное телеграфное агентство России – Телеграфное агентство суверенных стран (ИТАР–ТАСС).*

5. Названия изданий типа «Собрания сочинений» принято в тексте писать, не заключая в кавычки и начиная первое слово с прописной буквы, например: *В Полном собрании сочинений А. И. Солженицына напечатано большое число впервые опубликованных произведений.*

Если на титульном листе такого издания стоит слово «Сочинения», а в тексте оно употребляется в сочетании со словом «собрание», то с прописной буквы следует писать только второе слово, подчеркивая этим точное название издания, например: *В собрании Сочинений А. И. Солженицына (2-е издание)...*

Предпочтительнее, однако, писать такого рода названия в полном соответствии с написанием на титульном листе.

В случаях, когда такого рода названия не воспроизводят точно названия конкретного издания, а употребляются в качестве словосочетания, обозначающего тип издания, их пишут со строчной буквы, например: *Во всех собраниях сочинений М. Ю. Лермонтова...*

§ 27. Сложносокращенные слова и аббревиатуры

1. С прописной буквы пишутся сложносокращенные слова, обозначающие названия учреждений и организаций, в случае если словосочетание в полном виде пишется с прописной буквы, например: *Госдума, Генштаб, Госсовет, Европарламент, Профиздат*; но слова, образованные из сочетания начальных частей и звуков: *ГУЛАГ* (Главное управление (исправительно-трудовых) лагерей).

2. Аббревиатура, читаемая по названиям букв, пишется одними прописными буквами независимо от того, образована ли она от собственного имени или от нарицательного наименования. Например: *СНГ, ПОРП* (Польская объединенная рабочая партия), *ГКЧП, ЧП* (чрезвычайное происшествие).

3. Аббревиатура, читаемая по звукам, пишется:

а) одними прописными буквами, если она образована от собственного имени, например: *ООН* (Организация Объединенных Наций), *ОМОН, ОБСЕ* (Организация по безопасности и сотрудничеству в Европе), *ИТАР – ТАСС* (Информационное телеграфное агентство России – Телеграфное агентство суверенных стран);

б) одними строчными буквами, если она образована от нарицательного наименования, например: *вуз* (высшее учебное заведение), *дот, дзот, нэп, загс.*

Примечание. Закрепилось написание прописными буквами аббревиатуры *ГЭС* (гидроэлектростанция), также: *ГРЭС, АЭС.*

4. Сложносокращенные слова со значением собственного имени, образованные частично из начальных звуков, частично из усеченные слов, пишутся в первой части прописными буквами, во второй – строчными: *ВНИИстройдормаш* (Всесоюзный научно-исследовательский институт дорожного машиностроения), *НИИхиммаш* (Научно-исследовательский институт химического машиностроения). Но если аббревиатура находится в середине или в конце сложносокращенного слова, то она чаще пишется строчными буквами, например: *Промтрансниипроект, Гипродорнии*. Впрочем, возможно написание аббревиатуры с прописной буквы, например: *ПромтрансНИИпроект, ГипродорНИИ, микроЭВМ, суперЭВМ.*

5. В аббревиатурах, образованных из названий букв иноязычного алфавита, первая буква каждого названия прописная, причем сами названия соединяются дефисом, например: *Би-би-си* (английская радиостанция), *Си-би-эс* (американская радиотелевизионная компания).

6. Заимствованные (без перевода на русский язык) звуковые аббревиатуры иностранных языков пишутся прописными буквами, например: *НАТО, ЮНЕСКО, ЮПИ* (информационное агентство), *ЭКЮ* (европейская валютная единица), *ВИЧ* (инфекция).

§ 28. Условные имена собственные

1. С прописной буквы пишутся условные имена собственные в текстах официальных сообщений, договоров и других документов, например: *Высокие Договаривающиеся Стороны* – в актах международного значения; *Чрезвычайный и Полномочный Посол* – в официальном сообщении; *Автор, Издательство* – в авторском договоре.

2. В особом стилистическом употреблении с прописной буквы пишутся слова *Родина, Отчизна, Человек* и др., например: *Да здравствует наша Родина!*

3. В условиях соответствующего контекста (стиль официальный, торжественный и т.д.) с прописной буквы пишется слово *советский* в сочетаниях *Советская власть, Советское правительство, Советская эпоха* и др.

IV. Разделительные ъ и ь

§ 29. Употребление ъ

Разделительный **ъ** пишется перед буквами *е, ё, ю, я*:

1) после приставки, оканчивающейся на согласную, например: *подъезд, съёмка, предъюбилейный, межъядерный*; перед другими гласными **ъ** не пишется: *безаварийный, собезьянничать, сузить, сэкономить*;

2) в иноязычных словах, в которых имеется приставка, оканчивающаяся на согласную (*аб-, ад-, диз-, ин-, интер-, кон-, контр-, об-, суб-, супер-, транс-*), или составная частица *пан-*, например: *адъютант, дизъюнкция, инъекция, конъюнктура, контръякобинский, объект, субъект, суперъястребы, трансъевропейский, панъяпонский*;

3) в сложных словах, первую часть которых образуют числительные *двух-, трех-, четырех-*, например: *двухъярусный, трехъязычный*.

Примечание. Данное правило не распространяется на сложносокращенные слова, например: *детясли, Госюриздат*.

§ 30. Употребление ь

Разделительный **ь** пишется:

1) перед *е, ё, и, ю, я* внутри слова, не после приставки, например: *портьера, серьезный, соловьиный, вьюга, крестьянин, подьячий* (ср.: *дьяк*);

2) в некоторых иноязычных словах перед *о*, например: *карманьола, медальон, почтальон, шампиньон*.

V. Правописание приставок

§ 31. Приставки на з-

1. Приставки *без-, воз-(вз-), из-, низ-, раз-, чрез-(через-)* пишутся с буквой *з* перед гласными и звонкими согласными (*б, в, г, д, ж, з, л, м, н, р*) и с буквой *с* перед глухими согласными (**к, п, с, т, ф, х, ц, ч, ш, щ**). Например: *безводный – беспечный, возбуждение – воспитание, взлететь – вспомнить, изранить – испугать, низложить – нисходить, разделаться – расходиться, чрезвычайный – чересчур*. Ср. написания с двумя *з* или двумя *с* на стыке приставки и корня: *беззаветный – бессовестный, воззвание – восстание, иззябнуть – иссохнуть, раззадорить – рассердить*.

Примечание 1. В словах *низкий, низший* согласный *з* входит в состав корня, а не приставки, поэтому на письме не происходит замены *з – с*. Ср. сложное слово *близсидящий*.

Примечание 2. Написания *расчет, расчесть – рассчитать, рассчитывать* основаны на правиле: перед корнем **чет-** пишется одно *с* (кроме слова *бессчетный*), перед корнем **чит-** – два *с*.

Примечание 3. В словах *разевать, разинуть, разор, разорить* и производных от них пишется одно *з*.

Примечание 4. В слове *рассориться* пишется два *с*, так как в русском языке три одинаковые согласные подряд не пишутся.

2. В приставках *раз- (рас-) – роз- (рос-)* без ударения пишется *а*, под ударением – *о*, например: *развалить – розвальни, разлив – розлив, расписа-ние – роспись, рассыпать – россыпь, разыскать – розыск* (*розыскной* – от *розыск*).

Примечание. Перед собственным именем приставка *раз-* пишется через дефис, например: *Будь ты Ваня, раз-Ваня – мне все равно*.

§ 32. Приставка *с-*

Приставка *с-* остается неизменной, независимо от того, находится ли она перед глухой или звонкой согласной, например: *спилить – сбить, скрестить – сгрести, стесать – сделать, сшить – сжить*.

Примечание. В современном языке в словах *здание, здесь, здоровье, ни зги* приставка не выделяется.

§ 33. Приставки *пре-* и *при-*

1. Приставка *пре-* придает словам:
а) значение высокой степени качества или действия (возможно заменить приставку словами «очень», «весьма»), например: *преинтересный, пренеприятный, преувеличивать, преуспевать*;

б) значение «через», «по-иному» (близкое к значению приставки *пере-*), например: *превращать, преображать, преступать.*

2. Приставка *при-* придает словам следующие значения:

а) пространственной близости, смежности, например: *прибрежный, пришкольный;*

б) прибавления, приближения, присоединения, например: *приделать, прибивать, примыкать;*

в) совершения действия не в полном объеме или на ограниченный срок, например: *приоткрыть, приостановиться;*

г) доведения действия до конца, например: *придумать, пристукнуть;*

д) совершения действия в чьих-либо интересах, например: *приберечь, припрятать.*

Примечание. Различается написание близких по звучанию, но разных по значению слов с приставками *пре-* и *при-*: *пребывать – прибывать, предать – придать, предел – придел, преемник – приемник, восприемник, презирать – призирать, преклонить – приклонить, преступить – приступить, претворить – притворить, преходящий – приходящий* и др. под.

§ 34. Гласные *ы* и *и* после приставок

После приставок, оканчивающихся на согласную, вместо *и* пишется *ы* в соответствии с произношением, например: *играть – подыграть, разыграть, сыграть; искать – отыскать, подыскать, разыскать; идейный – безыдейный; индукционный – безындукционный; интегральный – подынтегральный; исторический – предысторический; июльский – предыюльский.*

Примечание 1. Данное правило не распространяется на сложносокращенные слова, например: *пединститут, Профиздат, спортинвентарь.*

Примечание 2. В слове *взимать* пишется *и* согласно произношению.

Примечание 3. После приставок *меж-* и *сверх-* сохраняется *и*, так как по общему правилу после шипящих и заднеязычных не пишется *ы*. Например: *межинститутские соревнования, сверхизысканный.* Также: *двухимпульсный* и т.п.

Примечание 4. Сохраняется *и* после иноязычных приставок и частиц *дез-, контр-, пост-, суб-, супер-, транс-, пан-.* Например: *дезинформация, контригра, постимпрессионизм, субинспектор, суперинтендант, трансиорданский, панисламизм.*

Ср.: *предынфарктный – постинфарктный* (разные приставки).

VI. Гласные после шипящих и *ц* в суффиксах и окончаниях

§ 35. Гласные *о* и *е* после шипящих

1. После шипящих под ударением пишется *о*, в соответствии с произношением:

а) в окончаниях имен существительных, например: *блиндажом, виражом* (поворотом)*, листажом, литражом, метражом, монтажом, муляжом, пажом, стеллажом, мячом, параличом, кишмишом, шалашом, клещом, плющом, межой, свечой, левшой, пращой* (ср. безударные окончания: *виражем* – в фотографии, *пейзажем, престижем, типажем, тоннажем, хронометражем; плачем; апашем; плюшем; овощем; баржей, дачей, ношей, пищей*);

б) в окончаниях имен прилагательных, например: *чужого, большого* (ср. безударные окончания: *рыжего, хорошего*);

в) в суффиксах имен существительных: *-ок* (*должок, крючок, пастушок, борщок*)*, -онок* (*медвежонок, волчонок, лягушонок*)*, -онк-а* (*книжонка, клячонка, душонка*);

г) в суффиксах имен прилагательных: *-ов-* (*ежовый, чесучовый, грошовый, хвощовый*)*, -он* (с беглым *о*: *смешон*);

д) на конце (в суффиксах) наречий, например: *свежо, ужо* (в значении «потом», «после»), *горячо, вечор* (в значении «вчера вечером»), *общо*.

2. После шипящих под ударением пишется *е* (*ё*), хотя произносится *о*:

а) в окончаниях глаголов, например: *лжёт, течёт*;

б) в глагольном суффиксе *-ёвыва-*, например: *размежёвывать, выкорчёвывать, затушёвывать*;

в) в суффиксе отглагольных существительных *-ёвк-*, например: *размежёвка, корчёвка* (но: *ножовка* – от прилагательного *ножовый*);

г) в суффиксе существительных *-ёр-*, например: *стажёр, ретушёр*;

д) в суффиксе страдательных причастий *-ённ-* (*-ён-*), например: *сражённый, орошённый, прекращённый, сражён, орошён, прекращён*; в суффиксе отглагольных прилагательных *-ён-*, например: *жжёный, копчёный*; в словах, производных от слов данного типа, например: *жжёнка, копчёности, тушёнка, упрощённость*;

е) в предложном падеже местоимения *что*: *о чём, на чём*, в словах *причём, нипочём*.

§ 36. Гласные после *ц*

1. После *ц* в окончаниях и суффиксах под ударением пишется *о*, без ударения – *е*. Например: *концом – пальцем, купцов – торговцев, пальтецо – платьице, берцовый – ситцевый, окольцовывать – окольцевать*.

2. После *ц* в окончаниях и суффиксах пишется *ы* (в отличие от написания в корнях, см. § 5, п. 3), например: *бойцы, улицы, краснолицый, сестрицын*.

Примечание. В фамилиях гласные после шипящих и *ц* пишутся независимо от приведенных в § 35 и 36 правил, в соответствии с написаниями в официальных документах. Ср.: *Пугачев – Ткачов, Шишов – Чернышев, Лисицын – Цицин, Ельцин*.

VII. Правописание имен существительных

§ 37. Окончания имен существительных

1. В существительных, имеющих перед падежными окончаниями гласный *и*, пишется в предложном падеже единственного числа (у слов женского рода также в дательном падеже) буква *и*, например: *о гении, в гоголевском «Вии», при папе Пии Х, на бильярдном кии, сестрам Ии и Лии, по реке Бии, на лезвии* (но: *на острие* – под ударением).

2. В существительных среднего рода на *-ье* в предложном падеже единственного числа пишется буква *е*, например: *мечта о счастье, на Рижском взморье, жить в Закавказье* (но: *в забытьи́* – под ударением).

3. Существительные на неударяемые *-ья* и *-ье* имеют в родительном падеже множественного числа окончание *-ий*, а на ударяемые *-ья* и *-ьё* – окончание *-ей*. Например: *шалунья – шалуний, запястье – запястий, скамья – скамей, ружьё – ружей* (но: *копьё – копий*).

Примечание. О форме родительного падежа множественного числа слов *верховье, низовье, устье, захолустье* и др. см. § 154, п. 3.

4. В родительном падеже множественного числа существительных на *-ня* с предшествующим согласным (твердым или мягким) или *й* буква *ь* на конце не пишется, например: *вишня – вишен, спальня – спален, бойня – боен*.

И с к л ю ч е н и я: *барышень, боярышень, деревень, кухонь*.

5. Русские фамилии на *-ов* (*-ёв*), *-ев*, *-ин*, *-ын* имеют в творительном падеже единственного числа окончание *-ым*, иностранные фамилии на *-ов* и *-ин* – окончание *-ом*. Например:
а) *Некрасовым, Соловьевым, Плещеевым, Никитиным, Птицыным*;
б) *Бюловом, Вирховом, Дарвином, Чаплином*.

Названия населенных пунктов на *-ов, -ев, -ин, -ын, -ово, -ево, -ино-, -ыно* имеют в творительном падеже окончание *-ом*. Например: *за Львовом, под*

Кочевом, за Калининым, над Быковом, за Уклеевом, под Бородином, за Голицыном, под Царицыном.

6. Существительные мужского и среднего рода с суффиксом **-ищ-** имеют в именительном падеже единственного числа окончание **-е**, существительные женского рода – окончание **-а**. Например:

а) *дом – домище, болото – болотище;*

б) *рука – ручища, грязь – грязища.*

Слова мужского рода типа *домище* в именительном падеже множественного числа наряду с окончанием **-а** имеют в разговорной речи окончание **-и**, свойственное существительным мужского рода, в результате чего образуются дублетные формы: *домища – домищи*. Это позволяет в некоторых случаях дифференцировать слова мужского рода типа *домище* и слова среднего рода типа *бревнище* в форме именительного падежа множественного числа. Ср.:

а) *топорище* (большой топор) – *топорищи;*
   топорище (рукоятка топора) – *топорища;*

б) *городище* (большой город) – *городищи;*
   городище (древнее поселение) – *городища;*

в) *пожарище* (большой пожар) – *пожарищи;*
   пожарище (место, где был пожар) – *пожарища.*

У существительных с суффиксами **-ушк-, -юшк-, -ышк-, -ишк-** в именительном падеже единственного числа пишется:

а) окончание **-а** – у слов мужского рода, обозначающих одушевленные предметы, и у слов женского рода, например: *дедушка, батюшка, парнишка; матушка, долюшка, мелочишка;*

б) окончание **-о** – у слов мужского рода, обозначающих неодушевленные предметы, и у слов среднего рода, например: *хлебушко, домишко, полюшко, зернышко, пальтишко.*

Примечание. О различии форм *воробышек – воробушек* и под. см. § 158, п. 1.

7. Одушевленные существительные мужского и общего рода имеют после суффикса **-л-** в именительном падеже единственного числа окончание **-а-**, например: *заправила, зубрила*, существительные среднего рода – окончание **-о**, например: *зубило, мочало.*

§ 38. Суффиксы имен существительных

1. Суффикс **-ик (-ник, -чик)** при склонении сохраняет гласный звук, суффикс **-ек** имеет беглый гласный. Например:

а) *столик – столика, пальчик – пальчика;*

б) *краешек – краешка, листочек – листочка.*

2. В существительных мужского рода пишется **-ец** (с беглым гласным), в существительных женского рода — **-иц,** в существительных среднего рода — **-ец,** если ударение падает на слог после суффикса, и **-иц,** если ударение предшествует суффиксу. Например:

а) *горец – горца, омоновец – омоновца;*
б) *владелица, красавица;*
в) *пальтецо, письмецо; креслице, платьице.*

3. Суффикс **-ичк-** пишется в существительных женского рода, образованных от слов с суффиксом **-иц-,** в остальных случаях пишется суффикс **-ечк-.** Например:

а) *лестница – лестничка, пуговица – пуговичка;*
б) *пешечка, троечка; Ванечка, Зоечка; времечко, здоровьечко.*

Примечание 1. Формы типа *Феничка* (у Тургенева) относятся к числу устарелых.
Примечание 2. Безударного суффикса **-ячк-** в русском языке нет.

4. Сочетание **-инк-** пишется в существительных, образованных от слов женского рода на **-ин-а,** сочетание **-енк-** пишется в уменьшительных существительных, образованных при помощи суффикса **-к-** от слов на **-ня** и **-на,** у которых в родительном падеже множественного числа мягкий знак на конце не пишется (см. § 37, п. 4). Например:

а) *впадина – впадинка, завалина – завалинка;*
б) *вишня – вишен – вишенка, сосна – сосен – сосенка.*

Примечание. Сочетание **-енк-** пишется также в некоторых словах женского рода с другим образованием, например: *неженка, нищенка, француженка.*

5. В ласкательных именах существительных пишется:
а) суффикс **-оньк-,** реже **-еньк-** – после твердых согласных, например: *береза – березонька, лиса – лисонька, Марфа – Марфенька;*
б) суффикс **-еньк-** – после мягких согласных, шипящих и гласных, например: *Катя – Катенька, туча – тученька, Зоя – Зоенька.*

Примечание. Суффиксов **-ыньк-, -аньк-, -иньк-** в современном литературном языке нет; формы *полосынька, лисанька, Марфинька, Любинька, Аннинька* и т.п. встречаются только в произведениях классиков и в фольклоре.
И с к л ю ч е н и я: *баиньки, заинька, паинька.*

6. В существительных со значением лица по роду занятий пишется:
а) суффикс **-чик** – после согласных **д, т, з, с, ж,** например: *объездчик, переплетчик, перевозчик, разносчик, перебежчик.* Перед суффиксом **-чик** конечные согласные основы **к, ц, ч** заменяются **т.** Например: *кабак – кабатчик, картотека – картотетчик, раздача – раздатчик;*

б) суффикс **-щик** – после других согласных, например: *банщик, каменщик, фонарщик*.

Примечание 1. В некоторых словах с иноязычными корнями после *т* пишется **-щик,** если ему предшествуют два согласных, например: *алиментщик, асфальтщик, флейтщик*.

Примечание 2. Перед **-щик** пишется *ь* только после *л*, например: *кровельщик*.

7. Написание **-ние** (**-ание, -ение**) или **-нье** (**-анье, -енье**) в суффиксах отглагольных существительных связано или со смысловым различением, или со стилистической дифференциацией.

1) В смысловом отношении различаются: *варение, печение, соление* (процесс, то же, что «варка», «выпечка», «засол») – *варенье, печенье, соленье* (результат процесса, продукт); *воскресение* (действие по глаголу *воскресить*) – *воскресенье* (день недели); *жалование* (пожалование, присуждение) – *жалованье* (денежное вознаграждение за работу) и т.п.

2) Слова книжные пишутся с суффиксом **-ние**, слова обиходные – с суффиксом **-нье**, например:

а) *воспитание, достижение, замедление, искоренение, оформление, процветание, разграничение, склонение, усыновление, формирование, членение, явление;*

б) *барахтанье, беганье, воркованье, дерганье, кваканье, кряхтенье, тявканье, фырканье, харканье, хихиканье, чавканье, чириканье, шиканье, щелканье.*

8. Написание слов с редкими суффиксами проверяется по словарю, например: *горлинка, мокрядь, свояченица*.

VIII. Правописание имен прилагательных

§ 39. Окончания имен прилагательных

1. В прилагательных *загородный, междугородный, подгородный, пригородный – окончание* **-ый** (**-ая, -ое**), в прилагательном *иногородний – окончание* **-ий** (**-яя, -ее**).

Примечание. Прилагательные на **-йный** оканчиваются в краткой форме на **-ен**, например: *знойный – зноен, стройный – строен* (но: *достойный – достоин*).

2. Двоякое окончание имеет прилагательное *бескрайний* (**-яя, -ее**) – *бескрайный* (**-ая, -ое**).

§ 40. Суффиксы имен прилагательных

1. Суффикс *-ив-* имеет на себе ударение, например: *красивый, правдивый* (и с к л ю ч е н и я : *милостивый* и *юродивый*); в безударном положении пишется *-ев-*, например: *боевой, сиреневый*.

В суффиксах *-лив-* и *-чив-*, производных от *-ив-*, пишется *и*, например: *заботливый, заносчивый*.

2. Безударные суффиксы *-ов-, -оват-, -овит-* пишутся после твердых согласных, *-ев-, -еват-, -евит-* — после мягких согласных, после шипящих и **ц**. Например:
а) *деловой, красноватый, даровитый;* б) *вечевой, синеватый, глянцевитый, Баренцево море*.

Примечание. О написании *о* и *е* в суффиксах прилагательных после шипящих и **ц** см. § 35 и 36.

3. В прилагательных на *-чий*, образованных от существительных на *-шка*, перед **ч** в безударном положении пишется *е*, под ударением — *а*, например: *лягушечий — лягушачий, кошечий — кошачий*.

4. Различается написание согласных перед суффиксом *-ат-* в прилагательных типа *дощатый — веснушчатый;* буква **щ** пишется в тех случаях, когда обозначаемый ею звук целиком относится к одной значащей части слова (морфеме): *доск-а — дощ-ат-ый* (**ск** чередуется с **щ**, ср.: *воск — вощ-ан-ой, плоск-ий — площ-е*). Если в производящей основе перед суффиксом *-к-* стоят буквы **зд, с, ст, ш, т** то они сохраняются, а **к** чередуется с **ч**: *веснуш-к-а — веснуш-чат-ый, брус-ок — брус-чат-ый, борозд-к-а — борозд-чат-ый* (ср.: *рез-к-ий — рез-ч-е, хлест-к-ий — хлест-ч-е*).

5. Перед суффиксом *-чат-* конечное **ц** основы заменяется **т**, например: *крупиц-а — крупит-чат-ый, ресниц-а — реснит-чат-ый, черепиц-а — черепит-чат-ый* (ср. § 38, п. 6а).

6. Конечные согласные основы *д* и *т* перед суффиксом *-ск-* сохраняются, например: *Волгоград — волгоградский, флот — флотский*.

После конечных согласных основы **к, ч** и **ц** суффикс *-ск-* упрощается в *-к-*, причем **к** и **ч** основы меняются на **ц**, например: *рыбак — рыбацкий, ткач — ткацкий, немец — немецкий*. Некоторые прилагательные сохраняют перед *ск* согласные **к** и **ч**, например: *узбек — узбекский, таджик — таджикский, Углич — угличский*.

В прилагательных, образованных от географических названий с основой, оканчивающейся на **ц**, пишется:
а) *-ц-ский*, если перед **ц** стоит согласная (кроме **ц**), например: *Констанца — констанцский, Пфальц — пфальцский;*
б) *-ц-кий*, если перед **ц** стоит гласная, например: *Елец — елецкий* (исключения: *Грац — грацский, Мец — мецский*);

в) **-цц-кий,** если перед **ц** стоит тоже **ц**, например: *Ницца* – **ниццкий**.

7. С суффиксом **-ск-** пишутся относительные прилагательные (они не образуют краткой формы): *черкес – черкесский, Кавказ – Кавказский*; с суффиксом **-к-** – качественные прилагательные (они образуют краткую форму): *вязкий (вязок), низкий (низок)*.

Если основа имени существительного оканчивается на *с* с предшествующей согласной, то перед суффиксом **-ск-** одно *с* обычно опускается, например: *Реймс – реймский, Уэльс – уэльский* (но: *Гельсингфорс – гельсингфорсский, Таммерфорс – таммерфорсский, Даугавпилс – даугавпилсский*).

Если основа оканчивается на *сс*, то перед суффиксом **-ск-** одно *с* опускается, так как в русском языке три одинаковые согласные подряд не пишутся (ср. §31, п. 1, примеч. 4), например: *Одесса – одесский, Черкассы – черкасский*.

Если основа иноязычного слова оканчивается на *ск*, то перед суффиксом **-ск-** первое *к* опускается, например: *Дамаск – дамасский, Сан-Франциско – сан-францисский, этруск – этрусский* (но: *баск – баскский, оски – оскский*).

Русские географические названия на *ск* образуют прилагательные без помощи суффикса **-ск-**, например: *Минск – минский, Спасск – спасский*.

Примечание 1. В словах *бордоский, тартуский* и т.п. пишется одно *с*, так как производящая основа не оканчивается на *с* (*Бордо, Тарту*).

Примечание 2. О сохранении двойных согласных перед суффиксами (в словах типа *сорбоннский*) и исключениях из правила см. § 9, п. 4.

8. Если основа имени существительного оканчивается на **-нь** и **-рь,** то перед суффиксом **-ск-** буква *ь* не пишется, например: *конь – конский, зверь – зверский, Рязань – рязанский, Сибирь – сибирский*.

И с к л ю ч е н и я: 1) прилагательные, образованные от названий месяцев: *июньский, сентябрьский, октябрьский, ноябрьский, декабрьский* (но: *январский*), а также выражение *день-деньской;* 2) прилагательные, образованные от некоторых иноязычных географических наименований: *сычуаньский, тайваньский, уханьский,* также *гдыньский*.

9. В прилагательных, образованных от основ на *к, ц, ч,* перед суффиксом **-н-** пишется *ч*, например: *скворец – скворечный, скука – скучный, дача – дачный*.

В прилагательных от основ на *х* перед суффиксом **-н-** пишется *ш*, например: *суматоха – суматошный*.

Примечание 1. Правило о написании сочетаний *чн* в указанных условиях распространяется и на существительные, например: *булочная, скворечник, скворечня*. Так же пишутся женские отчества от мужских отчеств на *-ич*, например: *Ильинична, Никитична*. Однако в некоторых словах пишется сочетание *шн*, например: *городошник* (от *городки*), *двурушник* (от *рука*), *раёшник* (от *раёк*).

Примечание 2. Следует различать *лоточный, лоточник* (от *лоток*) и *лотошный, лотошник* (от *лото*).

Примечание 3. Одинаково допустимы *будничный* и *буднишний*.

10. Два *н* пишутся:

а) в суффиксах **-енн-**: *производственный, соломенный;* **-онн-**: *организационный, ревизионный;*

б) на стыке основы, оканчивающейся на *н*, и суффикса *н*: *именной, сонный.*

Одно *н* пишется в суффиксах **-ин-**: *змеиный, лебединый;* **-ан- (-ян-)**: *песчаный, серебряный.*

И с к л ю ч е н и я: *деревянный, оловянный, стеклянный.*

Примечание 1. Прилагательные *багряный, пряный, пьяный, рдяный, румяный, ветреный* (но: *безветренный*), *зеленый, юный, свиной* пишутся с одним *н*.

Примечание 2. С одним или двумя *н* пишутся также существительные, образованные от соответствующих основ, например:

а) *дровяник, конопляник, нефтяник, песчаник, серебряник* (мастер); *сребреник* (монета), *бессребреник; гостиница; буденовка;*

б) *гривенник, дружинник, именинник, малинник, мошенник, племянник, путешественник, родственник, рябинник, сторонник, конница, лиственница.*

Примечание 3. Следует различать прилагательные:

а) *масляный* (для масла, из масла, на масле), например: *масляный выключатель, масляная лампа, масляный насос, масляное пятно, масляная краска;*

б) *масленый* (запачканный, пропитанный, смазанный маслом), например: *масленые руки, масленая каша, масленый блин;* в переносном значении: *масленые глаза;* также: *масленая неделя – масленица.*

Примечание 4. Следует различать прилагательные:

а) *ветреный*: *ветреный день, ветреный человек;*

б) *ветряной*: *ветряной двигатель;*

в) *ветряный*: *ветряная оспа.*

11. Различаются прилагательные на **-инский** и на **-енский** (неударяемые).

1) На **-инский** оканчиваются прилагательные:

а) если от соответствующих существительных возможно образование притяжательных прилагательных на **-ин,** например: *Аннинский* (*Аннин*), *Мариинский* (*Мариин*), *сестринский* (*сестрин*);

б) если они образованы от географических названий на **-и (-ы),** например: *мытищинский* (*Мытищи*), *сочинский* (*Сочи*), но: *ливенский* (от *Ливны,* поскольку прилагательное образовано от существительного с беглым *е* в основе), *роменский* (от *Ромны,* на том же основании);

в) если они образованы от географических названий на **-а (-я),** например:

ельнинский (*Ельня*), *охтинский* (*Охта*), *ялтинский* (*Ялта*); однако по традиции пишется *пензенский* (хотя *Пенза*), *пресненский* (хотя *Пресня*) и нек. др., но: *Коломенский, Песоченский* (беглое *е* в основе).

2) На *-енский* оканчиваются прилагательные, образованные по другому типу, например: *ровенский* (*Ровно*), *грозненский* (*Грозный*), *зареченский* (*Заречье*); в частности, если они образованы от существительных с беглым *е* в основе (см. подпункт 1, б и в).

IX. Правописание сложных слов

§ 41. Соединительные гласные *о* и *е*

1. В сложных словах после основы на твердый согласный пишется соединительная гласная *о*, после основы на мягкий согласный, на шипящий и *ц* – соединительная гласная *е*. Например: *домосед, кожеед, птицелов, Лжедмитрий I*.

2. В некоторых случаях конечный мягкий согласный первой основы *в, н, р, т* произносится твердо и после него пишется соединительная гласная *о* (параллельно с этими словами употребляются и такие, в которых согласно правилу пишется *е*). Например: *дальнобойный – дальнеструйный, каменоломня – камнедробилка, конокрад – коневод, косторезный – костедробильный, кровожадный – кровеносный, песнопение – песнетворчество*. Ср. разные образования после основы на *ц*: *трапеция – трапецеидальный – трапециевидный – трапецоэдр* (не во всех этих образованиях выделяются в русском языке две основы).

§ 42. Сложные слова без соединительной гласной

1. Следует различать сложные слова с соединительными гласными и сложные слова без соединительной гласной. Ср.: *психотерапия* (психо+ терапия) – *психастения* (псих+астения).

2. В некоторых сложных словах первая часть представляет собой слово в его начальной форме, например: *времяисчисление, времяпрепровождение; семядоля, семяножка, семяпочка* (ср.: *семеноводство, семенохранилище* – с соединительной гласной).

3. Без соединительной гласной образованы термины типа *азотфиксирующий, впередсмотрящий, кислородсодержащий* и т.п.

4. Сохраняется буква *а* на конце компонента *авиа-* (сокращение от *авиационный*), образующего первую часть сложных слов типа *авиабаза, авиадесант, авиапочта, авиачасть* и т.п.

5. С падежным окончанием в первой части образованы возникшие из словосочетаний слова *сумасшедший, умалишенный* и под.

6. В форме родительного падежа без соединительной гласной входят в состав сложных слов имена числительные, например: *трехметровый, пятиразовый, семилетка.* Исключения составляют числительные *один, девяносто, сто* и *тысяча,* например: *одногодичный, девяностолетие, стократный, тысячеустый.* Числительное *сорок* в составе сложных слов употребляется в двух формах: без соединительной гласной (*сорокадневный*) и с соединительной гласной (*сорокоуст, сороконожка* – не в прямом значении счета).

7. Следует различать сложные слова и слова, в которых в русском языке не выделяются две основы. Ср.: *газопровод – газификация,* электромонтер – *электрификация.* Ср. также: *агроминимум – агрикультура* (гласный *и* присущ языку, из которого заимствовано слово).

Примечание 1. На общем основании слитно пишутся иноязычные приставки *анти-, архи-, гипер-, интер-, инфра-, контр-, пост-, суб-, супер-, транс-, ультра-, экстра-* и др., например: *антинародный* (но: *Анти-Дюринг* – в функции собственного имени), *архиплут, гиперзвук, интернациональный, инфракрасный, контрпредложение,* (но: *контр-адмирал,* где первая часть имеет другое значение), *постимпрессионизм* (с сохранением начального корневого *и*), *постромантизм* (ср. слитное написание этой же приставки в неделимых на морфемы словах иноязычного происхождения: *постскриптум, постфактум* и т.п.), *суперобложка* (но: *супер-ЭВМ* – перед прописной буквой), *субтропики, транссибирский, ультразвук, экстраординарный* (но: *экстра-почта, экстра-класс* – перед существительным).

Примечание 2. Слитно пишутся начальные составные части *квази-, псевдо-, пан-,* например: *квазинаучный, псевдоклассический, пангерманский* (но: *квази-Пушкин, пан-Европа* и т. п. – перед собственными именами). О разделительном знаке после иноязычных приставок и *пан-* см. § 29, п. 2; о сохранении после них начального корневого *и* см. § 34, примеч. 4.

§ 43. Правописание сложных существительных

Слитное написание

1. Пишутся слитно сложные имена существительные с элементами *авто-, агро-, аэро-, био-, вело-, гелио-, гео-, гидро-, зоо-, изо-, кино-, макро-, метео-, микро-, моно-, мото-, нео-, палео-, радио-, стерео-, теле-, фото-, электро-* и др. независимо от числа названных элементов или других слов в основе. Например: *автодело, автомотовелогонки, агротехника, аэросани, биостанция, велоспорт, гелиотерапия, геоботаника, гидромеханика,* *гидроэнергоресурсы, зооветпункт, зоогигиена, изофоторепортаж, киносценарий, макромир, метеосводка, микрорадиоволны, монокультура, моточасти, неопозитивизм, палеоазиаты, радиопостановка, стереокино, телефильм, теплоэлектроцентраль, термогидродинамика, фотоискусство, электропровод, электросветолечебница.*

Примечание 1. При колебаниях между дефисным и слитным написанием слов иноязычного происхождения предпочитается второе, если в русском языке в слове не выделяются составные части с присущим им значением, например: *ватер-машина – ватермашина, ватер-поло – ватерполо, гумми-арабик – гуммиарабик, метр-д'отель – метрдотель, прейс-курант – прейскурант, табль-д'от – табльдот.* Ср. также: *крепдешин, файдешин, фильдекос, фильдеперс* (в словах не выделяются две составные части с французским предлогом между ними) *– креп-жоржет, креп-кашемир, креп-марокен, креп-сатин, креп-шифон.* Или слитное написание склоняемых слов *падеграс, падекатр, падепатинер, падеспань* и дефисное написание несклоняемых слов той же семантической группы *па-де-де, па-де-труа.*

Примечание 2. О написании слов с элементом *авиа-* см. § 42, п. 4.

2. Пишутся слитно сложные имена существительные с глагольной первой частью на *-и,* например: *вертишейка, горицвет, держиморда, скопидом, сорвиголова, шумиголова.*

И с к л ю ч е н и е: *перекати-поле.*

3. Пишутся слитно сложносокращенные слова всех типов, например: *демороссы, долгострой, Метрострой, морфлот, сбербанк, трудороссы, Тулауголь.* Также: *Небитдагнефть.*

Дефисное написание

4. Пишутся через дефис, как правило, сложные имена существительные без соединительной гласной, обозначающие названия механизмов, термины научные, технические, общественно-политические, например: *вакуум-аппарат* (*вакуум-насос, вакуум-сушилка, вакуум-щит* и т.п.), *дизель-электроход, динамо-машина, кабель-кран, кран-балка, мотор-генератор, стоп-кран, фильтр-пресс, шприц-машина, кресло-кровать, плащ-палатка, пила-рыба; премьер-министр, генерал-лейтенант, капитан-инженер, лорд-канцлер.*

Примечание 1. Слитно пишутся сложные слова: а) с первой частью **борт-**: *бортинженер, бортмеханик;* б) со второй частью **-метр**: *вакуумметр, динамометр, милливольтметр.*

Примечание 2. Через дефис пишутся слова с первой частью **блок-** и **пресс-**:

блок-аппарат, блок-диаграмма, блок-механизм, блок-сигнал, блок-система (но: блокпост); *пресс-атташе, пресс-бюро, пресс-конференция, пресс-центр, пресс-клише, пресс-конвейер, пресс-папье.*

5. Пишутся через дефис сложные единицы измерения, например: *грамм-атом (грамм-калория, грамм-молекула* и т.п.), *килограмм-час, тонно-километр, человеко-день, человеко-койка.*

6. Пишутся через дефис составные названия политических партий и направлений, а также их сторонников, например: *анархо-синдикализм, радикал-социалист, социал-революционеры.*

7. Пишутся через дефис названия промежуточных стран света, например: *юго-восток, северо-запад, юго-юго-восток.*

8. Пишутся через дефис слова с иноязычными элементами **вице-, лейб-, обер-, унтер-, штаб-, экс-** в первой части, например: *вице-адмирал, лейб-гвардия, обер-кондуктор, унтер-офицер, штаб-лекарь, экс-чемпион, экс-вице-премьер* (с двумя дефисами), *экс-президент.*

9. Пишутся через дефис сложные названия растений, имеющие в своем составе глагол в личной форме или союз, например: *любишь-не-любишь, не-тронь-меня, иван-да-марья, мать-и-мачеха.*

10. Пишутся через дефис сложные слова, в которых к основному слову присоединяется слово с оценочным значением, например: *бой-баба, гоп-компания, горе-руководитель, паинька-мальчик, чудо-рыба, ура-патриотизм.*

11. Пишутся через дефис научно-технические термины, в состав которых входят названия букв или буквы (чаще всего греческого и латинского алфавитов), например: *альфа-частица, икс-лучи (х-лучи), к-частица, пи-мезон.*

12. Наблюдаются колебания в написаниях типа *алма-атинцы – алмаатинцы.* Подобные существительные соотносятся со сложными прилагательными, которые по существующему правилу пишутся через дефис (*алма-атинский,* см. § 44, п. 4), т.е. получается последовательность словообразования: *Алма-Ата – алма-атинский – алма-атинец.* Однако если в словах, образованных от русских географических наименований, составные части легко выделяются (*Орехово-Зуево – орехово-зуевский – орехово-зуевец*), то в аналогичных иноязычных образованиях такое членение воспринимается менее четко. Поэтому наряду с традиционными дефисными написаниями (*Нью-Йорк – нью-йоркский – нью-йоркцы, Лос-Анджелес – лос-анджелесский – лос-анджелесцы*) встречаются в производных словах написания слитные (*Коста-Рика – костариканский – костариканец, Пуэрто-Рико – пуэрториканский – пуэрториканец*). В настоящее время приняты такие написания: прилагательные пишутся в соответствии с правилом через дефис (*алма-атинский, орехово-зуевский, коста-риканский, пуэрто-риканский* и т.п.), а соответствующие существительные – слитно (*алмаатинец, ореховозуевец, костариканец, пуэрториканец* и т.п.). Ср.: *ку-клукс-клан – ку-клукс-клановский – куклуксклановец.*

Примечание 1. О написании через дефис сложных собственных имен лиц см. § 13, п. 2–5, географических наименований – § 17, п. 4.

Примечание 2. О написании сложных слов типа *правда-истина, купля-продажа, имя-отчество* см. § 83, п. 1, примеч. 2.

13. При сочетании с помощью союза *и* двух или нескольких сложных существительных с одинаковой второй частью эта часть может приводиться только при последнем слове, а при предшествующих словах вместо нее пишется так называемый в и с я ч и й д е ф и с. Например: *вагоно- и паровозостроение* (ср.: *вагоностроение и паровозостроение*), *газо- и электросварка, радио- и телепередачи-, авто-, мото- и велогонки* (но при отсутствии союза *и* – слитное написание, см. выше, п. 1).

§ 44. Правописание сложных прилагательных

Слитное написание

1. Пишутся слитно сложные имена прилагательные, образованные из сочетаний слов, по своему значению подчиненных одно другому или по способу согласования (*железнодорожный,* ср. *железная дорога*), или по способу управления (*вагоноремонтный,* ср. *ремонт вагонов*), или по способу примыкания (*легкораненый,* ср. *легко ранить*). Например: *горноспасательная станция* (спасание в горах), *деревообделочный завод* (обделка дерева), *естественноисторические условия* (естественная история), *естественнонаучные взгляды* (естественные науки), *левобережная низменность* (левый берег), *машиностроительные предприятия* (строительство машин), *машинописное бюро* (письмо машинами), *машиносчетная станция* (счет машинами), *народнохозяйственный план* (народное хозяйство), *полезащитные насаждения* (защита полей), *рельсопрокатный стан* (прокат рельсов), *сельскохозяйственные культуры* (сельское хозяйство), *сложноподчиненное предложение* (сложное по способу подчинения), *среднесуточная добыча* (средняя за сутки), *трудоспособное население* (способное к труду).

Правило распространяется на написание сложных прилагательных, образованных от сочетания прилагательного с существительным, выступающего в роли географического названия, например: *великолукский* (Великие Луки). Также *карловарский* (Карловы Вары).

2. Пишутся слитно многие сложные прилагательные, употребляемые в качестве научно-технических терминов или выражений в книжном языке, например: *азотнокислый, бессрочноотпускной, вечнозеленый, воздушносухой, геологоразведочный, двояковогнутый, дикорастущий, длинноволокнистый, живородящий, заднебедренный, заразнобольной, засухоустойчивый,* кишечнополостные, конноспортивный, контрольносеменной, кремнефтористоводородный, круглоремённый, мнимоумерший, молочнокислый, молочнотоварный, мясоконсервный, насекомоядные, нервнотрофический, носоглоточный, обоюдоострый, обратноконический, обратносердцевидный, пахотнопригодный, первобытнообщинный, переднежаберный, плодоовощной, пологопадающий, поперечнополосатый, продолговатомозговой, прочнокомковатый, рассадопосадочный, реакционноспособный, резкопересеченный, свеженадоенный, свежескошенный, смешанослойный, спинномозговой, теснопальчатый, торфонавозный, торфоперегнойный, условнорефлекторный, формальнологический, хлебопекарный, хлебопроизводящий, хлопкоткацкий, хлопкоуборочный, хлопчатобумажный, хлористоводородный, хромовокислый, хромолитографский, хромоникельмолибденовый, цветоустойчивый, церковнославянский, частновладельческий, частнокапиталистический, частнохозяйственный, черепицеделательный, членистоногие, шерсточесальный, щелочноземельный, энергосиловой, энергохимический, языкотворческий, яйцезаготовительный.

Примечание 1. У многих сложных прилагательных данной группы первая часть образуется словами:

высоко-: высоковитаминный, высокооплачиваемый;
низко-: низколетящий, низкоперегнойный;
глубоко-: глубокорасположенный, глубокоуважаемый;
мелко-: мелкомасштабный, мелкозернистый;
легко-: легкоподвижный, легкорастворимый;
тяжело-: тяжелогруженый, тяжелораненый;
трудно-: труднодоступный, труднопроходимый;
широко-: широкодоступный, широкопредставительный;
узко-: узковедомственный, узкоспециальный;
много-: многоотраслевой, многослойный;
мало-: малозначащий, малопосещаемый;
сильно-: сильнодействующий, сильнощелочный;
слабо-: слабокислый, слаботорфянистый;
толсто-: толстоногий, толстостенный;
тонко-: тонкоголосый, тонкомолотый;
густо-: густомахровый, густонаселенный;
крупно-: крупноблочный, крупнопанельный;
круто-: крутоизогнутый, крутоповернутый;
остро-: острогнойный, остродефицитный;
плоско-: плоскопараллельный, плоскочашевидный;
чисто-: чистосеребряный, чистошерстяной;
выше-: вышесредний, вышеуказанный;
ниже-: нижеперечисленный, нижеподписавшийся.

Примечание 2. При наличии пояснительных слов обычно образуется свободное словосочетание (наречие и прилагательное или причастие), а не терминологическое сложное слово. Ср.: *густонаселенные районы – густо населенные неграми трущобы; малоисследованные проблемы – мало исследованные наукой области медицины.* Случаи типа *экономически слаборазвитые страны* (слитное написание, несмотря на наличие пояснительных слов) являются единичными. Играет роль также порядок слов: сложное прилагательное, как правило, предшествует определяемому существительному, а словосочетание обычно следует за ним, ср.: *скоропортящиеся продукты – продукты, скоро портящиеся в летнее время.* В сложных словах ставится одно ударение (иногда с побочным ударением на первой основе), а в словосочетаниях – два самостоятельных ударения, ср.: *быстрорастущие декоративные кустарники – быстро растущие молодые кадры.*

3. Обязательно слитное написание сложного прилагательного, если одна из частей его не употребляется как самостоятельное слово, например: *общепонятный* (первая часть самостоятельно не употребляется), *узкогрудый* (вторая часть не существует в языке как отдельное слово). Ср. слитное написание слов, у которых первой основой выступают элементы **верхне-, нижне-, древне-, средне-, ранне-, поздне-, обще-**, например: *верхнегортанный, нижнесаксонский, древнецерковнославянский, древневерхненемецкий, среднеазиатский, среднеуглеродистый, раннецветущий, позднеспелый, общенародный.*

Примечание. О написании слов типа *кислородотдающий, цинксодержащий* см. § 42, п. 3.

Дефисное написание

4. Пишутся через дефис сложные имена прилагательные, образованные от сложных существительных с дефисным написанием, например: *анархо-синдикалистский, северо-восточный, юго-западный, норд-остовый, лейб-гвардейский, иваново-вознесенский, нью-йоркский.*

Примечание. При наличии приставки такие прилагательные пишутся слитно, например: *антисоциалдемократический, приамударьинский.*

5. Пишутся через дефис сложные прилагательные, образованные от сочетания имени и фамилии, имени и отчества или двух фамилий, например: *вальтер-скоттовские романы, жюль-верновская фантастика, робин-гудовские приключения, джек-лондоновские произведения, ерофей-павловичский* (от географического названия), *бойль-мариоттовский закон, ильфо-петровская сатира,* также: *Иван-Иванычев пиджак, Анна-Михайловнина кофта.*

Примечание 1. В отдельных случаях встречается слитное написание, например: *веропавловские мастерские* (от имени и отчества героини романа Н. Г. Чернышевского «Что делать?»).

Примечание 2. При образовании имени прилагательного от иноязычной фамилии, перед которой стоит служебное слово, последнее пишется слитно, например: *дебройлевская гипотеза* (ср.: *де Бройль*).

Примечание 3. Имена прилагательные, образованные от китайских, корейских, вьетнамских и других восточных составных собственных имен лиц, пишутся слитно, например: *чанкайшистская клика* (ср.: *Чан Кайши*).

6. Пишутся через дефис сложные прилагательные, образованные из двух или более основ, обозначающих равноправные понятия, между частями таких прилагательных в их начальной форме можно вставить сочинительный союз *и* или **но**: *торгово-промышленный капитал* (торговый и промышленный), *беспроцентно-выигрышный заем* (беспроцентный, но выигрышный). Например: *выпукло-вогнутый, желудочно-кишечный, журнально-газетный, кожевенно-обувной, отчетно-выборный, партийно-комсомольский, плодово-овощной* (но: *плодоовощной – от плодоовощи*), *русско-немецко-французский* (словарь), *сдельно-премиальный, сердечно-сосудистый, Славяно-греко-латинская* (академия), *стале-проволочно-канатный* (цех), *торжественно-сентиментальный, хозяйственно-организационный, целлюлозно-бумажный, шахматно-шашечные* (соревнования), *экспрессивно-эмоциональный*.

Примечание. Первой частью сложных прилагательных этого типа может быть основа существительного или прилагательного; ср.: *ликеро-водочные изделия* (из ликера и водки) – *ликерно-водочная промышленность* (ликерная и водочная); *приемо-сдаточный пункт* (прием и сдача) – *приемно-переводные экзамены* (приемные и переводные).

7. Пишутся через дефис многие сложные прилагательные, части которых указывают на неоднородные признаки, например: *военно-медицинская академия* (ср.: *Военная медицинская академия*), *добровольно-спортивные общества* (добровольные спортивные), *народно-освободительное движение* (народное освободительное), *официально-деловой стиль* (официальный деловой), *проектно-конструкторские расчеты* (проектные конструкторские), *сравнительно-исторический метод* (сравнительный исторический), *счетно-решающие устройства* (счетные решающие), *феодально-крепостнический строй* (феодальный крепостнический), *электронно-оптический усилитель* (электронный оптический) и др.

Примечание 1. Прилагательные этого типа часто начинаются с основы: **военно-**: *военно-хирургический, военно-юридический* (слова *военнообязанный*, *военнопленный, военнослужащий* принадлежат к другому типу словообразования);

массово-: *массово-политический, массово-поточный, массово-физкультурный;*

народно-: *народно-поэтический, народно-государственный* (прилагательное *народнохозяйственный* образовано от подчинительного сочетания *народное хозяйство*);

научно-: *научно-исследовательский, научно-популярный, научно-практический, научно-просветительный, научно-технический;*

учебно-: *учебно-вспомогательный, учебно-консультационный, учебно-методический, учебно-показательный, учебно-производственный.*

Примечание 2. Некоторые сложные прилагательные, части которых указывают на неоднородные признаки, пишутся слитно, например: *новогреческий язык* (новый греческий), *раннерабовладельческий строй* (ранний рабовладельческий), *староукраинская порода* (серая украинская), *старорусские обряды* (старые русские) и др.

8. Пишутся через дефис сложные прилагательные, обозначающие качество с дополнительным оттенком, например: *горько-соленая вода* (т.е. соленая с горьким привкусом), *раскатисто-громкий голос* (т.е. громкий, переходящий в раскаты), *мирно-непротивленческая политика, ушибленно-рваная рана.*

Примечание. Особенно часто прилагательные этого типа встречаются в языке художественной литературы, например: *безгрешно-чистая красота, бесцветно-бледная толпа, блестяще-красное оперение попугая, влажно-махровые цветы, глубоко-нежная улыбка, грациозно-величественный жест, грустно-сиротливая ива, дымно-горький запах, желчно-раздраженный тон, мужественно-суровый вид, невольно-горячая слеза, нескладно-тоскливо-неловкие звуки, нетерпеливо-выжидательное настроение, прозрачно-воздушная радуга, рахитично-хилое растение, резко-сухой звон, робко-ласковый голос, смущенно-счастливое лицо, тайно-счастливое стремление, торжественно-угрюмый облик, тревожно-несвязные думы, уныло-серый цвет, холодно-сдержанный человек, чудно-упругие локоны.*

9. Пишутся через дефис сложные прилагательные, обозначающие оттенки цветов, например: *бледно-голубой, блекло-розовый, бутылочно-зеленый, голубовато-фиолетовый, золотисто-красный, иссиня-черный, лимонно-желтый, молочно-белый, мутно-зеленый, пепельно-седой, светло-желтый, сиренево-оранжевый, темно-синий, тускло-серый, черно-бурый* (но: *чернобурка*), *ярко-красный* и др.

10. Пишутся через дефис многие сложные прилагательные терминологического характера (ср. выше, п. 2), например: *амплитудно-частотная* (характеристика), *атомно-молекулярный, бобово-злаковые, веерообразно-складчатый, газо-пылевая* (туманность), *гнойно-воспалительный, гортанно-глоточный, грудинно-реберный, древесно-кустарниковый, железо-кремнистая* (сталь), *желудочно-печеночный, заправочно-сливной* (вентиль), *зелено-моховое* (болото), *злако-бобовые, инфекционно-аллергический, интегрально-дифференциальное* (уравнение), *каменно-бетонный, клеверо-тимофеечный, комплексно-сопряженные* (числа), *ланцето-яйцевидный, люцерно-злаковые, магнито-мягкие* (материалы), *металло-диэлектрическая* (антенна), *молочно-мясной, мясо-молочный, мясо-растительный, мясо-шерстный, наклонно-направленный* (способ проходки), *овально-сводчатый, огненно-жидкий, округло-шаровидный, опытно-мелиоративный, отгонно-пастбищный, пищеводо-кишечный, плече-шейный, подвздошно-реберный, поточно-механизированные* (линии), *пространственно-временная* (траектория), *рыхло-комковато-пылеватый, рычажно-шатунный* (механизм), *сборочно-автоматический, сверлильно-нарезной, сдельно-прогрессивный, слесарно-штамповочный, словарно-справочный, торфяно-болотный, удлиненно-ланцетовидный, уплотненно-ористо-трещиноватый, феодально-земледельческий, физкультурно-спортивный, фосфорно-калийный, хозяйственно-организаторский, центробежно-лопастный, челюстно-лицевой, шарнирно-роликовый, шерстно-мясной, щелочно-кислотный, щечно-глоточный, экспедиционно-транспортный, электронно-вычислительная* (техника).

Примечание 1. Некоторые из сложных прилагательных этого типа имеют в первой основе суффикс *-ат-, -ист-, -ов-,* например: *зубчато-ланцетовидные* (листья), *метельчато-щитовидные* (соцветия), *пленчато-чешуйчатая* (оболочка), *продолговато-эллиптическая* (форма), *рыхловато-пористый* (слой), *складчато-бороздчатые* (полосы), *ступенчато-симметричное* (расположение); *волнисто-изогнутые* (пластины), *волокнисто-дерновая* (почва), *песчанисто-парниковый* (грунт), *пятнисто-испещренная* (кора), *сосудисто-волокнистая* (ткань), *дерново-подзолистая* (земля), *известково-серый* (отвар), *корково-столбчатый* (слой), *лугово-степная* (полоса), *плодово-ягодные* (культуры).

Примечание 2. Часто в качестве первой части сложного прилагательного выступают основы **вертикально-, горизонтально-, поперечно-, продольно-** и т.п., например: *вертикально-сверлильный, вертикально-фрезерный, горизонтально-ковочный, горизонтально-сверлильный, поперечно-строгальный, продольно-строгальный.*

Примечание 3. Через дефис пишутся сложные прилагательные, у которых основа первой части, образованная от слов иноязычного происхождения, оканчивается на *-ико,* например: *историко-архивный, критико-библиографический, медико-судебный, механико-термический, технико-экономический, химико-фармацевтический* (к другому типу относятся слитно пишущиеся слова с первой основой **велико-**, например: *великодержавный, великомученический, великосветский* и др.).

Примечание 4. Висячий дефис (см. § 43, п. 13) употребляется и при сложных прилагательных, например: *семнадцати- и восемнадцатилетние юноши и девушки; кукурузо-, картофеле-, льно-, хлопко- и силосоуборочные комбайны.*

11. Пишутся через дефис (с прописных букв в составных частях) сложные прилагательные, входящие в сложные географические или административные названия и начинающиеся с основы **восточно-, западно-, северно-(северо-), южно-(юго-)**, например: *Восточно-Европейская равнина, Западно-Корейский залив, Северо-Западный Пакистан, Южно-Австралийская котловина* (см. также § 17, п. 4).

Примечание. В нарицательном значении подобные прилагательные пишутся слитно со строчной буквы, ср.: *Южно-Уральская железная дорога – южноуральская флора и фауна.*

Если название имеет значение собственного имени, не являясь, однако, географическим или административным наименованием, то сохраняется дефисное написание, но с прописной буквы пишется только первая часть сложного прилагательного, например: *Алма-атинская киностудия.*

12. Пишутся через дефис сложные имена прилагательные, образованные из сочетания прилагательного с существительным, но с перестановкой этих элементов, например: *литературно-художественный* (ср.: *художественная литература*), *словарно-технический* (ср.: *технические словари*).

13. Различаются с л о ж н ы е п р и л а г а т е л ь н ы е, образующие одно слово (со слитным или дефисным написанием, см. выше), и с л о в о с о ч е т а н и я, состоящие из наречия на *-о (-е)* и прилагательного или причастия (с раздельным написанием); к наречию, играющему роль отдельного члена предложения, можно поставить соответствующий вопрос. Ср.:

морально-психологическое состояние – морально устойчивый человек (в каком отношении устойчивый?);

общественно-исторические условия – общественно опасные элементы (опасные для кого?);

промышленно-транспортный отдел – промышленно развитая страна (развитая в каком отношении?).

Наречие может указывать также на степень признака, выраженного прилагательным или причастием, например: *максимально сжатые сроки, невозмутимо бесстрастный вид, умеренно теплый климат.*

Примечание 1. Чаще всего первым компонентом словосочетания выступают наречия *абсолютно, диаметрально, жизненно, истинно, максимально, под-*

линно, последовательно, прямо, резко, строго, сугубо, явно, ясно и др. Например: *абсолютно необходимые меры, диаметрально противоположные предложения, жизненно важное решение, истинно дружеская помощь, максимально точные данные, неизменно сердечное гостеприимство, подлинно братская поддержка, последовательно миролюбивая политика, прямо пропорциональные величины, резко отрицательный ответ, строго логический вывод, сугубо пристрастный приговор, явно неприемлемые условия, ясно выраженная воля.*

Ср. также: *безупречно изысканные манеры, внутренне содержательный человек, глубоко задумчивый взгляд, демонстративно небрежная прическа, изнурительно долгий путь, исконно русское слово, исчерпывающе полный ответ, классово чуждые взгляды, намеренно резкий отказ, невозмутимо спокойный тон, неизменно ровные отношения, неизъяснимо сладкие звуки, ненасытно жадный к знаниям, неуловимо быстрый полет ракеты, ослепительно голубое небо, особо тугоплавкие металлы, откровенно насмешливая улыбка, подозрительно быстрое согласие, подчеркнуто контрастное сравнение, празднично нарядное платье, принципиально новый проект, сильно перенапряженный режим, тонко очерченный контур, угрожающе опасное положение, удивительно яркие краски, уморительно забавная пьеса, художественно полноценное произведение, чисто французская галантность, экстренно спешная почта* и т.п.

Примечание 2. Обычно отдельно пишутся наречия на *-ски*, в сочетании с прилагательным характеризующие признак путем уподобления, выделяющие, подчеркивающие его в каком-либо отношении, например: *ангельски кроткое отношение, детски наивные высказывания, практически ненужное новшество, рабски покорная готовность, теоретически важная проблема, товарищески чуткое внимание, фанатически слепая преданность, химически чистый состав, энциклопедически разносторонние знания, юридически сложный случай.*

Примечание 3. Возможно различное написание одних и тех же сочетаний в зависимости от их понимания. Ср.:

болезненно-тоскливый стон (в котором слышится боль и тоска) – *болезненно тоскливый стон* (в котором слышится тоска, свидетельствующая о боли);

искусственно-напыщенная поза (искусственная и напыщенная) – *искусственно напыщенная поза* (искусственно созданная напыщенность);

металлически-звонкий голос (звон с добавочным оттенком металла) – *металлически звонкий голос* (звонкий, как металл);

мещански-провинциальные манеры (провинциальные с оттенком мещанства) – *мещански провинциальные манеры* (по-мещански провинциальные);

мужественно-суровый вид (мужественный и суровый) – *мужественно суровый вид* (выражающий мужественную суровость);

уродливо-жалкая поза (указывается признак с дополнительным оттенком) – *уродливо жалкая поза* (жалкая до степени уродливости). Чем ближе по значению элементы сочетания, чем они синонимичнее, тем заметнее выражается в них признак с добавочным оттенком, что дает основание для дефисного написания, например: *грубо-отталкивающий вид, безгрешно-чистые мысли, дружески-теплый прием, прозаически-пошлые речи, канцелярски-инструктивная форма изложения.*

X. Правописание имен числительных

§ 45. Числительные количественные, порядковые, дробные

1. С л о ж н ы е (состоящие из двух основ) количественные числительные пишутся слитно, например: *восемьдесят, восемьсот.*
2. С о с т а в н ы е (состоящие из нескольких слов) количественные числительные пишутся раздельно: в сочетании имеется столько слов, сколько в числе значащих цифр, не считая нулей, но с добавлением слов *тысяча, миллион* и т.п. и с учетом слитного написания сложных числительных, например: *двадцать девять* (29), *шестьсот четыре* (604), *двести десять* (210), *три тысячи пятнадцать* (3015).
3. Д р о б н ы е числительные пишутся раздельно, например: *две пятых* ($^2/_5$), *три целых и шесть седьмых* ($3^6/_7$).
4. П о р я д к о в ы е числительные пишутся так же, как и соответствующие сложные и составные количественные числительные, например: *восемнадцатый, восьмидесятый, восьмисотый, три тысячи пятнадцатый.*
5. Порядковые числительные, оканчивающиеся на *-тысячный, -миллионный, -миллиардный,* пишутся слитно, например: *двадцатипятитысячный, стосорокашестимиллионный, тридцатиодномиллиардный* (о падежной форме количественных числительных, образующих первые элементы сложных слов, см. § 42, п. 6).

Примечание 1. Если элементам *-тысячный, -миллионный, -миллиардный* предшествует сочетание *с половиной,* то обычно используется цифровое обозначение с дефисным написанием, например: $4^1/_2$*-тысячный* (вместо «четырех с половиной тысячный»), $7^1/_2$*-миллионный* (вместо «семи с половиной миллионный»). Подобные написания иногда являются единственно возможным для сложных существительных и прилагательных данного типа, например: $3^1/_2$*-тонка* (не существует отдельного слова «тонка»), $7^1/_2$*-летние дети* (слово *летний* имеет другое значение).

Примечание 2. Слитно пишется слово *двухсполовинный.*

6. У числительных *пять – девятнадцать,* а также *двадцать* и *тридцать* буква *ь* имеется на конце, а у числительных *пятьдесят – восемьдесят* и *пятьсот – девятьсот – ь* середине слова (между двумя основами).

7. Существуют две формы: *ноль* и *нуль*. В терминологическом значении (особенно в косвенных падежах) обычно используется вторая, например: *равняется нулю, температура держится на нуле.* В устойчивых выражениях встречаются обе формы, ср.: а) *ноль целых, ноль внимания, в двенадцать ноль-ноль,* б) *абсолютный нуль, круглый нуль, обратиться в нуль, свести* к *нулю.*

Производное прилагательное обычно образуется от формы *нуль,* например: *нулевой меридиан, нулевой пробег.*

8. Суффикс с о б и р а т е л ь н ы х числительных *-ер-* сохраняется в производных прилагательных, например: *восьмеро – восьмеричный, десятеро – десятеричный.*

§ 46. Числительное *пол-*

1. Числительное *пол-* (половина) в составе сложного слова:

а) пишется слитно, если вторая часть сложного слова (обычно имя существительное нарицательное в форме родительного падежа) начинается с согласной буквы (кроме *л*), например: *полметра, полкилограмма, полдесятого;*

б) пишется через дефис, если вторая часть начинается с гласной буквы или согласной *л* либо является собственным именем, например: *пол-апельсина, пол-лимона, пол-Бельгии, пол-Атлантики;*

в) в составе наречий пишется слитно, например: *вполголоса, вполоборота.*

Примечание. Слово *поллитровка* пишется слитно, так как вторая часть его не является существительным в форме родительного падежа.

2. Если числительное *пол-* имеет самостоятельное значение и оторвано от последующего существительного согласованным определением, то оно пишется отдельно, например: *пол столовой ложки, пол фруктового сада* (такие выражения имеют разговорный характер).

3. Слово *четверть* в составе сложных слов пишется слитно, например: *четвертьфинал* (*четвертьфинальные игры*), *четвертькровные животные.*

XI. Правописание местоимений

§ 47. Отрицательные местоимения

1. В отрицательных местоимениях пишется:

а) под ударением – *не*, например: *некого просить, нечему удивляться;*
б) без ударения – *ни*, например: *никого не просить, ничему не удивляться.*

2. При отсутствии предлога в отрицательных местоимениях *не* и *ни* являются приставками и пишутся слитно, при наличии предлога – частицами и пишутся раздельно (предлог ставится между частицей и местоимением, в результате чего образуется сочетание из трех слов). Например: *никого – ни у кого, нечем – не с чем, никаких – ни при каких.*

3. Сочетания *не кто иной (другой), как* и *не что иное (другое), как* выражают противопоставление; в них *не* является отрицательной частицей и пишется раздельно, например: *Разрешение может дать не кто иной, как руководитель учреждения. Горение – это не что иное, как соединение данного вещества с кислородом воздуха.* То же самое, если противопоставление выражено не союзом *как*, стоящим после местоименного сочетания *не кто иной* или *не что иное*, а союзом *а*, предшествующим одному из этих сочетаний, например: *Разрешение может дать руководитель учреждения, а не кто другой.* В предложениях с указанными сочетаниями другого отрицания нет.

Местоименные сочетания *никто иной (другой)* и *ничто иное (другое)* не связаны с противопоставлением и, как правило, употребляются в предложениях, где имеется отрицание, например: *Никто иной не мог бы лучше этого сделать; Ничто другое нас бы не устроило;* также: *Ничем иным, как разным уровнем производства, нельзя объяснить такое положение.* В предложениях без отрицания рассматриваемая конструкция носит присоединительный характер, например: *Разрешение может дать только руководитель учреждения, и никто иной.* В обоих случаях *ни* употребляется в качестве приставки, т.е. пишется слитно с местоимением. Ср.:

Документ должен быть подписан не кем иным, как самим заявителем. – Документ не должен быть подписан никем иным, как самим заявителем.

Недостатки конструкции могут быть объяснены не чем иным, как ошибкой в расчете. – Недостатки конструкции не могут быть объяснены ничем иным, как ошибкой в расчете.

Этот провал не что иное, как угасший кратер. – Этот провал – угасший кратер, и ничто иное.

Примечание. О правописании неопределенных местоимений см. § 64, п. 1.

XIII. Правописание глаголов

§ 48. Личные окончания глаголов

1. Различается написание личных окончаний глаголов в настоящем или будущем простом времени:

а) в I спряжении: *-ешь, -ет, -ем, -ете, -ут* или *-ют;*

б) во II спряжении: *-ишь, -ит, -им, -ите, -ат* или *-ят*.

Ко II спряжению относятся (из числа имеющих безударные окончания) глаголы на *-ить* в инфинитиве, кроме глаголов *брить, зиждиться (бреешь – бреют, зиждется – зиждутся)*, и следующие 11 глаголов: *вертеть, видеть, зависеть, ненавидеть, обидеть, смотреть, терпеть, гнать, держать, дышать, слышать*, а также производные от них. Глагол *брезжить* имеет формы *брезжит – брезжут*.

Остальные глаголы относятся к I спряжению (ср.: *молоть – мелешь – мелют, сеять – сеешь – сеют*).

Примечание 1. Глагол *стелить* употребляется только в инфинитиве и прошедшем времени, личные глагольные формы образуются от глагола I спряжения *стлать* (*стелешь – стелют*).

Примечание 2. Глаголы *выздороветь, опостылеть, опротиветь* и некоторые другие этого типа спрягаются в литературном языке по I спряжению: *выздоровеешь – выздоровеют, опостылеешь – опостылеют, опротивеешь – опротивеют*.

2. П е р е х о д н ы е глаголы с приставкой *обез- (обес-)* спрягаются по II спряжению, а н е п е р е х о д н ы е – по I спряжению. Ср.:

а) *обессилеть* (кого-нибудь): *обессилю – обессилишь – обессилят*;

б) *обессилеть* (самому): *обессилею – обессилеешь – обессилеют*.

Соответствующие суффиксы инфинитива *-и-* и *-е-* сохраняются в формах прошедшего времени; ср.: *Потеря крови обессилила раненого. – Больная девочка обессилела.* Или: *Колонизаторы обезлюдили целые страны. – Во время войны многие деревни обезлюдели.*

3. Различаются в написании близкие по звучанию безударные окончания будущего времени *-ете* и повелительного наклонения *-ите,* например: *выберете – выберите, выйдете – выйдите, выметете – выметите, выпишете – выпишите, вытрете – вытрите, вышлете – вышлите, крикнете – крикните, стукнете – стукните.*

§ 49. Употребление буквы ь в глагольных формах

Буква **ь** пишется:

1) в неопределённой форме глагола, например: *умывать – умываться, беречь – беречься*;

2) в окончании 2-го лица единственного числа настоящего или будущего простого времени, например: *купаешь – купаешься, возвратишь – возвратишься*;

3) в повелительном наклонении после согласных, например: *исправь – исправьте, спрячься – спрячьтесь* (но: *ляг – лягте*);

4) в возвратной частице (суффиксе), стоящей после гласного звука, например: *вернусь, вернитесь, вернулись*.

Примечание. У глаголов типа *удаться* (*задаться, предаться, раздаться* и др.) различаются формы инфинитива и 3-го лица единственного числа, ср.: *это должно удаться – это ему удастся*.

§ 50. Суффиксы глаголов

1. В неопределенной форме и в прошедшем времени пишутся суффиксы *-ова-, -ева-*, если в 1-м лице единственного числа настоящего или будущего простого времени глагол оканчивается на *-ую, -юю*, и суффиксы *-ыва-, -ива-*, если в указанных формах глагол оканчивается на *-ываю, -иваю*. Например:

а) *заведую – заведовать, заведовал; исповедую – исповедовать, исповедовал; проповедую – проповедовать, проповедовал; воюю – воевать, воевал; кочую – кочевать, кочевал*;

б) *откладываю – откладывать, откладывал; разведываю – разведывать, разведывал; настаиваю – настаивать, настаивал*.

Указанные глагольные суффиксы сохраняются в формах действительных причастий прошедшего времени; ср.: *завед-ова-вш-ий* (от *завед-ова-ть*), *бесед-ова-вш-ий* – *отклад-ыва-вш-ий* (от *отклад-ыва-ть*), *под-гляд-ыва-вш-ий*.

2. Глаголы, оканчивающиеся на ударяемые *-вить, -ваю*, имеют перед суффиксом *-ва-* ту же гласную, что и в неопределенной форме без этого суффикса, например: *залить – заливать, заливаю; преодолеть – преодолевать, преодолеваю*.

И с к л ю ч е н и я: *застрять – застревать, застреваю; затмить – затмевать, затмеваю; продлить – продлевать, продлеваю* и некоторые другие.

Примечание. Различается написание глаголов *увещевать – увещеваю* (с ударяемым *-ва-*) и *усовещивать – усовещиваю* (с безударным *-ва-*, ср.: *усовестить*).

3. В глаголах (*о*) *деревенеть*, (*о*) *леденеть*, (*о*) *костенеть*, (*о*) *кровенеть*, (*о*) *стекленеть*, (*о*) *столбенеть* имеется составной суффикс *-енеть*.

XIII. Правописание причастий

§ 51. Гласные в суффиксах причастий

1. В действительных причастиях настоящего времени пишутся:

а) суффиксы **-ущ-, -ющ-** у глаголов I спряжения, например: *борющийся, колышущий, стелющий;*
б) суффиксы **-ащ-, -ящ-** у глаголов II спряжения, например: *значащий, дышащий, строящийся.*

Примечание. От глагола *брезжить* образуется причастие *брезжущий.*

2. В страдательных причастиях настоящего времени пишется:
а) суффикс **-ем-** у глаголов I спряжения, например: *колеблемый, проверяемый;*
б) суффикс **-им-** у глаголов II спряжения, например: *видимый, слышимый.*
Но: *движимый* (от старого глагола *движити*).

3. В страдательных причастиях прошедшего времени пишется:
а) **-анный, -янный,** если соответствующий глагол оканчивается в неопределенной форме на **-ать, -ять,** например: *написать – написанный, развеять – развеянный, настоять – настоянный;*
б) **-енный,** если глагол в неопределенной форме оканчивается на **-еть, -ить, -ти** (после согласной), **-чь,** например: *видеть – виденный, застрелить – застреленный, спасти – спасенный, сберечь – сбереженный.* Ср.:

ковры для просушки **развешаны** (развешать) *во дворе – продукты в магазине заблаговременно* **развешены** (развесить);
обвешанные (обвешать) *минами бойцы –* **обвешенные** (обвесить) *продавцом покупатели;*
замешанные (замешать) *в преступлении взяточники – густо* **замешенное** (замесить) *тесто;*
много картин **навешано** (навешать) *на стендах – дверь* **навешена** (навесить);
расстрелянные (расстрелять) *фашистами партизаны –* **подстреленные** (подстрелить) *охотником утки;*
пристрелянное (пристрелять) *орудие –* **пристреленный** (пристрелить) *волк;*
выкачанная (выкачать) *из бака нефть –* **выкаченная** (выкатить) *из подвала бочка.*

Примечание. От глаголов *мерять, мучать* (разговорные формы) страдательные причастия прошедшего времени образуются, как от литературных форм *мерить, мучить,* на **-енный:** *меренный, мученный.*

§ 52. Правописание *нн* и *н* в причастиях и отглагольных прилагательных

1. В суффиксах страдательных причастий прошедшего времени пишется два *н*; как правило, эти причастия имеют при себе приставки или пояснительные слова. Например: *исправленная рукопись, правленные корректором гранки.*
2. При отсутствии приставок или пояснительных слов обычно образуются

имена прилагательные, в которых пишется одно *н*. Например: *правленый текст, бешеный волк, вяленая вобла, глаженые брюки, драная куртка, золоченые изделия, ломаная линия, путаный ответ, рваная рана, сеяные травы, стираное белье* и т.п. Ср.: *замощенные дороги – мощенные булыжником дороги – мощеные дороги*.

3. Разграничение страдательных причастий и образованных от них прилагательных (тем самым выяснение вопроса о написании *нн – н*) иногда производится не по формальному признаку, а по смысловому значению. Например, в предложении *Будучи раненным,* солдат оставался в строю слово *раненным* пишется с двумя *н*, несмотря на отсутствие при нем приставки и пояснительных слов: оно сохраняет глагольное значение, указывает не на постоянный признак-качество, а на временное состояние, т.е. является причастием, а не прилагательным; отглагольные прилагательные действия не обозначают и отвечают на вопросы: к а к о й ?   к а к а я ?   к а к о е ?   к а к и е ?

Аналогично решается вопрос в предложении: *Такие же худые женщины выносили на улицу тазики, стирали белье, переговаривались и тут же развешивали* ***стиранное*** (М. Шагинян).

Наоборот, в сочетаниях *глаженые-переглаженые брюки, латаная-перелатаная шуба, ношеный-переношеный костюм, стираное-перестираное белье, стреляный-перестреляный воробей, штопаные-перештопаные чулки* и т.п. во второй части сложных образований, несмотря на наличие приставки *пере-*, целесообразно писать одно *н*, так как сложное слово все в целом имеет значение прилагательного (высокая степень качества), а не значение «прилагательное плюс причастие».

Примечание 1. При переходе причастия в имя прилагательное возможно изменение лексического значения слова, например: *верченый парень* (ветреный, легкомысленный), *конченый человек* (ни на что больше уже не способный), *писаная красавица* (красивая, как на картине), *прощеное воскресенье* (последнее воскресенье перед Великим постом).

Примечание 2. Не влияет на написание отглагольных прилагательных наличие приставки *не-*, например: *неезженый, нехоженый, незваный, непрошеный, некошеный, некрашеный, некрещеный, неписаный* (закон), *непуганый*.

Примечание 3. Не меняется написание отглагольных прилагательных также в составе сложных слов, например: *гладкокрашеный, горячекатаный, холоднокатаный, цельнокатаный, цельнокроеный, домотканый, пестротканый, златотканый, златокованый, малоезженый, малохоженый, малоношеный, малосоленый, мелкодробленый, свежегашеный, свежемороженый* и др. (ср. с такими же терминами, в которых вторая часть сложного слова образована от приставочного глагола: *гладкоокрашенный, малонаезженный, свежезамороженный* и др.).

Примечание 4. Два *н* пишутся в бесприставочных причастиях, образованных от глаголов совершенного вида (*брошенный, данный, купленный, лишенный,* *плененный* и др.), и в немногих причастиях, образованных от глаголов несовершенного вида (*виданный, виденный, слыханный, читанный* и др.).

4. С двумя *н* пишутся приставочные образования, даже если они имеют значение имени прилагательного, например: *выдержанное вино, наложенным платежом, подержанные книги, поношенное платье, ускоренный шаг.* Но: *названый брат, посаженый отец, смышленый мальчик.*

5. С двумя *н* пишутся прилагательные глагольного происхождения на *-ованный, -ёванный,* например: *балованный ребенок, рискованный проект, корчёванный участок.*

Примечание 1. В прилагательных *кованый* и *жеваный* сочетания *-ов-* и *-ев-* входят в состав корня, а не суффикса.

Примечание 2. В существительных, образованных от страдательных причастий и отглагольных прилагательных, пишется два *н* или одно *н* в соответствии с производящей основой, например:

а) *бесприданница, воспитанник, данник, избранник, священник, ставленник, утопленник;*

б) *вареник, копчености, мороженое, мученик, труженик, ученик.* То же самое относится к производным наречиям, например: *деланно улыбаться, нежданно-негаданно явиться, путано отвечать.*

6. В кратких страдательных причастиях, в отличие от полных, пишется одно *н*, в кратких отглагольных прилагательных (как и в отыменных) сохраняется написание двух *н*. Ср.:

Мировая общественность была **взволнована** сообщениями о зверствах фашистов. – Игра актера была проникновенна и **взволнованна** (отглагольные прилагательные отвечают на вопросы: к а к о в ? к а к о в а ? к а к о в о ? к а к о в ы ?).

В период дворцовых переворотов в России многие фавориты были приближены ко двору и **возвышены.** – Идеалы и стремления революционеров были **возвышенны.**

Девочка **воспитана** бабушкой. – Манеры этой девушки свидетельствуют о том, что она тактична и **воспитанна.**

Иногда простые вопросы бывают искусственно **запутаны.** – Сюжеты этих произведений сложны и **запутанны.**

Вам всегда везет, вы, по-видимому, **избалованы** судьбой. – При неправильном воспитании дети обычно капризны и **избалованны.**

С точки зрения логики эти выводы мало или даже совсем не **обоснованы.** – Предъявленные нам требования произвольны и **необоснованны.**

Масштабы работ были **ограничены** отпущенными средствами. – Его возможности **ограниченны** (т.е. малы).

Врачи были **озабочены** состоянием больного. – Шторм усиливался, и лица моряков были серьезны и **озабоченны**.

Суд не усмотрел в данном деле состава преступления, и обвиняемые были **оправданы**. – Чрезвычайные меры в этих условиях были необходимы и вполне **оправданны**.

Все варианты дальнейшей игры шахматистом до конца **продуманы**. – Ответы экзаменующихся были содержательны и **продуманны**.

Примечание 1. Некоторые отглагольные прилагательные пишутся в полной форме с двумя *н*, а в краткой – с одним *н*, подобно причастиям, с которыми их сближает наличие приставки и значение вида, например: *заплаканные глаза – глаза заплаканы, заржавленные ножи – ножи заржавлены, поношенное платье – платье поношено.*

То же в сложных словах, например: *общепризнанное превосходство – превосходство общепризнано.*

Примечание 2. В некоторых именах прилагательных допускается двоякое написание в краткой форме в зависимости от значения и конструкции. Ср.:

Сестра намерена вскоре уехать («имеет намерение» – в сочетании с инфинитивом). – *Его дерзость намеренна* («нарочита» – без инфинитива).

Мы преданы Родине (в сочетании с дательным падежом). – *Старые друзья всегда преданны* (без дополнения).

Наши легкоатлеты уверены в победе (с дополнением). – *Движения гимнастов легки и уверенны* (без дополнения).

XIV. Правописание наречий

§ 53. Гласные на конце наречий

Наречия с приставками *в-, за-, на-,* образованные от кратких прилагательных, имеют на конце букву *о*, а наречия такого же происхождения с приставками *до-, из-, с-* имеют на конце букву *а*. Например:

1) *вправо, засветло, накрепко;*
2) *досыта, изредка, снова.*

§ 54. Наречия на шипящую

На конце наречий после шипящих пишется буква *ь*, например: *наотмашь, настежь, прочь.*

И с к л ю ч е н и я: *замуж, невтерпеж, уж.*

§ 55. Отрицательные наречия

В отрицательных наречиях под ударением пишется *не*, без ударения – *ни* (в обоих случаях написание слитное). Например: *некогда заниматься пустяками – никогда не занимался пустяками; летом негде было играть – дети нигде не играли; неоткуда ждать известий – ниоткуда не приходили известия.*

§ 56. Слитное написание наречий

1. Пишутся слитно наречия, образованные соединением предлога-приставки с наречием, например: *донельзя, навсегда, послезавтра.*

Примечание 1. От подобных слов следует отличать раздельно пишущиеся сочетания предлогов с неизменяемыми словами, употребляемыми в этих случаях в значении существительных. Ср.: *Назавтра больной почувствовал себя лучше* (почувствовал к о г д а ?, в значении наречия). – *Заседание назначено на завтра* (назначено н а к а к о е в р е м я ? н а к о г д а ?, в значении существительного). Ср. также: *свести на нет, сделать на авось, пойти на ура* и т.п.

Примечание 2. О правописании местоименных наречий *зачем, отчего, почему* и др. см. § 61, п. 4.

2. Пишутся слитно наречия, образованные соединением предлогов-приставок *в* и *на* с собирательными числительными, например: *вдвое, надвое* (но: *по двое*).

3. Пишутся слитно наречия, образованные соединением предлогов-приставок с краткими прилагательными, например: *влево, задолго, намертво, докрасна, издавна, справа* (ср. § 53), *подолгу, попусту, неподалеку.*

Примечание. Различается слитное написание некоторых наречий этого типа и раздельное написание предложно-именных сочетаний. Ср.: *Народу* ***помногу*** *ежедневно здесь бывает.* – *Он не бывает здесь* ***по многу*** *месяцев* (наличие управляемого слова).

4. Пишутся слитно наречия, образованные соединением предлогов-приставок с полными прилагательными и местоимениями, например: *вплотную* (подойти), *врассыпную* (броситься), *вручную* (сделать), *вслепую* (бродить), *втёмную* (играть), *вчистую* (получить отставку); *вничью* (сыграть), *вовсю* (размахнуться).

Примечание. Если имя прилагательное начинается с гласного звука, то предлог *в* пишется отдельно, например: *действовать в открытую* (см. § 58, п. 5).

5. Пишутся слитно наречия, имеющие в своем составе такие существительные или такие именные формы, которые в современном литературном языке не употребляются, например: *вдоволь, вдребезги, взаперти, восвояси, впритык, впросак, врасплох, всмятку, втихомолку, дотла, запанибрата, заподлицо, изнутри, исподлобья, исподтишка, кнаружи, наземь, наискось, насмарку, наспех, настороже, натощак, наугад, начеку, наяву, невдомек, невзначай, невмоготу, невпопад, оземь, поделом, поодаль, поперек, пополам, пополудни, сзади, снаружи, спозаранку, спросонок, сыздетства, чересчур.*

Примечание. Некоторые из этих наречий включают в свой состав имена существительные, которые могут употребляться и как самостоятельные слова, но сравнительно редко, обычно в условиях специального контекста, например: *вблизи* (ср.: *очки для дали и для близи*), *взасос* (ср.: *засос воздуха*), *вперегонки* (ср.: *сухие перегонки*), *исстари* (ср.: *о чудесах вещает старь*), *наперерез* (ср.: *линия перереза*), *наперечет* (ср.: *перечет имен*), *нарасхват* (ср.: *мгновенный расхват*), *понаслышке* (ср.: *распространилась наслышка о его неблаговидном поступке*).

6. Пишутся слитно наречия, если между предлогом-приставкой и существительным, из которых образовалось наречие, не может быть без изменения смысла вставлено определение (прилагательное, числительное, местоимение) или если к существительному не может быть поставлен падежный вопрос, например: *вдобавок, вброд, вволю, влет, вместе, вмиг, внаем, внакладе, вновь, вовремя, воистину, вокруг, вослед, перебой, вперегиб, вплоть, впоследствии, вполовину, вполушутку* либо *вполусерьёз, вправду, вправе, впрок, вразброд, вразнобой, вразрез, вскорости, вслух, всухомятку, въявь, задаром, замужем, зараз, кряду, кстати, навстречу, навыкат, навыкате, навылет, навынос, навыпуск, навырез, навытяжку, наголову, назло, назубок, наизготовку, наизнанку, накануне, налицо, наоборот, наотрез, наперебой, наперевес, наперерыв, наперехват, напоказ, наполовину, напоследок, например, напрокат, напролет, напролом, нараспашку, нараспев, наряду, насилу, наудачу, начистоту, невмочь, отчасти, побоку, подряд, подчас, позарез, поневоле, поодиночке, полуночи, поутру, сбоку, сплеча, сразу, сроду, сряду.*

Примечание 1. Многие из указанных слов в зависимости от контекста (наличия пояснительных слов) и значения выступают в качестве сочетания предлога с существительным и пишутся раздельно. Ср.: *перейти вброд — вступить в брод*; *быть вправду* (на самом деле) *счастливым — верить в правду*; *вправе действовать именно так — не сомневаться в праве поступать так*; *разбить наголову — надеть на голову*; *действовать втайне* (тайно) *— хранить в тайне* (в секрете); *выучить назубок — подарить на зубок*; *сделать назло — жаловаться на зло и несправедливость*; *говорить врастяжку* (растягивая слова) *— отдать сапоги в растяжку* (ср.: *в повторную растяжку*); *склониться набок —*

повернуться на бок (ср.: на правый бок); сбоку припека – с боку на бок; жить обок – жить бок о бок; стоять насмерть – идти на смерть; вернуться наутро (утром) – перенести на утро; не видеть отроду – тридцать лет от роду; слишком много – три метра с лишком; вразрез с чужим мнением – попасть в разрез на руке.

Примечание 2. В данную группу (частично в предыдущую, см. выше, п. 5) входят многие наречия терминологического и профессионального характера с приставкой *в-* и конечным слогом *-ку*, пишущиеся слитно, например: вдогонку, взатяжку, внакатку, внакидку, внакладку, вперебежку, вперебивку, вперевалку, вперевертку, вперегонку, вперемежку, вперемешку, вповалку, вподборку, впригвоздку, впригибку, вприглядку, впридрайку, вприжимку, вприкатку, вприклейку, вприключку, вприковку, вприкормку, вприкрышку, вприкуску, вприпрыжку, вприрезку, вприскочку, впристружку, вприсядку, впритворку, впритирку, впритычку, вприхватку, вприхлебку, вприхрустку, вприщурку, вразбивку, вразброску, вразвалку, вразмашку, вразрядку, враскачку, враскрутку, врастряску. Пишутся раздельно: *в насмешку, в рассрочку*, также: *в диковинку* (другого образования) и разные сочетания, в которых существительное начинается с гласной буквы (*в обтяжку* и др., см. ниже, § 58, п. 5).

7. Пишутся слитно наречия с пространственным и временным значением, имеющие в своем составе существительные *верх, низ, перед, зад, высь, даль, глубь, ширь, начало, конец, век*. Например: вверх, вверху, доверху, кверху, наверх, вниз, внизу, книзу, снизу, вперед, назад, ввысь, вдаль, вдали, вглубь, вширь, вначале, сначала, вконец, наконец, ввек, довеку, навек, навеки.

Примечание 1. Возможность вставки определяющего слова (ср.: *вверх – в самый верх*) не влечет за собой раздельного их написания. Раздельно эти слова пишутся только при наличии в самом предложении пояснительного слова к указанным существительным или по смыслу контекста, например: *к низу платья, в глубь океана, в даль туманную, в начале осени, во веки веков, на веки вечные, повторить урок с начала* (т.е. «от начала», а не «сперва»). Ср.: *Науку изучают с азов, дружбу берегут с начала* (пословица). Но: *Нужно начать все сначала* (в значении «заново, опять, еще раз»). Ср.: *Ах, если бы можно было зажить сначала, – ведь теперь открыты все пути* (Мамин-Сибиряк).

Примечание 2. Некоторые из приведенных в данном пункте слов могут употребляться в функции предлогов при управляемом существительном, и в этих случаях сохраняется слитное написание, например: *Внизу двери виден был свет* (т.е. свет шел из-под двери, а не освещал низ двери), *Вверху письма стояла дата* (воспринимается значение наречного предлога, а не предметное значение «верх письма»). Ср. также: *быть наверху блаженства, чувствовать себя наверху* *благополучия* (с переносным значением слова *наверху*), *остановиться посередине дороги* и т.д.

§ 57. Дефисное написание наречий

1. Пишутся через дефис наречия с приставкой **по-**, образованные от полных прилагательных и местоимений и оканчивающиеся на *-ому, -ему, -ки, -ьи*, например: *работать по-новому, пусть будет по-вашему, советовать по-дружески, говорить по-французски, хитрить по-лисьи, по-видимому, по-пустому, по-прежнему*. Ср. также: *сделаем по-сережиному* (от притяжатель-ного прилагательного *Сережин*, образованного от собственного имени *Сережа*).

Примечание 1. Приставка **по-** пишется слитно, если в состав наречия входит краткое прилагательное на *-у* (*подолгу, помаленьку*, см. § 56, п. 3) или сравнительная степень (*побольше, почаще*).

Примечание 2. В наречиях с приставкой **по-**, образованных от сложных прилагательных с дефисным написанием, дефис пишется только после приставки, например: *по-социалдемократически, по-унтерофицерски*.

2. Пишутся через дефис наречия с приставкой **в- (во-)**, образованные от порядковых числительных, например: *во-первых, в-четвертых, в-седьмых, в-последних* (последнее написание – по аналогии с такими, как предыдущие).

Соединяются дефисами части таких образований, как *в-двадцать-пятых, в-сто-тридцать-седьмых* и т.п.

3. Пишутся через дефис неопределенные наречия с аффиксами *-то, -либо, -нибудь, кое-, -таки* (см. § 64, п. 1), например: *когда-то, откуда-либо, как-нибудь, кое-где, все-таки*.

4. Пишутся через дефис наречия, образованные повторением того же самого слова или той же основы, а также сочетанием двух синонимических или связанных по ассоциации слов, например: *едва-едва, чуть-чуть, как-никак, крест-накрест, туго-натуго, мало-помалу, нежданно-негаданно, не сегодня-завтра, подобру-поздорову, с бухты-барахты, тихо-смирно, худо-бедно*.

5. Пишется через дефис технический термин *на-гора*.

§ 58. Раздельное написание наречных сочетаний

1. Пишутся раздельно наречные выражения, состоящие из двух повторяющихся существительных с предлогом между ними, например: *бок о бок, с глазу на глаз* (по аналогии: *один на один*).

2. Пишутся раздельно наречные выражения с усилительным значением, образованные сочетанием двух одинаковых существительных, из которых одно стоит в именительном падеже, другое – в творительном, например: *дело делом, честь честью, чудак чудаком.*

3. Пишутся раздельно употребленные в наречном значении сочетания имен существительных с предлогами:

без, например: *без ведома, без запроса, без обиняков, без оглядки, без отказа, без просвета, без просыпу, без разбору, без спросу, без толку, без удержу, без умолку, без устали;*

в, например: *в дым, в лоск, в стельку* (пьяный), *в подбор, в придачу, в складчину, в старину, в стык, в тупик, в тупике;*

до, например: *до зарезу, до отвала, до отказа, до смерти, до упаду;*

за, например: *за полночь;*

на, например: *на бегу, на весу, на виду, на лету, на скаку, на ходу, на вес, на вид, на вкус, на глаз, на глазок, на грех, на диво, на зависть, на ощупь, на редкость, на славу, на смех;*

от, например: *от силы* (три килограмма и т.п.);

по, например: *по старинке;*

под, например: *под стать, под уклон, под хмельком, под шумок; с,* например: *с ведома, с кондачка, с маху, с наскока, с панталыку* (сбиться), *с разбегу, с разгона, с размаху, с ходу.*

То же при предлогах *в* и *на* с существительными во множественном числе, например: *в головах, в ногах, на днях, на радостях, на рысях, на сносях, на часах* (стоять).

Пишутся раздельно выступающие в функции наречий сочетания предлога *на* с неизменяемыми частями речи (частицами, междометиями): *на авось, на нет* (свести на нет), *на ура, на фуфу,* ср. также: *на арапа, на шарап* и др.

4. Пишутся раздельно употребленные в роли наречия сочетания имен существительных с различными предлогами, если существительное в определенном значении сохранило хотя бы некоторые падежные формы, например: *в насмешку, с насмешкой; за границу, за границей, из-за границы* (но: *торговля с заграницей* – от существительного *заграница*); *на дом, на дому; на карачки, на карачках; на корточки, на корточках; на цыпочки, на цыпочках; на запятки, на запятках; на поруки, на поруках; на память, по памяти; на руку, не с руки; на совесть, по совести; под мышку, под мышкой, под мышки, под мышками, из-под мышек; под спуд, под спудом.*

То же, если существительное употреблено в переносном значении, например: *крикнуть в сердцах* (в гневе), *ругать за глаза* (заочно).

5. Пишутся раздельно наречные сочетания, состоящие из предлога *в* и существительных, начинающихся с гласной буквы, например: *в обмен, в обрез, в обхват, в упор.* Также: *в открытую.*

XV. Правописание предлогов

§ 59. Сложные предлоги

Сложные предлоги *из-за, из-под, по-за, по-над, по-под, с-под, для-ради, за-ради* пишутся через дефис, например: *из-за стола, из-под шкафа, спрятался по-за корчму* (Куприн); *по-над берегом моря рысью поскакал* (Гайдар); *трое едут по-под лесом* (Л. Толстой); *Из-за леса, из-за гор едет дедушка Егор* (фолькл).

§ 60. Слитное и раздельное написание предлогов и предложных сочетаний

1. Пишутся слитно предлоги: *ввиду, вместо, вроде, вследствие, наподобие, насчет, сверх*, например: *ввиду возможных осложнений* (но: *в виду города, иметь в виду*), *вроде глубокой траншеи* (но: *в роде Артамоновых*), *вследствие засухи* (но: *включить в следствие*), *наподобие рычага, справиться насчет расписания* (но: *перевести на счет фирмы*).

Примечание. О наречных предлогах в сочетаниях *внизу письма, сбоку дома, наверху счастья, посередине комнаты* см. § 56, п. 7, примеч. 2.

2. Пишутся раздельно предлоги: *в виде, в связи с, в продолжение, в течение,* наречие-предлог *в заключение* (последние три сочетания при обозначении времени имеют на конце *е*), например: *в виде исключения, в связи с отъездом, в продолжение зимнего сезона* (ср.: *сюжетные изменения в продолжении романа*), *в течение двух часов* (ср.: *неожиданные перемены в течении болезни*), *в заключение своего выступления* (ср.: *основные положения в заключении юриста*).

XVI. Правописание союзов

§ 61. Слитное написание союзов

1. Союз *чтобы* пишется слитно в отличие от сочетания *что бы* (местоимение и частица), в последнем случае частицу *бы* можно переставить в другое место предложения. Например:

а) *Редактор встретился с автором,* **чтобы** *(для того чтобы) согласовать внесенные в рукопись изменения; Нет такой силы,* **чтобы** *удержала его на месте* (возможна перестановка: *...что удержала бы его на месте*, в связи с чем возможен вариант раздельного написания союзного слова *что* и частицы *бы*);

б) **Что бы** *такое еще придумать?* (ср.: **Что** *такое еще* **бы** *придумать?*); **Что бы** *ни случилось, я не оставлю его в беде; Не имею понятия,* **что бы** *он сделал на моем месте.*

Примечание. Сочетание *во что бы то ни стало* пишется в шесть слов.

2. Союзы *тоже* и *также* пишутся слитно в отличие от сочетаний *то же* (местоимение с частицей) и *так же* (наречие с частицей), оба союза синонимичны союзу *и.* Ср.: *Вы* **тоже** *отдыхали на Кавказе? – Вы* **также** *отдыхали на Кавказе? –* **И** *вы отдыхали на Кавказе?*

При сочетании *то же* часто стоит местоимение *самое* (образуется сочетание *то же самое*), например: *Ежедневно повторялось то же самое.* Ср. в разговорном стиле (с другим значением сочетания, выступающего в функции союза): *Ему то же самое хотелось поступить в университет.*

За сочетанием *то же* часто следует союзное слово *что*, например: *Сегодня то же, что вчера.*

За сочетанием *так же* часто следует наречие *как*, например: *Мы решили провести лето так же, как в прошлом году* (частицу *же* можно опустить: *Мы решили провести лето так, как в прошлом году*).

Примечание 1. Только в условиях более широкого контекста можно различать некоторые предложения с сочетаниями *тоже – то же, также – так же.* Ср.:

Остальные **тоже** *громко кричали* («и остальные громко кричали»). – *Остальные* **то же** *громко кричали* («громко кричали то же самое»).

Подростки **также** *отважно боролись с фашистскими оккупантами* (с интонационной паузой после слова *также* – «и подростки принимали участие в борьбе с фашистскими оккупантами»). – *Подростки* **так же** *отважно боролись с фашистскими оккупантами* (с интонационной паузой после слова *отважно* – «с такой же отвагой боролись»).

Примечание 2. Слитно пишется *тоже* в роли частицы, например: *Тоже мне советчик!*

3. Союзы *причем* и *притом* пишутся слитно в отличие от сочетаний предлога с местоимением: *при чем* и *при том.*

Указанные союзы имеют присоединительное значение («в добавление к этому»), например: *Эксперимент был проведен удачно,* **причем** *впервые; Выступление содержательное и* **притом** *интересное по форме.*

Сочетание *при чем* употребляется в вопросительных предложениях, например: **При чем** *тут он со своими претензиями?*

Сочетание *при том* определяет следующее далее существительное, например: **При том** *издательстве имеется небольшая типография.*

4. Союз *зато*, наречия *зачем, затем, отчего, оттого, почему, потому, посему,* *поэтому, почем* пишутся слитно в отличие от созвучных им сочетаний предлогов с местоимениями. Ср.:

*Подъем на гору здесь крутой, **зато** дорога красивая. – Инженер получил премию **за то**, что внедрил в производство свой метод.*

***Зачем** вызывать напрасные надежды? – **За чем** пойдешь, то и найдешь* (пословица).

*Он рассказывал об этом не **затем** (не для того), чтобы вызвать в нас простое любопытство. – Вслед **за тем** раздался выстрел* (в сочетании вслед за тем три слова).

***Затем** и пришел, чтобы получить нужные сведения* (пришел с какой-то целью). *– За тем и пришел, что искал* (пришел за каким-то объектом).

***Отчего** (почему) я люблю тебя, тихая ночь?* (Полонский). *– Было **от чего** печалиться* (т.е. была причина, объект для данного состояния).

*Недоразумения часто происходят **оттого** (потому), что люди друг друга не понимают. – Дальнейшее зависит **от того**, как сложатся обстоятельства.*

***Почему** (по какой причине) вы так плохо судите о людях? – **По чему** (по каким признакам) вы судите о перемене погоды?*

*Я не узнал знакомых мест только **потому**, что давно здесь не был. О переменах в жизни нельзя судить только **по тому**, что мимолетно видишь.*

***Почем** (по какой цене) сейчас картофель на рынке? – Били **по чем** попало.*

Примечание 1. Вопрос о слитном или раздельном написании в рассматриваемом случае иногда определяется контекстом. Так, имеет значение соотносительность вопроса и ответа. Ср.:

а) ***Зачем** он сюда приходил? – Чтобы получить нужные сведения* (цель, которая выражается наречием *зачем*);

б) ***За чем** он сюда приходил? – За нужными сведениями* (объект, который выражается местоимением в сочетании с предлогом *за*).

В других случаях ответ дает соотносительность однородных членов. Ср.:

а) ***От** постоянных **ветров** и **оттого**, что дожди в этих местах выпадают редко, почва здесь заметно выветривается* (однородные обстоятельства причины, *оттого* – наречие);

б) ***От** выступления докладчика и **от того**, что будет дополнено в прениях, можно ждать много интересного* (однородные дополнения, *от того* – сочетание предлога с местоимением).

Примечание 2. В некоторых случаях возможно двоякое толкование текста и двоякое написание. Ср.:

а) ***Оттого**, что он говорит* (занимается разговорами), *мало толку*.

б) ***От того**, **что** он говорит* (содержание его высказываний), *мало толку*.

Примечание 3. В разговорном стиле речи встречаются конструкции с написанием, отступающим от правила, например: *– **Почему** ты на меня* сердишься? – Да *по тому* самому (раздельное написание объясняется наличием слова *самому* выступающего в роли усилительной частицы).

5. Союз *итак* (в значении вводного слова «следовательно») пишется слитно в отличие от сочетания *и так* (союз и наречие), например: *Итак, все кончено* (Пушкин). – *И так* кончается каждый раз.

§ 62. Раздельное написание союзов

1. Пишутся раздельно (без дефиса) пояснительные союзы *то есть, то бишь*, например: *Пили по-обыкновенному, то есть очень много* (Пушкин); *Третьего дня, то бишь на той неделе, сказываю я старосте...* (Слепцов).

2. Пишутся раздельно сложные союзы *потому что, так как, так что, для того чтобы, тогда как* и др.

XVII. Правописание частиц

§ 63. Раздельное написание частиц

1. Частицы *бы (б), же (ж), ли (ль)* пишутся раздельно, например: *сделал бы, если бы, если б, однако же, однако ж, вот же ж ты какой, едва ли, всегда ль*.

Примечание. Правило не распространяется на те случаи, когда указанные частицы входят в состав цельных слов, например: *чтобы, также, неужели* и др.

2. Раздельно пишутся частицы *ведь, вот, мол* и некоторые другие.

§ 64. Дефисное написание частиц

1. Пишутся через дефис частицы *-то, -либо, -нибудь, кое- (кой-), -ка, -де, -с, -тка, -тко*, например: *кто-то, что-либо, чей-нибудь, кое-какой* (в составе неопределенных местоимений; о правописании этих частиц с наречиями см. § 57, п. 3), *скажите-ка, на-ка, на-кась, ну-ка, ну-кась, нате-ка, нате-кась, он-де, да-с, на-тка, на-ткась, ну-тко, гляди-тко*.

2. Частица *-то* присоединяется дефисом к местоимениям и наречиям не только для выражения неопределенности, но и для придания им оттенка эмоциональности, например: *Высоко летает, да где-то сядет? Посмотрим, как-то он обо мне печется* (Тургенев).

Пишется также через дефис слово *как-то* перед перечислением однородных членов предложения, например: *К краснолесью относятся хвойные деревья, как-то: сосна, ель, пихта.*

Примечание. Если частица *-то* попадает в середину сложного слова, части которого соединяются дефисом, то дефис пишется только перед частицей, а после нее опускается, например: *Подобру-то поздорову, а убираться все же не хочется; Шуры-то муры ваши с сестрицей моей я вижу* (Тургенев).

3. Частица **кое- (кой-)**, оторванная от местоимения предлогом, пишется отдельно, например: *кое у кого, кое в чем, кой с каким.*

4. Частица *-таки* пишется через дефис:

а) после наречий, например: *верно-таки, довольно-таки, опять-таки, прямо-таки, так-таки;*

б) после частиц, например: *все-таки, действительно-таки, неужели-таки;*

в) после глаголов, например: *настоял-таки, ушел-таки.* В остальных случаях *-таки* пишется отдельно, например: *старик таки добился своего, она таки бросила семью, большую таки дачу себе построили.* Ср.: *...но таки упек своего товарища* (Гоголь); *...я таки запер ее и в этот раз* (Достоевский).

5. Если частица, которая пишется через дефис, стоит после другой частицы, то дефис опускается, например: *все же таки, мы бы де так не поступили.* Ср.: *Такой-то де старик... и зол и подл* (Пушкин), *Кому же нибудь я должен это сказать!* (Тургенев). Но: *Не купите ли-с?* (Данилевский), *как же-с* (частица *-с* присоединяется дефисом также к предшествующей частице).

Правописание *не* и *ни*

§ 65. Правописание *не* с именами существительными

1. Пишутся слитно с *не* имена существительные, которые без *не* не употребляются, например: *невежда, неверие, невзгода.*

2. Пишутся слитно с *не* существительные, которые в сочетании с *не* приобретают противоположное значение, обычно такие слова можно заменить синонимами без *не*, например: *неправда* (ср.: *ложь*), *неприятель* (ср.: *враг*), *несчастье* (ср.: *беда*).

3. Пишутся слитно с *не* существительные, обозначающие лиц и выражающие качественный оттенок; в сочетании с *не* образуются слова со значением противопоставления. Например: *немарксист, нерусский, неспециалист.* Ср.: *Метафорами широко пользуются литераторы и* ***нелитераторы*** (М. Исаковский); *Речь идет о читателе –* ***неязыковеде, неэтимологе*** (Лев Успенский). *Восстаньте же, замученные дети, среди людей ищите* ***нелюдей*** (Евг. Евтушенко).

Ср. также примеры из газет: «Мы требуем созыва международной конференции с участием всех государств – членов и *нечленов* Организации Объединенных Наций для достижения всеобщего и контролируемого разоружения по этапам» (из Обращения Бюро Всемирного Совета Мира 11/VII 1960 г.); «Права *неевропейца* в Южно-Африканской Республике низведены до прав узника концентрационного лагеря».

Примечание. У существительных с другим значением противопоставление выражается раздельно пишущейся частицей, а не приставкой *не*, например: *На лугу паслись коровы и не коровы; Он готов писать все: стихи и не стихи, пьесы и не пьесы.* Слитное написание встречается только в словах-терминах, например: *металлы и неметаллы; неликвид, неплатеж* и под.

4. Пишутся раздельно с *не* существительные, если имеется или подразумевается противопоставление, например: *Это не осторожность, а трусость; Нет, это не уверенность убежденного в своей правоте человека; Средние века не многим пополнили этот список металлов* (субстантивированное прилагательное).

5. Раздельно пишется *не* с существительным в вопросительном предложении, если отрицание логически подчеркивается, например: *Писатель значительно вырос за последнее время, не правда ли?* (невозможна замена: *...ложь ли?*).

Примечание. Если отрицание не подчеркивается, то употребляется слитное написание, например: *Разве это неправда?* (возможна замена: *Разве это ложь?*).

§ 66. Правописание *не* с именами прилагательными

1. Пишутся слитно с *не* имена прилагательные, которые без *не* не употребляются, например: *небрежный, невзрачный, неприязненный.*

2. Пишутся слитно с *не* прилагательные, которые в сочетании с *не* приобретают противоположное значение; обычно такие слова можно заменить синонимами без *не*. Например: *небольшой* (ср.: *маленький*), *неженатый* (ср.: *холостой*), *ненастоящий* (ср.: *ложный, притворный*).

Примечание. Не всегда удается подобрать подобный синоним, но утвердительный оттенок значения, содержащийся в прилагательном, служит основанием для слитного написания, например: *Кто-то нездешний в часовне на камне сидит* (Жуковский); *У Гервига была какая-то немужская изнеженность* (Герцен); *Юные шалости его ... определялись недетской вдумчивостью* (Леонов); «*Это один из тех 12 миллионов несчастных людей, "небелых граждан" Южно-Африканской Республики, которые гневно осудили рабство...*» (из газет).

3. Пишутся раздельно с *не* прилагательные, если имеется или подразумевается противопоставление, например: *проблема не простая, а сложная; отношения не враждебные; свет не резкий; молоко не кислое; мясо не свежее; взгляд не добрый; задание не срочное; не многие присутствующие поддержали докладчика* (мыслится ... *а отдельные*).

4. Как правило, *не* пишется раздельно с относительными прилагательными, придавая отрицание выражаемому ими признаку, например: *часы не золотые, мед не липовый, небо здесь не южное.* Из качественных прилагательных сюда относятся прилагательные, которые обозначают цвет и которые в сочетании с *не* не образуют слов с противоположным значением, например: *краска не синяя, переплет не желтый, оттенок не серый.*

При этом учитывается синтаксическая функция прилагательного: правило обычно распространяется на прилагательные в роли сказуемого, так как предполагаемое противопоставление придает высказыванию характер общеотрицательного суждения, выражаемого частицей *не*, но может не распространяться на прилагательные в роли определения. Ср.: *Эти люди **не здешние** – блистать **нездешней** красотой; бумага **не белая** – **небелые** граждане* (из приведенного выше примера); *логика не женская – девушка рассуждала с **неженской** логикой; форма **не круглая** – счет на **некруглую** сумму в 119 тысяч рублей* (переносное значение слова).

Примечание. В некоторых случаях возможно двоякое толкование текста и, как следствие, двоякое написание, ср.: *Эта задача **нетрудная*** (утверждается «легкость») – *Эта задача **не трудная*** (отрицается «трудность»); *перед нами **необычное** явление* (т.е. редкое) – *перед нами **не обычное** явление* (мыслится противопоставление: ...*а исключительное, из ряда вон выходящее*).

5. Различается противопоставление, выраженное союзом *а*, и противопоставление, выраженное союзом *но*. При первом один из двух противоположных друг другу признаков отрицается, а другой утверждается, например: *река **не глубокая**, а мелкая;* при втором нет противоположных друг другу понятий, они вполне совместимы, т.е. предмету одновременно приписываются два признака без отрицания одного из них, например: *река **неглубокая**, но холодная.* В первом случае *не* пишется отдельно, во втором – слитно.

6. Наличие пояснительных слов, как правило, не влияет на слитное написание *не* с прилагательными (ср. написание *не* с причастиями, § 70, п. 2), например: *незнакомый нам автор, неизвестные науке факты, неуместное в данных условиях замечание, незаметная на первый взгляд ошибка, непонятные ученику слова, ненужные для дела подробности, неправильные во многих отношениях выводы; случай, непохожий на другие; поведение, недостойное порядочного человека; площадка, непригодная для стройки; озеро, невидное за лесом* (везде утверждается отрицательный признак, а не отрицается положительный).

Примечание 1. Раздельное написание *не* с прилагательным, имеющим при себе пояснительные слова, встречается:

1) при прилагательных, которые в полной и краткой форме имеют разное значение (см. ниже, п. 8), например: *не готовый к выходу актер, не склонный к простуде ребенок*;

2) при наличии в качестве пояснительных слов отрицательных местоимений и наречий (начинающихся с ни) или сочетаний *далеко не, вовсе не, отнюдь не*, например: *никому не известный адрес, ни в чем не повинные люди, нисколько не понятное выражение, ничуть не вредный напиток, далеко не простое решение, вовсе не бесплодные поиски, отнюдь не новый сюжет*, ср.: **неведомыми** *мне путями* – *никому* **не ведомыми** *путями*, но: *В жизни нет ничего* **невозможного!** *В том, в чем обвиняется мой сосед, нет ничего* **незаконного** (отрицательное местоимение *ничего* не зависит от прилагательных, а само ими поясняется);

3) иногда при постановке прилагательного с зависимыми словами после определяемого существительного, например: *предприятия, не подведомственные тресту* (в условиях обособления конструкция с прилагательным приближается по значению к причастному обороту); ср.: *шахматист играл в* **несвойственном** *ему стиле* – *черты,* **не свойственные** *нашему поколению.*

Примечание 2. Если в качестве пояснительного слова выступает наречие меры и степени *(весьма, крайне, очень, почти, наречное выражение в высшей степени* и т.п.), то *не* с прилагательным пишется слитно, например: *весьма некрасивый поступок, крайне неуместный выпад, очень неудачное выступление, почти незнакомый текст, в высшей степени неразборчивый почерк.*

Примечание 3. При наличии в качестве пояснительного слова наречия *совсем* возможно как слитное, так и раздельное написание *не* с прилагательными, что связано с двумя значениями, в которых употребляется указанное наречие: 1) «совершенно, очень», 2) «отнюдь», «никоим образом», ср.: *совсем ненужная встреча* (совершенно ненужная, лишняя) – *совсем не случайная встреча* (отнюдь не случайная). В некоторых случаях возможны оба толкования и, как следствие, оба написания, например: *совсем небольшие достижения* (маленькие, скромные) – *совсем не большие достижения* (отнюдь не большие).

Двоякое толкование допускает и наречие *вовсе*: 1) «отнюдь», 2) «совсем, совершенно» – в разговорном стиле речи; ср.: *Приводились вовсе не убедительные доводы. – Авторами этих работ являются менее популярные или вовсе неизвестные авторы.*

7. С краткими прилагательными отрицание *не* пишется в основном так же, как с полными: слитно при отсутствии противопоставления и раздельно при его наличии, например: *комната невысокая – комната невысока; непонятный вопрос – вопрос непонятен; недействительная сделка – недействительна сделка в нарушение закона; роман не интересен, а скучен; залив неглубок, но удобен для плавания на моторном катере.*

Ср. написания при наличии различных пояснительных слов: *Поиски материала по выбранной теме для него **несложны**; Слишком **неуверены** люди в будущем; Он совершенно **незнаком** с последними достижениями в области зоотехники.* – *Никакой контроль тут уже **не возможен**; Они ни в чем **не похожи** друг на друга.* Ср. также: *Эта река всегда **неспокойна**.* – *Эта река никогда **не спокойна**.*

8. Пишутся раздельно с *не* краткие прилагательные, которые не употребляются в полной форме или имеют в полной форме иное значение, например: *не готов к отъезду, не должен так поступать, не намерен молчать, не обязан помогать, не рад встрече, не склонен верить, не расположен к беседе*.

Примечание. В зависимости от смысла *не* с краткими прилагательными, как и с полными, пишется то слитно, то раздельно; ср.: *Наша семья **небогата*** (примерно то же, что бедна) – *Наша семья **не богата*** (т.е. среднего достатка); *Эта девушка **некрасива*** (утверждается отрицательный признак) – *Эта девушка **не красива*** (отрицается положительный признак); *Адрес **неизвестен*** (утверждается «неизвестность») – *Адрес **не известен*** (отрицается «известность»). Ср. также: *Невелика беда.* – *Не велика, казалось бы, эта дистанция для стайеров.*

Чаще встречается раздельное написание в парах: *не нужен – ненужен, не прав – неправ, не согласен – несогласен, не способен – неспособен* (обычно в этих случаях больше чувствуется отрицание положительного признака, чем утверждение отрицательного).

9. Двоякое написание встречается и в сочетаниях *не* со сравнительной степенью прилагательных, например: *Эта заставка **некрасивее** той* (более некрасива). – *Эта заставка **не красивее** той* (не обладает большей красотой); *В эту ночь сон больного был **неспокойнее**, чем в прошлую* (был еще более неспокойным). – *В эту ночь сон больного был **не спокойнее**, чем в прошлую* (был не более спокойным).

Раздельно пишется: *не ниже, не выше, не лучше, не хуже, не ближе, не беднее* и т.п. (частая форма написания *не* со сравнительной степенью прилагательных).

Раздельно пишется *не* с формами *больший, меньший, лучший, худший*, например: *с не меньшим успехом, с не лучшими шансами*.

10. Различается написание *не* с отглагольными прилагательными на *-мый* и с причастиями на *-мый*: при наличии пояснительных слов первые пишутся слитно (как и отыменные прилагательные), вторые – раздельно, например: а) *необитаемый с давних пор остров, нерастворимые в воде кристаллы, неразличимые в темноте фигуры людей*; б) *не посещаемые охотниками заповедники, не читаемые неспециалистами журналы, не любимый мачехой ребенок*.

К прилагательным на *-мый* относятся слова, образованные от н е п е р е х о д н ы х глаголов (например: *независимый, непромокаемый, несгораемый*) или от глаголов с о в е р ш е н н о г о вида (например: *неисправимый, неосуществимый, неразрушимый). На эти слова распространяются общие правила написания *не* с прилагательными, т.е. они пишутся слитно и при наличии пояснительных слов (примеры см. выше), а также в краткой форме (например: *остров необитаем, болезнь неизлечима, эти страны экономически независимы*). Однако остается в силе правило раздельного написания прилагательных с *не*, если в качестве пояснительных слов выступают местоимения и наречия, начинающиеся с *ни*, или сочетания *далеко не, вовсе не, отнюдь не* (см. выше, п. 6, примеч. 1, подпункт 2), например: *ни с чем не сравнимое впечатление, ни от кого не зависимые страны, отнюдь не растворимые кристаллы; это явление ни из жизни, ни из искусства не устранимо.* Исключение составляют слова, которые без *не* не употребляются, например: *никем непобедимая армия, ни для кого непостижимый случай, ни при каких условиях неповторимый эксперимент.*

Примечание. Следует различать написание *не* со словами на *-мый*, образованными от п е р е х о д н ы х глаголов н е с о в е р ш е н н о г о вида: такие слова могут быть как страдательными причастиями настоящего времени, так и прилагательными (в первом случае написание с *не* раздельное, во втором – слитное). Причастиями они являются, если при них в качестве пояснительного слова употребляется творительный падеж д е й с т в у ю щ е г о лица, реже творительный о р у д и я (так называемый и н с т р у м е н т а л ь н ы й); при наличии других пояснительных слов они становятся прилагательными (теряют значение страдательности и значение времени и приобретают качественное значение). Ср.: *не любимый мачехой ребенок – нелюбимые в детстве игры* (во втором случае слово *нелюбимый* указывает на постоянный признак, обозначает примерно то же, что «неприятный», «нежелательный»); *движение, не тормозимое воздухом – невидимая с Земли сторона Луны.*

К прилагательным этого типа относятся: невидимый, невменяемый, невоспламеняемый, негасимый, недвижимый, неделимый, незабываемый, незримый, неизменяемый, нелюбимый, немыслимый, необлагаемый, неотчуждаемый, непереводимый, непередаваемый, непознаваемый, непроверяемый, неспрягаемый, нетерпимый и др. Ср. их написание при наличии пояснительных слов: *неделимое на три число, незабываемые для нас встречи, сквозь незримые миру слезы, немыслимые в недавнем прошлом рекорды, непередаваемые простыми словами чувства, непроверяемые с давних пор счета, непроходимая в весеннюю пору грязь, несклоняемые в русском языке существительные, нетерпимое в нашем обществе поведение* и т.д.

11. Раздельно пишется *не* с прилагательным в вопросительном предложении, если отрицание логически подчеркивается, например: ***Не ясно*** *ли это положение без всяких доказательств? Кому* ***не известны*** *имена наших космонавтов?*

Примечание. Если отрицание не подчеркивается, то употребляется слитное написание, например: *Разве это положение **неясно**? Разве это утверждение **неверное**?* (возможна замена: *Разве это утверждение ошибочное?*)

§ 67. Правописание *не* с именами числительными

С именами числительными отрицание *не* пишется раздельно, например: *не два, не трое, пятые и не пятые классы, здесь проходит не нулевой меридиан*.

§ 68. Правописание *не* с местоимениями

С местоимениями (за исключением отрицательных, употребленных без предлога, см. § 47) отрицание *не* пишется раздельно, например: *не я и не ты, не себе, не каждый, живет в не нашем доме*.

Примечание. Пишется через дефис философский термин *не-я*.

§ 69. Правописание *не* с глаголами

1. Отрицание *не* с глаголами (в личной форме, в инфинитиве, в форме деепричастия) пишется раздельно, например: *не брать, не был, не зная, не спеша*.

Примечание 1. Пишутся слитно с *не* глаголы, которые без *не* не употребляются, например: *негодовать, недоумевать, несдобровать, невзвидеть света, невзлюбить падчерицу, что-то сегодня нездоровится* (глагол *здоровится* имеет устарелый и разговорный характер и употребляется редко: *Как вам здоровится? Не очень здоровится*); но, в соответствии с общим правилом: *не поздоровится*.

Примечание 2. Глагол *хватать* в любом значении пишется раздельно с *не*, например: 1) *Щенок подрос и больше **не хватает** хозяина за брюки;* 2) *В книге **не хватает** нескольких страниц*.

Различается раздельное написание *не доставать* в значении «не дотягиваться» и слитное написание *недоставать* в значении «быть в недостаточном количестве», «быть нужным», например: 1) *не достает рукой до форточки;* 2) *в кассе недостает двух рублей, недостает терпения, только этого недоставало*.

Примечание 3. Различается раздельное написание *не взирая* и слитное написание *невзирая*. В первом случае налицо форма деепричастия от устарелого глагола *взирать*, например: *критиковать не взирая на лица*. Во втором случае — предложное сочетание *невзирая на* со значением «несмотря на», «вопреки чему-либо», например: *продолжать борьбу невзирая на потери, гулять невзирая на плохую погоду*.

2. Пишутся слитно глаголы с составной приставкой *недо-*, придающей глаголу значение неполноты, недостаточности действия (приставка эта по значению часто антонимична приставке *пере-*; ср.: *недосолить – пересолить, недооценить свои возможности – переоценить свои возможности*). Например: *недобрать тетрадей, недоварить картофель, недовернуть гайку, недовесить масла, недовыполнить план, недоглядеть опечаток, недогрузить вагон, недополучить часть товара, недоедать, недосыпать, недосмотреть, недослышать, недоучесть.* Ср.: *И как недосмотрел? И как ты недослышал?* (Грибоедов); *Бился как рыба об лед, недоедал, недосыпал* (Тургенев).

Примечание. Следует различать глаголы с приставкой *недо-*, обозначающие, что действие выполнено ниже нормы, и созвучные им глаголы с приставкой *до-*, которым предшествует отрицание *не* и которые обозначают в сочетании с частицей, что действие не доведено до конца. Ср.: ***недосмотреть** за ребенком* (допустить упущение при надзоре) *– **не досмотреть** спектакль до конца* (не окончить смотреть); *Безработные постоянно **недоедали** – Дети часто **не доедали** за обедом свой суп; всегда **недоплачивали** – никогда **не доплачивали**.*

Ср. также раздельное написание на основании общего правила: *не добежать до финиша, не доводить до конца, не докончить письма, что-то не доделать, ни до чего не доспорились; Приводя эти факты, очевидец многого не досказал.*

§ 70. Правописание *не* с причастиями

1. Пишется слитно *не* с полными причастиями, при которых нет пояснительных слов, например: *невычитанная рукопись, незамеченные опечатки, непроверенные цитаты.*

2. Пишется раздельно *не* с причастиями, имеющими при себе пояснительные слова, например: *не возвращенная автору рукопись, не замеченные корректором опечатки, не сданные в срок гранки, не изданные при жизни писателя варианты отдельных глав романа.*

Примечание 1. Данное правило распространяется и на те случаи, когда причастие с пояснительными словами образует часть составного сказуемого, например: *Многие письма писателя остались **не опубликованными** при его жизни; Нападки консервативной критики на эту постановку остались **не замеченными** в драматургии.* Ср. в другой синтаксической конструкции: *Трудно представить себе его **не участвующим** активно в репетициях.*

Под правило подходят также причастия, употребляемые в роли существительных, например: *В числе **не явившихся** на заседание были Петров и Сергеев.* Но при субстантивации причастия (переходе в разряд существительных) используется слитное написание, например: *число* ***неуспевающих*** *по русскому языку*.

Примечание 2. При наличии в качестве пояснительных слов наречий меры и степени *не* с причастиями пишется слитно (ср. § 66, п. 6, примеч. 2), например: *совершенно* ***невычитанная*** *рукопись, совсем* ***непроверенные*** *цифры*. Но если помимо таких наречий при причастии имеются еще другие пояснительные слова, то предпочтение отдается более общему правилу и *не* пишется отдельно, например: *совершенно* ***не*** *подготовленная к набору рукопись, совсем* ***не*** *решенная до сих пор проблема*.

Примечание 3. Если причастие употребляется в значении прилагательного, то и при наличии пояснительных слов *не* пишется слитно (ср. § 66, п. 6), например: *Это всеобщее одушевление, блеск, шум – все это, доселе* ***невиданное и неслыханное*** *мною, так поразило меня, что я в первые дни совсем растерялся* (Достоевский). Ср.: *веками* ***нетронутая*** *земля* (в значении прилагательного); *нетронутая еда, нетронутая натура* – в переносном значении) – *рябина,* ***не тронутая*** *осенними заморозками* (причастный оборот). Такое же разграничение проводится и для кратких форм; ср.: *эта ложь так бесстыдна, так* ***неприкрыта*** (т.е. явна, очевидна, в значении прилагательного) – *дверь* ***не прикрыта*** (причастие, см. ниже, п. 3); *ученик* ***неподготовлен*** (прилагательное) – *доклад* ***не подготовлен*** (причастие).

3. Пишется раздельно *не* с краткими причастиями, например: *рукопись* ***не*** *отредактирована, цитаты* ***не*** *проверены, работа* ***не*** *выполнена*.

4. Пишется раздельно *не* с причастиями, при которых имеется или предполагается противопоставление, например: ***не*** ***законченный****, а только начатый рассказ*.

§ 71. Правописание *не* с наречиями

1. Пишется слитно *не* с наречиями, которые без *не* не употребляются, например: *неизбежно, нелепо, недоумевающе*.

2. Пишутся слитно с *не* наречия на *-о*, которые в сочетании с *не* приобретают противоположное значение; обычно такие слова можно заменить синонимами без *не* (ср. § 65, п. 2 и § 66, п. 2), например: *неплохо* (ср.: *хорошо*), *немного* (ср.: *мало*), *неудачно* (ср.: *безуспешно*).

3. Пишутся раздельно с *не* наречия на *-о*, если имеется или подразумевается противопоставление, например: *Они живут* ***не*** *богато, а бедно; Обычно мы ехали* ***не быстро*** *и* ***не медленно; Не*** *часто возникает подобная ситуация;* ***Не*** *скоро еще вскроется река;* ***Не*** *случайно он завел этот разговор;* ***Не*** *вечно будет природа хранить свои тайны от человека;* ***Не*** *сладко жилось переселенцам на первых порах*. Ср.: *На земном шаре* ***не*** *много мест, где* встречается этот камень; Когда борзая добиралась до горла, зверю **не много** оставалось жить; Говоря честно, **не много** найдется людей, которые не испытывают неприятного чувства при виде пауков.

Примечание 1. В некоторых случаях возможно двоякое толкование текста и, как следствие, двоякое написание; ср.: *До ближайшей остановки автобуса отсюда **недалеко*** (утверждается, что близко). – *До ближайшей остановки автобуса отсюда **не далеко*** (отрицается, что далеко); *Редактор уехал **ненадолго*** (на короткое время). – *Редактор уехал **не надолго*** (не на продолжительное время).

Примечание 2. В написании *не* с наречиями на *-о*, как и в написании имен прилагательных (см. § 66, п. 5), различается противопоставление, выраженное союзом *а,* и противопоставление, выраженное союзом *но.* В первом случае противопоставляются два понятия, из которых одно отрицается, а другое, противоположное ему, утверждается, например: *Работа выполнена **не плохо**, а хорошо;* во втором случае противопоставляются не прямо противоположные понятия, а понятия совместимые, действию одновременно приписываются два признака без отрицания одного из них, например: *Работа выполнена **неплохо**, но с некоторыми мелкими недочетами.* В первом случае *не* пишется отдельно, во втором – слитно.

4. Пишутся раздельно с *не* наречия на *-о*, если при них в качестве пояснительного слова стоит отрицательное наречие, начинающееся с *ни,* либо сочетание *далеко не, вовсе не, отнюдь не* (ср. § 66, п. 6, примеч. 1, подпункт 2), например: *Докладчик говорил нисколько не убедительно; Рукопись отредактирована отнюдь не плохо.* Но: *никак невозможно* (*никак* играет роль усилительного слова, ср.: *совершенно невозможно*).

Примечание. О двояком значении наречия *совсем* и в связи с этим о возможном двояком написании *не* см. § 66, п. 6, примеч. 3. Ср.: *Выступал он совсем **неинтересно** – Совсем **не легко** приходится птицам зимой.*

5. Слитно или раздельно пишутся с *не* так называемые предикативные наречия на *-о* (слова категории состояния) типа ***нетрудно** видеть – **не трудно** видеть:* при утверждении они пишутся слитно, при отрицании – раздельно (критерий того и другого смысла обычно устанавливается самим пишущим). Например:

а) ***Неважно,*** *что он о нас думает;* ***Неверно*** *считать создавшееся положение столь трудным;* ***Невозможно*** *выполнить такую сложную работу в короткий срок;* ***Невыгодно*** *уезжать немедленно;* ***Неизвестно,*** *как он будет вести себя дальше;* ***Немудрено,*** *что она отказалась от неинтересной работы;* ***Непозволительно*** *так относиться к старшим;* ***Непонятно,*** *почему они так долго отсутствуют;* ***Неприятно*** *гулять в сырую погоду;* ***Непростительно*** *обманывать чужое доверие; Сегодня на море **неспокойно**;* ***Неудивительно,*** что постоянные занятия спортом укрепили его здоровье; **Нехорошо оставлять** друзей в беде;

б) – *И это все?* – **Не богато; Не весело** думать, что праздник уже кончился; **Не видно,** чтобы больной поправлялся; **Не должно** упорствовать в ошибочном мнении; **Не логично** полагать, что события будут повторяться; **Не обязательно,** чтобы ответ был дан немедленно; **Не опасно,** что в лечении сделан небольшой перерыв; **Не просто** провести полную реконструкцию крупного предприятия; **Не скромно** переоценивать свои заслуги; **Не сладко** жить в одиночестве; **Не случайно,** что за помощью он обратился именно к вам; **Не странно,** что победа досталась сильнейшим; **Не существенно** для нас, где провести отпуск; **Не худо** было бы съездить на юг.

Примечание 1. При другом понимании утверждения и отрицания в подобных сочетаниях возможно иное написание, например: *Не легко на душе, когда чувствуешь себя бессильным помочь другу;* **Не плохо,** что задолго до намеченного срока имеются уже ощутимые результаты.

Как и в других случаях, отрицание усиливается отрицательными местоимениями и наречиями или сочетаниями *далеко не, вовсе не, отнюдь не*, например: *никому* **не приятно,** чтобы о нем плохо думали; *отнюдь* **не безразлично,** как действовать в дальнейшем.

При логическом подчеркивании отрицания в вопросительных предложениях *не* пишется раздельно с предикативными наречиями, например: *Не удивительно ли, что посредственное произведение так разрекламировано?*

Примечание 2. Различается написание с *не* безлично-предикативных слов на *-о* и созвучных с ними кратких прилагательных и наречий. Ср.: – *Дать воды?* – **Не нужно.** – *Объяснение* **ненужно.** *Существенных изменений* **не заметно.** – *Пятно* **незаметно.** – *Подал знак* **незаметно.**

6. Пишется слитно *не*:

а) в отрицательных наречиях, например: *негде, некуда, неоткуда, незачем*;

б) в отыменных наречиях, например: *невдалеке, невдомек, невзначай, невмоготу, невмочь, невпопад, невтерпеж* (см. § 56, п. 5), *недаром* (в значении «не напрасно»; но: *не даром* – в значении «не бесплатно»), *некстати, неспроста, нехотя* (глагольного происхождения);

в) в сочетаниях *невесть кто (что, какой, где, куда* и т.п.).

7. Пишется раздельно *не*:

а) с местоименными и усилительными наречиями, например: *не здесь, не так, не вполне, не полностью, не совсем*;

б) с предикативными наречиями, не соотносительными с именами прилагательными, например: *не надо, не время, не жаль* (но: *недосуг, неохота* и др.);

в) со сравнительной степенью наречий, например: *работает не хуже других*;

г) с обстоятельственными наречиями, например: *не сегодня, не иначе* и др.;

д) с наречиями, которые пишутся через дефис, например: *не по-моему, не по-товарищески;*

е) в сочетаниях отыменного происхождения, например: *не в зачет, не в меру, не в пример, не к добру, не к спеху, не по вкусу, не под силу, не по нутру, не с руки.*

Отрицание *не* пишется отдельно от следующих за ним предлогов, союзов, частиц, например: *не в поле; не с друзьями; не то ... не то; не только.* В предложных сочетаниях *несмотря на, невзирая на* (см. § 69, п. 1, примеч. 3) *не* пишется слитно.

§ 72. Правописание *ни*

1. Частица *ни* (безударная) входит в состав отрицательных местоимений *никто, ничто, никакой* и др. (см. § 47) и отрицательных наречий *нигде, никуда, никогда* и др.

Местоимения и наречия с частицей-приставкой *ни* употребляются в предложениях с отрицательным сказуемым (при сказуемом имеется отрицание *не*), а местоимения и наречия с частицей-приставкой *не* употребляются в безличных (инфинитивных) предложениях с утвердительным сказуемым. Ср.: **ни к кому** не обращался – **не к кому** обратиться; **ни за чем** туда не ходил – **незачем** туда ходить; **нигде** не гулял – **негде погулять.** Отступления встречаются в отдельных выражениях: *остаться ни с чем, остаться ни при чем, считать ни за что* и др. Ср. также: *спорить не к чему* (в значении «не для чего», «незачем») – *лекарство уже ни к чему* (в значении «ненужно», в роли сказуемого).

Отрицательное сказуемое может отсутствовать в предложении, но подразумеваться, например: *На небе ни месяца, ни звезд. Ни человеческого жилья, ни живой души вдали* (Чехов).

Примечание. Различаются сочетания: *ни один* (никто) – *не один* (много); *ни разу* (никогда) – *не раз* (часто). Ср.: **Ни один** *из нас не струсил в минуту опасности* – **Не один** *из нас готов на подвиг;* **Ни разу** *с ним не встречался* – **Не раз** *с ним встречался.*

2. Частица *ни* пишется отдельно, за исключением отрицательных местоимений (без предлога) и отрицательных наречий. Ср.: *никого – ни от кого – ниоткуда.*

Примечание. Следует различать слитное написание отрицательных местоимений и наречий (*никто, нигде* и т.д.) и раздельное написание частицы *ни* с относительными местоименными словами (*ни кто, ни, где* и т.д.) в придаточных предложениях, например: *Я не знаю,* **ни кто** *вы,* **ни кто** *он* (Тургенев); *К кому ни обращался Ростов, никто не мог сказать,* **ни где** *был государь,* **ни где** *был Кутузов* (Л. Толстой).

3. Повторяющаяся частица *ни* имеет значение соединительного союза, например: *По этой дороге ни проехать, ни пройти; Ни день, ни месяц от него не было вестей; Ни тихо, ни громко течет рассказ.* В этих сочетаниях **ни** по значению равно сочетанию *и не*, т.е. выступает в функции отрицания. Ср. у писателей XIX в.: *Ворон ни жарят, ни варят* (Крылов); *Сам он ни богат, ни знатен, ни умен* (Тургенев); *Елисей был старичок ни богатый, ни бедный* (Л. Толстой). Устарелой является конструкция с союзом *ни* только перед последним из перечисляемых однородных членов предложения, например: *Нет, правда, там моря, нет высоких гор, скал и пропастей, ни дремучих лесов* (Гончаров).

Примечание. Употребление повторяющегося союза-частицы *ни* в значении «и не» делает лишним наличие перед ним союза *и*. Сочетание *и ни* (обычно перед последним однородным членом предложения) встречается сравнительно редко, например: *В данном случае не подходит ни то и ни другое; И стало мне легко и просто, хоть и ни просто, ни легко* (здесь *и* примыкает к союзу *хоть*); *Он плакал горестно, солдат, о девушке своей, ни муж, ни брат, ни кум, ни сват и ни любовник ей* (Твардовский).

4. Одиночное или повторяющееся *ни* входит в состав устойчивых оборотов, например: *во что бы то ни стало, как ни в чем не бывало, откуда ни возьмись, ни рыба ни мясо, ни жив ни мертв, ни два ни полтора, ни то ни се, ни дать ни взять, ни много ни мало, ни больше ни меньше.*

5. В независимых восклицательных и вопросительных предложениях (часто со словами *только, уж*) пишется отрицательная частица *не*, а в придаточных предложениях (с уступительным оттенком значения) для усиления утвердительного смысла — частица *ни*. Ср.: *Куда только он не обращался!* (общий смысл: «обращался во многие места»). — *Куда только он ни обращался, везде встречал сочувственное отношение; Что мать не делала для больного сына! — Чего мать ни делала для больного сына, как ни пыталась помочь ему, но спасти его не смогла.* Ср. также: *На какие только ухищрения не пускается маленький человек, чтобы не пропасть, добыть горсточку счастья, какие только профессии себе не придумывает, а удачи все нет и нет* (при помощи союза *а* соединены независимые предложения, в первой части нет придаточного предложения с уступительным оттенком значения, поэтому пишется *не*). *Чего только не дают, а он ни в какую* (аналогичный случай).

Примечание 1. Следует различать в придаточных предложениях сочетания *кто бы ни, что бы ни, где бы ни* и т.п., в составе которых имеется частица *ни*, примыкающая к относительному слову, и сочетания *кто бы не, что бы не, где бы не* и т.п., в составе которых имеется частица *не*, относящаяся к сказуемому. Ср.: *Он всем оказывал помощь советом, кто бы к нему ни обращался.* — *В нашей округе, пожалуй, нет никого, кто бы к нему не обращался за советом; Где бы* вы **ни** были, *помните о своих обязанностях человека и гражданина. — В Белоруссии и Украине мало найдется семей, где бы* **не** *было жертв в период Великой Отечественной войны.*

Примечание 2. В восклицательных предложениях с утвердительным смыслом возможно употребление частицы *ни* в сочетаниях со значением «все равно кто (что, какой и т.д.)», например: — *Кто вам это сказал? — А кто бы* **ни** *сказал!*

XVIII. Правописание междометий и звукоподражательных слов

§ 73. Дефисное написание междометий и звукоподражаний

Сложные междометия и звукоподражательные слова пишутся через дефис, например: *ей-богу, ей-же-ей, о-го-го, ой-ой-ой, ха-ха-ха, динь-динь-динь, кис-кис, мяу-мяу.*

Так же пишутся некоторые составные междометия, например: *на-поди.*

Примечание. Дефис не пишется в выражениях типа: *Вот те раз! Вот те крест! Черт те знает! Я те покажу!* (*те* — сокращение от *тебя, тебе*).

XIX. Правописание иностранных слов

§ 74. Транскрипция иностранных слов

Написания иностранных слов (речь идет не о словах иноязычного происхождения, заимствованных и освоенных русским языком, а о словах, сохраняющих свой иноязычный «облик», звучание и остающихся «чужеродным телом» в составе русского языка) передаются с возможным приближением к их образованию и произношению в языке-источнике. Приведем некоторые примеры: *а-капелла, а-конто, а-ля, альма-матер, блэк энд уайт, бомонд, бонмо, буги-вуги, ва-банк, «вестерн», «Гран-при», гуд-бай, де-факто, де-юре, до мажор, до минор* (и т.п. с раздельным написанием слов *мажор* и *минор*), *до-диез мажор* (и т.п. с дефисным написанием первых двух частей и раздельным написанием третьей части), *жен-премьер, ин-кварта, ин-октава, ин-фолио, казус белли, кватроченто, квипрокво, комедия дель арте, комильфо, контолоро, контоностро, крешендо* и *крещендо, моменто мори, мосье* и *мсье, мотто, нотабена* и *нотабене, о'кэй, ол-райт, па-де-де, падекатр, па-де-труа, парвеню, перпетуум-мобиле, персона грата, персона нон грата, постскриптум, постфактум, рок-н-ролл, сальто-мортале, си-бемоль* (и т.п. с дефисным написанием), *си-бемоль минор, соль-бекар, статус-кво, терра инкогнито, тет-а-тет, треченто, файвоклок, фигли-мигли, форс-мажор, цирлих-манирлих, шахер-махер.*

Те же принципы лежат в основе транскрипции собственных наименований, например: *Нотр-Дам де Пари, Унтер-ден-Линден.*

ПУНКТУАЦИЯ

XX. Знаки препинания в конце предложения и при перерыве речи

§ 75. Точка

1. Точка ставится в конце законченного повествовательного предложения, например: *Редела тень. Восток алел. Огонь казачий пламенел* (Пушкин).

Примечание. Точка не ставится в конце предложения после точки, обозначающей сокращение слова. Например: *Через дефис пишутся звукоподражания: ку-ку, тик-так, чик-чирик и т.п.*

2. Точка ставится в конце побудительного предложения, если оно произносится без восклицания, например: *А ты не огорчайся, Оля.* (Эренбург); *Ну, ладно, поползли.* (Симонов).

3. Точка ставится перед союзами *и, а, но, однако* и др., если они имеют присоединительное значение и начинают собой новое предложение, например: *Было тихо. И вдруг в этой тишине раздалась боевая тревога* (Новиков-Прибой); *И все она сидит и думает, думает. А о чем думает, спрашивается* (Чехов); *Дед Фишка долго сидел, курил трубку, прислушивался. Но потом и он запрокинул голову на чурбак и захрапел* (К. Марков); *Алеша догадывался, что капитан появился в деревне вовсе не случайно. Однако хитрая политика отца ничуть не обидела его* (Л. Соболев).

Примечание. Точка может стоять перед присоединительными конструкциями, начинающимися с союзов, или бессоюзными, которые при другой пунктуации играли бы роль членов предложения, например: *Приволокла матрац и подушку. И примус. И оклеила перегородку газетами* (В. Панова); *Ей стало легче. Но не надолго* (Кочетов); *Вы мне подарили голубое платье. Фланелевое. Теплое* (Н. Ильина).

4. Точка ставится в конце рубрик перечисления, если у цифр или литер, которыми рубрики обозначены, стоит точка, например: «Для осуществления этих задач Союз журналистов РФ:

1. Ведет массовую и воспитательную работу среди журналистов и рабселькоров, привлекает их к активному участию во всей деятельности союза.

2. Создает творческие комиссии и секции по жанрам журналистики, по

профессиональным проблемам, по связям с зарубежными журналистами и другие, в зависимости от пожеланий журналистов.

(Из Устава Союза журналистов РФ)».

Примечание. При наличии в нумерованных рубриках подпунктов последние обычно разделяются точкой с запятой (реже запятой), например:

«2. Съезд журналистов РФ:

а) определяет очередные задачи Союза журналистов РФ;

б) определяет состав и избирает тайным голосованием правление и центральную ревизионную комиссию Союза журналистов РФ;

в) заслушивает и утверждает отчеты правления и центральной ревизионной комиссии Союза журналистов РФ.

(Из Устава Союза журналистов РФ)».

5. Точка ставится в конце предложения, вводящего в дальнейшее развернутое изложение, например: *То, что на военном языке называется переходом к обороне, начинается так.* (Казакевич) (дальше – развернутое изложение); *Новый двигатель имеет следующее устройство.* (дальше – пространное описание) (из технической литературы).

§ 76. Вопросительный знак

1. Вопросительный знак ставится в конце простого предложения, заключающего в себе вопрос, например: *Что день грядущий мне готовит?* (Пушкин); *Да разве братец ихний приехали? Владимир Иваныч?* (Чехов); *Сватовство? Да?* (Федин).

Примечание. Вопросительный знак может ставиться в вопросительных предложениях после отдельных членов (обычно однородных) с целью расчленения вопроса, например: *Зачем же здесь? и в этот час?* (Грибоедов); *Что я – попугай? индейка?* (Маяковский).

2. Вопросительный знак ставится в конце сложносочиненного предложения, если все образующие его части или только последняя из них заключает в себе вопрос, например: *В ней сердце долго ли страдало, иль скоро слез прошла пора?* (Пушкин); *Я ничего не отвечал, да и зачем мне было отвечать?* (Тургенев).

3. Вопросительный знак ставится в конце сложноподчиненного предложения, если вопрос содержится и в главном и в придаточном предложениях или только в главном, например: *Хочется вам узнать, какие сражения бывают?* (Л. Толстой); *Разве я могу допустить, чтоб он был голоден или не одет?* (А. Островский)

4. Вопросительный знак ставится в конце сложноподчиненного предложения, если придаточное предложение содержит в себе прямой вопрос, например: *Всякого рода нарушения, уклонения, отступления от правил приводили его в уныние, хотя, казалось бы, какое ему дело?* (Чехов).

Примечание. Если придаточное предложение образует косвенный вопрос, то в конце сложноподчиненного предложения вопросительный знак обычно не ставится, например: *Не знаю, сколько времени я пробыл в этом положении* (Л. Толстой); *Ты не сказала нам, почему не ходишь в училище* (Федин). Постановка вопросительного знака после предложения с косвенным вопросом встречается, если последний содержит сильно выраженную вопросительную интонацию, например: *Не понимаю, что тебе нужно?* (Чехов); *Я спросил, как же он стал отшельником?* (Горький).

5. Вопросительный знак ставится в конце бессоюзного сложного предложения, если образующие его части (на письме разделяемые запятыми) или только последняя часть (перед которой стоит двоеточие или тире) содержат прямой вопрос, например: *Но откуда вы явились, где вы были до сих пор, что делали, как поживали?* (А. Островский); *Открой, ответь на мой вопрос: твой день был ярок?* (Блок); *Хвалы приманчивы – как их не пожелать?* (Крылов).

§ 77. Восклицательный знак

Восклицательный знак ставится в конце восклицательного предложения (в том числе слова-предложения), например: *Он меня любит, так любит!* (Чехов); *Скорее шинель и шапку!* (А. Н. Толстой); *Верно! Верно!* (Вс. Иванов).

Примечание 1. В зависимости от оттенка значения и от интонации некоторые предложения допускают постановку в конце их вопросительного или восклицательного знака либо того и другого вместе. Ср.: *Неужели вы не знаете таких простых вещей! – Неужели вы не знаете таких простых вещей? – Неужели вы не знаете таких простых вещей?!*

Примечание 2. В восклицательных предложениях встречается постановка восклицательного знака после каждого из однородных членов для обозначения эмоциональной, прерывистой речи, например: *Играл! проигрывал! в опеку взят указом!* (Грибоедов).

Примечание 3. Восклицательный и вопросительный знак ставятся в скобках для выражения сомнения или недоумения пишущего, чаще всего внутри цитируемого текста, например «*...Уже веселые и шумные вином, уже певучие (?) и светлые (!) кругами сидели у стола». Что за странный набор слов!* (Белинский).

§ 78. Многоточие

1. Многоточие ставится для обозначения незаконченности высказывания, вызванной различными причинами, для указания на перерывы в речи, неожиданный переход от одной мысли к другой и т.д., например: *В департаменте... но лучше не называть, в каком департаменте* (Гоголь); *Вот я... выздоровлю, я вас... вынесу!* (Горький); *Дубровский молчал... Вдруг он поднял голову, глаза его засверкали, он топнул ногою, оттолкнул секретаря...* (Пушкин).

2. Многоточие в начале текста указывает, что продолжается прерванное какой-нибудь вставкой повествование или что между событиями, описываемыми в предшествующем тексте и в данном, прошло много времени.

3. Многоточие ставится при перечислении с нераскрытым содержанием, например: *Фестивали... Конкурсы... Концерты...* (название телепередачи).

Примечание. О постановке многоточия при цитатах см. § 125.

XXI. Тире между членами предложения

§ 79. Тире между подлежащим и сказуемым

1. Тире ставится между подлежащим и сказуемым при отсутствии связки, если оба главных члена предложения выражены существительными в именительном падеже, например: *Человек – кузнец своему счастью* (Федин); *Место сбора – плац* (Шолохов). Как правило, тире ставится:

1) в предложениях, имеющих характер логического определения, например: *Геология – наука о строении, составе, истории земной коры;*

2) в предложениях научного или публицистического стиля, содержащих характеристику, оценку предмета или явления, например: *Жизнь – особая форма движения материи, возникающая на определенном этапе ее развития.*

3) после однородных подлежащих, например: *Лесть и трусость – самые дурные пороки.* (Тургенев); *Пространство и время – основные формы всякого бытия;*

4) для внесения ясности в смысл предложения; ср.: а) *Старший брат – мой учитель;* б) *Старший брат мой – учитель.*

Примечание. Тире обычно не ставится, хотя подлежащее и сказуемое выражены именительным падежом существительного:

1) в простых по составу предложениях разговорного стиля речи, например: *Моя сестра спортсменка;*

2) если в роли связки выступают сравнительные союзы *как, будто, словно,*

точно, все равно как, все равно что, вроде как и т.п., например: *Пруд как блестящая сталь* (Фет); *Ты меж сестер словно горлинка белая промежду сизых, простых голубей* (Некрасов); *У тебя брошка вроде как пчелка* (Чехов); *Дома города точно груды грязного снега* (Горький).

Отступления от этого правила связаны с прежними пунктуационными нормами или с желанием подчеркнуть оттенок сравнения, содержащийся в сказуемом, например: *Тишина – как льдинка, ее сломаешь даже шепотом* (Леонов); *Твои речи – будто острый нож...* (Лермонтов); *...Такая фраза – все равно что большой шлем в ералаше* (Тургенев); *Деревья по сторонам ее – точно незажженные факелы...* (Горький);

3) если перед сказуемым стоит отрицание *не*, например: *Офицер этот не чета вам...* (Федин); *Аналогия не доказательство*. Ср. пословицы и поговорки: *Слово не воробей: вылетит – не поймаешь; Бедность не порок; Сердце не камень*.

Постановка тире в данном случае имеет целью логически и интонационно подчеркнуть сказуемое, например: *Но объяснение – не оправдание* (Горький); *«Кровь людская – не водица»* (Стельмах);

4) если между подлежащим и сказуемым стоит вводное слово, наречие, союз, частица, например: *...Гусь, известно, птица важная и рассудительная* (Тургенев); *После школы печать, несомненно, первый учитель языка* (Федин).

Ср. наличие или отсутствие тире в зависимости от указанных условий: *Хлопчатник – важнейшая техническая культура. – Хлопчатник, как известно, важнейшая техническая культура* (вставлено вводное сочетание).

Кино – самый массовый вид искусства. – Кино по-прежнему самый массовый вид искусства (вставлено наречие).

Кок-сагыз – каучуконос. – Кок-сагыз тоже каучуконос (вставлен союз).

Декабрь – начало зимы. – Декабрь лишь начало зимы (вставлена частица);

5) если перед сказуемым стоит относящийся к нему несогласованный второстепенный член предложения, например: *Степан нам сосед...* (Шолохов);

6) если сказуемое предшествует подлежащему, например: *Прекрасный человек Иван Иванович!* (Гоголь).

Постановка тире в этом случае подчеркивает интонационное членение предложения на два состава, например: *Славные люди – соседи мои!* (Некрасов); *Хорошая сторона – Сибирь!* (Горький); *Ловкая штучка – умишко человеческий* (Горький); *Психологический курьез – моя мать* (Чехов);

7) если подлежащее в сочетании со сказуемым образует неразложимый фразеологический оборот, например: *Грош цена теории, которая фиксирует одни шаблоны* (С. Голубев).

2. Тире ставится между подлежащим и сказуемым, если оба они выражены неопределенной формой глагола или если один из главных членов предложения выражен именительным падежом существительного, а другой – неопределенной формой глагола. Например: *О решенном говорить – только путать* (Горький);

Долг наш – защищать крепость до последнего нашего издыхания... (Пушкин); *Конечно, это большое искусство – ждать* (Л. Соболев).

Но (при отсутствии паузы): *Какое счастье сына обнимать!* (Долматовский).

3. Тире ставится перед словами *это, это есть, вот, значит, это значит*, присоединяющими сказуемое к подлежащему. Например: *Все прошедшее, настоящее и будущее – это мы, а не слепая сила стихий* (Горький).

Ср.: *Самая поздняя осень – это когда от морозов рябина сморщится и станет, как говорят, «сладкой»* (Пришвин) (в роли сказуемого выступает целое предложение).

4. Тире ставится, если оба главных члена предложения выражены именительным падежом количественного числительного или если один из них выражен именительным падежом существительного, а другой – именем числительным или оборотом с числительным. Например: *Значит, девятью сорок – триста шестьдесят, так?* (Писемский); *Большая Медведица – семь ярких звезд*; *Удельный вес золота – 19,3*.

Примечание. В специальной литературе при характеристике предмета тире в этом случае часто не ставится, например: *Температура плавления золота 1063°*; *Грузоподъемность крана 2,5 т, вылет стрелы 5 м*.

5. Тире ставится между подлежащим, выраженным неопределенной формой глагола, и сказуемым, выраженным предикативным наречием на *-о*, если между главными членами предложения делается пауза, например: *Готовиться к экзаменам – не так просто* (Федин); *Уступить – позорно* (Тендряков); *Это очень несносно – переезжать* (Гончаров).

Но (при отсутствии паузы): *Судить человека в немилости очень легко* (Л. Толстой).

6. Тире ставится перед сказуемым, выраженным идиоматическим оборотом, например: *Мой друг – семи пядей во лбу*; *А крыльцо – дай Бог иному князю...* (А. Н. Толстой).

7. При подлежащем, выраженном местоимением *это*, тире ставится или не ставится в зависимости от логического выделения подлежащего и наличия или отсутствия паузы после него. Ср.:

а) *Это – начало всех начал*; *Это – первое выступление актрисы*; *Это – одиночество* (Чехов);

б) *Это дом Зверкова* (Гоголь); *Это сетка для ловли перепелов* (Чехов); *Это очень сложная проблема*.

8. Тире обычно не ставится, если подлежащее выражено личным местоимением, а сказуемое – именительным падежом существительного, например: *...Я честный человек и никогда не говорю комплиментов* (Чехов); *Я ужасно рада, что ты мой брат* (Л. Толстой); *Он порча, он чума, он язва здешних мест* (Крылов).

Тире в этом случае ставится при противопоставлении или при логическом подчеркивании сказуемого, например: *Я – страница твоему перу. Все приму. Я белая страница. Я – хранитель твоему добру: возращу и возращу сторицей* (Цветаева); *Ты – старый ребенок, теоретик, а я – молодой старик и практик...* (Чехов); *Я – фабрикант, ты – судовладелец...* (Горький); *Не я, не я, а ты – вредоносный элемент* (Федин).

9. Тире не ставится, если один из главных членов предложения выражен вопросительным местоимением, а другой – существительным в именительном падеже или личным местоимением, например: *Скажи мне, кто твой друг, и я скажу тебе, кто ты*.

10. Тире, как правило, не ставится, если сказуемое выражено прилагательным, местоименным прилагательным, предложно-именным сочетанием. Например: *У нее сердце очень доброе, но голова бедовая* (Тургенев); *Вишневый сад мой!* (Чехов); *Спина у акулы темно-синего цвета, а брюхо ослепительно белое* (Гончаров).

Постановка тире в этих случаях имеет целью интонационно расчленить предложение и облегчить восприятие его содержания, например: *Зрачки – кошачьи, длинные...* (Шолохов); *Высота возле разбросанных домиков хутора – командная...* (Казакевич).

11. В сносках тире отделяет объясняемое слово от объяснения, независимо от формы выражения сказуемого. Например: *Лакшми – в индийской мифологии богиня красоты и богатства; Апис – у древних египтян считался священным животным*.

§ 80. Тире в неполном предложении

1. Тире ставится при наличии паузы в так называемых эллиптических предложениях (самостоятельно употребляемых предложениях с отсутствующим сказуемым), например: *Вокруг месяца – бледные круги* (А. Н. Толстой); *Над площадью – низко повисшая пыль, на площади – порожние бутылки казенки, бумажки дешевых конфет* (Шолохов); *И по всему небу – облака, как розовые перышки...* (В. Панова); *На бескозырках – пехотные каски* (Долматовский).

При отсутствии паузы тире не ставится, например: *Там на неведомых дорожках следы невиданных зверей...* (Пушкин); *В углу старый кожаный диван. В другом углу, позади письменного стола, несгораемый шкаф. На полу ковер* (Симонов) (так обычно оформляются ремарки в пьесах); *А в доме стук, ходьба* (Грибоедов); *Скрип шагов вдоль улиц белых, огоньки вдали* (Фет).

2. Тире ставится в эллиптических предложениях особой структуры, основу которых образуют два существительных – в дательном и винительном падежах, без подлежащего и сказуемого, с четким интонационным делением на две части, например: *Родине – наш вдохновенный труд; Каждому молодому человеку – среднее образование; Лыжникам – хорошую базу* (из газет).

3. Тире ставится в неполном предложении, составляющем часть сложного предложения, когда пропущенный член (обычно сказуемое) восстанавливается из предшествующей части фразы и в месте пропуска делается пауза, например: *Они стояли друг против друга: Олег – растерянный и смущенный, Нина – с выражением вызова на лице* (Фадеев); *Карманы были двойные: внутренний – из полотна, внешний – из серого коленкора* (А. Югов); *Один атом натрия замещает один атом водорода, один атом цинка – два атома водорода, а один атом алюминия – три атома водорода* (учебник физики).

При отсутствии паузы тире не ставится, например: *Алеша смотрел на них, а они на него* (Достоевский); *Егорушка долго оглядывал его, а он Егорушку* (Чехов); *Ты делаешь вещи долгие, а я короткие* (Леонов).

4. Тире ставится в однотипно построенных частях сложного предложения при пропуске какого-либо члена или даже без пропуска, например: *В зале говорили свидетели — торопливо, обесцвеченными голосами, судьи — неохотно и безучастно* (Горький); *Деньги – исчезают, работа – остается* (Горький); *Игра кончилась, и наступило время для одних – радоваться выигрышу, для других – подсчитывать проигрыш*.

§ 81. Интонационное тире

1. Тире ставится для указания места распадения простого предложения на словесные группы, чтобы уточнить или подчеркнуть смысловые отношения между членами предложения. Ср.: а) *Ходить – долго не мог;* б) *Ходить долго – не мог*. Такое тире называется и н т о н а ц и о н н ы м , оно может отделять любую часть предложения, например: *Я вас спрашиваю: рабочим – нужно платить?* (Чехов); *Вскрыла жилы: неостановимо хлещет жизнь. Подставляйте миски и тарелки! Всякая тарелка будет — мелкой, миска — плоской. Через край и мимо – в землю черную, питать тростник. Невозвратно, неостановимо, невосстановимо, хлещет стих* (Цветаева).

2. Интонационный характер имеет также тире, которое ставится между членами предложения для выражения неожиданности, например: *И щуку бросили – в реку* (Крылов).

§ 82. Соединительное тире

1. Тире ставится между двумя или несколькими словами для обозначения пределов:

а) п р о с т р а н с т в е н н ы х , например: *поезд Москва – Иркутск – Хабаровск – Владивосток;*

б) в р е м е н н ы х , например: *крестовые походы XI – XIII веков; массовые отпуска в июле – августе;*

в) к о л и ч е с т в е н н ы х , например: *рукопись объемом восемь – десять авторских листов* (то же цифрами: *8 – 10*); *5 – 6-кратное превосходство.*

В этих случаях тире заменяет по смыслу слова «от… до». Если же между двумя рядом стоящими числительными можно по смыслу вставить союз *или*, то они соединяются дефисом, например: *уехал на два-три дня* (но при цифровом обозначении ставится тире: *…2 – 3 дня*).

2. Тире ставится между двумя или несколькими собственными именами, совокупностью которых называется какое-либо учение, научное учреждение и т.д., например: *Космогоническая теория Канта – Лапласа; Физический закон Бойля – Мариотта; Матч «Спартак – Торпедо».*

XXII. Знаки препинания в предложениях с однородными членами

§ 83. Однородные члены, не соединенные союзами

1. Между однородными членами предложения, не соединенными союзами, обычно ставится запятая, например: *Я видел его голову, спутанные волосы, оборванный хлястик шинели* (Первенцев): *Вопросы, восклицания, рассказы посыпались наперерыв* (Тургенев).

Примечание 1. Не ставится запятая:

а) между двумя глаголами в одинаковой форме, указывающими на движение и его цель или образующими единое смысловое целое (в таких сочетаниях нет однородных членов), например: *Я забегу возьму рукавицы* (Гоголь); *Зайду проведаю* (Л. Толстой); ср. сочетания: *сядь посиди, попробуй узнай, посидели поговорили, жду не дождусь* и т.п.;

б) в устойчивых выражениях, например: *За все про все ее бранят* (Крылов); *Поговорили о том о сем;*

в) между определяемым существительным и приложением к нему, при которых повторяется один и тот же предлог, например: *при сестре при девушке, от девицы от сироты.*

Примечание 2. Не являются однородными членами и не разделяются запятой, а соединяются дефисом:

а) парные сочетания с и н о н и м и ч е с к о г о характера, например: *узнать правду-истину, конца-краю нет, считать-перебирать свои гроши, пробиться сквозь вьюги-метели, с радости-веселья кудри вьются, он мне друг-приятель, рассказать про свое житье-бытье, какая мне от этого польза-*

выгода, честь-хвала новаторам производства, как вас звать-величать, буду его просить-молить, как изволили спать-почивать, прошу миловать-жаловать, вспоминается та пора-времечко, изменились обычаи-порядки, кругом смрад-дым, этот старый вор-разбойник, ну и пошло-поехало, все завертелось-закружилось, она заливается-хохочет, он убивается-плачет, любо-дорого смотреть на них, торговали бездонно-беспошлинно, все у них шито-крыто, мил-дорог человек;

б) парные сочетания а н т о н и м и ч е с к о г о характера, например: условия купли-продажи, расширился экспорт-импорт, отмечать приход-расход, работник по приему-выдаче, сформулировать вопросы-ответы, указать твердость-мягкость согласных, движение вперед-назад, бегать вверх-вниз;

в) парные сочетания, в основе которых лежат связи а с с о ц и а т и в н о г о характера, например: веселые песни-пляски, идти в лес по грибы-ягоды, угощать хлебом-солью, отведать чай-сахар, разные там водятся птицы-рыбы, он мне сват-брат, гремят ножи-вилки, связать по рукам-ногам, указать свое имя-отчество, все мы братья-сестры, будут нас вспоминать наши внуки-правнуки, пришлось всех поить-кормить, молодо-зелено.

2. Распространенные однородные члены предложения, особенно если внутри них имеются запятые, могут разделяться точкой с запятой, например: *Уже давно позади остались расфранченные увеселительные пароходы для экскурсий, выраставший из воды, клокочущий содроганиями поездов вокзал, переливавшиеся звонами металла плавучие доки, в которые были вставлены, как в коробку, яйцевидные, чуть сплющенные корпуса судов* (Федин).

3. Для выражения противоположности между двумя однородными членами, не связанными союзами, ставится тире, например: *Не рыбачий парус малый – корабли мне снятся* (Некрасов); *Не небесам чужой отчизны – я песни родине слагал* (Некрасов); *Не за горами смерть-то – за плечами* (Тургенев); *Стрелять в лебедя не просто преступно – подло.*

§ 84. Однородные и неоднородные определения

1. Между о д н о р о д н ы м и определениями, не связанными союзами, ставится запятая. Определения являются однородными:

а) если обозначают отличительные признаки разных предметов, например: *На огромном расстоянии разлегся город и тихо пламенел и сверкал синими, белыми, желтыми огнями* (Короленко);

б) если обозначают различные признаки одного и того же предмета, характеризуя его с одной стороны, например: *Могучий, буйный, оглушительный ливень хлынул на степь, потонувшую во мгле* (Бубеннов).

Каждое из однородных определений непосредственно относится к определяемому существительному, между определениями можно вставить сочинительный союз. Ср.: *пустой, безлюдный берег* (Серафимович); *тяжелое, суровое дело* (Эренбург).

Однородные определения могут характеризовать предмет также с разных сторон, если в условиях контекста они объединяются каким-либо общим признаком (внешним видом, сходством производимого ими впечатления, причинной связью и т.д.), например: *В небе таяло маленькое, золотистое облачко* (Горький) (внешний вид); *...Вода струится по камешкам и прядет нитчатые, изумрудно-зеленые водоросли* (Солоухин) (общее внешнее впечатление); *весенний, утренний, тоненький ледок* (Твардовский) (общий признак – «слабый, хрупкий»); *красные, воспаленные веки* («красные, потому что воспаленные»); *лунная, ясная ночь* («лунная, а потому ясная»).

Как правило, однородными являются художественные определения (эпитеты), например: *Старуха закрыла свинцовые, погасшие глаза* (Горький);

в) если в условиях контекста между ними создаются синонимические отношения, например: *Настали темные, тяжелые дни...* (Тургенев).

Ср. также: *сплошная, беспросветная тьма; прозрачный, чистый воздух; красное, злое лицо; робкий, апатический характер; густое, тяжелое масло; тихая, скромная жизнь; ровный, монотонный голос; белые, крепкие зубы; веселая, добродушная улыбка; гордый, независимый вид; отдаленный, пустынный переулок; сухая, потрескавшаяся земля; суровая, упрямая старуха* и т.п.;

г) если образуют смысловую градацию (каждое последующее усиливает выражаемый определениями признак), например: *Осенью ковыльные степи совершенно изменяются и получают свой особенный, самобытный, ни с чем не сходный вид* (Аксаков); *Радостное, праздничное, лучезарное настроение распирало, и мундир, казалось, становился тесен* (Серафимович);

д) однородными обычно являются одиночное определение и следующее за ним определение, выраженное причастным оборотом, например: *То была первая, не замутненная никакими опасениями радость открытия* (Гранин); *На белой, тщательно отглаженной скатерти появилось медвежье мясо, вяленая сохатина, рыба, голубица* (Ажаев); *Сквозь маленькое, затянутое льдом оконце... пробивался лунный свет* (Закруткин).

Как правило, однородны согласованные определения, стоящие после определяемого существительного, так как в этом положении каждое из них непосредственно связано с определяемым словом и обладает одинаковой смысловой самостоятельностью, например: *...Я видел женщину молодую, прекрасную, добрую, интеллигентную, обаятельную...* (Чехов). Отступления от правила встречаются в стихотворной речи, что связано с ритмомелодикой стиха, а также в сочетаниях терминологического характера, где по условиям лексико-семантическим определения даже в положении после определяемого существительного могут быть неоднородными. Например:

а) *Здравствуйте, дни голубые осенние...* (Брюсов);

б) *груша зимняя позднеспелая; трубы тонкостенные электросварные нержавеющие; кран мостовой электрический дрейферный.*

Однородными являются определения, противопоставляемые сочетанию других определений при том же определяемом слове, например: *Недавно еще в этом районе были низкие, деревянные дома, а теперь – высокие, каменные.*

2. Запятая не ставится между н е о д н о р о д н ы м и определениями. Определения являются неоднородными, если предшествующее относится не непосредственно к определяемому существительному, а к сочетанию последующего определения и определяемого существительного, например: *Алеша подал ему маленькое складное кругленькое зеркальце, стоявшее на комоде* (Достоевский) (ср.: *кругленькое зеркальце – складное кругленькое зеркальце – маленькое складное кругленькое зеркальце*); *...Представляете ли вы себе скверный южный уездный городишко?* (Куприн); *Ранняя суровая зимняя заря проступала сквозь мертвенную дымку* (Фадеев).

Неоднородные определения характеризуют предмет с разных сторон, в разных отношениях, т.е. выражают признаки, относящиеся к различным родовым (общим) понятиям, например: *В углу гостиной стояло **пузатое ореховое** бюро* (Гоголь) – ф о р м а и м а т е р и а л; *Волшебными подводными островами тихо наплывают и тихо проходят **белые круглые** облака* (Тургенев) – ц в е т и ф о р м а; *Мы жили в подвале **большого каменного** дома* (Горький) – р а з м е р и м а т е р и а л; *Как-то давно довелось мне плыть по **угрюмой сибирской** реке* (Короленко) – к а ч е с т в о и м е с т о н а х о ж д е н и е и т.д. При возможности подвести такие признаки под общее родовое понятие подобные определения могут стать однородными, например: *Для туристской базы отведен **большой, каменный** дом* (объединяющее понятие – «благоустроенный»). В зависимости от стиля речи некоторые примеры допускают разное понимание, а в связи с этим – различную пунктуацию. Ср.: *Вдали виднелись крошечные, неподвижные огоньки* (в художественном описании; определения передают признаки предмета и выступают как однородные). – *Вдали виднелись крошечные неподвижные огоньки* (в точном описании; не однородные).

Неоднородные определения обычно выражаются сочетанием качественного и относительного прилагательных, поскольку они обозначают разнородные признаки, например: ***Яркое зимнее*** *солнце заглянуло в наши окна* (Аксаков); *Снежные сугробы подернулись **тонкой ледяной** корой* (Чехов); *Вдруг **конское тревожное** ржанье раздалось во тьме* (Фадеев). Реже неоднородные определения образуются сочетанием качественных прилагательных, например: ***Легкий сдержанный** шепот разбудил меня* (Тургенев); *молочник с **густыми желтыми** сливками* (Куприн); *огромные удивительные **темно-синие** махаоны* (Пришвин). Не вызывает затруднения пунктуация при определениях, выраженных одними относительными прилагательными или причастиями и относительными прилагательными, например: *летний пионерский лагерь, витая железная лестница, запущенный фруктовый сад, мраморные четырехугольные колонны, неизданные авторские черновые наброски.*

Двоякое толкование и двоякую пунктуацию допускают сочетания типа: *другие проверенные методы* (до этого уже имелись проверенные методы) – *другие, проверенные методы* (до этого имелись методы, еще не проверенные). В последнем случае второе определение выступает не как однородное, а как п о я с н и т е л ь н о е (перед такими определениями можно вставить не сочинительный союз *и*, а пояснительные союзы *а именно, то есть*), например: *Быстрыми шагами прошел я длинную «площадь» кустов, взобрался на холм и... увидел совершенно другие, мне неизвестные места* (Тургенев); *С добрым чувством надежды на новую, лучшую жизнь он подъехал к своему дому* (Л. Толстой); *Приближался вечер, и в воздухе стояла та особенная, тяжелая духота, которая предвещает грозу* (Горький). О пояснительных членах предложения и знаках препинания при них см. § 97.

Выше рассматривалась пунктуация при с о г л а с о в а н н ы х определениях. Н е с о г л а с о в а н н ы е определения, как правило, однородны, например: *Вошел молодой человек лет двадцати пяти, блещущий здоровьем, со смеющимися щеками, губами и глазами* (Гончаров).

§ 85. Однородные и неоднородные приложения

1. Между однородными приложениями, не соединенными союзами, ставится запятая.

Приложения являются однородными, если характеризуют предмет с одной стороны, указывают близкие признаки, например: *Верстах в пятнадцати от моего имения живет один мне знакомый человек, молодой помещик, гвардейский офицер в отставке, Аркадий Павлыч Пеночкин* (Тургенев) (в дореволюционной России офицерами были, как правило, помещики-дворяне); *Учитель военной прогимназии, коллежский регистратор Лев Пустяков обитал рядом с другом своим, поручиком Леденцовым* (Чехов) (связь между профессией-должностью и гражданским чином в дореволюционных учебных заведениях); *Декан факультета кандидат технических наук, доцент В. И. Морозов* (ученая степень и ученое звание).

2. Между неоднородными приложениями запятая не ставится. Приложения являются неоднородными, если характеризуют предмет с разных сторон, например: *заведующий кафедрой профессор Лебедев, начальник лаборатории кандидат химических наук Нечаев, офицер «афганец» Павлов, кандидат технических наук капитан-инженер Михайлов, экс-чемпион мира по шахматам гроссмейстер Смыслов.*

§ 86. Однородные члены, соединенные неповторяющимися союзами

1. Между однородными членами предложения, связанными одиночными с о е д и н и т е л ь н ы м и   союзами *и, да* (в значении «и»), р а з д е л и т е л ь н ы м и   союзами *или, либо*, запятая не ставится, например: *Хлопуша и Белобородов не сказали ни слова и мрачно смотрели друг на друга* (Пушкин); *Целый мир отшумел за спиной и остался лишь в памяти да на исписанных бледным карандашом листках* (Паустовский); *Сведения об успехе или неудаче быстро разносились* (Фурманов).

Примечание. Перед союзом *и*, соединяющим два однородных сказуемых, ставится тире для указания на следствие, содержащееся во втором сказуемом, или для выражения резкого противопоставления, быстрой смены действий, например: *Хотел объехать целый свет – и не объехал сотой доли* (Грибоедов); *Скакун мой призадумался – и прыгнул* (Лермонтов); *Тогда Алексей... изо всех сил рванул унт обеими руками – и тут же потерял сознание* (Б. Полевой).

2. Если союз *и* имеет присоединительное значение (при помощи этого союза может присоединяться также неоднородный член предложения), то перед ним ставится запятая, например: *...Но эту науку все-таки надобно популяризировать, и популяризировать с очень большим уважением* (Писарев); *Люди часто посмеиваются над ним, и справедливо* (В. Панова). О присоединительных членах предложения см. § 98.

3. Запятая не ставится перед присоединительным *и*, за которым следует указательное местоимение *тот* (*та, то, те*), употребленное для усиления значения предшествующего имени существительного, например: *В такие морозы валенки и те не греют*.

4. Запятая ставится между однородными членами предложения, соединенными посредством   п р о т и в и т е л ь н ы х   союзов *а, но, да* (в значении «но»), уступительного *хотя* и др., например: *Мал золотник, да дорог* (пословица); *Да, это был прекрасный, хотя и несколько печальный город* (Паустовский).

Однородный член предложения, стоящий после противительного союза и находящийся не в конце предложения, не обособляется, т.е. запятая после него не ставится, например: *Каждый вечер солнце садилось в море, а не в тучи и было при этом клюквенного цвета...* (Ю. Казаков); *Случайно, а на самом-то деле по законам приключений мы попали на звездолет.* Не ставится также запятая после однородного члена, стоящего после второй части парного союза (*если... то, хотя... но* и т.п.), например: *Маленький негр понимал если не все, о чем спрашивал мичман, то кое-что и спешил отвечать*.

Ср. также: *редкий, но не единственный случай; редкий, хотя не единственный случай; редкий, если не единственный случай* (после союза противительного, уступительного, условного). То же самое после присоединительного союза *а также, а то* и др., например: *Грамотность населения, а также широкая пропаганда научных знаний должны обеспечить рост культуры в любой стране*; после вводных слов *а следовательно, а значит*, например: *В результате сила электромагнитного поля проходящих сигналов, а значит, и сила приема увеличивается во много раз* (второй однородный член не обособляется).

§ 87. Однородные члены, соединенные повторяющимися союзами

1. Запятая ставится между однородными членами предложения, соединенными посредством повторяющихся союзов *и... и, да... да, ни... ни, или... или, ли... ли, либо... либо, то... то* и др., например: *Темнота раннего зимнего утра скрывала и площадку на берегу, и полотняный поселок из палаток, и самих людей* (Ажаев); *Ни справа, ни слева, ни на воде, ни на берегу никого не было* (Гайдар); *Или погибнуть, или завоевать себе право устроить жизнь по правде – так был поставлен вопрос* (А. Н. Толстой); *С чужими я либо робел, либо важничал* (Горький); *Лицо радиста то хмурилось, то улыбалось* (Горбатов); *Наверху за потолком кто-то не то стонет, не то смеется* (Чехов).

2. При двух однородных членах с повторяющимся союзом *и* запятая не ставится, если образуется тесное смысловое единство (обычно такие однородные члены не имеют при себе пояснительных слов), например: *Были и лето и осень дождливы...* (Жуковский); *Кругом было и светло и зелено* (Тургенев); *Ой, полна, полна коробушка, есть и ситец и парча* (Некрасов); *Он ею и жил и дышал* (А. К. Толстой); *Прибрежная полоса, пересеченная мысами, уходила и в ту и в другую сторону* (Семушкин); *Он носил и лето и зиму старую жокейскую кепку...* (Паустовский).

При наличии пояснительных слов запятая в этих случаях обычно ставится, например: *...В вашем сердце есть и гордость, и прямая честь* (Пушкин); *Срубленные осины придавили собой и траву, и мелкий кустарник* (Тургенев); *Все вокруг переменилось: и природа, и характер леса* (Л. Толстой).

3. Запятая не ставится внутри цельных выражений фразеологического характера, образованных двумя словами с противоположным значением, соединенными повторяющимся союзом *и* или *ни*, например: *и день и ночь, и смех и горе, и стар и млад, и так и этак, и там и сям, и туда и сюда, ни бе ни ме, ни больше ни меньше, ни брат ни сват, ни взад ни вперед, ни да ни нет, ни дать ни взять, ни два ни полтора, ни дна ни покрышки, ни днем ни ночью, ни жив ни мертв, ни за что ни про что, ни конца ни края, ни много ни мало, ни пава ни ворона, ни пуха ни пера, ни рыба ни мясо, ни с того ни с сего, ни свет ни заря, ни себе ни людям, ни слуху ни духу, ни стать ни сесть, ни так ни сяк, ни то ни се, ни тот ни другой, ни тот ни этот, ни тпру ни ну, ни туда ни сюда, ни шатко ни валко.*

Но: *Я чувствую, что долее не могу видеть ни своей лампы, ни книг, ни теней на полу, не могу слышать голосов, которые раздаются в гостиной* (Чехов); *Ни* раньше, ни позже, *а только в назначенный срок заказ будет выполнен* (налицо обычные сочетания однородных членов с повторяющимся союзом, а не застывшие выражения). То же в пословицах и поговорках: *Ни богу свечка, ни черту кочерга; Ни в городе Богдан, ни в селе Селифан.*

4. Союзы *ли… или,* стоящие при однородных членах предложения, не приравниваются к повторяющимся союзам, поэтому запятая перед *или* не ставится, например: *Видит ли он это или не видит?* (Гоголь).

5. Если число однородных членов больше двух, а союз повторяется перед каждым из них, кроме первого, то запятая ставится между ними всеми, например: *Листья в поле пожелтели, и кружатся, и летят, и устилают землю золотым ковром; Иные хозяева вырастили уже вишни, или сирень, или жасмин* (Фадеев); *Только мальвы, да ноготки, да крученый паныч цвели кое-где по дворам* (В. Панова).

Примечание. Не ставится запятая, если два однородных члена с союзом *и* между ними образуют тесно связанную по смыслу группу, соединенную союзом *и* с третьим однородным членом, например: *Вода давно сбыла в Тереке и быстро сбегала и сохла по канавам* (Л. Толстой) (*сбегала и сохла* образуют парную группу, имеющую общий второстепенный член *по канавам*); *Любка была девушка прямая и бесстрашная и даже по-своему же стойкая в тех случаях, если она кого-нибудь не любила* (Фадеев) (парная группа – *прямая и бесстрашная*); *Чувствовалось, что он хорошо сложен и крепок и красив старинной русской красотой* (Фадеев) (парную группу образуют первые два сказуемых); *Первый звук его голоса был слаб и неровен и, казалось, не выходил из его груди, но принесся откуда-то издалека* (Тургенев) (парную группу образуют сказуемые *слаб и неровен*); *Фыркает конь и ушами прядет, брызжет и плещет и доле плывет* (Лермонтов) (парная группа – *брызжет и плещет*). Ср.: *Пройти огонь и воду и медные трубы* (поговорка) (парная группа – *огонь и воду*).

6. Запятая ставится между всеми однородными членами также в том случае, когда только часть их связана повторяющимися союзами, а остальные соединяются бессоюзной связью, например: *Он слеп, упрям, нетерпелив, и легкомыслен, и кичлив* (Пушкин); *Твоя живая тишина, твои лихие непогоды, твои леса, твои луга, и Волги пышные брега, и Волги радостные воды – все мило мне* (Языков).

7. Если союз *и* соединяет однородные члены попарно, то запятая ставится только между парными группами (внутри таких пар запятая не ставится), например: *Я слышал разговоры – пьяные и трезвые, робкие и отчаянные, полные покорности и злобы, – всякие разговоры* (Паустовский). Парные группы в свою очередь могут соединяться повторяющимся союзом *и,* например: *…Мильтона, сего поэта, вместе и изысканного и простодушного, и темного и запутанного, и выразительного и своенравного* (Пушкин); *Среди рек есть и большие и* малые, и спокойные и буйные, и быстрые и медленные (М. Ильин); *И нагнулся старый атаман и стал отыскивать свою люльку с табаком, неотлучную сопутницу на морях и на суше, и в походах и дома* (Гоголь).

8. Если союз *и* повторяется в предложении не при однородных членах, то запятая между ними не ставится, например: *Море вечно и неумолкаемо шумит и плещет* (Гончаров); *Казачки сидели на земле и завалинках хат и звонко болтали* (Л. Толстой).

9. Стоящие в конце перечисления слова «и другие» рассматриваются как однородный член, и перед ними ставится запятая, если союз *и* при однородных членах повторяется, например: *Приглашаетесь и вы, и он, и я, и другие.* Но: слова «и т.д.», «и т.п.» не выступают в роли однородных членов, и запятая перед ними не ставится, если даже союз *и* повторяется перед предшествующими однородными членами, например: *На выставку можно представить и рисунки, и этюды, и наброски и т.п.*

10. Не ставится запятая в выражениях типа: *два и три и пять* (*два да три да пять*) *вместе составляют десять* (нет перечисления однородных членов). То же в выражении типа: *два плюс три плюс пять...*

§ 88. Однородные члены, соединенные парными союзами

1. Если однородные члены соединены парными (сопоставительными, двойными) союзами *как... так и, не так... как, не только... но и, не столько... сколько, насколько... настолько, хотя и... но, если не... то* и т.п., то запятая ставится только перед второй частью союза, например: *Я имею поручение как от судьи, так равно и от всех наших знакомых примирить вас с приятелем вашим* (Гоголь); *Туманы в Лондоне бывают если не каждый день, то через день непременно* (Гончаров); *Зарево распространилось не только над центром города, но и далеко вокруг* (Фадеев); *Для Алевтины Васильевны хотя и привычна, но тяжела была суровая власть Ерофея Кузьмича.* (Бубенцов).

Простые предложения с парными союзами следует отличать от сложных предложений, например: *Задача эта, хотя она и не очень трудная, но решается нелегко* (с запятой перед союзом *хотя*).

2. После однородного члена, следующего за второй частью парного союза и не заканчивающего собой предложение, запятая не ставится (ср. § 86, п. 4), например: *Работа хотя и несложная, но трудоемкая и потребует много времени для своего выполнения; Приеду если не завтра, то в ближайшие дни и пробуду у вас несколько недель.*

3. Внутри сопоставительных союзов *не то что... а, не то чтобы... а (но)* запятая перед *что* и *чтобы* не ставится, например: *Нынче не то что солдат, а мужичков видел...* (Л. Толстой); *В ту минуту я не то чтобы струсил, а немного оробел* (Куприн).

§ 89. Обобщающие слова при однородных членах

1. Если однородным членам предложения предшествует обобщающее слово (или словосочетание), то перед ними ставится двоеточие, например: *А по сторонам вымершая от зноя степь: устало полегшие травы, тускло, безжизненно блистающие солончаки, голубое и трепетное марево над дальними курганами* (Шолохов); *В золотистой глубине леса отражались и замирали звуки труда: скрежет камня, шорох песка, гудки машин, лязг, вскрики* (Кетлинская).

Если после обобщающего слова (словосочетания) стоят слова *как-то, а именно, то есть, например*, то перед ними ставится запятая, а после них двоеточие, например: *Добрые люди понимали ее [жизнь] не иначе, как идеалом покоя и бездействия, нарушаемого по временам разными неприятными случайностями, как-то: болезнями, убытками, ссорами и между прочим трудом* (Гончаров); *Хорь понимал действительность, то есть: обстроился, накопил деньжонку, ладил с барином и прочими властями* (Тургенев).

Если однородным членам не предшествует обобщающее слово (словосочетание), то двоеточие ставится только в том случае, когда необходимо предупредить читателя, что дальше следует перечисление, например: *Из-под сена виднелись: самовар, кадка с мороженной формой и еще кое-какие привлекательные узелки и коробочки* (Л. Толстой); *Тут были: Павел, чухонец, штабс-капитан Ярошевич, фельдфебель Максименко, красная фуражка, дама с белыми зубами, доктор* (Чехов); *Спальные места отделены столбами, на этих столбах, поддерживающих крышу, висят: одежда, ружья и связки шкурок* (Коптяева).

Как показывают примеры, функцию обобщающего слова в этих случаях выполняет сказуемое, непосредственно предшествующее однородным членам-подлежащим (подробнее см.: Шапиро А. Б. Основы русской пунктуации. М., 1955, с. 248–250, откуда заимствованы приведенные выше примеры). Ср. в деловой и научной речи: *На заседании присутствовали:...; Для получения смеси нужно взять:...*

Если однородным членам, выраженным собственными именами лиц, географическими наименованиями, названиями литературных произведений и т.д., предшествует общее для них приложение или определяемое существительное, не выступающее в роли обобщающего слова (при чтении в этом случае отсутствует характерная для произнесения обобщающих слов предупреждающая пауза), то двоеточие не ставится, например: *Писатели-классики Гоголь, Тургенев, Чехов рисовали картины из жизни крестьян; Туристы побывали в городах Волгограде, Санкт-Петербурге, Москве; Произведения М. А. Шолохова «Тихий Дон», «Поднятая целина», «Судьба человека» и др. завоевали себе признание во всем мире.*

2. Если обобщающее слово следует за однородными членами, то перед ним ставится тире, например: *Ни столба, ни стога, ни забора – ничего не видно* (Лермонтов); *Ни ты, ни она – вы не забудете того, что случилось* (Пушкин).

Если после однородных членов перед обобщающим словом стоит вводное слово или словосочетание (*словом, одним словом, короче говоря* и т.п.), то перед последним ставится тире, а после него запятая, например: *Среди птиц, насекомых, в сухой траве – словом, всюду, даже в воздухе, чувствовалось приближение осени* (Арсеньев).

3. Если однородные члены, стоящие после обобщающего слова, не заканчивают собой предложения, то перед ними ставится двоеточие, а после них – тире, например: *Везде: над головой, под ногами и рядом с тобой – живет, грохочет, торжествуя свои победы, железо* (Горький); *А снаружи все: и оконницы, и коньки, и ворота – оторочено кружевом грубоватой деревянной резьбы* (Б. Полевой).

Примечание. Постановка перед тире также запятой в качестве дополнительного пунктуационного знака связана с условиями контекста, т.е. обусловлена каким-либо другим правилом, например: *С большой и сердечной любовью относились к Чехову и все люди попроще, с которыми он сталкивался: слуги, разносчики, носильщики, странники, почтальоны, – и не только с любовью, но и с тонкой чуткостью, с бережностью и с пониманием* (Куприн) (запятая закрывает придаточное предложение и открывает присоединительную конструкцию). *Наряду с иными стихийными бедствиями, как-то: пожар, град, начисто выбивающий хлебные поля, ненастье или, наоборот, великая сушь, – есть в деревне еще одно бедствие, о котором, может быть, и не знают многие городские люди* (Солоухин) (запятая закрывает обособленный оборот с предложным сочетанием *наряду с*). Если постановка запятой требуется структурой последней части предложения (стоящей после перечисления), то тире опускается и ставится только запятая, например: *Владелец тщательно осведомляется о ценах на разные большие произведения, как-то: муку, пеньку, мед и прочее, но покупает только небольшие безделушки...* (Гоголь).

Указанная пунктуация (двоеточие перед однородными членами и тире после них) сохраняется и в тех случаях, когда обобщающее слово, в целях усиления его смысловой роли, употребляют дважды – перед перечислением и после него, например: *Мне было охота почитать про все: и про травы, и про моря, и про солнце и звезды, и про великих людей, и про революцию – про все то, что люди хорошо знают, а я еще не знаю* (Паустовский).

4. Если находящаяся в середине предложения группа однородных членов имеет характер попутного уточняющего замечания, а логически выделяется предшествующее обобщающее слово, после которого предупредительная пауза отсутствует, то вместо двоеточия перед перечислением ставится тире (т.е. однородные члены с двух сторон выделяются посредством тире), например: *Обычно из верховых станиц – Еланской, Вешенской, Мигулинской и Казанской – брали казаков в 11 – 12-й армейские казачьи полки и в лейб-гвардии Атаманский*

(Шолохов); *У большинства приволжских городов – Казани, Куйбышева, Саратова и др. – правый берег нагорный, левый – низменный. Все присутствующие – мужчины, женщины, дети – сразу устремились за ним.*

5. Однородные члены предложения при наличии обобщающего слова могут разделяться не запятой, а точкой с запятой, так же как в предложениях без обобщающего слова (см. § 83, п. 2); например: *Земля, оказывается, бесконечно велика: и моря, и снеговые горы в облаках, и безбрежные пески; и неожиданные города с церквами, похожими на надетые друг на друга колокола; с деревьями, как высокие папоротники; и люди, черные, как вымазанные сажей, голые, страшные, как черти; и плосколицые, с крошечными глазками, в балахонах, в шлыках, с длинными косами; и женщины, закутанные в белые холсты с головы до ног; а рядом с лошадьми – длинноухие полулошадки-полутелята, и слоны с будками на спинах...* (Гладков).

XXIII. Знаки препинания при повторяющихся словах

§ 90. Запятая при повторяющихся словах

1. Между одинаковыми словами, повторяющимися с интонацией перечисления для указания на длительность действия, для обозначения большого числа предметов или явлений, для подчеркивания степени качества и т.п., ставится запятая, например: *Но он ехал, ехал, а Жадрина было не видать* (Пушкин); *Синий, синий, ходит он плавным разливом* (Гоголь); *И ближе, ближе все звучал грузинки голос молодой* (Лермонтов); *... Все это ушло от меня навсегда, навсегда* (Фадеев).

2. Если после повторяющегося слова или словосочетания с ним при чтении не делается пауза, то никакими знаками от последующих слов в предложении они не отделяются, например: *Мне страстно, до боли страстно захотелось оскорбить или унизить их* (Горький). Ср.: *Все надрывались, буквально надрывались от хохота; Лес, сплошной лес окружал нас со всех сторон; Немногие, повторяю, только немногие по-настоящему понимали его.*

Но если после повторяющегося слова или словосочетания с ним при чтении делается пауза, то после них ставится запятая, так что весь оборот оказывается выделенным с двух сторон запятыми (иногда при помощи тире), например: *Вам, только вам, принадлежит честь этого открытия; Но люди – большие, взрослые люди – не переставали обманывать и мучить себя и друг друга* (Л. Толстой).

3. Если оборот с повторяющимся словом присоединяется союзом *и*, то перед союзом ставится запятая, а при подчеркивании присоединяемой конструкции – тире, например: *Здесь нужно терпение, и только терпение; Это была победа – и важная победа!* Но (без интонации присоединения): *Учиться и еще раз учиться!*

4. Запятая не ставится:

а) между двумя повторяющимися словами (или основами), из которых второе употреблено с отрицанием *не*, если сочетание этих слов образует единое смысловое целое или выражает неопределенность в обозначении чего-либо, например: *Страшно не страшно, а на душе как-то строго* (Лесков); *Дождь не дождь, а паши* (Шолохов); *Рыхли не рыхли, корми не корми, в такую страшную сушь ничем не поможешь* (Г. Николаева); *Радуются не нарадуются на ненаглядное детище...* (Салтыков-Щедрин);

б) при повторении слова с частицей *так* для усиления, например: *Пропаду так пропаду, все равно!* (Достоевский); *Свадьба так свадьба; я Огудалова, я нищенства не допущу* (А. Н. Островский).

§ 91. Дефисное написание повторяющихся слов

Между двумя повторяющимися словами пишется дефис, если образуется сложное слово, обычно с одним фонетическим ударением. Сюда относятся:

а) имена прилагательные со значением усиления признака: *белый-белый* (в значении «очень белый»), *слабенький-слабенький* (в значении «очень слабенький»); ср.: *...Птички уже поют в лесу, заря на востоке, розовая-розовая, воздушная-воздушная, плакать хочется, такая милая заря* (В. Панова); разграничение написаний типа *белый-белый* и *синий, синий* (см. § 90, п. 1) можно показать на таких примерах: *Житель аула был старый-старый, бог весть сколько ему было лет от роду* (в значении «очень старый»). – *Старый, старый, а всех вокруг пальца обвел* (в значении «старый-то старый, а ...»);

б) глаголы со значением непрерывности процесса или интенсивности действия: *сидел-сидел в напрасном ожидании; просил-просил о помощи*, ср.: *На самой заре встанешь и топчешься-топчешься по избе: и воды надо принести, и печь растопить...* (Паустовский);

в) глаголы со значением действия, ограниченного каким-то отрезком времени: *постоял-постоял и ушел*, ср.: *Похожу-похожу по двору, на улицу загляну и опять на печь лягу* (Салтыков-Щедрин);

г) вопросительно-относительные местоимения и наречия со значением неопределенного предмета или обстоятельства, которым противопоставляется нечто противоположное: *кто-кто, а он обязательно придет; где-где, а здесь всегда достаточно воды*; ср.: *Уж кто-кто, а вы, женщина, должны уметь оказать помощь в таких случаях* (В. Панова); *...Уж кому-кому, а мне-то пора было этому научиться* (Каверин); *Овес-то, братцы, лаком, когда-когда его мужичий коняга видит!* (Салтыков-Щедрин) (в значении «очень редко»); но (при наличии предлога): *Уж в ком, в ком, а в нем я вполне уверен;*

д) наречия с подчеркнутым выражением присущего им значения: *чуть-чуть, едва-едва*.

О дефисном написании наречий, образованных повторением основы (типа *крепко-накрепко),* см. § 57, п. 4.

Различие в пунктуационном и орфографическом оформлении сочетаний с повторяющимися глаголами типа *ехал, ехал,* с одной стороны, и *просил-просил* или *постоял-постоял* – с другой, объясняется присущими этим сочетаниям значениями: в первом случае указывается на длительность действия (см. § 90, п. 1), во втором на первый план выдвигается значение непрерывности или интенсивности действия либо его ограниченности во времени (см. выше, пункты б, в).

Следует разграничивать написания: а) да, да (через запятую), б) да-да (с дефисом), в) да – да (через тире), что определяется их значениями. Ср.:

а) *Я люблю ее! Да, да!* (Герцен) – усиленное утверждение, в значении «конечно», «совершенно верно»;

б) *Он поспешил согласиться: «Да-да, обязательно»* (экспрессивно выраженное подтверждение, с оттенком торопливости, нетерпения);

в) *Терять ему было нечего: да – да, нет – нет* (в значении «если да, то да, если нет, то нет»).

XXIV. Знаки препинания в предложениях с обособленными членами

§ 92. Обособленные определения

1. Как правило, обособляются (отделяются запятой, а в середине предложения выделяются с двух сторон запятыми) распространенные определения, выраженные причастием или прилагательным с зависимыми от них словами и стоящие после определяемого существительного или субстантивированного слова, например: *Тополи, покрытые росой, наполняли воздух нежным ароматом* (Чехов); *Бледный свет, похожий на чуть разбавленную синькой воду, заливал восточную часть горизонта* (Паустовский); *Стоят и те трое, хмурые все* (Горький).

Примечание. Не обособляются распространенные определения:

а) стоящие перед определяемым существительным (если не имеют добавочных обстоятельственных оттенков значения, см. ниже, п. 6), например: *Вышедший рано утром отряд прошел уже четыре версты* (Л. Толстой); *Простор равнины вливался в обвешанное резкими облаками небо...* (Федин);

б) стоящие после определяемого существительного, если последнее само по себе в данном предложении не выражает нужного смысла и нуждается в определении, например: *Он мог услышать вещи для себя довольно неприятные, если бы неравно Грушницкий отгадал истину* (Лермонтов) (сочетание *мог услышать вещи* не выражает нужного понятия); *Чернышевский создал произведение* в высшей степени оригинальное и чрезвычайно замечательное (Писарев); *Это была улыбка необыкновенно добрая, широкая и мягкая, как у разбуженного ребенка* (Чехов); *Если бы он написал обо всем этом, то получилась бы книга увлекательная и не похожая ни на что в литературе* (Паустовский);

в) связанные по смыслу не только с подлежащим, но и со сказуемым, в состав которого они входят, например: *Луна взошла сильно багровая и хмурая, точно больная* (Чехов); *Даже березы и рябины стояли сонные в окружавшей их знойной истоме* (Мамин-Сибиряк); *Листва из-под ног выходит плотно слежалая, серая* (Пришвин); *Море у его ног лежало безмолвное и белое от облачного неба* (Паустовский). Обычно такие конструкции образуются с глаголами д в и ж е н и я и с о с т о я н и я, выступающими в роли знаменательной связки; если же глагол этого типа сам по себе служит сказуемым, то определение обособляется, например: *Трифон Иваныч выиграл у меня два рубля и ушел, весьма довольный своей победой* (Тургенев);

г) выраженные сложной формой сравнительной или превосходной степени имени прилагательного, поскольку такие формы не образуют оборота и выступают в функции неделимого члена предложения, например: *Гость наблюдал с настороженностью куда более убедительной, чем радушие, проявленное хозяином*; *Автор предложил вариант более короткий*; *Публикуются сообщения самые срочные*. Ср. (при наличии оборота): *В кружке самом близком к невесте были ее две сестры* (Л. Толстой).

2. Причастия и прилагательные с зависимыми словами, стоящие после н е о п р е д е л е н н о г о местоимения, обычно не обособляются, так как образуют одно целое с предшествующим местоимением, например: *Ее большие глаза, исполненные неизъяснимой грусти, казалось, искали в моих что-нибудь похожее на надежду* (Лермонтов). Но если смысловая связь между местоимением и следующим за ним определением менее тесная и при чтении после местоимения делается пауза, то обособление возможно, например: *И кто-то, вспотевший и задыхающийся, бегает из магазина в магазин...* (В. Панова) (обособлены два одиночных определения, см. ниже, п. 4).

3. О п р е д е л и т е л ь н ы е, у к а з а т е л ь н ы е и п р и т я ж а т е л ь н ы е местоимения не отделяются запятой от следующего за ними причастного оборота, тесно примыкая к нему, например: *Все опубликованные в книге фактические данные были автором проверены*; *Песня звучит призывно для всех замученных неволей*; *В этом забытом людьми уголке я отдыхал все лето*; *Ваши написанные от руки строки с трудом можно было прочитать*. Ср.: *Все смеющееся, веселое, отмеченное печатью юмора, было ему мало доступно* (Короленко); *Даша ждала всего, но только не этой покорно склоненной головы* (А. Н. Толстой).

Но если определительное местоимение субстантивируется или если причастный оборот имеет характер уточнения либо пояснения (см. § 96, п. 3), то определение обособляется, например: *Все, связанное с железной дорогой, до сих* пор овеяно для меня поэзией путешествий (Паустовский); *Хотелось отличиться перед этим, дорогим для меня, человеком...* (Горький). Оборот вместе взятое в разных формах всегда обособляется, например: *Все это, вместе взятое, убеждает в правильности принятого решения.*

Примечание. Нередко предложения с согласованными определениями допускают варианты пунктуации. Ср.: *Вон тот средний играет лучше других* (*тот* — определение при субстантивированном слове *средний*). — *Вон тот, средний, играет лучше других* (субстантивированное слово *тот* — подлежащее, при нем обособленное определение *средний*).

Не отделяется запятой распространенное определение от предшествующего отрицательного местоимения, например: *Никто допущенный к олимпиаде последнюю задачу не решил; С этими блюдами не сравнится ничто подаваемое под тем же названием в хваленых харчевнях.*

4. Обособляются два или больше одиночных определения, стоящих после определяемого существительного, если последнему предшествует еще одно определение, например: *...Любимые лица, мертвые и живые, приходят на память...* (Тургенев); *...Длинные облака, красные и лиловые, сторожили его [солнца] покой...* (Чехов).

При отсутствии предшествующего определения два последующих одиночных определения обособляются или не обособляются в зависимости от степени их интонационно-смысловой связи с определяемым существительным. Ср.:

1) *А запорожцы, и пешие и конные, выступали на три дороги к трем воротам* (Гоголь); *...Особенно понравились мне глаза, большие и грустные* (Тургенев); *Мать, грустная и тревожная, сидела на толстом узле и молчала...* (Гладков);

2) *Под этой толстой серой шинелью билось сердце страстное и благородное* (Лермонтов); *Солнечный свет и звуки говорили, что где-то на этом свете есть жизнь чистая, изящная, поэтическая* (Чехов); *По дорожке чистой, гладкой я прошел, не наследил* (Есенин); *Водил смычком по скрипке старой цыган поджарый и седой* (Маршак).

5. Обособляется одиночное (нераспространенное) определение:

1) если несет на себе значительную смысловую нагрузку и по значению может быть приравнено к придаточному предложению, например: *На крик его явился смотритель, заспанный* (Тургенев);

2) если имеет добавочное обстоятельственное значение, например: *Молодому человеку, влюбленному, невозможно не проболтаться, а я Рудину исповедовался во всем* (Тургенев) (ср.: «если он влюблен»); *Фата Любочки опять цепляется, и две барышни, взволнованные, подбегают к ней* (Чехов);

3) если определение оторвано в тексте от определяемого существительного, например: *Глаза смыкались и, полузакрытые, тоже улыбались* (Тургенев);

4) если определение имеет уточняющее значение, например: *И минут через пять лил уже сильный дождь, обложной* (Чехов).

Примечание. Обособленное определение может относиться к отсутствующему в данном предложении, но воспринимаемому из контекста существительному, например: *Смотри – вон, темный, бежит степью* (Горький). Ср. § 93, п. 7.

6. Обособляются распространенные или одиночные определения, стоящие непосредственно перед определяемым существительным, если они имеют добавочное обстоятельственное значение (причинное, условное, уступительное, временно́е), например: *Сопровождаемый офицером, комендант вошел в дом* (Пушкин); *Оглушенный ударом грузовского кулака, Буланин сначала зашатался на месте ничего не понимая* (Куприн); *Веселый и жизнерадостный, Радик был вообще любимцем* (Фадеев); *Охваченный каким-то неясным предчувствием, Корчагин быстро оделся и вышел из дому* (Н. Островский); *Утомленные маминой чистоплотностью, ребята приучились хитрить* (В. Панова); *Сконфуженный, Миронов поклонился в спину ему* (Горький); *Высокая, Леля и в стеганых одеждах была излишне худой* (Кочетов).

7. Обособляется распространенное или одиночное определение, если оно оторвано от определяемого существительного другими членами предложения (независимо от того, находится ли определение впереди или после определяемого слова), например: *И снова, отсеченная от танков огнем, залегла на голом склоне пехота...* (Шолохов); *Распластанные на траве, сушились заслуженные рубахи и штаны...* (В. Панова); *Стрелы, пущенные в него, упали, жалкие, обратно на землю* (Горький); *За шумом они не сразу расслышали стук в окошко – настойчивый, солидный* (Федин) (несколько обособленных определений, чаще в конце предложения, могут отделяться посредством тире).

8. Обособляются определения, относящиеся к личному местоимению, (независимо от степени распространенности и местоположения определения, например: *Убаюканный сладкими надеждами, он крепко спал* (Чехов); *Он повернулся и ушел, а я, растерянный, остался рядом с девочкой в пустой жаркой степи* (Паустовский); *От него, ревнивого, заперевшись в комнате, вы меня, ленивого, добрым словом вспомните* (Симонов).

Примечание. Не обособляются определения при личном местоимении:
а) если определение по смыслу связано не только с подлежащим, но и со сказуемым (ср. выше, п. 1, примеч. «в»), например: *Мы расходились довольные своим вечером* (Лермонтов); *Он выходит из задних комнат уже окончательно расстроенный...* (Гончаров); *Я прихожу к вечеру усталый, голодный...* (Горький); *До шалаша мы добежали промокшие насквозь* (Паустовский); *Она пришла домой расстроенная, но не павшая духом* (Г. Николаева);
б) если определение стоит в форме винительного падежа (такая конструкция,

с оттенком устарелости, может быть заменена современной конструкцией с творительным падежом), например: *Я нашел его готового пуститься в дорогу* (Пушкин) (ср. «нашел готовым…»); *И потом он видел его лежащего на жесткой постели в доме бедного соседа* (Лермонтов); также: *А пьяную ее полицейские по щекам бьют* (Горький);

в) в восклицательных предложениях типа: *Ах ты миленький! О я бестолковый!*

9. Несогласованные определения, выраженные косвенными падежами существительных (чаще с предлогом), обособляются, если подчеркивается выражаемое ими значение, например: *Офицеры, в новых сюртуках, белых перчатках и блестящих эполетах, щеголяли по улицам и бульвару* (Л. Толстой); *Какая-то полная женщина, с засученными рукавами и с поднятым фартуком, стояла среди двора…* (Чехов); *Пятеро, без сюртуков, в одних жилетах, играли…* (Гончаров).

Примечание. Несогласованные определения могут стоять и перед определяемым существительным, например: *В белом галстуке, в щегольском пальто нараспашку, с вереницей звездочек и крестиков на золотой цепочке в петле фрака, генерал возвращался с обеда, один* (Тургенев). Обычно обособляются подобные несогласованные определения:

а) если относятся к собственному имени, например: *Саша Бережнова, в шелковом платье, в чепце на затылке и в шали, сидела на диване* (Гончаров); *Из памяти не выходила Елизавета Киевна, с красными руками, в мужском платье, с жалкой улыбкой и кроткими глазами* (А. Н. Толстой); *Русый, с кудрявой головой, без шапки и с расстегнутой на груди рубахой, Дымов казался красивым и необыкновенным* (Чехов);

б) если относятся к личному местоимению, например: *Я удивляюсь, что вы, с вашей добротой, не чувствуете этого* (Л. Толстой); *…Сегодня она, в новом голубом капоте, была особенно молода и внушительно красива* (Горький);

в) если отделены от определяемого слова какими-нибудь другими членами предложения, например: *После десерта все двинулись к буфету, где, в черном платье, с черной сеточкой на голове, сидела Каролина и с улыбкой наблюдала, как смотрели на нее* (Гончаров) (независимо от того, выражено ли определяемое слово собственным или нарицательным именем); *На румяном лице его, с прямым большим носом, строго сияли голубоватые глаза* (Горький);

г) если образуют ряд однородных членов с предшествующими или последующими обособленными согласованными определениями, например: *Я увидел мужика, мокрого, в лохмотьях, с длинной бородой* (Тургенев); *С костистыми лопатками, с шишкой под глазом, согнувшийся и явно трусивший воды, он представлял из себя смешную фигуру* (Чехов) (независимо от того, какой частью речи выражено определяемое слово).

Часто обособляются несогласованные определения при названиях лиц по степени родства, профессии, занимаемой должности и т.п., поскольку благодаря значительной конкретности таких существительных определение служит целям добавочного сообщения, например: *Дед, в бабушкиной кацавейке, в старом картузе без козырька, щурится, чему-то улыбается* (Горький); *Староста, в сапогах и в армяке внакидку, с бирками в руке, издалека заметив папа́, снял свою поярковую шляпу* (Л. Толстой).

Обособление несогласованного определения может служить средством намеренного отрыва данного оборота от соседнего сказуемого, к которому он мог бы быть отнесен по смыслу и синтаксически, и отнесения его к подлежащему, например: *Бабы, с длинными граблями в руках, бредут в поле* (Тургенев); *Маляр, в нетрезвом виде, выпил вместо пива чайный стакан лаку* (Горький). Ср. также: *...Меркурию Авдеевичу почудилось, что растут звезды в небе и весь двор, с постройками, поднялся и пошел беззвучно к небу* (Федин) (без обособления сочетание *с постройками* не играло бы роли определения).

10. Обособляются несогласованные определения, выраженные оборотом с формой сравнительной степени имени прилагательного (часто определяемому существительному предшествует согласованное определение), например: *Сила, сильнее его воли, сбросила его оттуда* (Тургенев); *Короткая борода, немного темнее волос, слегка оттеняла губы и подбородок* (А. К. Толстой); *Другая комната, почти вдвое больше, называлась залой...* (Чехов).

При отсутствии предшествующего согласованного определения несогласованное определение, выраженное сравнительной степенью прилагательного, не обособляется, например: *Зато в другое время не было человека деятельнее его* (Тургенев).

11. Обособляются и отделяются при помощи тире несогласованные определения, выраженные неопределенной формой глагола, перед которой можно без ущерба для смысла поставить слова «а именно», например: *...Я шел к вам с чистыми побуждениями, с единственным желанием – сделать добро!* (Чехов); *Но прекрасен данный жребий – просиять и умереть* (Брюсов); *...Мы все одержимы одной страстью – сопротивляться* (Кетлинская).

Если такое определение стоит в середине предложения, то оно выделяется при помощи тире с двух сторон, например: *...Каждый из них решал этот вопрос – уехать или остаться – для себя, для своих близких* (Кетлинская). Но если по условиям контекста после определения должна стоять запятая, то второе тире обычно опускается, например: *Так как оставался один выбор – потерять армию и Москву или одну Москву, то фельдмаршал должен был выбрать последнее* (Л. Толстой).

§ 93. Обособленные приложения

1. Обособляется распространенное приложение, выраженное именем существительным нарицательным с зависимыми словами и относящееся к нарицательному существительному (обычно такое приложение стоит после определяемого слова, реже – впереди него), например: *Говорила больше мать, дама с седыми волосами* (Тургенев); *Добродушный старичок, больничный сторож, тотчас же впустил его* (Л. Толстой); *Шахтеры, выходцы из Центральных российских губерний и с Украины, селились по хуторам, у казаков, роднились с ними* (Фадеев).

Обособляются также конструкции в предложениях типа: *Выступал кинорежиссер, он же исполнитель одной из ролей в этом фильме, Никита Михалков*.

2. Одиночное нераспространенное приложение, стоящее после нарицательного существительного, обособляется, если определяемое существительное имеет при себе пояснительные слова, например: *Он остановил коня, поднял голову и увидал своего корреспондента, дьякона* (Тургенев); *Ухаживала за мной одна девушка, полька* (Горький).

Реже нераспространенное приложение обособляется при одиночном определяемом существительном с целью усилить смысловую роль приложения, не дать ему интонационно слиться с определяемым словом, например: *Отца, пьяницу, кормила с малых лет, и сама себя* (Горький); *Ольга, умница, сразу догадалась, что это обман*.

Примечание 1. Одиночное приложение обычно присоединяется к определяемому нарицательному существительному посредством дефиса, например: *город-герой, гвардейцы-минометчики, девочки-подростки, зима-волшебница, злодей-тоска, инженер-конструктор, хирург-офицер* (но: *офицер хирург Петров*, см. § 85, п. 2), *юноша-сапер, кормилица-нива, мороз-воевода, немец-путешественник, отец-покойник* (но: *отец протоиерей*), *паны-шляхтичи* (но: *пан гетман*), *птица-песня, самолет-бомбардировщик, сосед-музыкант, сторож-старик, студент-отличник* (но: *студенты отличники учебы...* – неоднородные приложения, см. § 85, п. 2), *ученый-физиолог, учитель-француз*.

Примечание 2. В некоторых случаях возможно дефисное написание и при наличии пояснительного слова (определения), которое по смыслу может относиться или ко всему сочетанию (*известный экспериментатор-изобретатель, ловкий акробат-жонглер, колхозник-сторож с седой бородой*), или только к определяемому слову (*демобилизованный офицер-десантник, оригинальный художник-самоучка, моя соседка-педагог*), или только к приложению (*женщина-врач с большим стажем*). Однако в этих случаях обычно возможна двоякая пунктуация, ср.: *Лекцию прочитает известный профессор-химик. – Лекцию прочитает известный профессор, химик; Поручение дано одному студенту-докладчику. – Поручение дано одному студенту, докладчику*.

Дефис пишется также после собственного имени (чаще всего географического названия, выступающего в роли приложения при родовом наименовании), например: *Москва-река, Байкал-озеро, Казбек-гора, Астрахань-город* (но без дефиса при обратном порядке слов: *река Москва, озеро Байкал, гора Казбек*, город *Астрахань;* выражения типа *матушка-Русь, матушка-Земля* имеют характер устойчивых сочетаний). После собственного имени лица дефис ставится только в случае слияния определяемого существительного и приложения в одно сложное интонационно-смысловое целое, например: *Иван-царевич, Иванушка-дурачок, Аника-воин, Дюма-отец, Рокфеллер-старший* (но: *Марк Порций Катон Младший,* или *Утический* – перевод прозвища, как оно существовало в самом латинском языке).

Дефис не пишется:

а) если предшествующее однословное приложение может быть приравнено по значению к определению-прилагательному, например: *красавец мужчина* (ср.: *красивый мужчина), старик отец, гигант завод* (но при перестановке слов: *завод-гигант), бедняк портной, богатырь всадник, крошка сиротка, хищник волк, искусник повар.* Следует, однако, заметить, что приложение-существительное может отличаться по значению от определения-прилагательного; так, в предложении: *Татьяна по воле барыни была выдана замуж за пьяницу башмачника* (Тургенев) – сочетание *пьяница башмачник* (постоянный признак) не то же, что *пьяный башмачник* (временный признак);

б) если в сочетании двух нарицательных существительных первое из них обозначает родовое понятие, а второе – видовое, например: *цветок магнолия, дерево баобаб, гриб подосиновик, птица зяблик, попугай какаду, обезьяна макака, сталь серебрянка, газ углерод, нитки мулине, застежка «молния», ткань бостон, леденцы монпансье, суп харчо.* Но если такое сочетание представляет собой сложный научный термин (в котором вторая часть не служит самостоятельным видовым обозначением), название специальности и т.п., то дефис пишется, например: *заяц-русак, птица-лира, ястреб-тетеревятник, жук-олень, жук-носорог, жук-плавунец, рак-богомол, рак-отшельник, мышь-полевка, бабочка-капустница, врач-терапевт, слесарь-инструментальщик, учитель-математик, химик-органик, художник-баталист, монах-францисканец;*

в) если определяемое существительное или приложение само пишется через дефис, например: *социал-демократы меньшевики, женщины-врачи хирурги, инженер-строитель проектировщик, слесарь-котельщик монтажник, техник-механик конструктор, Волга-матушка река;* ср.: *повесть Юрия Жукова о герое летчике-истребителе Александре Покрышкине;* но (в отдельных терминах): *контр-адмирал-инженер, капитан-лейтенант-инженер;*

г) если при определяемом существительном имеются два нераспространенных приложения, соединенные союзом *и,* например: *студенты филологи и журналисты, депутаты консерваторы и либералы;* то же, если при двух определяемых существительных имеется общее приложение, например: *студенты и аспиранты филологи;*

д) если первым элементом сочетания являются слова *господин, гражданин, наш брат, ваш брат* (в значении «я и мне подобные», «вы и вам подобные»), *товарищ,* например: *господин посланник, гражданин судья, наш брат студент.*

3. Приложение, относящееся к имени собственному, обособляется, если стоит после определяемого существительного, например: *Мой брат Петя, учитель, чудесно поет* (Чехов); *Сегодня в обед Кулига, табельщик, рассказывал о французских электротехниках* (Горький); *Сергей Иванович, глава семьи, высокий, сутулый, бреющийся наголо мужчина, был хороший столяр* (Солоухин).

Перед собственным именем приложение обособляется только в том случае, если имеет добавочное обстоятельственное значение, например: *Упрямец во всем, Илья Матвеевич оставался упрямцем и в учении* (Кочетов) (ср.: «будучи упрямцем во всем» – с причинным значением); *Прославленный разведчик, Травкин остался тем же тихим и скромным юношей, каким был при их первой встрече* (Казакевич) (ср.: «хотя он был прославленным разведчиком» – с уступительным значением). Но: *Поручик царской армии Василий Данилович Дибич пробирался из немецкого плена на родину...* (Федин) (без добавочного обстоятельственного значения).

4. Собственное имя лица или кличка животного выступает в роли обособленного приложения, если служит для пояснения или уточнения нарицательного существительного (перед таким приложением можно без изменения смысла вставить слова «а зовут его», «а именно», «то есть», см. § 97), например: *Дочь Дарьи Михайловны, Наталья Алексеевна, с первого взгляда могла не понравиться* (Тургенев); *У дверей, на солнышке, зажмурившись, лежала любимая борзая собака отца – Милка* (Л. Толстой); *А братья Ани, Петя и Андрюша, гимназисты, дергали его [отца] сзади за фрак и шептали сконфуженно...* (Чехов).

Примечание. Во многих случаях возможна двоякая пунктуация, в зависимости от наличия или отсутствия пояснительного оттенка значения и соответствующей интонации при чтении. Ср.:

а) *Один только казак, Максим Голодуха, вырвался дорогою из татарских рук* (Гоголь); *Елизавета Алексеевна поехала погостить к брату, Аркадию Алексеевичу* (у нее только один брат; если бы было несколько, то при выражении той же мысли собственное имя не следовало бы обособлять); *Он сына моего, Борьку, напомнил* (то же основание);

б) *Вошла его сестра Мария; Сегодня я и друг мой Валентин уезжаем в Ленинград; Распорядился староста курса Дима Шилов; В коридоре показался учитель математики Белов Иван Петрович.*

5. Обособленное приложение может присоединяться союзом *как* (с дополнительным значением причинности), а также словами *по имени, по фамилии, по прозвищу, родом* и др., например: *Илюше иногда, как резвому мальчику, так и хочется броситься и переделать все самому* (Гончаров); *Мне, как лицу высокопоставленному, не подобает ездить на конке...* (Чехов); *Как старый* артиллерист, я презираю этот вид холодного украшения* (Шолохов) (независимо от того, какой частью речи выражено определяемое слово); ...*Маленький чернявый лейтенант, по фамилии Жук, привел батальон к задним дворам той улицы...* (Симонов). Но (без интонации обособления): *Завел он себе медвежонка по имени Яша* (Паустовский); *Мы познакомились с немецким врачом по фамилии Шульц*.

Примечание. Если союз *как* имеет значение «в качестве», то присоединяемый им оборот не является приложением и не обособляется, например: *Полученный ответ рассматривается как согласие* (Ажаев). Не обособляется также приложение с союзом *как*, характеризующее предмет с какой-либо одной стороны, например: *Читающая публика успела привыкнуть к Чехову как юмористу* (Федин).

6. Всегда обособляется приложение при личном местоимении, например: *Ему ли, карлику, тягаться с исполином?* (Пушкин); *Доктринер и несколько педант, он любил поучительно наставлять* (Герцен); *Слезы унижения, они были едки* (Федин); *Вот оно, объяснение* (Л. Толстой).

В предложениях, подобных последнему примеру, возможна двоякая пунктуация, в зависимости от характера интонации, наличия или отсутствия паузы после местоимения 3-го лица (в указательной функции) с предшествующей частицей *вот*, ср.:

а) *Вот они, заячьи-то мечты!* (Салтыков-Щедрин); *Вот они, работнички!* (Троепольский);

б) *Вот она действительность-то* (Сухово-Кобылин); *Вот она гордость-то...* (Горбунов); *Вот оно торжество добродетели и правды* (Чехов).

Не ставится запятая в подобных предложениях при следовании указательной частицы с местоимением за именем существительным, например: *Весна-то вон она, на дворе* (Б. Полевой).

7. Обособленное приложение может относиться к отсутствующему в данном предложении слову, если последнее подсказывается контекстом, например: *А что касается до обеда – у меня, брат, есть на примете придворный официант: так, **собака**, накормит, что просто не встанешь* (Гоголь); *Все умнеет, **бес**...* (Горький. Дело Артамоновых: Петр об Алексее).

Отсутствующее местоимение может подсказываться личной формой глагола-сказуемого, например: *Никогда, грешница, не пью, а через такой случай выпью* (Чехов).

8. Вместо запятой при обособлении приложений употребляется тире:

а) если перед приложением можно без изменения смысла вставить слова «а именно», например: *В дальнем углу светилось желтое пятно – огонь в окне квартиры Серафимы, пристроенной к стене конюшни* (Горький);

б) перед распространенным или одиночным приложением, стоящим в конце предложения, если подчеркивается самостоятельность или дается разъяснение такого приложения, например: *Я не слишком люблю это дерево – осину* (Тургенев); *Сверху проникает неутомимый гул надземной жизни – смягченный отзвук великого труда, все побеждающих людей* (Горький); *Объехали какую-то старую плотину, потонувшую в крапиве, и давно высохший пруд – глубокую яругу, заросшую бурьяном выше человеческого роста* (Бунин); *Рядом помещалась каморка-хранилище каталогов* (Гранин); *Стоял чудесный апрельский день – лучшее время в Арктике...* (Горбатов);

в) для выделения с двух сторон приложений, носящих пояснительный характер, например: *Какая-то ненатуральная зелень – творение скучных беспрерывных дождей – покрывала жидкою сетью поля и нивы...* (Гоголь); *Легкие судороги – признак сильного чувства – пробежали по его широким губам...* (Тургенев); *Смотритель ночлежки – отставной солдат скобелевских времен – шел следом за хозяином* (Федин).

Второе тире опускается: 1) если по условиям контекста после обособленного приложения ставится запятая, например: *Используя специальное устройство для дыхания человека под водой – акваланг, можно погружаться на глубину в десятки метров;* 2) если приложением выражается более конкретное значение, а предшествующее определяемое слово имеет более общее значение, например: *На совещании выступили академики – участники симпозиума...;* 3) если в подобной конструкции приложение предшествует определяемому слову, например: *Действующее лицо очерка – молодой человек сказал...* (Исаковский); *Один из аутсайдеров чемпионата страны – спортсмены клуба «Фили» (Москва) 11 января одержали третью победу подряд* (из газет);

г) для внесения ясности, если приложение относится к одному из однородных членов предложения, например: *За столом сидели хозяйка дома, ее сестра – подруга моей жены, двое незнакомых мне лиц, моя жена и я.* Второе тире в этих случаях не ставится; ср.: *Я начал говорить об условиях, о неравенстве, о людях – жертвах жизни и о людях – владыках ее* (Горький);

д) для отделения препозитивных (стоящих впереди) однородных приложений от определяемого слова, например: *Автор замечательных произведений для детей, блестящий переводчик, поэт и драматург – Маршак занял видное место в русской литературе;*

е) в конструкциях типа: *Мефистофель – Шаляпин был неподражаем.* Ср.: *Эрнани – Горев плох, как сапожник* (из письма А. П. Чехова).

§ 94. Обособленные обстоятельства

1. Деепричастный оборот, как правило, обособляется независимо от места, занимаемого им по отношению к глаголу-сказуемому, например: *Идя рядом с ним, она молча, с любопытством и удивлением смотрела на него* (Горький);

Радость, вступая в один дом, вводила в другой неизбывное горе (Шолохов); *...Весь день носились тяжелые облака, то открывая солнце, то опять закрывая и угрожая...* (Пришвин).

Деепричастный оборот, стоящий после сочинительного или подчинительного союза либо союзного слова, отделяется от него запятой (такой деепричастный оборот можно оторвать от союза и переставить в другое место предложения), например: *Дедушка собирался было пройти мимо, но, заглянув в ворота, остановился в недоумении* (Куприн); *Но, рассмотрев всесторонне свое положение в роли мужа Вареньки, он рассмеялся* (Горький); *Становилось слышно, как, отсчитывая секунды с точностью метронома, капает из крана вода* (Паустовский).

Исключение составляют те случаи, когда деепричастный оборот стоит после противительного союза *а* (деепричастный оборот невозможно оторвать от союза и переставить в другое место предложения без нарушения структуры последнего), например: *Я еще в комнатах услыхал, что самовар гудит неестественно гневно, а войдя в кухню, с ужасом увидел, что он весь посинел и трясется, точно хочет подпрыгнуть с пола* (Горький); *Необходимо принять срочное решение; а приняв его, неукоснительно проводить в жизнь.* Однако при противопоставлении соответствующих однородных членов предложения запятая ставится и после союза *а*, например: *Элемент старого качества не исчезает, а, трансформируясь в других условиях, продолжает существовать как элемент нового качественного состояния.*

Два деепричастных оборота, соединенные неповторяющимся союзом *и*, запятой не разделяются, как и другие однородные члены предложения в подобных случаях, например: *Раз, идя по шумному, веселому проспекту и чувствуя себя вместе с толпою жизнерадостным, он испытал счастливое удовольствие, что досадная горечь поступка прошла* (Федин). Но если союз *и* соединяет не два деепричастных оборота, а другие конструкции (два сказуемых, два простых предложения в составе сложносочиненного), то запятая может стоять и перед союзом и после него, например: *Лошади стояли, понуря голову, и изредка вздрагивали* (Пушкин); *Прокричал пароход и, шлепая колесами, протащил мимо грузные баржи* (Серафимович); *Александр Владимирович молча протиснулся вперед, отстранив жену, и, спустившись на две ступени, оглядел свысока поле боя* (Федин) (первый деепричастный оборот относится к предшествующему сказуемому *протиснулся*, а второй – к последующему сказуемому *оглядел*).

Примечание. Деепричастные обороты не обособляются:

а) если оборот (обычно со значением обстоятельства образа действия) тесно связан по содержанию со сказуемым и образует смысловой центр высказывания, например: *Она сидела чуть откинув голову, задумчивая и грустная* (Г. Марков) (указывается не просто, что «она сидела», а «сидела с откинутой головой»); *Мальчик шел прихрамывая на левую ногу; Это упражнение делают* стоя на вытянутых носках; Студенты приобретают знания не только слушая лекции, но и выполняя практические работы; Можно даже не прикладывая к плечу стрелять; Писал он обычно наклонив голову и прищурив глаз. Ср. у М. Горького: *Жили Артамоновы ни с кем не знакомясь; Не унижая себя говорю, а говорю с болью в сердце; Огромного роста, редкой силы, волосатый, он ходил по земле наклоня голову, как бык; Можно прожить и не хвастая умом, без этих разговоров...* Ср. в составе другой конструкции (деепричастный оборот не отделяется запятой от причастия, к которому тесно примыкает): *Кучер, спавший опершись на локоть, начал пятить лошадей* (Гончаров); *Даже и Ласка, спавшая свернувшись кольцом в краю сена, неохотно встала* (Л. Толстой);

б) если оборот представляет собой идиоматическое выражение, например: *И день и ночь по снеговой пустыне спешу к вам голову сломя* (Грибоедов); *Он работал не покладая рук* (Горький). Ср.: *кричать не переводя духа, мчаться высуня язык, лежать уставясь в потолок, сидеть затаив дыхание, слушать раскрыв рот, работать засучив рукава, метаться не помня себя, провести ночь не смыкая глаз* и т.д. Исключение составляют застывшие выражения в форме деепричастных оборотов, выступающие в роли вводных сочетаний, например: *По совести говоря, я ожидал лучших результатов; Судя по всему, весна будет ранняя;*

в) если деепричастие имеет в качестве зависимого слова союзное слово *который* в составе придаточного определительного предложения (такое деепричастие от придаточного предложения запятой не отделяется), например: *Перед старыми заводами возникали десятки серьезных проблем, не решив которые невозможно было перейти к новым методам постройки кораблей* (Кочетов). У поэтов-классиков в стихотворных текстах встречаются деепричастные обороты, включающие в свой состав подлежащее, которое не выделяется внутри оборота запятыми, например: *Услышав граф ее походку и проклиная свой ночлег и своенравную красотку, в постыдный обратился бег* (Пушкин); *Сатиров я для помощи призвав, подговорю, и все пойдет на лад* (Лермонтов);

г) если деепричастие утратило глагольное значение. Так, сочетания *начиная с* (в значении «с такого-то времени»), *исходя из* (в значении «на основании»), *смотря по* (в значении «в соответствии») и некоторые другие, выступающие в роли сложных предлогов, не образуют (вместе с относящимися к ним словами) деепричастных оборотов и не обособляются, например: *К работе можно приступить начиная с будущей недели* (слово *начиная* можно опустить без ущерба для смысла и структуры предложения); *Статистические показатели выводятся исходя из многих данных* (слово *исходя* можно опустить); *Будем действовать смотря по обстоятельствам* (важно не то, что «будем действовать», а то, как «будем действовать»). Возможность обособления подобных оборотов связана с условиями контекста. Так, оборот со словами *начиная с* обособляется, если носит характер уточнения, попутного пояснения или если не связан с понятием времени, например: *Анисов, начиная с польской войны, участвовал во всех* кампаниях, кроме японской (Куприн); *С хозяйкой дома была пожилая дама, вся в черном, начиная с чепца до ботинок* (Гончаров); *Всю неделю, начиная с воскресенья, шли дожди.*

Оборот со словами *исходя из* обособляется, если по смыслу относится к производителю действия, который может «исходить из чего-то» (определенное или неопределенное лицо), например: *Калькулятор составил расчет, исходя их представленных ему данных; Исходя из этих предпосылок, можно сделать ряд практических выводов.*

Оборот со словами *смотря по* (в значении «в зависимости от чего-либо», «в соответствии с чем-либо»), выступающий в роли сложного предлога и не имеющий деепричастного оборота, не обособляется, например: *Будем действовать смотря по обстоятельствам.* Но если этот оборот имеет значение уточнения или присоединения, то он обособляется, например: *Приходилось действовать осторожно, смотря по обстоятельствам* (уточнение); *Отпуск можно использовать для занятий различными видами спорта, смотря по времени года* (присоединение). Кроме того, такой оборот, подобно другим предложно-падежным сочетаниям, имеющим обстоятельственное значение (см. ниже, п. 4), может обособляться в условиях соответствующего контекста, например: *Гребцов, смотря по величине лодки, бывает от 4 до 8 и даже до 12 человек* (Гончаров); *Эти воображаемые картины были различны, смотря по объявлениям, которые попадались ему...* (Чехов);

д) если оборот выступает в качестве однородного члена в паре с необособленным обстоятельством, например: *Алеша длинно и как-то прищурив глаза посмотрел на Ракитина* (Достоевский); *...Вдруг завопила она раздирающим воплем и залившись слезами* (Достоевский); *Остановив Власову, он одним дыханием и не ожидая ответов закидал ее трескучими и сухими словами* (Горький); *Сначала Мишка снимал танки лежа и сидя на корточках, потом, обнаглев, вылез во весь рост* (Симонов). Ср. также в сочетании с одиночным деепричастием: *Дворник с недоумением и нахмурясь разглядывал Раскольникова* (Достоевский); *Веретена с разных сторон равномерно и не умолкая шумели* (Л. Толстой); *Князь Андрей взглянул на Тимохина, который испуганно и недоумевая смотрел на своего командира* (Л. Толстой); *Тот ему отвечал не смущаясь и откровенно* (Помяловский). Но возможно обособление подобной конструкции на тех же основаниях, на которых обособляются обстоятельства, выраженные наречиями (см. ниже, п. 5), для смыслового выделения или попутного пояснения, например: *В темном небе, устало и не сверкая, появились желтенькие крапинки звезд* (Горький); *Виновато и покашливая, мать простилась с нами* (Леонов). Это относится также к сочетаниям наречия с деепричастным оборотом, например: *Тихо и как бы капельку побледнев, проговорила Катерина Ивановна* (Достоевский); *Недоверчиво, но все же улыбаясь всем своим существом, он пошел к ней* (Леонов).

2. Обособляются два одиночных деепричастия, выступающие в функции однородных обстоятельств, например: *Ключ юности, ключ быстрый и мятежный, бежит, кипит, сверкая и журча* (Пушкин); *Ворча и оглядываясь, Каштанка вошла в комнату* (Чехов). Но: *В ту же минуту старая женщина, набеленная и нарумяненная, убранная цветами и мишурою, вошла припевая и подплясывая* (Пушкин) (тесная связь со сказуемым, см. выше, п. 1, примеч. «а»).

3. Одиночное деепричастие обособляется, если оно сохраняет значение глагольности, выступая в роли второстепенного сказуемого и указывая на время действия, его причину, условие и т.д. (но обычно не образ действия); чаще такое деепричастие стоит впереди глагола-сказуемого, реже – после него, например: *Однако пора спать, – сказал Буркин, поднимаясь* (Чехов); *– Да, давно я уже не мылся, – говорил он, раздеваясь* (Чехов); *Благодаря казака нарочито гнусавым голосом, дед, кряхтя, влез в арбу* (Горький); *Отдохнув, он собрался уходить...* (Федин); *Довольные пассажиры, примолкнув, любовались солнечным днем* (Федин); *За чертой, не всходя, томилось солнце* (Шолохов); *Казаки сдержанно посматривали на него, расступаясь* (Шолохов) (т.е. посматривали и расступались); *Он, улыбаясь, жмурился от света, еще пропахший дымом, весь в пыли* (Щипачев); *Не учась, и лаптя не сплетешь, расспрашивая, горы перейдешь; Не зная, и впрямь можно было подумать, что...*

Примечание. Не обособляются одиночные деепричастия, обычно непосредственно примыкающие к глаголу-сказуемому и близкие по функции к наречиям образа действия (такие деепричастия отвечают на вопросы: как? каким образом? в каком положении?), например: *Ищущие проявления силы обращались внутрь и никли увядая* (Гончаров); *Веретьев сидел наклонившись и похлопывал веткой по траве* (Тургенев); *До двух часов занятия должны были идти не прерываясь* (Л. Толстой); *Он спал не раздеваясь* (Л. Толстой); *Она воротилась оттуда похудев* (Горький) (ср.: *воротилась похудевшая*); *Дмитрий слушал его нахмурясь...* (Горький); *Он долго не мигая смотрел в одну точку* (О. Форш); *Поначалу я отвечал нахохлившись* (О. Форш); *Она [Аксинья] вошла в зал не постучавшись* (Шолохов) (ср.: *вошла без стука*).

Зависимость обособления от места, занимаемого деепричастием по отношению к глаголу-сказуемому, и от других условий показывает сопоставление таких примеров: *Через двор, не спеша, шагал приземистый, коротконогий, круглоголовый человек* (Г. Марков). – *Ужинали не спеша и почти молча* (Г. Марков).

Ср. также: *Укатилась волна звеня* (ср.: *укатилась со звоном*); *Сообщения нельзя читать не волнуясь* (то же, что *без волнения*); *Минут пять мы стояли не шелохнувшись; Молодой человек бросился на помощь не раздумывая; Я не шутя это предлагаю; Снайпер выстрелил не целясь; Мы бежали не оглядываясь; Дождь лил не прекращаясь* и т.п.

4. Для смыслового выделения или, наоборот, только попутного пояснения могут обособляться обстоятельства, выраженные именами существительными в косвенных падежах (обычно с предлогами), особенно если при этих существительных имеются пояснительные слова, например: *Видно, и Чичиковы, на несколько минут в жизни, обращаются в поэтов...* (Гоголь); *...Я отстал немного, потом, с помощью хлыста и ног, разогнал свою лошадку* (Л. Толстой); *И потом он встречал ее в городском саду и на сквере, по нескольку раз в день* (Чехов); *Утром проснулся он рано, с головной болью, разбуженный шумом...* (Чехов); *И тишина, от времени, становилась все зловещей* (Горький); *Как-то вечером, набрав белых грибов, мы, по дороге домой, вышли на опушку леса* (Горький); *Она выедет туда первого декабря, я ж, для приличия, хоть неделей поздней* (Бунин); *Подержав Рагозина год в тюрьме, его отправили – за участие в уличных беспорядках – на три года в ссылку* (Федин) (постановка тире вместо запятых факультативна).

Чаще всего такие конструкции образуются именами существительными с предлогами или предложными сочетаниями *ввиду, вследствие, благодаря, по причине, наподобие, подобно, при условии, при наличии, при, вопреки, несмотря на, за неимением, согласно, с согласия, во избежание* и др., например: *Бульба, по случаю приезда сыновей, велел созвать всех сотников и весь полковой чин* (Гоголь); *Вследствие этого происшествия, Василий уже более не видался со своим родителем* (Тургенев); *Благодаря отличной погоде и особенно праздничному дню, улица сельца Марьинского снова оживилась* (Григорович); *Даже старичишка-городничий, при всей своей доброте, был с лекарем на ножах...* (Писемский); *Впрочем, ввиду недостатка времени, не будем отклоняться от предмета лекции* (Чехов); *Крякают, подобно жирным уткам, рожки автомобилей* (Горький); *Ехали только днем, во избежание всяких дорожных случайностей* (Пришвин); *Давыдов решил съездить на поле первой бригады, чтобы проверить, действительно ли бригада, вопреки его указаниям, боронует вдоль борозды* (Шолохов).

Среди указанных конструкций обособляется, как правило, только оборот с предложным сочетанием *несмотря на*, в других случаях обособление не имеет обязательного характера и зависит от степени распространения оборота, его смысловой близости к основной части предложения, занимаемого им места по отношению к сказуемому, наличия добавочных обстоятельственных значений, стилистических задач и т.п.

5. Могут обособляться обстоятельства, выраженные наречиями (одиночными и в сочетании с зависимыми словами), при указанных в предыдущем абзаце условиях, например: *...Спустя мгновение на двор, неизвестно откуда, выбежал человек в нанковом кафтане, с белой, как снег, головой...* (Тургенев); *Проснувшиеся грачи, молча и в одиночку, летали над землей* (Чехов); *...Надежда сидела на заборе рядом с Колей и все спрашивала его о чем-то, тихонько и пугливо* (Горький); *Проходя Театральным переулком, я, почти всегда, видел у двери маленькой лавки человека* (Горький); *И вот, неожиданно для всех, я выдерживаю блистательно экзамен* (Куприн); *Вот, назло им всем, завтра же с* утра засяду за книги, подготовлюсь и поступлю в академию (Куприн); *Около них – ничком – лежал Иван Гора* (А. Н. Толстой) (постановка тире вместо запятых факультативна); *Иногда он обращался с какой-нибудь просьбой, робко, застенчиво* (Катаев).

6. Обособление или необособление может зависеть от места, занимаемого им по отношению к глаголу-сказуемому: одно и то же слово в начале или середине предложения может обособляться, а в конце – нет. Ср.: *Он говорил запинаясь. – Он добавил, запинаясь, несколько слов от себя; Они шли не торопясь. – По дороге, не торопясь, они собирали грибы; Она будила сына улыбаясь. – Улыбаясь, она разбудила сына* и под.

§ 95. Обособленные дополнения

Обособляются факультативно (в зависимости от смысловой нагрузки, объема оборота, подчеркивания его роли в предложении и т.д.) имена существительные с предлогами или предложными сочетаниями *кроме, вместо, помимо, сверх, за исключением, исключая, наряду с* и др. (условно называемые дополнениями) со значением включения, исключения, замещения, т.е. ограничительным или расширительным значением, например: *Тут, кроме небольшого столика с зеркалом, табурета и тряпья, развешанного по углам, не было никакой другой мебели, и, вместо лампы или свечи, горел яркий веерообразный огонек* (Чехов); *Многие из бойцов, помимо своей винтовки, были вооружены трофейными автоматами* (Б. Полевой); *Четыре орудия поочередно слали снаряда туда но, сверх Григорьева ожидания, орудийный огонь не внес заметного замешательства в ряды красных* (Шолохов); *Рассказ очень понравился мне, за исключением некоторых деталей* (Горький); *Мистер Гопкинс, наряду с другими людьми в серых касках, стоял неподвижно* (Короленко).

Оборот с предлогом *кроме* может иметь значение исключения и включения. Ср.:

а) *Кроме чаек, в море никого не было* (Горький); *Кроме большого дыма в Замоскворечье, ничто не напоминало о ночной схватке* (Леонов); *Все улыбнулись, кроме лейтенанта* (Казакевич);

б) *Кроме блюд и соусников, на столе стояло множество горшочков* (Гоголь); *Кроме старика, в этот день приходило к нам еще двое* (Чехов); *Теперь слышались, кроме грачиных, человеческие голоса* (А. Н. Толстой).

Обычно не обособляется оборот с предлогом *кроме* со значением включения в предложениях типа: *Кроме зарплаты они получают премиальные.* Иногда обособление необходимо для внесения ясности в предложение; ср.: 1) *Кроме записей живой диалектной речи, на местах имеются и другие источники пополнения наших знаний о словарном богатстве народных говоров* (записи живой диалектной речи являются дополнительным источником к уже имеющимся на местах); 2) *Кроме записей живой диалектной речи на местах, имеются и* другие источники пополнения наших знаний *о словарном богатстве народных говоров* (записи на местах являются дополнительным источником к имеющимся другим источникам). Без обособления предложение было бы двузначным. Оборот *кроме того* в значении вводного сочетания всегда выделяется запятыми.

Оборот с предлогом *вместо* употребляется в двух случаях: в качестве дополнения, зависящего от сказуемого, и в качестве особой конструкции, не управляемой глаголом-сказуемым. Ср.: *Вместо голых утесов, я увидел около себя зеленые горы и плодоносные деревья* (Пушкин) (оборот связан со сказуемым, так как можно «увидеть голые утесы»). – *Вместо ответа, Кириле Петровичу подали письмо* (Пушкин) (оборот синтаксически не связан со сказуемым, так как не образуется словосочетание «подать ответ»). В первом случае обособление не обязательно, во втором – оборот с предлогом *вместо*, как правило, обособляется; ср. также: *Вместо ответа на какой-то запрос, Зурин захрипел и присвистнул* (Пушкин).

Если предлог *вместо* имеет значение «за», «взамен», то оборот с ним обычно не обособляется, например: *Вместо гнедого жеребца Коржу дали толстого белого мерина* (Диковский); *Вместо шубы надел пальто; Пошел в солдаты вместо брата.*

XXV. Знаки препинания в предложениях с уточняющими, пояснительными и присоединительными членами предложения

§ 96. Уточняющие члены предложения

1. Обособляются слова и словосочетания, уточняющие смысл предшествующих слов.

Чаще всего уточняющими являются обстоятельства места и времени. Например:

а) *В предместье, около боен, выли собаки* (Чехов); *За рекою, в розоватом небе, ярко сверкала вечерняя звезда* (Горький); *Даже сюда, через озеро, за километр, вместе с горячим воздухом, доносился гул и треск* (Гайдар);

б) *В полдень, в ясную, солнечную погоду, ничего нельзя вообразить печальнее этой развалины* (Тургенев); *…Он встал по хозяйству рано, в третьем часу утра, и теперь у него слипались глаза* (Чехов); *Сейчас, поздней осенью, когда я живу в Москве, шкатулка стоит там одна в пустых нетопленых комнатах…* (Паустовский).

В зависимости от смысла одни и те же слова могут рассматриваться как уточняющие или не как уточняющие, ср.: *Далеко, в лесу, раздавались удары топора* (слушатель находится вне леса). – *Далеко в лесу раздавались удары топора* (слушатель тоже находится в лесу).

Реже встречаются уточняющие обстоятельства с другими значениями, например обстоятельства образа действия: *Он встряхнул кудрями и самоуверенно, почти с вызовом, глянул вверх* (Тургенев); *Она озорно, по-девичьи, взглянула на него снизу вверх...* (Федин); *Бабы зашумели все сразу, в один голос, не давая Давыдову и слова молвить* (Шолохов).

2. Обособляются уточняющие определения со значением цвета, размера, возраста и т.д., например: *Длинная, в несколько верст, тень ложилась от гор на степи* (Л. Толстой); *Нас встретил молодой парень, лет двадцати, высокий и красивый* (Тургенев); *Она... со страхом смотрела на дедовы руки в коричневых, глиняного цвета, старческих веснушках* (Шолохов); *Он... увидел на белой шапке кургана невдалеке рдяно-желтую, с огнистым отливом, лису* (Шолохов); *Посредине залы стоял овальный обеденный стол, обтянутый желтой, под мрамор, клеенкой...* (Куприн); *...голубое, в серебре, небо* (Горький); *...чистые, почти эллинского мрамора, ступени монумента Аврааму Линкольну* (Леонов).

3. Уточняющие определения могут конкретизировать общее значение местоимений *этот, тот, такой* и др. (в том числе субстантивированных), например: *Чичиков немного озадачился таким, отчасти резким, определением* (Гоголь); *Затем удивила Дашу «доморощенность» всего этого, так нашумевшего, дерзновения* (А. Н. Толстой); *Каждому, приехавшему и пришедшему, они должны были найти и указать место для ночлега* (Чехов); *Произошло нечто, столь необычайное в мире, что все бывалое, привычное будто заколебалось в своей власти над жизнью* (Федин).

4. Уточняющий характер придают высказыванию слова *вернее, точнее, скорее* и т.п., однако следующие за ними члены предложения не обособляются, так как указанные слова, имеющие значение вводных (*точнее* по смыслу равно «точнее говоря»), сами выделяются запятыми, например: *Его доброта, вернее, его великодушие тронуло меня* (см. в этом примере согласование сказуемого с последним словом, от которого оно не должно быть отделено запятой); *Совсем недавно, точнее, в прошлую пятницу была опубликована заметка аналогичного содержания; Следует дополнить, скорее, уточнить приведенные в статье данные* (но: *Его не испугал этот вопрос, а скорее обрадовал* – без запятой после слова *скорее*, которое здесь не уточняет предыдущее высказывание, а усиливает противопоставление; *Мальчика нужно вовремя остановить, иначе он такое натворит* – без запятой после слова *иначе*, выступающего здесь в функции противительного союза со значением «а то», «в противном случае»; *Песец, иначе полярная лисица, ценится своим мехом* – выделяется весь оборот со словом *иначе* в значении «то есть»).

§ 97. Пояснительные члены предложения

1. Обособляются слова, поясняющие смысл предшествующего члена предложения. Перед пояснительным членом предложения стоят слова *именно, а* *именно, то есть* (при их отсутствии в предложении эти слова могут быть вставлены). Например: *В то время, именно год назад, я еще сотрудничал по журналам* (Достоевский); *Я... добрался наконец до большого села с каменной церковью в новом вкусе, т.е. с колоннами, и обширным господским домом* (Тургенев); *Ну что же, поедешь нынче вечером к нашим, к Щербацким то есть?* (Л. Толстой); *В жизни есть только одно несомненное счастье – жить для других* (Л. Толстой); *В отношениях с посторонними он требовал одного – сохранения приличия* (Герцен); (постановка тире в подобных случаях – по аналогии с пунктуацией при обособленных несогласованных определениях и приложениях, см. § 92, п. 11 и § 93, п. 8, подпункт «а»).

Случай пояснения находим также в предложениях типа: *Астрономы наблюдали вспышки особых, так называемых новых, звезд*. Ср. без уточнения: *Астрономы наблюдали вспышки так называемых новых звезд* (слова *так называемых* запятыми не выделяются).

Различие между уточняющими и пояснительными членами предложения заключается в том, что уточнение – это переход от более широкого понятия к более узкому, а пояснение – это обозначение одного и того же понятия другими словами.

2. Пояснительные члены предложения могут присоединяться союзом *или* (в значении «то есть»), например: *Кругом всего здания идет обширный каменный балкон, или веранда, где, в бамбуковых креслах, лениво дремлют хозяева казарм* (Гончаров); *...Это был Александр Тимофеевич, или попросту Саша, гость, приехавший из Москвы дней десять тому назад* (Чехов); *По всей ширине Лены торчали в разных направлениях огромные льдины, или, по-местному, торосья* (Короленко).

Примечание. Следует различать п о я с н и т е л ь н ы й союз *или* (перед которым запятая ставится) и р а з д е л и т е л ь н ы й союз *или* (перед которым запятая не ставится, если союз не повторяется). Ср.: *Флексия, или окончание, бывает только у слов, относящихся к изменяемым частям речи* (здесь *или* имеет значение «то есть», повторить союз нельзя). – *Изменяемая часть слова в конце его называется флексией или окончанием* (Здесь *или* имеет разделительное значение, союз может быть повторен). В предложениях типа: *Трудно или, лучше сказать, скучно потому, что это была работа дробная, мелкая* (Белинский) – союз *или* является разделительным, а не пояснительным (понятия «трудно» и «скучно» не тождественны), поэтому запятыми выделяется только вводное сочетание *лучше сказать*. То же при наличии слов *вернее, точнее, скорее* и т.п. (по значению равных сочетаниям «вернее говоря», «точнее говоря» и т.п., см. § 99, п. 1, подпункт 4), например: *Двойная или, точнее, тройная доза лекарства оказала свое действие на больного*; *Книга может быть включена в план издания или, вернее, в план редакционной подготовки будущего года*; *Всех удивило его замечание или, скорее, тон этого замечания*.

§ 98. Присоединительные члены предложения

1. Обособляются присоединительные конструкции, которые содержат дополнительные замечания или разъяснения, вводимые в середину или в конец предложения. Такие конструкции обычно присоединяются словами *даже, особенно, в особенности, например, в частности, главным образом, в том числе, притом, и притом, и* (в значении «и притом»), *да, да и, да и вообще* и др. Например: *Было очень тепло, даже жарко* (Чаковский); *В людях есть много благородства, много любви, самоотвержения, особенно в женщинах* (А. Островский); *...Казалось, что все, в том числе леса и поля, движется на запад, а на восток идти и ехать невозможно* (Казакевич); *А Рудин заговорил о самолюбии, и очень дельно заговорил* (Тургенев); *Что тут прикажешь делать скульптору, да еще плохому?* (Тургенев); *Уже на Кавказе я узнал, и то не от капитана, что он был четыре раза тяжело ранен...* (Л. Толстой); *Дорога была только одна, и притом широкая и обставленная вехами, так что сбиться было невозможно* (Короленко); *Пусть эти люди, да и многие другие, запомнят случившееся.*

Пунктуация зависит также от синтаксической функции слова, посредством которого присоединяется оборот. Ср.: *Многие страны, и в частности Алжир, нуждаются в экономической помощи* (запятыми выделяется весь оборот со словами *и в частности*, а не только со словами *в частности*, так как в предложении нет однородных членов, которые могли бы быть соединены союзом *и*). — *Некоторые страны Передней Азии и, в частности, Алжир среди стран Северной Африки сохранили следы арабского владычества* (*в частности* — вводное слово, *и* соединяет однородные члены).

Присоединительная конструкция может не выделяться с двух сторон запятыми, а только отделяться запятой от предшествующей части предложения, если эта конструкция тесно связана по смыслу с последующей частью, от которой в произношении не отделяется паузой, например: *Поздно теперь, да и не к чему возвращаться к этому вопросу.*

Примечание. Не ставится запятая перед союзом *да и*:

а) если он употреблен в соединительном значении, например: *Вот пошел он в лес по орехи да и заблудился* (Тургенев);

б) в сочетаниях типа *взял да и сказал* (с одинаковой формой глагола *взять* и другого глагола для обозначения неожиданного или произвольного действия), например: *Прожили они год душа в душу, а на другой-то год она возьми да и помри* (Гл. Успенский);

в) в сочетании *нет-нет да и*, например: *Шустрый такой парнишка, а вдруг что-то притих, задумался и нет-нет да и взглянет на меня* (Шолохов).

2. Присоединительные конструкции могут включаться без союзов. Например:

Видел я на днях «Крокодиловы слезы» – бездарнейшая пятиактная белиберда (Чехов); *Я опять промолчал, должно быть от изумления* (Паустовский).

3. Перед присоединительной конструкцией могут стоять следующие знаки:

1) запятая, например: *Некогда он служил в гусарах, и даже счастливо* (Пушкин);

2) тире, например: *Дело мы делаем великое и сделали уже немало, а недостатки есть – и серьезные* (Чаковский);

3) точка, например: *Я совсем замерзла. У меня замерзли ноги. И лицо* (Ю. Казаков);

4) многоточие, например: *Страшно признаться, но я хочу, чтоб этот человек знал, что она мне как песня… И, должно быть, последняя* (Н. Погодин).

XXVI. Знаки препинания при словах, грамматически не связанных с членами предложения

§ 99. Вводные слова и словосочетания

1. Запятыми выделяются вводные слова и словосочетания. Различается несколько основных групп вводных слов по их значению:

1) вводные слова, выражающие чувства говорящего (радость, сожаление, удивление и т.п.) в связи с сообщением: *к счастью, к несчастью, по счастью, по несчастью, к радости, к огорчению, к прискорбию, к досаде, к сожалению, к удивлению, к изумлению, к ужасу, к стыду, на счастье, на радость, на беду, чего доброго, нечего греха таить, странное дело, удивительное дело, неровен час* и др. Например: *…Найденов, к изумлению Нагульного, в одну секунду смахнул с плеч кожанку, присел к столу* (Шолохов); *Тут, к неописуемому восхищению Пети, на старом кухонном столе устроена целая слесарная механическая мастерская* (Катаев);

2) вводные слова, выражающие оценку говорящим степени достоверности сообщаемого (уверенность, предположение, возможность, неуверенность и т.п.): *конечно, несомненно, без всякого сомнения, очевидно, безусловно, разумеется, само собой разумеется, бесспорно, действительно, наверное, возможно, верно, вероятно, по всей вероятности, может, может быть, быть может, должно быть, кажется, казалось бы, видимо, по-видимому, пожалуй, в самом деле, подлинно, правда, не правда ли, в сущности, по существу, по сути, право, чай, надо полагать, думаю, надеюсь, полагаю* и др. Например: *После этого, по сути, и спрашивать об ее отношениях к Григорию было незачем* (Шолохов); *А мечтал он, может статься, подойти путем другим, у окошка постучаться жданным гостем, дорогим* (Твардовский);

3) вводные слова, указывающие на связь мыслей, последовательность

изложения: *итак, следовательно, значит, наоборот, напротив, далее, наконец, впрочем, между прочим, в общем, в частности, прежде всего, кроме того, сверх того, стало быть, например, к примеру, главное, таким образом, кстати, кстати сказать, к слову сказать, во-первых, во-вторых* и т.д., *с одной стороны, с другой стороны, повторяю, подчеркиваю* и др. Например: *Вы, значит, предлагаете мне отказаться от матча и, следовательно, лишиться десяти тысяч долларов?* (Билль-Белоцерковский);

4) вводные слова, указывающие на приемы и способы оформления мыслей: *словом, одним словом, иными словами, другими словами, иначе говоря, коротко говоря, попросту сказать, мягко выражаясь, если можно так сказать, если можно так выразиться, с позволения сказать, лучше сказать, так сказать, что называется* и др.; слова *собственно, вообще, вернее, точнее, скорее* и т.п. являются вводными, если после них можно добавить слово *говоря*. Например: *...Правление уполномочило его ускорить работы, то есть, иными словами, он сам себя уполномочил к этому* (Куприн); *А Клавдия ушла, вернее, убежала, смущенно укрыв шалью лицо* (Ю. Лаптев);

5) вводные слова, указывающие на источник сообщения: *говорят, сообщают, передают, по словам.., по сообщению.., по сведениям.., по мнению.., по-моему, по-твоему, по-нашему, по-вашему, на мой взгляд, по слухам, по преданию, помнится, слышно, дескать* и др. Например: *Фабричные здания, на мой взгляд, ничем не отличались от тех, что я видел по другим заводам округа* (Бажов); *Но, по слухам, какая-то часть упорно сражалась под Каменском, не пропуская немцев на Лихую* (Фадеев);

6) вводные слова, представляющие собой призыв к собеседнику или к читателю с целью привлечь его внимание к сообщаемому, внушить определенное отношение к излагаемым мыслям, к приводимым фактам и т.д.: *видишь (ли), видите (ли), понимаешь (ли), понимаете (ли), знаешь (ли), знаете (ли), пойми, поймите, поверьте, послушайте, согласитесь, вообразите, представьте себе, извините, простите, веришь (ли), верите (ли), пожалуйста* и т.д. Например: *Струсил ты, признайся, когда молодцы мои накинули тебе веревку на шею?* (Пушкин); *Мы, если хочешь знать, мы требовать пришли* (Горбатов);

7) вводные слова:

а) указывающие оценку меры того, о чем говорится: *самое большее, самое меньшее, по крайней мере* и др.;

б) показывающие степень обычности сообщаемого: *бывает, бывало, случается, по обычаю, по обыкновению* и др.;

в) выражающие экспрессивность высказывания: *по правде, по совести, по справедливости, кроме шуток, смешно сказать, не в укор будь сказано, признаться сказать, надо признаться, сказать по чести, честно говоря, между нами говоря, между нами будь сказано* и др. Например: *Рина была или, по крайней мере, считала себя передовой женщиной* (Л. Толстой); *...Из ста с* лишком учеников знали урок, случалось, только четверо (Помяловский); *А Булычев, надо прямо сказать, в плохом виде!* (Горький).

Примечание 1. Если вводное словосочетание образует неполную конструкцию (пропущено какое-либо слово, восстанавливаемое из контекста), то вместо одной из запятых обычно ставится тире, например: *Макаренко неоднократно подчеркивал, что новая педагогика основана, с одной стороны, на безграничном доверии к человеку, а с другой – на высоких к нему требованиях.*

Примечание 2. Если вводное слово стоит после перечисления однородных членов и предшествует обобщающему слову, то перед вводным словом ставится только тире (без запятой), а после него – запятая, например: *Книги, брошюры, журналы, газеты – словом, все виды печатной продукции валялись на его письменном столе в полном беспорядке* (см. § 89, п. 2). Но: *Мужчины пили, спорили и хохотали, – словом, ужин был чрезвычайно весел* (Пушкин); *На одном из перегонов разговорились про частные дела, кто откуда, чем занимался, в какой среде вырос, – словом, на темы бескрайние* (Фурманов) (оба предложения сложные, и запятая перед тире ставится на основании общего правила разделения частей сложного предложения).

2. Одни и те же слова могут употребляться то в качестве вводных (стало быть, не членов предложения), то в качестве членов предложения (чаще всего сказуемых или обстоятельств). Ср.:

Вы, ***верно****, переведены сюда из России?* (Лермонтов). – *Вы* ***верно*** *перевели этот отрывок?*

Цех, ***возможно****, уже реорганизован.* – *Цех* ***возможно*** *реорганизовать.* Синтаксическая роль подобных слов обусловлена контекстом, и прояснить ее можно путем изъятия этих слов из состава предложения: в первом случае (без вводного слова) структура предложения сохраняется (*Цех уже реорганизован*), в другом (без члена предложения) – чаще всего распадается (*Цех... реорганизовать,* без интонации побуждения).

Однако в некоторых случаях предложения двузначны, и указанный прием проверки не дает нужных результатов: структура предложения сохраняется как при изъятии вводного слова, так и при изъятии члена предложения. Ср.:

Прежде всего *нужно говорить именно об этом* («сначала»). – ***Прежде всего****, нужно ли говорить именно об этом?* (указывается связь мыслей).

Он ***безусловно*** *прав* (обстоятельственное слово; указывается степень его правоты). – *Он,* ***безусловно****, прав* (вводное слово; указывается на уверенность в его правоте).

Ваши рассуждения ***естественно*** *подводят нас к правильному решению* (естественным образом). – *Ваши рассуждения,* ***естественно****, подводят* нас к правильному решению («разумеется»).

Таким образом конфликт был благополучно разрешен («таким способом»). – ***Таким образом,*** конфликт был благополучно разрешен («итак»).

Далее слово берет представитель администрации («затем»; последовательность фактов). – ***Далее,*** *слово берет представитель профкома* (последовательность изложения мыслей).

После обхода больных врач ***может быть*** *у себя в кабинете* («может находиться»). – *После обхода больных врач,* ***может быть,*** *у себя в кабинете* («возможно»).

И ***потом*** *он стал знаменитым* («затем, после этого»). – *И,* ***потом,*** *он в моих глазах знаменитость* («кроме того»).

Не иначе *как отец дознался* (цельное сочетание *не иначе как;* об отсутствии запятой перед *как* см. § 114, п. 2). – ***Не иначе,*** *кто-нибудь из мальчишек это сделал* (вводное сочетание *не иначе* в значении «должно быть»).

Ср. также предложения:

Правда, *хорошо, что он приехал?* (*правда* – вводное слово, в значении «не правда ли?»). – ***Правда,*** *на дискуссию у него ушло много сил, но зато молодежь, участвовавшая в ней, многому научилась* (Н. Островский) (*правда* – вводное слово в функции уступительного союза). – *Что касается Кирилла Извекова, то ведь и* ***правда*** *могло померещиться, будто молодой человек зашел во двор* (Федин) (*правда* – частица, в значении «действительно»).

Без меня все пропадет, и отец со старухой, ***гляди,*** *по миру пойдут* (Чехов) (*гляди* – вводное слово, в значении «весьма вероятно, очень может быть»). – *Он,* ***того и гляди,*** *нагрянет неожиданно* (вводное сочетание, указывающее на возможность внезапного действия). – ***Гляди*** *не простудись* (*гляди* – частица при форме повелительного наклонения для выражения предостережения). – *Хоть и маленький, а* ***гляди*** *как защищается* (*гляди* – частица с усилительным значением).

Он, ***знаешь,*** *человек обязательный* (вводное слово). – *А нам за это* ***знаешь*** *что будет?* (близко к частице); также: *Потом зимы были* ***знаешь*** *какие!; Я нашел на столе* ***знаете*** *что?; Магомет* ***знаете*** *что наделал?* (Погодин).

Я, ***видишь,*** *все это уже прошел* (вводное слово). – *А бабка Варвара* ***видишь*** *что делает?* (близко к частице). В этих случаях, так же как в предыдущих, слова *знаешь, знаете, видишь* и т.п. употреблены с ослабленным лексическим значением в результате того, что они оказались внутри предложения, которое по смыслу должно бы от них зависеть; ср.: *Знаешь, что нам за это будет? Видишь, что делает бабка Варвара?* (см. § 107, примеч. 1).

Передайте, ***пожалуйста,*** *эту рукопись редактору* (*пожалуйста* – вводное слово в значении «прошу вас»). – *Скажи* ***пожалуйста,*** *какой храбрец!* (цельное сочетание *скажи пожалуйста* при выражении удивления, возмущения, негодования). – *Вечером* ***пожалуйста,*** *а днем прийти не могу* (*пожалуйста* – частица для выражения согласия, в значении «да»).

3. Слово *наконец* является вводным, если оно указывает связь мыслей, порядок изложения (в значении «и еще») или дает оценку факта с точки зрения говорящего, например: *Да и наконец, всегда лучше впасть в ошибку, думая хорошо* (Горький); *Да уходите же, наконец!* (Чехов). В значении же «под конец», «напоследок», «после всего», «в результате всего» слово *наконец* не является вводным, например: *...Мы поднимались все выше и выше и наконец достигли вершины горы* (Закруткин); *...Быстро ушли все наличные деньги, бриллианты жены, наконец и большая часть приданого дочери* (Гончаров). Часто удается проверить указанное выше различие в функции слова *наконец* добавлением к нему частицы *-то*: при обстоятельстве это большей частью возможно, а при вводном слове нет; ср.: *Наконец добрались до места ночлега* (*наконец-то добрались...*); *Можно, наконец, обратиться за советом к специалисту* (добавление частицы *-то* невозможно).

Аналогичное различие имеется между функцией обстоятельства и функцией вводного слова у сочетания *в конце концов;* ср.: *В конце концов они [офицеры] взяли сторону командира* (Новиков-Прибой). *—Актер, в конце концов, мало подготовлен для такой ответственной роли.*

Слово *однако* является вводным, если стоит в середине или в конце предложения, например: *Смотри, однако, Вера, будь осторожна* (Тургенев); *Как я его ловко, однако!* (Чехов). В начале предложения (части сложного предложения) или как средство связи однородных членов слово *однако* имеет значение противительного союза и не является вводным, например: *Мы не надеялись никогда более встретиться, однако встретились* (Лермонтов). Исключение составляют те случаи, когда слово *однако* в начале предложения имеет значение междометия и на этом основании отделяется запятой, например: *Однако, какой ветер!* (Чехов).

Слово *конечно*, употребляемое, как правило, в роли вводного, может выступать в функции частицы и запятыми не выделяться, например: *Конечно же все кончится благополучно! Я конечно б встретил вас, если бы точно знал час вашего приезда.*

Слово *значит* является вводным, если оно синонимично словам «следовательно», «стало быть», например: *Солнечные пятна были на полу, потом перешли на прилавок, на стену и совсем исчезли; значит, солнце уже склонилось за полдень* (Чехов). Если же слово *значит* близко по смыслу к «означает», то оно или не выделяется никакими знаками, например: *Человек значит неизмеримо больше, чем принято думать о нем...* (Горький), или же, в положении между подлежащим и сказуемым, выраженными неопределенной формой глагола, требует постановки перед собой тире, например: *Бороться — значит победить* (см. § 79, п. 2).

Слово *вообще* является вводным, если оно употреблено в значении «вообще говоря», например: *Подобные статьи, вообще, представляют интерес, но конкретно эта вряд ли подойдет для нашего журнала.*

В других значениях слово *вообще* вводным не является, например: *Разжигать костры он вообще запрещал...* (Казакевич) (в значении «всегда», «совсем», «при всех условиях»); ...*Он вообще смотрел чудаком* (Тургенев) (в значении «во всех отношениях»); *Вообще здесь мне нравится, и комнату эту я сниму* (в значении «в общем», «в целом»).

Сочетание *главным образом* является вводным в значении «самое главное», например: *Статью нужно исправить и, главным образом, дополнить свежим материалом.* В значении же «преимущественно», «в основном», «больше всего» указанное сочетание не является вводным, например: *Он добился успеха главным образом благодаря своему трудолюбию, Мне нравится в нем главным образом его искренность.*

Сочетание *во всяком случае* является вводным, если имеет ограничительно-оценочное значение, например: *Я, во всяком случае, этого не утверждал.* В значении же «при любых обстоятельствах» это сочетание вводным не является, например: *...Во всяком случае он никогда не оставит прежнего своего питомца* (Пушкин).

Сочетание *в свою очередь* не выделяется запятыми, если оно употреблено в значении, близком к прямому или в значении «со своей стороны», например: – *А вы? –* спросил он у шофера в свою очередь (т.е. когда наступила его очередь). В переносном значении указанное сочетание обычно выделяется, например: *Различаются суффиксы существительных увеличительные и уменьшительные, в группе последних, в свою очередь, выделяются суффиксы уменьшительно-ласкательные.*

Примечание. Не являются вводными и не выделяются запятыми слова и словосочетания: *авось, буквально, будто, вдобавок, в довершение, вдруг, ведь, в конечном счете, вот, вряд ли, все-таки, даже, едва ли, исключительно, именно, как будто, как бы, как раз, к тому же, между тем, небось, по предложению, по постановлению, по решению, приблизительно, примерно, притом, почти, поэтому, просто, решительно, словно, якобы* и др.

Встречающийся применительно к этим словам пунктуационный разнобой связан с различными причинами: в одних случаях сказывается то обстоятельство, что некоторые из перечисленных слов относятся к так называемым модальным частицам, которые могут употребляться и как частицы и как вводные слова; в других играют роль смысловые оттенки, присущие отдельным словам и допускающие их обособление; наконец, возможно влияние прежних правил или индивидуальной авторской пунктуации. Ср. (слово *никак*):

а) *Э... да́ никак колосистую рожь переросла наша дочка!* (Некрасов); *Батюшки! Никак барин?* (Телешов).

б) *А мне, никак, опять есть хочется* (Тургенев); *Да, никак, ты самый обидчик и есть* (Салтыков-Щедрин).

Или (слово *небось*):

а) *Небось струсил, паренек?*; *Замерзли небось?*; *Все они небось виноваты* (примеры из современной детской литературы).

б) *Небось, на нас не сунутся* (Пушкин); *Ну а жена твоя? Небось, красавица?* (Чехов).

Или (слово *авось*):

а) *У меня голова болит, я вышла на воздух – авось пройдет* (Тургенев).

б) *Авось, надумаете и приедете* (Чехов).

Или (слово *примерно*):

а) *Мы примерно в этих тонах и с такими выводами вели беседу* (Фурманов) (в значении «приблизительно»).

б) *Стараюсь об ней, примерно, не думать – никак невозможно* (А. Островский) (в значении «например»).

Или (сочетание *в довершение*):

а) *В довершение всего начался дождь* (Чехов);

б) *И, в довершение всего, ни вилок, ни ножей* (Салтыков-Щедрин).

4. При встрече двух вводных слов запятая между ними ставится, например: *Чего доброго, пожалуй, и женится, из умиления души...* (Достоевский); *Стало быть, по-вашему, физическим трудом должны заниматься все без исключения?* (Чехов).

5. Если вводное слово стоит в начале или в конце обособленного оборота, то никаким знаком от оборота оно не отделяется; если же вводное слово стоит в середине обособленного оборота, то оно выделяется запятыми на общем основании. Например:

а) *А Петр Петрович, по крайней мере по многим признакам, человек весьма почтенный* (Достоевский); *Среди товарищей есть эдакие поэты, лирики что ли, проповедники любви к людям* (Горький); *Женщина, веснушчатая, рыжая, похожая на кукушку, видимо его жена, все время истерически выкрикивала* (Панферов); *Посреди поляны росло большое дерево, судя по всему вяз*.

б) *Ребенок, испугавшийся, по-видимому, лошади, подбежал к матери*. На этом основании слова *например, в частности, главным образом* и др., стоящие в начале уточняющего или присоединительного оборота, выделяются запятыми вместе со всем оборотом, т.е. после них никакого знака не ставится (см. § 98, п. 1).

Вводные слова, стоящие перед сравнительным оборотом (с союзом *как*), целевым оборотом (с союзом *чтобы*) и т.д., выделяются запятыми по общему правилу, например: *Все это мне показалось странным, впрочем, как и другим; Студент на минуту задумался, вероятно, чтобы точнее сформулировать свой ответ*.

6. Вводные слова отделяются от предшествующего сочинительного союза, если вводное слово можно опустить или переставить в другое место предложения без нарушений его структуры (обычно это бывает при союзах *и* и *но*); если же изъятие или перестановка вводного слова невозможны, то запятая после союза не ставится (обычно при союзе *а*). Например:

а) *Терентий пробавлялся мелкой слесарной работой; но, во-первых, работы было мало, и, во-вторых, много времени отнимали неотложные дела* (Катаев);

б) *Несчастье нисколько его не изменило, а напротив, он стал еще крепче и энергичнее* (Тургенев).

Но если изъятие или перестановка вводного слова возможны, то запятая ставится и после союза *а*, поскольку он не связан с вводным словом, т.е. не образуются спаянные сочетания типа *а значит, а впрочем, а следовательно* и т.п. Например: *Не год, а, может быть, десять лет прожил Иван Георгиевич за одну ночь* (Ю. Лаптев) (посредством союза *а* противопоставляются два однородных члена, и вводное слово не связано с союзом).

Ср. также: *Хорошо или плохо, а по мне, делай что хочешь* (союз *а* связан с сочетанием *по мне*). – *Собака не идет в конуру, а, похоже, скрывается* (союз *а* не связан с вводным словом *похоже*).

7. После присоединительного союза (в начале самостоятельного предложения) запятая обычно не ставится, например: *И в самом деле, послышались голоса внизу* (Чехов); *И действительно, все у него получалось удивительно вовремя и складно* (Каверин); *И пожалуй, это все; И наконец, достоинством работы является хорошее литературное изложение; Но кроме того, выяснились и другие подробности дела; Но конечно, все кончилось благополучно*. Ср. разную пунктуацию: *Однако, кажется, решение задачи ошибочное* (*кажется* – вводное слово). – *Однако кажется, что решение задачи ошибочное* (*кажется* – главное предложение).

Примечание. Реже (при интонационном выделении вводных слов, при их включении в текст посредством подчинительного союза) после присоединительного союза, стоящего в начале предложения, запятая перед вводной конструкцией ставится, например: *Но, к великой моей досаде, Швабрин, обыкновенно снисходительный, решительно объявил, что песня моя нехороша* (Пушкин); *И, как водится, вспоминали только одно хорошее* (Крымов).

§ 100. Вводные и вставные предложения

1. Небольшие по объему вводные предложения обычно выделяются запятыми, например: *Вы, я думаю, привыкли к этим великолепным картинам* (Лермонтов); *Он ехал теперь к Яузскому мосту, где, ему сказали, был Кутузов* (Л. Толстой); *...В этот день не то что курочке негде было напиться, но даже, говорила мамаша, воробьи на лету замерзали* (Шолохов).

Реже такие предложения выделяются посредством тире, например: *Сама же барыня – говорили о ней – не умеет отличить буженину от телятины и однажды позорно купила вместо петрушки – хрен!* (Горький); *Обвинитель сломя голову летит в библиотеку и – можете себе представить? – ни похожего номера, ни такого числа мая месяца в сенатских решениях не обнаруживает* (Федин) (играет роль вопросительный характер вводного предложения).

Запятыми выделяются вводные предложения, включаемые посредством подчинительных союзов и союзных слов *как, если, что, сколько* и др., например: *Мне помогал маляр, или, как он сам называл себя, подрядчик малярных работ...* (Чехов); *Эти собаки, если не ошибаюсь, происходят от простых дворняжек и овчарок* (Куприн); *...Дана была полтина меди на расход и, что гораздо важнее, умное наставление...* (Гоголь).

Постановка в этих случаях тире встречается в виде исключения, например: *Дать противнику уйти, или – как это говорится на торжественном языке воинских уставов – дать ему о т о р в а т ь с я – это для разведчиков крупная неприятность, почти позор* (Казакевич); *...Сидят здесь под страхом смерти и – что еще хуже – под проливным дождем* (Казакевич).

2. Вставные предложения (то есть предложения, содержащие различного рода добавочные замечания, попутные указания, разъясняющие предложение в целом или отдельные слова в нем и иногда резко выпадающие из синтаксической структуры целого) выделяются скобками или тире (более сильным выключающим знаком являются скобки). Например:

а) *Владимир Сергеич (так именно звали молодого человека в пальто) с недоумением посмотрел на своего человека и торопливым шепотом проговорил...* (Тургенев); *Проехав какие-то австрийские войска, Ростов заметил, что следующая за тем часть линии (это была гвардия) уже вступила в дело* (Л. Толстой); *Сани резко стукнуло о торчавшую из воды сваю (след унесенного моста) и перевернуло с диковинной легкостью* (Шолохов);

б) *Мой приход – я это мог заметить – сначала несколько смутил гостей* (Тургенев); *...Воображая, что замок заперт, я вынул ключ, и – о ужас! – у меня в руках была только головка ключика* (Л. Толстой); *...Даже мои хозяева – если они были дома – открывали окна и, слушая, хвалили музыканта* (Горький).

В ряде случаев для выделения вставных конструкций скобки и тире употребляются на равных основаниях. Ср. пунктуацию в предложениях, включающих в свой состав одинаковые по структуре вставные конструкции:

Литвинов остался на дорожке; между им и Татьяной – или это ему только чудилось? – совершалось что-то... бессознательно и постепенно (Тургенев). – *И каждый вечер, в час назначенный (иль это только снится мне?) девичий стан, шелками схваченный, в туманном движется окне* (Блок);

Булочники – их было четверо – держалась в стороне от нас (Горький). – *Солдаты (их было трое) ели, не обращая внимания на Пьера...* (Л. Толстой).

Наличие при тире запятой в качестве дополнительного знака связано с условиями контекста. Например:

Прихвастнуть любил – этот грех за ним водился, – может, и тут что приплел для красного словца... (Фурманов) (запятая перед вторым тире служит для отделения вводного слова *может*, которым начинается часть предложения, следующая за вставной конструкцией).

Я забрался в угол, в кожаное кресло, такое большое, что в нем можно было лежать, – дедушка всегда хвастался, называя его креслом князя Грузинского, – забрался и смотрел, как скучно веселятся большие... (Горький) (запятая перед первым тире закрывает предшествующее придаточное предложение, а запятая перед вторым тире закрывает деепричастный оборот в самой вставной конструкции).

Запятая, которая по условиям контекста должна была бы стоять перед первой скобкой, если вставная конструкция выделяется скобками, переносится после второй скобки, например: *Татьяна, состоявшая, как мы уже сказали выше, в должности прачки (впрочем, ей, как искусной и ученой прачке, поручалось одно тонкое белье), была женщина лет двадцати осьми, маленькая, худая, белокурая, с родинками на левой щеке* (Тургенев) (запятая, закрывающая причастный оборот, поставлена не перед скобками, а после них).

При наличии внутри одного вставного предложения другой вставной или вводной конструкции первое предложение (так сказать, внешнее) выделяется скобками, как более сильным выключающим знаком, а второе (внутреннее) – при помощи тире, например: *Я наскоро пообедал, не отвечая на заботливые расспросы доброй немки, которая сама расхныкалась при виде моих красных, опухших глаз (немки – известное дело – всегда рады поплакать)...* (Тургенев).

В редких случаях вставные конструкции выделяются запятыми, например: *Мне показалось даже, а может быть оно и в самом деле было так, что все стали к нам ласковее* (Аксаков).

§ 101. Обращение

1. Обращения вместе со всеми относящимися к ним словами выделяются (в середине предложения) или отделяются (в начале или в конце предложения) запятыми, например: *Дорогие гости, милости просим за стол* (Пушкин); *Опустись, занавеска линялая, на больные герани мои* (Блок); *Неужели вы его боитесь, Сергей Ильич?* (Гранин).

Если обращение, стоящее в начале предложения, произносится с восклицательной интонацией, то после него ставится восклицательный знак (следующее за обращением слово пишется с прописной буквы, см. § 12, п. 2), например: *Старик! О прежнем позабудь...* (Лермонтов).

2. Частица *о*, стоящая перед обращением, не отделяется от него никаким знаком, например: *О мой милый, мой нежный, прекрасный сад!..* (Чехов); *Скажи же, о проницательный читатель, зачем выведен Рахметов, который вот ушел и больше не явится в моем рассказе?* (Чернышевский).

Но если *о* выступает в роли междометия (со значением «ах»), то после него согласно правилам ставится запятая, например: *О, дети, зачем вы так шумите! О, Вера, как жаль, что нельзя вернуть прошлого!* Ср.: *О! Павел Иванович, позвольте мне быть откровенным* (Гоголь) (постановка восклицательного знака вместо запятой факультативна).

Если перед повторяющимся обращением стоит частица *а*, то перед ней ставится запятая, а после нее никакого знака не ставится, например: *Нина, а Нин, поди сюда* (Федин). При неповторяющемся обращении *а* выступает в роли междометия и отделяется запятой, например: *– А, Васька! – сказал он, узнав прежде всего розоватые панталоны своего друга* (Степняк-Кравчинский).

3. Личные местоимения *ты* и *вы*, как правило, не являются обращениями, а выступают в роли подлежащего. Однако они могут входить в состав распространенного обращения, пунктуационно выделяясь вместе с ним, например: *Ну, полноте, полноте, балагур, шутник вы этакий* (Тургенев). В редких случаях местоимения *ты* и *вы* сами по себе могут выступать в роли обращения, заменяя собой название лица, к которому обращена речь, в этих случаях они выделяются запятыми (в начале и в конце предложения после них может ставиться восклицательный знак); например: *Эй, вы, чревовещатели! Марш по теплушкам!* (Вс. Иванов); *Эй, вы! кончайте скорее!* (Достоевский); *Ты! Бери его на мушку* (Тренев); *Тише, вы!* (Антонов).

Примечание 1. Правила выделения знаками препинания обращений распространяются и на те случаи, когда обращение выражено не именем существительным, а другой частью речи или же существительным, но не в форме именительного падежа (такое обращение называет какой-либо признак лица, которому адресована речь), например: *...Глядите на меня, все!* (Достоевский); *– Здорово, шестая! – послышался густой, спокойный голос полковника* (Куприн); *Неуязвимые, лезьте по скользким скалам слов!* (Маяковский); *Здравствуй, в белом сарафане из серебряной парчи* (Вяземский).

Примечание 2. Не являются обращениями и не выделяются запятыми названия лица или предмета, находящиеся при форме повелительного наклонения, если она употреблена в значении пожелания («пусть…»), например: *Приходи к нему лечиться и корова и волчица* (К. Чуковский); *Всяк сверчок знай свой шесток* (пословица); *Тьфу, разрази тебя гроза...* (Д. Бедный).

4. Если распространенное обращение разбито в предложении на части, то каждая из них выделяется запятыми, например: *Крепче, конское, бей, копыто, отчеканивая шаг!* (Багрицкий); *За кровь и слезы жаждавший расплаты, тебя мы видим, сорок первый год* (Щипачев).

5. Между двумя обращениями, связанными неповторяющимся союзом, запятая не ставится (как и при однородных членах предложения в этих условиях); например: *Здравствуй, солнце да утро веселое!* (Никитин).

§ 102. Междометие

1. Междометия отделяются или выделяются запятыми, если произносятся без восклицательной интонации, например: *Ох, пошлите за доктором!* (Тургенев); *Эй, себя сгубите, не потакайте Фоме!* (Достоевский); *Чу, сверчок за печкой затрещал... чу, вздохнул кто-то* (Салтыков-Щедрин); *Жизнь, увы, не вечный дар!* (Пушкин); *Мы дело кончим полюбовно, но только, чур, не плутовать* (Лермонтов); *Ну, тащися, сивка, пашней-десятиной* (Кольцов).

Если междометие произносится с восклицательной интонацией, то после него ставится восклицательный знак (как в начале, так и в середине предложения), например: *Ага! Сам сознаешься, что ты глуп* (Пушкин) (о прописной букве, с которой в подобных случаях пишется следующее за междометием слово, см. § 12, п. 2); *Эй! Садись ко мне, дружок* (Некрасов); *Я до сих пор не могу позабыть двух старичков прошедшего века, которых, увы! теперь уже нет* (Гоголь); *У всех повыспрошу; однако, чур! секрет* (Грибоедов).

Примечание. Частицы *о, ну, ах, ох* и др., употребляемые для выражения усилительного оттенка, в отличие от междометий запятыми не отделяются:

а) частица *о* чаще всего употребляется при восклицательном обращении (см. § 101, п. 2) и перед словами *да* и *нет* (см. § 103, п. 1), например: *Как хорошо ты, о море ночное!* (Тютчев); *О нет, мой младенец, ослышался ты* (Жуковский);

б) частица *ах* обычно употребляется перед личными местоимениями *ты* и *вы*, за которыми следует обращение, например: *Ах ты, обжора!* (Крылов); *Ах ты, мерзкое стекло!* (Пушкин); *Ах ты, степь моя, степь широкая!* (Кольцов). Ср. также: *Ах да, вспомнил наш вчерашний разговор;*

в) частица *ну* употребляется с усилительным значением, например: *Ну как не порадеть родному человечку!* (Грибоедов); *Ну что за шейка, что за глазки!* (Крылов); *Ну что ж, Онегин? Ты зеваешь?* (Пушкин); *Ну а она? Ну и жара выдалась! Ну как, все в порядке? Ну что ты, разве я хотел тебя обидеть? Ну нет, так не пойдет; Дайте ну хотя бы эту книгу.* Ср. в значении «допустим», «положим»: *Наталья и сама понимала, что только с богиней можно сравнить ее, ну с Дианой...* (А. Н. Толстой);

г) частицы, стоящие перед словами *как, какой* и в сочетании с ними выражающие высокую степень признака (в значении «очень, весьма, страшно», «замечательный, изумительный, ужасный»), запятыми не выделяются, например: *...Подчас в каждом приятном слове ее торчала ух какая булавка* (Гоголь); *Самонадеянности море ох как не любит!* (Л. Соболев); *Мы могли бы получить ой какие увечья* (Д. Бедный); *Это, брат, ух как горько и ух как подло!* (Гл. Успенский);

д) не ставится также запятая внутри цельных сочетаний *ах ты, ах вы, ах он, ух* ты, эх ты, ай да, ах и, эх и, ух и, эй и, ох эти, эк его и т.п., например: *Ах ты жестокий! Ах он лиса! Ах они плуты прожжённые! Ох эти сплетницы! Эх эти шалунишки! Эх и пляски! Ух и лошадь! Ай да Михаил Андреевич, настоящий цыган!* (Л. Толстой); *Ай да молодец мичман!* (Станюкович); *Эк его разобрало!* (Гоголь); *Эк ты напугал меня...* (Мамин-Сибиряк) (подробнее см.: Шведова Н. Ю. Очерки по синтаксису русской разговорной речи. М., 1960. С. 252–264, откуда заимствованы некоторые приведенные выше примеры). Ср. в предложениях с повторяющимися словами: *Тяжко ему, ох тяжко! Достанется тебе на орехи, ух достанется! Хочется его подразнить, ой хочется! Приятно на солнышке, ах приятно!*

2. Повелительно-побудительные междометия и звукоподражательные слова отделяются запятой или восклицательным знаком, например: *Изволь-ка в избу, марш, за птицами ходить!* (Грибоедов); *Стоп, машина!* (Чехов). – *Цып, цып, ти, ти! Гуль, гуль, гуль!* – ласковым голосом приглашала девушка птиц к завтраку (Гончаров).

3. Отделяются или выделяются запятыми некоторые междометные выражения, например: *Слава богу, этого не случилось. До сих пор, благодарение богу, подбирались к другим городам* (Гоголь). Но выражение *черт знает:* 1) в значении «неизвестно» и 2) о чем-либо очень плохом или, наоборот, хорошем – запятыми не отделяется и не выделяется, например: *Я сегодня черт знает сколько выпил* (Куприн); *Врачи там написали обо мне черт знает что* (Н. Островский); *Черт знает до чего хороши эти цветы!*

§ 103. Утвердительные, отрицательные и вопросительно-восклицательные слова

1. Слова *да* и *нет*, выражающие утверждение и отрицание, отделяются в составе предложения запятой, например: *Да, пройдут десятки лет, и из памяти никогда не изгладятся дороги войны* (Бабаевский); *В лице Анатолия было выражение душевной силы, да, именно силы* (Фадеев); *Я с этим согласен, да, да!* (Н. Островский); *Нет, я не больна, Афанасий Иванович* (Гоголь); *Нет, в то время у меня не было никакой охоты унестись с земли на Луну или на Марс* (Паустовский).

После слов *да* и *нет*, произносимых с восклицательной интонацией, ставится восклицательный знак (следующее за ними слово пишется с прописной буквы), например: *Да! Злые языки страшнее пистолета* (Грибоедов); *Нет! Ты уж выслушай* (А. Н. Толстой).

Частицы, стоящие перед словами *да* и *нет*, не отделяются от них запятой, например: *О нет, мой младенец, ослышался ты* (Жуковский); *Ну да, это именно так.*

Примечание. Утвердительное слово *да* следует отличать от союза *да* (соединительного, противительного, присоединительного) и от частицы *да* (побудительной, усилительной), после которых никакого знака не ставится. Ср.: *щи да каша; силен, да не умен; неинтересно, да и некогда; да сбудутся мечты; да садитесь же.* Отрицательное слово *нет* следует отличать от слова *нет*, употребляемого в роли сказуемого и не выделяемого никакими знаками. Ср.: *Нет худа без добра* (пословица).

2. Запятыми отделяются слова *что, что ж, что же, как же,* выражающие вопрос, подтверждение, восклицание, например: *Что, если я кликну клич?* (Тургенев) (в значении «что будет, если...»); *Что ж, я готов. Как же, мы все уже приготовили. Как же, поможет он тебе в беде!*

Но: *Что она, глухая или глухонемая, эта девочка?* (вопрос заключен в словах *что она*, образующих предложение: *что она* в значении «какова она»). *Что же мне, хвалить их за это?* (*что же мне* — неполное предложение в значении «что же мне делать»).

Примечание. В некоторых случаях возможны пунктуационные варианты в зависимости от значения, которое вкладывается в местоименное слово, ср.: *Ты что смеешься надо мной?* (*что* в значении «почему»). — *Ты что, смеешься надо мной!* (*что* в значении «что делаешь», после него слышится пауза).

XXVII. Знаки препинания в сложносочиненном предложении

§ 104. Запятая в сложносочиненном предложении

1. Запятыми разделяются части сложносочиненного предложения, между которыми стоят союзы:

1) с о е д и н и т е л ь н ы е : *и, да* (в значении «и»), *ни... ни*. Например: *Все лица нахмурились, и в тишине слышалось сердитое кряхтенье и покашливание Кутузова* (Л. Толстой); *Дикие и даже страшные в своем величии горы выступали резко из тумана, да вдали тянулась едва заметная белая струйка дыма* (Короленко); *Ни калина не растет между ними [крестами], ни трава не зеленеет...* (Гоголь);

2) п р о т и в и т е л ь н ы е : *а, но, да* (в значении «но»), *однако, же, зато, а то, не то*. Например: *Старик явно возмущался, а Григорий морщился...* (Шолохов); *Я ему верю, да суд-то ему на слово не верит...* (Достоевский); *Перестрелка затихла, однако ядра и бомбы продолжали летать сюда, как и отсюда...* (Сергеев-Ценский); *Ржавеют в арсеналах пушки, зато сияют кивера...*

(Симонов); *Ученье и обед делали дни очень интересными, вечера же проходили скучновато* (Чехов); *Ты сегодня же должен поговорить с отцом, а то он будет беспокоиться о твоем отъезде...* (Писемский);

3) р а з д е л и т е л ь н ы е : *или, либо, ли... или, ли... ли, то... то, не то... не то*. Например: *Ни о чем не хочется думать, или бродят мысли и воспоминания, мутные, неясные, как сон* (Серафимович); *То ли шелест колоса, трепет ветерка, то ли гладит волосы теплая рука* (Сурков); *Во сне ль все это снится мне, или гляжу я в самом деле, на что при этой же луне с тобой живые мы глядели?* (Тютчев).

Примечание. В сложносочиненном предложении пара *ли... или* рассматривается как повторяющийся союз, в отличие от простого предложения с однородными членами, в котором *ли... или* не образуют повторяющегося союза, вследствие чего запятая перед *или* в последнем случае не ставится (см. § 87, п. 4). Ср. также: *Слышался ли в открытые окна трезвон городских и монастырских колоколов, кричал ли во дворе павлин, или кашлял кто-нибудь в передней, всем невольно приходило на ум, что Михаил Ильич серьезно болен* (Чехов);

4) п р и с о е д и н и т е л ь н ы е : *да, да и, тоже, также*. Например: *Решение Лизы сняло с его сердца камень, да и весь дом сразу ожил, точно от ниспосланного мира* (Федин); *Она мне нравилась все больше и больше, я тоже, по-видимому, был симпатичен ей* (Чехов);

5) п о я с н и т е л ь н ы е : *то есть, а именно*. Например: *Мужская комнатная прислуга была доведена у нас до минимума, а именно для всего дома полагалось достаточным не больше двух лакеев* (Салтыков-Щедрин); *Время стояло самое благоприятное, то есть было темно, слегка морозно и совершенно тихо* (Арсеньев).

2. Запятая перед союзами *и, да* (в значении «и»), *или, либо* не ставится, если части сложносочиненного предложения:

а) имеют общий второстепенный член, например: *Тут так же, как и в зале, окна были раскрыты настежь и пахло тополем, сиренью и розами* (Чехов) (общий второстепенный член – *тут*); *У Гаврилы смешно надулись щеки, оттопырились губы и суженные глаза как-то чересчур часто и смешно помаргивали* (Горький) (общий второстепенный член – *у Гаврилы*); *По утрам кумысный домик привлекал людей со слабыми легкими и пятна солнца, прорвавшиеся сквозь листву на столики, освещали около недопитых стаканов неподвижно лежащие бледные длиннополые руки* (Федин) (общий второстепенный член – *по утрам*), но (при повторении союза): *В спальне было и душно, и жарко, и накурено* (Чехов) (общий второстепенный член – *в спальне);*

б) имеют общее придаточное предложение, например: *Когда Аню провожали домой, то уже светало и кухарки шли на рынок* (Чехов); *Но Леля спала так спокойно и в ее ресницах, казалось, роились такие хорошие сны, что*

Наталья Петровна не решилась разбудить дочь (Паустовский); *Много веков сушили эту землю ветры-суховеи и калило солнце, пока она не стала такой крепкой, будто схвачена цементом* (Первенцев) (общий второстепенный член и общее придаточное предложение); *Когда он вернулся в залу, сердце его билось и руки дрожали так заметно, что он поторопился спрятать их за спину* (Чехов);

в) выражены двумя назывными (номинативными) предложениями, например: *Хриплый стон и скрежет ярый!* (Пушкин); *Тишина, темнота, одиночество и этот странный шум* (Симонов);

г) выражены двумя вопросительными, или двумя восклицательными, или двумя побудительными предложениями, например: *Неужели впереди болото и путь к отступлению отрезан? Как часто мы встречались вместе и какие вели интересные беседы! Подпустить врага и огонь дать по команде!* (Фурманов);

д) выражены двумя неопределенно-личными предложениями, если имеется в виду один и тот же производитель действия, например: *...Постояли, потолковали и пошли назад* (Лермонтов); *Подсудимых тоже куда-то выводили и только что ввели назад* (Л. Толстой);

е) выражены двумя безличными предложениями, имеющими синонимические слова в составе сказуемых, например: *Не нужно злоупотреблять цеховой терминологией или же следует объяснять термины* (Горький).

§ 105. Точка с запятой в сложносочиненном предложении

Если части сложносочиненного предложения значительно распространены (часто они представляют собой соединение сложноподчиненных предложений) или имеют внутри себя запятые, то между такими частями ставится точка с запятой (чаще перед союзами *а, но, однако, зато, да и, тоже, также, же*, реже перед союзами *и, да* (в значении «и»), *или*; перед последними обычно лишь в том случае, когда они соединяют два предложения, которые без них были бы разделены точкой). Например: *Он держал ее за талию, говорил так ласково, скромно, так был счастлив, расхаживал по этой своей квартире; а она видела во всем только одну пошлость, глупую, наивную, невыносимую пошлость...* (Чехов); *Шесть лет комиссия возилась около здания; но климат что ли мешал, или материал уже был такой, только никак не шло казенное здание выше фундамента* (Гоголь); *Нельзя сказать, чтобы это нежное расположение к подлости было почувствовано дамами; однако же во многих гостиных стали говорить, что, конечно, Чичиков не первый красавец, но зато таков, как следует быть мужчине...* (Гоголь); *Пьянство не особенно было развито между ними; зато преобладающими чертами являлись: праздность, шутовство и какое-то непреоборимое влечение к исполнению всякого рода зазорных «заказов»* (Салтыков-Щедрин); *...Поговаривали, что происходил он от однодворцев и состоял* *будто где-то прежде на службе, но ничего положительного об этом не знали; да и от кого было узнать — не от него же самого* (Тургенев).

Постановка точки с запятой в этих случаях факультативна, ср. постановку запятой в аналогичном предложении перед присоединительным союзом *да и*: *Кликушу он уже знал, ее привели не издалека, из деревни всего верст за десять от монастыря, да и прежде ее водили к нему* (Достоевский).

§ 106. Тире в сложносочиненном предложении

Если во второй части сложносочиненного предложения содержится неожиданное присоединение или резкое противопоставление по отношению к первой части, то между ними вместо запятой ставится перед союзом тире, например: *Я спешу туда ж — а там уже весь город* (Пушкин); *Еще несколько слов, несколько ласк от матери — и крепкий сон овладел мною* (Аксаков); *Еще одна минута объяснения — и давнишняя вражда готова была погаснуть* (Гоголь); *Все вскочили, схватились за ружья — и пошла потеха* (Лермонтов); *Мгновенье — и я никогда уже не увижу этого солнца, этой воды, этого ущелья...* (Л. Толстой); *Вавила бросил что-то в костер, притоптал — и тотчас же стало очень темно* (Чехов); *Треск разрываемой рубахи — и Гаврила лежал на песке, безумно вытаращив глаза* (Горький); *Еще год, два — и старость...* (Эренбург).

XXVIII. Знаки препинания в сложноподчиненном предложении

§ 107. Запятая между главным и придаточным предложениями

Придаточное предложение отделяется от главного запятой или выделяется запятыми с двух сторон, если находится внутри главного предложения, например: *Сколько он просидел у поверженной ели, Андрей не помнил...* (Бубенцов); *Капустин обещал договориться с начальником школы, чтобы он увеличил Мересьеву число вылетов, и предложил Алексею самому составить себе программу тренировок* (Б. Полевой); *Скоро пять лет, как я работаю в институте; Уже месяц, как он вернулся из деревни* — с неполным главным предложением (но: *Он уже месяц как вернулся из деревни* — с переплетением главного и придаточного предложений, запятая оторвала бы сказуемое *вернулся* от подлежащего *он*).

Запятой отделяются также неполные или близкие к неполным придаточные предложения, например: *Он не понял, в чем дело; Рад помочь, чем смогу; Запомнил, чему учили; Люди знают, что делают; Сделайте, что нужно; Могу предоставить все, что угодно; Он понимает, что к чему; Садитесь, где свободно; Ругали все, кому не лень; Встретимся, знаете где; Болтал, не знаю что.* Но: *Делай что хочешь* и т.п., см. § 114, п. 1.

Примечание 1. Если главное предложение находится внутри придаточного (в разговорном стиле речи), то запятая обычно ставится только после главного предложения, а перед ним не ставится, например: *Хозяйством нельзя сказать, чтобы он занимался...* (Гоголь) (ср.: *Нельзя сказать, чтобы он занимался хозяйством*); *Но слова эти мне неудобно, чтобы ты сказала* (Герцен).

Примечание 2. Не ставится запятая между главным и следующим за ним придаточным предложением:

а) если перед подчинительным союзом или союзным словом стоит отрицание *не*, например: *Попытайтесь выяснить не что они уже сделали, а что они собираются еще сделать; Я пришел не чтобы помешать вам, а, наоборот, чтобы помочь;*

б) если перед подчинительным союзом или союзным словом стоит сочинительный союз (обычно повторяющийся) *и, или, либо* и т.п., например: *Учтите и что он сказал, и как он это сказал; Студент не мог вспомнить ни как называется произведение, ни кто его автор;* ср. также при одиночном союзе: *Не представлял себе и как он выберется из создавшегося положения;*

в) если придаточное предложение состоит из одного только союзного слова (относительного местоимения или наречия), например: *Меня упрекают, но не знаю в чем; Уходя, он обещал скоро вернуться, но не уточнил когда; Мать температуру определяла губами: приложит губы ко лбу и сразу определит сколько.*

Примечание 3. Если перед подчинительным союзом стоят слова *особенно, в частности, а именно, то есть, а также* и т.п. с присоединительным значением, то запятая после этих слов не ставится, например: *Партизаны проявляли огромную находчивость и исключительное хладнокровие, особенно когда попадали в окружение; Экспедицию придется закончить досрочно при неблагоприятных условиях, а именно если начнется сезон дождей; Автор имеет право на получение 60% гонорара в соответствии с условиями договора, то есть когда рукопись будет одобрена издательством.*

§ 108. Запятая при сложных подчинительных союзах

Если придаточное предложение соединено с главным при помощи сложного подчинительного союза (*благодаря тому что, ввиду того что, вследствие того что, в силу того что, оттого что, потому что, несмотря на то что, вместо того чтобы, для того чтобы, с тем чтобы, в то время как, после того как, перед тем как, с тех пор как, так же как* и др.), то запятая ставится один раз:

перед союзом, если придаточное предложение следует за главным или находится внутри его, и после всего придаточного предложения, если оно предшествует главному, например: ...*Дыхание становилось все глубже и свободнее, по мере того как отдыхало и охлаждалось его тело*... (Куприн); *Доктора боялись за ее жизнь, тем более что она не только не хотела принимать никакого лекарства, но ни с кем не говорила, не спала и не принимала никакой пищи* (Л. Толстой); *Все возы, потому что на них лежали тюки с шерстью, казались очень высокими и пухлыми* (Чехов).

Однако в зависимости от смысла, логического подчеркивания придаточного предложения, наличия в предложении определенных лексических элементов (см. ниже) сложный союз может распадаться на две части: первая входит в состав главного предложения как соотносительное слово, а вторая выполняет роль союза, в этих случаях запятая ставится только перед второй частью сочетания (т.е. перед союзом *что, как, чтобы*). Ср.:

Всякому человеку, **для** *того* **чтобы** *действовать, необходимо считать свою деятельность важною и хорошею* (Л. Толстой). – *Все это сказано* **для того, чтобы** *возбудить внимание к жизни многотысячной армии начинающих писателей* (Горький);

Командир бригады принял решение прекратить преследование до рассвета, **с тем чтобы** *к утру подтянуть резервы* (Шолохов). – *Я пригласил вас, господа,* **с тем, чтобы** *сообщить вам пренеприятное известие* (Гоголь).

Ср. также расчленение сложного союза в предложениях: *Несмотря на то, что ветер... свободно носился над морем, тучи были неподвижны* (Горький); *В случае, если за вами кто-нибудь и прилипнет, то пускай видит, куда вы пошли* (Катаев); *Гореву просили быть переводчицей на случай, если гости заинтересуются замком* (Павленко).

Чаще не расчленяется сложный подчинительный союз, если придаточное предложение предшествует главному, например: *По мере того как бричка близилась к крыльцу, глаза Манилова делались веселее и улыбка раздвигалась более и более* (Гоголь); *Прежде чем я остановился в этом березовом леску, я со своей собакой прошел через высокую осиновую рощу* (Тургенев); *С тех пор как я женился, я уж от тебя прежней любви не вижу* (А. Н. Островский); *Только после того как миновало часа четыре дежурства у постели Степана, Иван Иванович отошел душой* (Коптяева). К условиям расчленения сложного союза относятся:

1) наличие перед союзом отрицания *не*, например: *Пастухов сошелся с Цветухиным не потому, что тяготел к актерам* (Федин); *В Ландсберг Винкель шел не потому, что жаждал продолжать свою разведывательную деятельность* (Казакевич);

2) наличие перед союзом усилительных, ограничительных и других частиц, например: *Наташа в эту зиму в первый раз начала серьезно петь и в особенности оттого, что Денисов восторгался ее пением* (Л. Толстой); *Водитель как*

раз для того, чтобы люди схлынули, застопорил машину против калитки (Фадеев); *Стоит ли отказываться от трудного дела только потому, что оно трудное?* (Крымов);

3) наличие перед союзом вводного слова, например: *...Все это имеет для меня неизъяснимую прелесть, может быть, оттого, что я уже не увижу их...* (Гоголь); *В гостях у Пряхиных все чувствовали себя свободно, возможно, потому, что Павла Романовна никого не старалась занимать* (Коптяева);

4) включение первой части (соотносительного слова) в ряд однородных членов, например: *Ромашов же краснел до настоящих слез от своего бессилия и растерянности, и от боли за оскорбленную Шурочку, и оттого, что ему сквозь оглушительные звуки кадрили не удавалось вставить ни одного слова...* (Куприн).

Примечание. Сложные союзы *тогда как, словно как, в то время как, между тем как,* союз следствия *так что,* сочетание союза с усилительной частицей *даже если, лишь когда* не расчленяются.

§ 109. Пунктуация в сложноподчиненном предложении с несколькими придаточными

1. Между однородными придаточными предложениями, не соединенными союзами, ставится запятая, например: *Мне казалось, что отец смотрит на меня насмешливо и недоверчиво, что я для него еще ребенок* (Горький); *Кто не чувствует уверенности в своих силах, у кого нет решимости, пусть уж лучше останется на своем теперешнем месте* (Ажаев).

Если после однородных придаточных предложений стоит обобщающее слово с предшествующим вводным словом или словосочетанием *(словом, одним словом* и т.п.), то перед последним ставится запятая и тире, а после него – запятая (ср. § 99, п. 1, примеч. 2), например: *Она выслушала его доводы, и, когда он стал говорить, что война принесла перемены, что его присутствие причинит заботы и нарушит привычки, что он тревожится за нее, – словом, все, что ему приходило на ум, – глаза старухи устремились на него.*

2. Если однородные придаточные предложения сильно распространены, особенно когда внутри их имеются запятые, то между такими придаточными предложениями вместо запятой ставится точка с запятой, например: *О чем же думал он? О том, что был он беден; что трудом он должен был себе доставить и независимость и честь; что мог бы Бог ему прибавить ума и денег; что ведь есть такие праздные счастливцы, ума недального, ленивцы, которым жизнь куда легка* (Пушкин); *Давыдову становилось чуточку грустно оттого, что там теперь много изменилось; что он теперь уже не сможет ночи напролет просиживать за чертежами; что теперь о нем, видимо, забыли* (Шолохов).

3. Между однородными придаточными предложениями, соединенными неповторяющимся соединительным или разделительным союзом, запятая не ставится, например: *Чудилось, будто корчуют сразу весь лес и выдираемые из земли корни и сама земля стонут и вопят от боли* (Федин) (повторяющихся союзов здесь нет: первый союз *и* соединяет два придаточных предложения, второй – два однородных подлежащих *корни* и *земля*, третий – два однородных сказуемых *стонут* и *вопят); Что это за соединение и кто такой Ковпак, мы тогда еще не знали* (Медведев).

При повторяющихся сочинительных союзах запятая между соподчиненными придаточными предложениями ставится, например: *Возвращаясь домой, она вспоминала, как они встретились, и как друзья помогли им подружиться, и как она старалась спасти его, когда он попал в беду.*

Союзы *ли... или* рассматриваются как повторяющиеся, например: *...Налево все небо над горизонтом было залито багровым заревом, и трудно было понять, был ли то где-нибудь пожар, или же собиралась всходить луна* (Чехов) (ср. § 87, п. 4 и § 104, п. 1, подпункт 3, примеч.).

4. Между придаточными предложениями с последовательным подчинением запятая ставится на общем основании, например: *...Боброву вспоминались читанные им в каком-то журнале стихи, в которых поэт говорит своей милой, что они не будут клясться друг другу, потому что клятвы оскорбили бы их доверчивую и горячую любовь* (Куприн).

§ 110. Запятая на стыке двух союзов

1. При двух рядом стоящих подчинительных союзах (или подчинительном союзе и союзном слове), а также при встрече сочинительного союза и подчинительного (или союзного слова) запятая между ними ставится, если изъятие придаточного предложения не требует перестройки главного предложения (практически – если дальше не следует вторая часть двойного союза *то, так, но*, наличие которой требует такой перестройки), например: *Горничная была сирота, которая, чтобы кормиться, должна была поступить в услужение* (Л. Толстой) (придаточная часть *чтобы кормиться* может быть опущена или переставлена в другое место предложения без перестройки главной части); *Наконец он почувствовал, что больше не может, что никакая сила не сдвинет его с места и что, если теперь он сядет, ему уже больше не подняться* (Б. Полевой) (придаточное условное с союзом *если* можно опустить или переставить); *А женщина все говорила и говорила о своих несчастьях, и, хотя слова ее были привычными, у Сабурова от них вдруг защемило сердце* (Симонов) (при изъятии придаточного уступительного с союзом *хотя* предложно-местоименное сочетание *от них* становится неясным, но в структурном отношении такое изъятие возможно, поэтому запятая между сочинительным и подчинительным союзами в подобных случаях обычно ставится).

Если же за придаточным предложением следует вторая часть двойного союза, то запятая между предшествующими двумя союзами не ставится, например: *Слепой знал, что в комнату смотрит солнце и что если он протянет руку в окно, то с кустов посыплется роса* (Короленко) (придаточное условное с союзом *если* нельзя опустить или переставить без перестройки подчиняющего предложения, так как рядом окажутся слова *что* и *то*); *Ноги женщины были обожжены и босы, и когда она говорила, то рукой подгребала теплую пыль к воспаленным ступням, словно пробуя этим утишить боль* (Симонов) (при изъятии или перестановке придаточного времени с союзом *когда* рядом окажутся слова *и* и *то*).

Ср. также: *Надвигалась гроза, и, когда тучи заволокли все небо, стало темно, как в сумерки. — Надвигалась гроза, и когда тучи заволокли все небо, то стало темно, как в сумерки* (во втором случае после союза *и*, присоединяющего сложноподчиненное предложение, запятая не ставится); *Сборы затянулись, а когда все было готово к отъезду, ехать не имело уже смысла* (после противительного союза *а* запятая в этих случаях, как правило, не ставится, так как ни изъятие, ни перестановка следующего за союзом придаточного предложения невозможны).

В предложениях типа *Он давно уже уехал, и где он теперь, я не знаю* запятая после союза *и* не ставится.

2. Запятая обычно не ставится между присоединительным союзом (после точки) и союзом подчинительным, например: *И кто вы такой, я знаю; А зачем это говорится, мне непонятно.* Возможность постановки запятой после других присоединительных союзов связана с интонационно-смысловым выделением придаточного предложения, например: *Однако, если вы так настаиваете на своем предложении, я готов его принять.*

§ 111. Тире в сложноподчиненном предложении

При интонационном подчеркивании придаточные и з ъ я с н и т е л ь н ы е (дополнительные и подлежащные), реже у с л о в н ы е и у с т у п и т е л ь н ы е, стоящие впереди главного предложения, могут отделяться от него не запятой, а тире, например: *Буде спросит кто о чем — молчи...* (Пушкин); *Как он добрался сюда — уж этого никак не мог он понять* (Гоголь); *Что она натура честная — это мне ясно...* (Тургенев); *Пускай, как хотят, тиранят, пускай хоть кожу с живой снимут — я воли своей не отдам* (Салтыков-Щедрин); *Взгляну ли вдаль, взгляну ли на тебя — и в сердце свет какой-то загорится* (Фет); *Кто весел — тот смеется, кто хочет — тот добьется, кто ищет — тот всегда найдет!* (Лебедев-Кумач) (играет роль параллелизм конструкций); *Мне выслали какие-то книги, но какие именно — не знаю.*

§ 112. Двоеточие в сложноподчиненном предложении

Двоеточие ставится перед подчинительным союзом в тех редких случаях, когда в предшествующей части сложного предложения содержится особое предупреждение о последующем разъяснении (в этом месте делается длительная пауза и можно вставить слова *а именно*), например: *И, сделав это, почувствовал, что результат получился желаемый: что он тронут и она тронута* (Л. Толстой); *Я боюсь одного: чтобы переутомление наших людей не отразилось на их работе по уходу за ранеными защитниками отечества* (В. Панова); *С каждым днем становилась все более очевидной та мысль, которую не раз высказывали экономисты: что снижение инфляции – это только начало стабилизации, что подъем экономики может начаться лишь после того, как прекратится спад производства* (из газет).

§ 113. Запятая и тире в сложноподчиненном предложении и в периоде

Запятая и тире в сложноподчиненном предложении ставятся в качестве единого знака:

1) перед главным предложением, которому предшествует ряд однородных придаточных, если подчеркивается распадение сложного целого на две части, например: *Кто виноват из них, кто прав, – судить не нам* (Крылов); *Делал ли что-нибудь для этого Штольц, что делал и как делал, – мы этого не знаем* (Добролюбов),

2) перед словом, которое повторяется для того, чтобы связать с ним новое предложение (чаще придаточное) или дальнейшую часть того же предложения, например: *Могло ли не отразиться в литературе это новое общественное движение, – в литературе, которая всегда бывает выражением общества!* (Белинский); *Теперь же, судебным следователем, Иван Ильич чувствовал, что все без исключения, самые важные, самодовольные люди, – все у него в руках* (Л. Толстой);

3) в п е р и о д е (значительном по объему предложении, чаще всего сложноподчиненном, которое делится паузой на две части – п о в ы ш е н и е и п о н и ж е н и е) между его частями, например: *Как ни тяжело было княжне Марье выйти из того мира уединенного созерцания, в котором она жила до сих пор, как ни жалко и как будто совестно было покинуть Наташу одну, – заботы жизни требовали ее участия, и она невольно отдалась им* (Л. Толстой).

Внутри частей периода, если они значительно распространены, ставится точка с запятой. Реже между частями (членами) периода ставятся запятые, например: *Как плавающий в небе ястреб, давши много кругов сильными крылами, вдруг останавливается, распластанный среди воздуха на одном месте, и бьет оттуда стрелой на раскричавшегося у самой дороги самца-перепела, – так*

Тарасов сын Остап налетел вдруг на хорунжего и сразу накинул ему на шею веревку (Гоголь).

В других случаях сочетания запятой и тире каждый из этих знаков ставится на своем основании, например: *Пушкин, величайший наш поэт, – основоположник русского литературного языка* (запятая закрывает обособленное приложение, тире ставится в месте пропуска связки)

XXIX. Пунктуация при оборотах, не являющихся придаточными предложениями

§ 114. Цельные по смыслу выражения

Цельные по смыслу выражения не выделяются знаками препинания.

1. Запятая не ставится перед подчинительным союзом или союзным словом в составе неразложимых сочетаний, например: *сделать как следует* (*как полагается, как подобает*), *выполнить как должно* (*как надо, как нужно*), *хватать что подвернется, явиться как ни в чем не бывало, говорить что в ум взбредет, добиваться во что бы то ни стало, приходить когда вздумается, спрятались кто куда успел, не лезть куда не следует, ночевать где придется, делай что хочешь, бери что нравится, спасайся кто может, есть что дают, будь что будет, идти куда глаза глядят, живите как знаете, приглашу к себе кого пожелаю, заплатил бог знает сколько, кричит что есть мочи, рассказать все как есть, выдумывали кто во что горазд, достать что нужно* (но: *достать все, что нужно*), *черт знает что у них творится, городить черт знает что, поживиться чем можно, дать чего не жалко, картина чудо как хороша, страсть как интересно, ужас как трудно, беда как плохо.* Ср.: *Ты что хочешь думай* (Л. Толстой); *Будь счастлив с кем хочешь* (Достоевский); *Все равно, зови кого хочешь* (А. Н. Толстой); *Пусть достает деньги где хочет и как хочет* (Куприн); *Поспешаю я что есть мочи...* (Чехов); *Живу где придется* (он же); *Когда он трезв, он лежит на чем попало и молчит* (он же); *Они вспоминали свою молодость и болтали черт знает что* (он же); *Он дойдет бог знает до чего со своими играми* (Паустовский); *Наглядишься, наслушаешься ты здесь чего не надо* (Горький); *Я почему-то не могу их как следует рассмотреть* (Б. Полевой); *Значит, поговорите с кем надо* (Сельвинский).

Данное правило основано на том, что фразеологические обороты не образуют придаточного предложения и, как правило, эквивалентны члену предложения. Так, в сочетании *говорит об этом где только может* последние слова имеют значение «везде». Если же какое-либо из приведенных выше и аналогичных сочетаний употреблено не в качестве фразеологического оборота, то оно может образовать придаточное предложение (часто неполное) и выделяться запятыми. Ср.: *Просторечные слова стали употреблять где нужно и где не нужно* (т.е. везде). – *Поставить, где нужно, недостающие знаки препинания* (т.е. там, где нужно).

2. Запятая не ставится внутри сочетаний *не то что, не то чтобы, не так чтобы, не иначе как,* например: *Я его… не то чтоб любил, не то чтоб не любил, так как-то…* (Тургенев); *И не то что трое суток, и десятеро суток подождете!* (Л. Толстой); *Сейчас здесь не то что раньше, все стало интереснее; Время проводили не так чтобы уж очень весело; Заметка может быть набрана не иначе как петитом.* Ср. при другом характере сочетания: *Вы говорите не то, что думаете.*

3. Запятая не ставится внутри сочетаний *(не) больше чем, (не) меньше чем, (не) раньше чем, (не) позже чем* и т.п., если они не содержат сравнения, например: *Посылка весит не больше чем восемь килограммов* (ср.: *…не больше восьми килограммов*); *Он вернется не раньше чем вечером* (ср.: *…не раньше вечера*); *Работу можно сделать меньше чем за час; Вы были для меня больше чем другом; Документы представьте не позже чем завтра; Накладные расходы оказались выше чем полагается; Температура в инкубаторе не ниже чем нужно.* Ср.: *Масленица прошла у меня хуже чем невесело* (Чехов). Но (при наличии сравнения или сопоставления): *работает не меньше, чем другие; страдали от холода больше, чем от голода; вернулся раньше, чем ожидали; комнаты у нас выше, чем в соседнем доме; Сипягин волновался гораздо более, чем его гость* (Тургенев).

4. Запятая не ставится внутри сочетания *неизвестно кто, неизвестно что, неизвестно какой (…где, …куда, …откуда, …чей), непонятно кто, непонятно что, непонятно какой (…где, …куда, …откуда, …чей), все равно кто, все равно что, все равно какой (…где, …куда, …откуда),* например: *пришел к нам неизвестно откуда, спросил меня непонятно о чем, разместить приезжих все равно где.* Ср. также: *могу взять отпуск безразлично когда; явился неясно зачем; Так выбирают платье или не знаю какую покупку, а не любовь* (Л. Толстой); *Увидел старик поутру мерина куцего и загоревал: без хвоста все равно что без головы – глядеть противно* (А. Н. Толстой).

5. Запятая не ставится перед сочетанием вопросительно-относительного местоимения *кто, что, какой* и др. или наречия *где, куда, откуда* и др. со словами *угодно* и *попало,* так как в этих случаях образуются целые выражения со значением одного слова: *кто угодно* (любой), *что угодно* (все), *какой угодно* (всякий), *где угодно* (везде), *куда угодно* (всюду), *когда угодно* (всегда), *откуда угодно* (отовсюду), *сколько угодно* (много) и т.д., *кто попало* (безразлично кто), *как попало* (безразлично каким образом), *какой попало* (безразлично какой)* и т.д.. Например: *Я то же самое скажу кому угодно; Свободного времени у нас было сколько угодно; Дайте мне ответ какой угодно и когда угодно* (Тургенев); *Дедушку раздирала такая злоба, что он раз десять останавливался и плевал с яростью куда попало* (Катаев); *Ругая беспечных возчиков,* которые свалили дрова *как попало... бабка начала укладывать поленницу* (Гайдар).

6. Запятой не разделяются выражения типа *есть чем заняться, есть над чем поработать, было о чем подумать, найду куда обратиться, не нахожу что сказать, осталось на что жить* и т.п., состоящие из глаголов *быть, найти (найтись), остаться* и немногих других в форме единственного или множественного числа, вопросительно-относительного местоимения или наречия (*кто, что, где, куда, когда* и т.п.) и неопределенной формы другого глагола. Например: *Бранить есть кому, кормить – некому* (Даль); *Есть чему и нравиться...* (Писемский); *Нашли чем удивить: и без вас все это видали; Он не нашелся что ответить и промолчал.*

7. Запятая не ставится перед союзом *что* в выражении *только и... что*, за которым следует имя существительное или местоимение, например: *Только и денег что пятак в кармане; Только и развлечений что кино раз в неделю; Только и разговоров что о них двоих.* Но если конструкция, содержащая в первой части сложную частицу *только и*, глагол *делать (сделать, знать)* и союз *что*, имеет во второй части глагол, то перед *что* запятая ставится, например: *Только и делает, что болтает; Только и сделал, что отказался; Только и знает, что ходит из угла в угол.* Ср.: *С дедушкой они только и делали, что играли в шахматы* (Гл. Успенский); *С девяти утра до шести вечера только и знаешь, что торчишь здесь* (Куприн). То же, если вторая часть образована придаточным предложением, например: *Только и нового, что все зайцы совещаются, как им орлов прогнать* (Л. Толстой).

Примечание. Неполные придаточные предложения, а также обороты, не имеющие характера фразеологических сочетаний, запятыми отделяются, например: *вести себя так, как следует; работает везде, где приходится; делает все, что угодно начальству; понимать, что к чему; навещает больных, когда необходимо; следует различать, что важно и что неважно; не могу понять, где болит.*

§ 115. Сравнительный оборот

1. Запятыми выделяются или отделяются сравнительные обороты, начинающиеся союзами *словно, будто, как будто, точно, чем, нежели, что* и др., например: *Иной раз подстрелишь зайца, ранишь его в ногу, а он кричит, словно ребенок* (Чехов); *На Красной площади, будто сквозь туман веков, неясно вырисовываются очертания стен и башен* (А. Н. Толстой); *Откуда-то тянуло затхлой сыростью, точно из погреба* (Мамин-Сибиряк); *Пантелеймон... сидит на козлах, протянув вперед прямые, точно деревянные, руки* (Чехов); *Рыжик с фокусником вошли в лес широкой, будто выметенной, тропой* (Свирский); *Лучше поздно, чем никогда* (пословица); *Ночью лететь было безопаснее, нежели* днем: *устойчивее воздушный океан* (Первенцев); *...А волоса у нее [русалки] зеленые, что твоя конопля* (Тургенев); *Николай Петрович родился на юге России, подобно старшему своему брату Павлу* (Тургенев).

Примечание. Не выделяются запятыми сравнительные обороты с указанными союзами, входящие в состав сказуемого или тесно связанные с ним по смыслу, например: *Звезды на темном небе словно блестки, рассыпанные по бархату; Он смотрит на жизнь будто сквозь розовые очки; Могучий дуб и рядом с ним белоствольная береза точно воин в доспехах и девушка в подвенечном платье; Веселая песня что крылатая птица: уносится далеко, далеко; Мы с ним словно родные братья* (об отсутствии тире в этих случаях см. § 79, п. 1, примеч., п.2).

2. Запятыми выделяются или отделяются сравнительные обороты, начинающиеся союзом *как:*

1) если они обозначают уподобление, без других оттенков значения (*как* имеет значение «подобно»), например: *И видел он себя богатым, как во сне* (Крылов); *Вокруг высокого чела, как тучи, локоны чернеют* (Пушкин); *Руки его дрожали, как ртуть* (Гоголь); *Воздух чист и свеж, как поцелуй ребенка...* (Лермонтов); *На небе ярко сверкнула, как живой глаз, первая звездочка* (Гончаров); *Внизу, как зеркало стальное, синеют озера струи* (Тютчев); *Как чайка, парус там белеет в высоте* (Фет); *На самом дне, сухом и желтом, как медь, лежали огромные плиты глинистого камня* (Тургенев); *Слова бесконечно тянулись одно за другим, как густая слюна* (Салтыков-Щедрин); *Старый мост сломали, и на его месте сделали цокольную, прямую, как палка, набережную* (Л. Толстой); *Старик заплакал, как дитя* (Никитин); *Королев старается ввести школьническую дисциплину и относится к студентам, как к ученикам той гимназии, где он был директором* (Короленко); *...Пили бабушкины наливки – желтую, как золото, темную, как деготь, и зеленую* (Горький); *Он двигался сдержанно, как человек, умеющий хорошо обращаться со своим временем* (Федин); *Я через всю свою жизнь, как через тысячу лет, пронес это воспоминание* (Пришвин); *А жена уже в дверях стоит и сковородник, как ружье, на изготовке держит* (Шолохов); *Степь уходила вдаль, обширная и ровная, как море* (Л. Соболев); *На улице было множество людей, как в праздник* (Тихонов); *Молнии, как галстуки, по ветру летят* (Багрицкий); *И обнялись, как братья, отец и мальчик-сын* (Твардовский);

2) если в основной части предложения имеется указательное слово *так, такой, тот, столь,* например: *Ямщик был в таком же изумлении от его щедрости, как и сам француз от предложения Дубровского* (Пушкин); *Нигде при взаимной встрече не раскланиваются так благородно и непринужденно, как на Невском проспекте* (Гоголь); *Черты лица его были те же, как и у сестры* (Л. Толстой); *Лаевский безусловно вреден и так же опасен для общества, как*

холерная микроба... (Чехов); *Все вокруг какое-то церковное, и маслом пахнет так же крепко, как в церкви* (Горький). Но: *Наша группа досрочно сдала все зачеты, так же как параллельная* (без расчленения сложного союза, см. § 108);

3) если оборот начинается сочетанием *как и*, например: *К Москве, как и ко всей стране, я чувствую свою сыновность, как к старой няньке* (Паустовский); *В ее глазах, как и во всем лице, было что-то необычное; Как и на прошлогодних всесоюзных соревнованиях, впереди оказались спортсмены Российской Федерации*;

4) если оборот выражается сочетанием *как правило, как исключение, как обычно, как всегда, как прежде, как сейчас, как теперь, как нарочно* и т.п. (некоторые из них имеют характер вводных слов), например: *Вижу, как теперь, самого хозяина...* (Пушкин); *Занятия начались, как обычно, в девять часов утра; Помню, как сейчас, свою первую учительницу в школе; Как нарочно, в кармане не было ни копейки; Запятыми, как правило, выделяются деепричастные обороты.*

Примечание. Указанные сочетания не выделяются запятыми, если входят в состав сказуемого или тесно связаны с ним по смыслу, например: *Осенью и зимой густые туманы в Лондоне бывают как правило; Вчерашний день прошел как обычно* (т.е. по обыкновению);

5) в оборотах *не кто иной, как* и *не что иное, как*, например: *Спереди Рейнский водопад не что иное, как невысокий водяной уступ* (Жуковский); *На мгновение ему показалось даже, что это не кто иной, как Валько, мог дать Володе Осьмухину такое задание* (Фадеев).

3. Обороты с союзом *как* не выделяются запятыми:

1) если на первый план в обороте выступает значение обстоятельства образа действия (на вопрос к а к ?); обычно такие обороты можно заменить творительным падежом существительного или наречием, например: *Как град посыпалась картечь* (Лермонтов) (ср.: *посыпалась градом*); *Как дым рассеялись мечты* (Лермонтов); *Как демон коварна и зла* (Лермонтов) (ср.: *демонически коварна*); *Перстенек как жар горит* (Некрасов); *В гневе он как гром загремел, как сталь засверкал; Конь как буран летит, как вьюга спешит; Как зарницы в небе огни запылали, как огненный дождь с неба упали;*

2) если основное значение оборота – приравнивание или отождествление, например: *...Ты любил меня как собственность, как источник радостей, тревог и печалей...* (Лермонтов) (ср.: *...любил меня, считая своей собственностью*); *...Он* [Иудушка] *подавал свой камень как единственное, что он мог дать* (Салтыков-Щедрин);

3) если союз *как* имеет значение «в качестве» или оборот с союзом *как* (приложение) характеризует предмет с какой-либо одной стороны (см. § 93, п. 5,

примеч.): *Богат, хорош собою, Ленский везде был принят как жених* (Пушкин); *Я говорю как литератор* (Горький); *Мое незнание языка и молчание было истолковано как молчание дипломатическое* (Маяковский); *Мы знаем Индию как страну древнейшей культуры; Публика ценила раннего Чехова как тонкого юмориста; Мы больше знаем Лермонтова как поэта и прозаика и меньше как драматурга; Я сохраню это письмо как память; Эти идеи распространяются среди художников как прогрессивные; Петр I не считал для себя зазорным работать как простой плотник; Юрий Гагарин вошел в историю как первый в мире космонавт;*

4) если оборот образует именную часть составного сказуемого (об отсутствии тире в этих случаях см. § 79, п. 1, примечание п. 2) или по смыслу тесно связан со сказуемым (обычно в этих случаях сказуемое не имеет законченного смысла без сравнительного оборота), например: *Одни как изумруд, другие как коралл* (Крылов); *Она сама ходила как дикая* (Гончаров); *Как ребенок душою я стал* (Тургенев); *Гамзат вышел из палатки, подошел к стремени Умма-Хана и принял его как хана* (Л. Толстой); *Отец и мать ей как чужие* (Добролюбов); *Я смотрел как очарованный* (Арсеньев); *Я говорю о поэте Николае Тихонове как о счастливейшей писательской судьбе* (Федин); *Поэма была произнесена как признание* (Федин); *Все относились к Ване как к своему человеку* (Пришвин); *Как солнышко она* (Сейфуллина); *Он говорил о привычных вещах как о чем-то необычайно интересном* (Паустовский); *Пришвин думал о себе как о поэте, «распятом на кресте прозы»* (Паустовский); *Я хочу за нарушение этих правил взыскивать как за самый злой и вредный поступок...* (Г. Николаева); *Льды как льды, пустыни как пустыни* (Каверин); *Все как на картинках: и горы, и лес, и вода; Все как обычно, только часы стояли; Скота у него как муравьев в муравейнике.*

Ср. также: *чувствовать себя как в родной стихии, ведет себя как невменяемый, понять как намек, воспринимать как похвалу, осознать как опасность, смотреть как на ребенка, приветствовать как друга, оценить как достижение, рассматривать как исключение, принять как должное, представить как факт, квалифицировать как нарушение закона, отметить как большой успех, интересовать как новинка, выдвигать как проект, обосновать как теорию, принять как неизбежное, сложиться как традиция, высказать как предположение, истолковать как нежелание принять участие, определить как случай обособленного приложения, характеризовать как тип, выделяться как талант, оформлять как официальный документ, употребляться как фразеологический оборот, прозвучать как призыв, входить как составная часть, фигурировать как представитель, ощущаться как чужеродное тело, существовать как независимая организация, возникнуть как нечто неожиданное, развиваться как прогрессивная идея, выполнить как срочное задание* и т.п.;

5) если сравнительному обороту предшествует отрицание *не* или слова *со-*

всем, совершенно, почти, вроде, точь-в-точь, именно, прямо, просто и т.п., например: *Я воспитал в себе это чувство праздника не как отдыха и просто средства для дальнейшей борьбы, а как желанной цели, завершения высшего творчества жизни* (Пришвин); *Он [Андрей Белый] отдавался языку именно как шаман, отдающийся самовозбуждению* (Федин); *Было светло почти как днем; Дети иногда рассуждают совсем как взрослые; Волосы у девочки вьются точь-в-точь как у матери;*

6) если оборот имеет характер устойчивого сочетания, например: *У Льва как гору с плеч свалило* (Крылов); *Да сказать лекарю, чтоб он перевязал ему рану и берег его как зеницу ока* (Пушкин); *Молодые супруги были счастливы, и жизнь их текла как по маслу* (Чехов).

Ср. также: белый как лунь, белый как полотно, белый как снег, бледный как смерть, блестит как зеркало, болезнь как рукой сняло, бояться как огня, бродить как неприкаянный, бросился как безумный, бубнит как пономарь, вбежал как сумасшедший, вертится как белка в колесе, визжит как поросенок, вижу как днем, все как на подбор, вскочил как ужаленный, глядел как волк, глуп как пробка, гол как сокол, голодный как волк, далек как небо от земли, дрожал как в лихорадке, дрожит как осиновый лист, ему все как с гуся вода, ждать как манны небесной, заснул как мертвый, здоров как бык, знать как свои пять пальцев, идет рядом как пришитый, катался как сыр в масле, качается как пьяный, колыхался как студень, красив как бог (но перед именем собственным: *красив, как Аполлон*, то же: *быстрый, как Аякс, мудрый, как Соломон, сильный, как Геркулес*, и т.п.), красный как рак, крепок как дуб, кричит как оглашенный, летит как стрела, лупить как сидорову козу, лысый как колено, льет как из ведра, машет руками как мельница, мечется как угорелый, мокрый как мышь, мрачный как туча, народу как сельдей в бочке, не видеть как своих ушей, нем как могила, носится как шальной, нужен как воздух, остановился как вкопанный, остался как рак на мели, острый как бритва, отличаться как небо от земли, побледнел как полотно, повторял как в бреду, пойдешь как миленький, поминай как звали, поразить как обухом по голове, похожи как две капли воды, пошел ко дну как камень, преданный как собака, пристал как банный лист, провалиться как сквозь землю, пропал как в воду канул, прямо как нож по сердцу, пылал как в огне, развеялся как дым, расти как грибы после дождя, свалился как снег на голову, свеж как кровь с молоком, свеж как огурчик, сидел как на иголках, сидеть как на угольях, сидел как прикованный, слушал как завороженный, смотрел как зачарованный, спал как убитый, стройный как кедр ливанский, твердый как камень, темно как ночью, тощий как скелет, труслив как заяц, умер как герой, упал как подкошенный, уперся как баран, упрям как осел, устал как собака, хлещет как из ведра, ходил как в воду опущенный, холодный как лед, черный как черт, чувствовать себя как дома, шатался как пьяный, шел как на казнь и т.п.

XXX. Знаки препинания в бессоюзном сложном предложении

§ 116. Запятая и точка с запятой в бессоюзном сложном предложении

1. Между частями бессоюзного сложного предложения ставится запятая, если эти части тесно связаны между собой по смыслу, например: *Бледные щеки впали, глаза сделались большие, большие, губы горели* (Лермонтов); *День был серый, небо висело низко, сырой ветерок шевелил верхушки трав и качал листья дерев* (Тургенев); *Поезд ушел быстро, его огни скоро исчезли, через минуту уже не было слышно шума* (Чехов); *Рябое лицо Николая покрылось красными пятнами, его маленькие серые глаза не отрываясь смотрели на офицера* (Горький).

Примечание. Если между частями бессоюзного сложного предложения, разделенными запятой, находится вводное слово, то в качестве дополнительного знака возможна постановка тире, чтобы показать, к какой из частей сложного предложения относится вводное слово, или чтобы подчеркнуть присоединительный характер второй части. Например: *Где-то стучит мотор, – видимо, поблизости находится мастерская* (Бабаевский), *Злые собаки лаяли на задворках, не решаясь выбежать навстречу бричке, – должно быть, отучили их от этой привычки проезжие солдаты* (Саянов).

2. Если части бессоюзного сложного предложения более отдалены друг от друга по смыслу или значительно распространены и имеют внутри себя запятые, то между частями предложения ставится точка с запятой. Например:

Налево чернело глубокое ущелье, за ним и впереди нас темно-синие вершины гор, изрытые морщинами, покрытые слоями снега, рисовались на бледном небосклоне, еще сохраняющем последний отблеск зари (Лермонтов); *Легкая пыль желтым столбом поднимается и несется по дороге; далеко разносится дружный топот, лошади бегут, навострив уши* (Тургенев); *Изумрудные лягушата прыгают под ногами; между корней, подняв золотую головку, лежит уж и стережет их* (Горький).

Если бессоюзное сложное предложение распадается на части (группы предложений), по смыслу отдаленные друг от друга, то между ними ставится точка с запятой, а внутри этих частей образующие их простые предложения разделяются запятыми. Например: *Бледно-серое небо светлело, холодело, синело; звезды то мигали слабым светом, то исчезали; отсырела земля, запотели листья, кое-где стали раздаваться живые звуки, голоса* (Тургенев); *Грачи улетели, лес обнажился, поля опустели; только не сжата полоска одна* (Некрасов).

Если в сложном предложении бессоюзное соединение частей сочетается с союзным, то нередко между частями, соединенными без союзов, ставится точка с запятой, а между частями, связанными союзом, ставится запятая. Например:

Ветер не мог тут свирепствовать; дорога была гладкая, лошадь ободрилась, и Владимир успокоился (Пушкин); *Обед кончился; большие пошли в кабинет пить кофе, а мы побежали в сад шаркать ногами по дорожкам, покрытым упавшими желтыми листьями, и разговаривать* (Л. Толстой).

§ 117. Двоеточие в бессоюзном сложном предложении

Двоеточие в бессоюзном сложном предложении, распадающемся на две части, ставится:

1) если вторая часть (одно или несколько предложений) разъясняет, раскрывает содержание первой части (между обеими частями можно вставить слова «а именно»), например: *В самом деле, шинель Акакия Акакиевича имела какое-то странное устройство: воротник ее уменьшался с каждым годом более и более, ибо служил на подтачивание других частей* (Гоголь); *Приятно после долгой ходьбы и глубокого сна лежать неподвижно на сене: тело нежится и томится, легким жаром пышет лицо, сладкая лень смыкает глаза* (Тургенев); *Сделай план квартиры: как расположены комнаты, где двери, где окна, где что стоит* (Горький); *Темный лес хорош в яркий солнечный день: тут и прохлада и чудеса световые* (Пришвин); *Тут его осенила мысль: партизаны должны быть где-то здесь поблизости* (Б. Полевой). Двоеточие ставится обязательно, если в первой части бессоюзного сложного предложения имеются слова *так, таков, такой, одно* и т.п., конкретное содержание которых раскрывается во второй части, например: *Про себя Данилов сформулировал задачу* **так**: *из доктора Белова надо сделать начальника поезда* (В. Панова); *Как все московские, ваш батюшка* **таков**: *желал бы зятя он с звездами и чинами* (Грибоедов); *Весь город там* **такой**: *мошенник на мошеннике сидит и мошенником погоняет* (Гоголь); **Одно** *было несомненно: назад он не вернется* (Тургенев). Различается пунктуация в бессоюзном сложном предложении, в котором вторая часть раскрывает содержание местоименного слова *одно*, имеющегося в первой части, и в простом предложении, в котором слово *одно* разъясняется пояснительным членом предложения, а не целым предложением: в первом случае ставится двоеточие, во втором – тире. Ср.: *Об* **одном** *прошу вас: стреляйте скорее* (Лермонтов). – *В отношениях с посторонними он требовал* **одного** – *сохранения приличия* (Герцен) (см. § 97, п. 1);

2) если в первой части посредством глаголов *видеть, смотреть, слышать, понимать, узнать, чувствовать* и т.п. делается предупреждение о том, что далее последует изложение какого-либо факта или какое-нибудь описание (в этих случаях между обеими частями обычно можно вставить союз *что*), например: *Пополз я по густой траве вдоль по оврагу, смотрю: лес кончился, несколько казаков выезжают из него на поляну* (Лермонтов); *Ты сам заметил: день ото дня я вяну, жертва злой отравы* (Лермонтов); *Помню также: она любила хорошо*

одеваться и прыскаться духами (Чехов); *Я тебе определенно скажу: у тебя есть талант* (Фадеев); *Павел чувствует: чьи-то пальцы дотрагиваются до его руки выше кисти* (Н. Островский); *Он видел: вставала земля из пепла, непокоренная земля, неистребимая жизнь* (Горбатов). Но (без интонации предупреждения перед второй частью): *Слышу, земля задрожала* (Некрасов) – запятая вместо двоеточия;

3) если в первой части имеются глаголы **выглянуть, оглянуться, прислушаться** и т.п., а также глаголы со значением действия, предупреждающие о дальнейшем изложении и допускающие вставку после себя слов «и увидел, что», «и услышал, что», «и почувствовал, что» и т.п., например: *Поднял глаза: на крыше хаты моей стояла девушка в полосатом платье, с распущенными волосами* (Лермонтов); *Мы проехали мимо пруда: на грязных и отлогих берегах еще виднелись ледяные закрайки* (Аксаков); *Обломов очнулся: перед ним наяву, не в галлюцинации, стоял настоящий действительный Штольц* (Гончаров); *Я поглядел кругом: торжественно и царственно стояла ночь...* (Тургенев); *Он подумал, понюхал: пахнет медом* (Чехов); *Лукашин остановился, посмотрел: во рву скапливалась вода, снег был мокрый как сахар* (В. Панова). В этих случаях встречается также постановка тире вместо двоеточия для передачи различных дополнительных оттенков значения, например: *Посмотрел на прорубь – вода дремала* (Шишков); *Он выглянул из комнаты – ни одного огонька в окнах* (В. Панова); *Поворачиваюсь – человек в немецкой каске* (Дм. Медведев), – однако в целях оправданной унификации предпочтительнее ставить двоеточие;

4) если вторая часть указывает основание, причину того, о чем говорится в первой части (между обеими частями можно вставить союз *потому что, так как, поскольку*), например: *Он покраснел: ему было стыдно убить человека безоружного...* (Лермонтов); *Напрасно вы смотрите кругом во все стороны: нет выхода из бесконечных тундр* (Гончаров); *Хорошо, что Лемм нас не слышал: он бы в обморок упал* (Тургенев); *И Жилин приуныл: видит – дело плохо* (Л. Толстой); *Он даже испугался: так было темно, тесно и нечисто* (Чехов); *Науку надо любить: у людей нет силы более мощной и победоносной, чем наука* (Горький); *В Мексике похвалить вещь в чужом доме нельзя: ее заворачивают вам в бумажку* (Маяковский); *Иногда лошади проваливались по брюхо: почва была очень вязкой* (Фадеев); *Осень и зиму Павел не любил: они приносили ему много физических мучений* (Н. Островский); *Степан боялся подойти к обрыву: скользко* (Шишков); *В перерыве она не успела пробраться к мужу: ее сразу же позвали за кулисы* (Мальцев);

5) если вторая часть представляет собой прямой вопрос, например: *Одного только я не понимаю: как она могла тебя укусить?* (Чехов); *Ты мне лучше вот что скажи: правда, что к Маякину сын воротился?* (Горький); *До сих пор удивительным и неразгаданным остается: кто же в эту роковую ночь дивизионную школу снял с караула?* (Фурманов); *Я ехала сейчас, говорила с вами, и все думала: почему они не стреляют?* (Симонов).

Особый случай постановки двоеточия находим в газетных заголовках, распадающихся на две части: первая (так называемый именительный темы, или именительный представления) называет общую проблему, место действия, лицо и т.д., а вторая содержит конкретизацию указанного в первой части, например: *Сбор налогов: проблемы, суждения; Бажов: читатель и книголюб.*

§ 118. Тире в бессоюзном сложном предложении

Тире в бессоюзном сложном предложении, распадающемся на две части, ставится:

1) если во второй части содержится неожиданное присоединение, указание на быструю смену событий (между обеими частями можно вставить союз *и*), например: *Иван Иванович подошел к воротам, загремел щеколдой – изнутри поднялся собачий лай* (Гоголь); *Вдруг дверь каморки быстро распахнулась – вся челядь тотчас кубарем скатилась с лестницы* (Тургенев); *Игнат спустил курок – ружье дало осечку* (Чехов); *Упадет луч солнца на траву – вспыхнет трава изумрудом и жемчугом* (Горький); *Метелица был уже совсем близко от костра – вдруг конское ржанье раздалось во тьме* (Фадеев);

2) если во второй части выражается резкое противопоставление по отношению к содержанию первой части (между частями можно вставить союз *но* или *а*), например: *Прошла неделя, месяц – он к себе домой не возвращался* (Пушкин); *До десяти часов шныряли мы по камышам и по лесу – нет зверя* (Лермонтов); *Он мучительно провел глазами по потолку, хотел сойти с места, бежать – ноги не повиновались* (Гончаров); *В то время вы уже встречаете во Франции класс людей, который при общей потере приобретает: дворянство лишается прав – они усугубляют свои; народ умирает с голоду – они сыты; народ вооружается и идет громить врагов – они выгодно поставляют сукна, провиант* (Герцен); *Косили версту – выкосили грош* (Горький); *В сказках Андерсена обретают дар речи не только цветы, ветры, деревья – в них оживает и домашний мир вещей и игрушек* (Паустовский); *Не сумку у Мишки украли – последнюю надежду похитили* (Неверов); *Смелые побеждают – трусливые погибают* (пословица);

3) если вторая часть заключает в себе следствие, вывод из того, о чем говорится в первой части (между частями можно вставить слова *поэтому, тогда*), например: *Я умираю – мне не к чему лгать* (Тургенев); *Не было никакой возможности уйти незаметно – он вышел открыто, будто идет на двор, и шмыгнул в огород* (Фадеев); *Достав из кармана одновременно и спички, и зажигалку, Крайнев зажег шнуры – они вспыхнули* (Попов); *Слишком много ветра – человек задыхается, вот с шумом лопнут легкие* (Горбатов).

Примечание. В произведениях писателей-классиков, изредка и в современной художественной литературе, вместо тире в рассматриваемом случае встречается двоеточие, например: *Делать было нечего: Марья Ивановна села в карету и поехала во дворец...* (Пушкин); *Мы ехали сзади: никто не видал* (Лермонтов); *Мелкий дождь сеет с утра: выйти невозможно* (Тургенев); *Володина лошадь хромала: папа велел оседлать для него охотничью* (Л. Толстой); *Заботы, огорчения, неудачи измучили бедного батюшку до крайности: он стал недоверчив, желчен...* (Достоевский);

4) если в первой части указывается время совершения действия, о котором говорится во второй части (в начале первой части можно добавить союз *когда*) например: *Ехал сюда – рожь начинала желтеть. Теперь уезжаю обратно – эту рожь люди едят* (Пришвин); *Победим – каменный дом построишь* (А. Н. Толстой); *Впереди пробирался старшой, подавал команду осторожным движением руки: поднимет руку над головой – все тотчас останавливались и замирали; вытянет руку в сторону с наклоном к земле – все в ту же секунду быстро и бесшумно ложились; махнет рукой вперед – все двигались вперед; покажет назад – все медленно пятились назад* (Катаев); *Пашню пашут – руками не машут* (пословица);

5) если первая часть обозначает условие совершения действия, о котором говорится во второй части (в начале первой части можно добавить союз *если*), например: *Будет дождик – будут и грибки; будут грибки – будет и кузов* (Пушкин); *Что нужно будет – скажите Павлу или Татьяне* (Тургенев); *Пропади ты совсем – плакать о тебе не будем* (Чехов); *На глаз поверишь – криво отмеришь* (Горький); *Ругаться будут – не бойся* (Гладков); *Нравится рисовать – рисуй на здоровье, никто не запрещает* (В. Панова). Ср. пословицы: *Назвался груздем – полезай в кузов; Любишь кататься – люби и саночки возить; Упустишь огонь – не потушишь; Взялся за гуж – не говори, что не дюж; Волков бояться – в лес не ходить; Лес рубят – щепки летят; Пожалеешь лычка – отдашь ремешок; Смерти бояться – на свете не жить* и др.;

6) если во второй части содержится сравнение с тем, о чем говорится в первой части (перед второй частью можно добавить союзы *словно, будто*), например: *Молвит слово – соловей поет* (Лермонтов); *...Посмотрит – рублем подарит* (Некрасов);

7) если вторая часть (нередко неполное предложение) имеет изъяснительное значение (перед ней можно вставить союз *что*), причем в первой части не содержится интонационного предупреждения о последующем изложении какого-либо факта (ср. § 117, п. 2), например: *Овца же говорит – она всю ночь спала* (Крылов); *Иногда мне думается – надо убежать* (Горький); *Тишина была такой полной и угрюмой, а небо таким душным, что мальчику казалось – раздайся хоть один только резкий звук – и в природе произойдет что-то страшное: смерч, ураган, землетрясение* (Катаев); *Вчера на соседнем зимовье рассказывали – медведь человека задрал* (Арбузов); *Кто-то скребется, мне показалось – мышь; Но вижу – не слушает она меня; Они знали – будет буря; Отстань, не видишь – я занят;*

8) если вторая часть представляет собой присоединительное предложение (перед ним можно вставить слово *это*, которое иногда имеется в самом предложении), например: *На стене ни одного образа – дурной знак* (Лермонтов); *Инга была возбуждена, Левин наблюдал за ней слишком пристально – это бросилось Клебе в глаза* (Федин); *Идет большая вода – это всего интереснее* (Горбатов).

Вторая часть может начинаться местоименными словами *так, такой, таков*, например: *Приказ есть приказ – так его воспитал фронт* (Воробьев); *Задержек с выплатой зарплаты больше не будет – таково обещание Президента* (из газет).

При наличии перед присоединительным предложением слова *это* иногда перед тире ставится еще запятая, например: *Если вам писать противно, скучно, не пишите, – это все равно получится скверно, фальшиво* (А. Н. Толстой); *В такую пору надо говорить грубо и прямо, – это умнее и честнее перед нашими детьми* (Леонов); *Широкий подъезд был совершенно пуст, – это показалось мне странным* (Каверин).

Примечание. Для разграничения случаев постановки двоеточия и тире в бессоюзных сложных предложениях можно исходить из следующего общего положения: если основная часть высказывания (соответствующая главному предложению в сложноподчиненных предложениях) заключена в первой части, а во второй (соответствующей придаточному предложению в сложноподчиненных предложениях) содержится пояснение, раскрытие содержания первой части, изложение какого-либо факта, указание на причину, то между частями ставится двоеточие; если же, наоборот, основная часть высказывания заключена во второй части, а первая имеет подчиненное по смыслу значение (указывает время, условие и т.д.), то между частями ставится тире. Ср.: *Выйти невозможно: на улице проливной дождь* (основное высказывание содержится в первой части, во второй указывается причина). – *На улице проливной дождь – выйти невозможно* (причина указывается в первой части, во второй следствие, вывод, что составляет основу высказывания). Ср. также при сохранении того же порядка частей бессоюзного сложного предложения: *Молодежь ушла: на вечере стало скучно* (ушла, потому что стало скучно). *Молодежь ушла – на вечере стало скучно* (ушла, поэтому стало скучно).

XXI. Знаки препинания при прямой речи

§ 119. Прямая речь после авторских слов

1. Прямая речь выделяется кавычками, если идет в строку (в подбор), например: *Владимир Сергеевич... с недоумением посмотрел на своего* человека и торопливым шепотом проговорил: «Поди, узнай, кто это.» (Тургенев).

Если же прямая речь начинается с абзаца, то перед началом ее ставится тире, например: ...*Никита, поклонясь в землю, сказал:*
— *Прости, батюшка* (Горький).

Независимо от места, занимаемого по отношению к авторским словам, кавычками выделяется, как правило, внутренняя речь, невысказанные мысли, например: *Смотрю вслед ему и думаю: «Зачем живут такие люди?»* (Горький); *«Что-то в ней есть жалкое все-таки», — подумал он* (Чехов).

Кавычками же выделяются передаваемые на письме звуки эха и слова из репродуктора, например: *«Ау, где вы?» — громко повторило эхо; Голос диктора звучал отчетливо: «Передаем последние известия».* Для передачи разговора по телефону используется более обычная для оформления диалога пунктуация — тире между репликами (см. § 123).

2. Перед прямой речью, следующей за авторскими словами, ставится двоеточие, причем первое слово прямой речи пишется с прописной буквы. Вопросительный и восклицательный знаки, а также многоточие ставятся перед закрывающими кавычками, а точка после них. Например: *Наконец, я ей сказал: «Хочешь, пойдем прогуляться на вал?»* (Лермонтов); *Лежа на тюке и плача, он дергал руками и ногами и шептал: «Мама! Мама!»* (Чехов); *Закричали: «Двоих... Санитары... Гляди, гляди — еще летит... Лезь под вагоны...»* (А. Н. Толстой); *Хозяйка очень часто обращалась к Чичикову со словами: «Вы очень мало взяли»* (Гоголь).

3. Если прямая речь начинается с абзаца, то двоеточие после предшествующих авторских слов ставится не всегда.

Двоеточие ставится, помимо обычных случаев, когда авторские слова содержат в себе глагол со значением речи или мысли (*сказать, спросить, ответить, подтвердить, начать, продолжать, прервать, подумать, вспомнить* и др.) либо же аналогичное по значению имя существительное (*вопрос, ответ, слова, восклицание, голос, звук, шепот, крик, мысль* и т.п.), также в тех случаях, когда в функции слов, вводящих прямую речь, используются глаголы, обозначающие чувства говорящего, его внутреннее состояние (*обрадоваться, огорчиться, обидеться, ужаснуться* и др.), а также глаголы, обозначающие мимику, жесты, движения (*улыбнуться, усмехнуться, рассмеяться, нахмуриться, вздохнуть, вскочить, подойти, подбежать* и т.п.). Подобные глаголы допускают возможность добавить к ним глагол речи (например: *обрадовался и сказал, удивился и спросил, улыбнулся и ответил, подбежал и воскликнул*), поэтому они воспринимаются как вводящие прямую речь. Например:

Он глянул с усмешкой:
— *Ничего, до свадьбы заживет.*

Пока откапывали увязшие в песке колеса, к нам подошел милиционер:
— *Кто такие?*

Мать нахмурилась:
— Опять двойку получил?

Все ужаснулись:
— Неужели это правда?

Двоеточие ставится также и в тех случаях, когда в авторских словах нет глаголов речи или заменяющих их глаголов с указанными выше значениями, но ситуация показывает, что вводится прямая речь, например: ... *А тот ему: «Этот дом наш общий»* (Чехов).

Если же вставка слов *и сказал, и воскликнул, и спросил* и т.п. после авторских слов невозможна или затруднительна, то двоеточие не ставится, например:
Ему все стало ясно.
— Говорить нам больше не о чем.

Никому не хотелось уходить.
— Расскажите еще что-нибудь о ваших путешествиях.

Мои слова его явно смутили.
— Значит, ты мне не доверяешь?

Другого выхода у него не было.
— Я принимаю ваши условия.

Не ставится также двоеточие, если прямая речь заключена между двумя предложениями от автора, причем во втором из них содержатся слова, вводящие прямую речь, например:
Он вырвал из блокнота несколько листов бумаги и протянул мне их.
— Запишите подробно свои замечания, — сказал он спокойным голосом.

§ 120. Прямая речь впереди авторских слов

Если прямая речь стоит перед авторскими словами, то после нее ставятся запятая (вопросительный или восклицательный знак, многоточие) и тире, слова автора начинаются со строчной буквы. Например: *«Мать, наверное, не спит, а я с работы не возвращаюсь», — думал Павка* (Н. Островский); *«Дедушку знаешь, мамаша?» — матери сын говорит* (Некрасов); *«Не шуми, тише иди, солдат!» — сердитым шепотом говорил старик Оленину* (Л. Толстой); *«Я хотел бы купить крестьян...» — сказал Чичиков, запнулся и не кончил речи* (Гоголь).

Примечание. После закрывающих кавычек ставится только тире без запятой (независимо от того, каким знаком заканчивается прямая речь) в тех случаях, когда в последующих авторских словах содержится характеристика прямой речи (авторская ремарка начинается словами *так говорит, так указывает, вот что сказал, вот как описывает* и т.п.), например: «Ничего не случилось» – так говорил ум. «Случилось» – так говорило сердце. То же при присоединительной конструкции, например: «Каждому рабочему – знания инженера» – этот лозунг рождён самой жизнью.

§ 121. Авторские слова внутри прямой речи

1. Если авторские слова стоят внутри прямой речи, выделяемой кавычками, то последние ставятся только в начале и в конце прямой речи и не ставятся между прямой речью и авторскими словами (такая пунктуация встречалась в произведениях писателей XIX в.). Например: *«Я охотно выпью кофе, – сказал гость, – а не компот».*

Примечание 1. Особый случай пунктуационного оформления при разрыве заключённых в кавычки слов (названия литературного произведения, промышленного предприятия и т.д.) находим в таком примере: *«Пиковая...» ли это «...дама»?* (реплика собеседника в ответ на утверждение, что представленный текст является отрывком из «Пиковой дамы»).

Примечание 2. Обычно не выделяется кавычками прямая речь:

а) если нет точного указания, кому она принадлежит, или когда приводится общеизвестная пословица либо поговорка, например: *Дома и хворать легче и жить дешевле, и недаром говорится: дома стены помогают* (Чехов); *Про Ивашку Бровкина говорили: крепкий* (А. Н. Толстой);

б) если она приводится в таком виде, который может иметь и косвенная речь с тем же лексическим составом, например: *Но мне приходит в голову: точно ли стоит рассказывать мою жизнь?* (Тургенев);

в) если в середину прямой речи вставлено слово *говорит*, играющее роль вводного слова, указывающего на источник сообщения, например: *Я, говорит, самого вахмистра жандармерии из пистолета убить хочу* (Вершигора);

г) если в середину предложения, представляющего собой сообщение из периодической печати, вставлено указание на источник сообщения (такая вставка выделяется одними запятыми, без тире), например: *Речь оратора, продолжает корреспондент, вызвала горячую поддержку у большинства присутствующих.*

2. Если на месте разрыва прямой речи авторскими словами не должно было быть никакого знака или должна была стоять запятая, точка с запятой, двоеточие или тире, то слова автора выделяются с обеих сторон запятой и тире, после которых первое слово пишется со строчной буквы, например: *«Мы решили, – продолжал заседатель, – с вашего дозволения остаться здесь ночевать»*

(Пушкин); «*Позвольте, – заметил один скептик, – не от лимонов ли этот ящик?*» (Гончаров).

3. Если на месте разрыва прямой речи должна была стоять точка, то перед авторскими словами ставятся запятая и тире, а после них – точка и тире, вторая часть прямой речи начинается с прописной буквы. Например: «*Я ни с кем и ни с чем не связан, – напомнил он о себе. – Действительность мне враждебна*» (Горький); «*Искалечить вы меня хотите, Леночка, – покачал головой Воропаев. – Ну, разве мне дойти?*» (Павленко).

4. Если на месте разрыва прямой речи должен был стоять вопросительный или восклицательный знак, то этот знак сохраняется перед авторскими словами и после соответствующего знака ставится тире, слова автора начинаются со строчной буквы, после них ставятся точка и тире, вторая часть прямой речи начинается с прописной буквы. Например: «*Так вас зовут Павкой? – прервала молчание Тоня. – А почему Павка? Это некрасиво звучит, лучше Павел*» (Н. Островский); «*Вот он, край света! – воскликнул Махов. – Здорово! Никогда еще так далеко не ездил!*» (Ажаев).

5. Если на месте разрыва прямой речи должно было стоять многоточие, то оно сохраняется перед авторскими словами и после него ставится тире, после слов автора ставится или запятая и тире (если вторая часть прямой речи не образует самостоятельного предложения), или точка и тире (если вторая часть представляет собой новое предложение), в первом случае вторая часть начинается со строчной буквы, во втором – с прописной. Например: «*Не надо... – сказал Вершинин, – не надо, парень!*» (Вс. Иванов); «*Обожди... – сказал Морозко угрюмо. – Давай письмо...*» (Фадеев).

6. Если в авторских словах внутри прямой речи имеются два глагола со значением высказывания, из которых один относится к первой части прямой речи, а другой – ко второй, то после слов автора ставятся двоеточие и тире, причем первое слово второй части пишется с прописной буквы. Например: «*Я тебя не спрашиваю, – строго сказал офицер и снова спросил: – Старуха, отвечай!*» (Горький); «*Покорно благодарю, – отозвался Мешков, смиренно снял картузик, но сразу опять надел и поклонился, добавив торопливо: – Спасибо вам большое, товарищи*» (Федин).

§ 122. Прямая речь внутри авторских слов

Если прямая речь стоит внутри авторских слов, то перед ней ставится двоеточие, а после нее – запятая или тире (по условиям контекста). Например:

1) *Отец Василий поднял брови и курил, пуская дым из носа, потом сказал:* «Да, так вот как», *вздохнул, помолчал и ушел* (А. Н. Толстой) (запятая разделяет однородные сказуемые *сказал* и *вздохнул*, между которыми находится прямая речь); *...Софья Карловна еще раз поцеловала Маню и, сказав ей:* «Поди, гуляй,

моя крошка», сама поплелась за свои ширмы (Лесков) (запятая закрывает деепричастный оборот, в состав которого включена прямая речь); *Ко мне подходит Борис, говорит: «Хорошо сбил, замечательно», но глаза его блестят, полные зависти* (В. Кудашев) (запятая разделяет части сложносочиненного предложения, связанные противительным союзом *но*);

2) *На вопрос мой: «Жив ли старый смотритель?» — никто не мог дать мне удовлетворительного ответа* (Пушкин) (тире поставлено в связи с тем, что предшествующая прямая речь заканчивается вопросительным знаком); *И только когда он шептал: «Мама! Мама!» — ему становилось как будто легче...* (Чехов) (прямая речь заканчивается восклицательным знаком); *...Она сказала: «Нынче, говорят, в университете уже мало занимаются науками» — и подозвала свою собачку Сюзетку* (Л. Толстой) (перед *и* при однородных сказуемых встречается также постановка запятой и тире);

3) запятая и тире ставятся между двумя репликами разных лиц, находящимися внутри авторских слов, например: *Когда приказчик говорил: «Хорошо бы, барин, то и то сделать», — «Да, недурно», — отвечал он обыкновенно.* (Гоголь).

Примечание. Подлинные выражения, вставленные в текст в качестве элементов предложения, выделяются кавычками, но перед ними двоеточие не ставится, например: *Это «не хочу» поразило Антона Прокофьевича* (Гоголь); *Предположение дневального, что «взводный нажрался и дрыхнет где-то в избе», все больше собирало сторонников* (Фадеев); *Он вспомнил пословицу «Не плюй в колодец...» и отошел в сторону; С криком «Спасайте детей!» юноша бросился в горящее здание.*

Но если перед подлинным выражением имеются слова *предложение, надпись, выражение* и т.п., то перед ними ставится двоеточие, например: *Над воротами возвысилась вывеска, изображающая дородного амура с опрокинутым факелом в руке, с подписью: «Здесь продаются и обиваются гробы простые и крашеные, также отдаются напрокат и починяются старые»* (Пушкин).

§ 123. Знаки препинания при диалоге

1. Если реплики диалога даются с нового абзаца, то перед ними ставится тире, например:

— *Значит, немец спокоен?*
— *Тишина.*
— *Ракеты?*
— *Да, но не очень часто* (Казакевич).

2. Если реплики следуют в подбор без указания, кому они принадлежат, то каждая из них заключается в кавычки и отделяется от соседней посредством тире, например: *«Так ты женат? Не знал я ране! Давно ли?» — «Около двух* лет». – «На ком?» – «На Лариной». – «Татьяне?» – «Ты ей знаком?» – «Я им сосед» (Пушкин).

3. Если после реплики идут авторские слова, то перед следующей репликой тире опускается: *«Как же вы поживаете?» – спросила Екатерина Ивановна. «Ничего, живем понемножечку», – ответил Старцев* (Чехов).

XXXII. Знаки препинания при цитатах

§ 124. Кавычки при цитатах

1. Цитаты заключаются в кавычки. Если цитата оформляется как прямая речь, т.е. сопровождается словами автора, приводящего ее, то применяются соответствующие правила пунктуации (см. § 119–122):

Белинский писал: «Создает человека природа, но развивает и образует его общество».

«Двенадцать миллионов людей вне закона!.. Ужас!..» – писал в своем дневнике Герцен, имея в виду крепостных крестьян в тогдашней России.

«Стало быть, для того чтобы понять историю искусства и литературы той или другой страны, – указывает Г. В. Плеханов, – надо изучить историю тех изменений, которые произошли в положении ее жителей».

Докладчик привел слова Горького: «Всякая индивидуальность есть результат социальной группировки» – и этим закончил свое выступление.

Если после стихотворной цитаты текст продолжается, то тире ставится в конце стихотворной строки, например: *Муж Татьяны, так прекрасно и так полно с головы до ног охарактеризованный поэтом этими двумя стихами:*

...И всех выше
И нос и плечи поднимал
Вошедший с нею генерал, –

муж Татьяны представляет ей Онегина как своего родственника и друга» (Белинский) (запятая и тире поставлены перед словами «муж Татьяны», которые повторяются для того, чтобы связать вторую часть авторских слов с первой частью, см. § 113, п. 2).

2. Если цитата состоит из нескольких абзацев, то кавычки ставятся только в начале и в конце всего текста, например: *В статье «Из истории русской литературы» А. М. Горький писал: «Чем же сильна литература?*

Насыщая идеи плотью и кровью, она дает им большую наглядность, большую убедительность, чем философия или наука.

Будучи более читаемой и вследствие живости своей убедительной, чем философия, литература этим самым является и наиболее распространенным, удобным, простым и победоносным способом пропаганды классовых тенденций».

Нередко при этом для более наглядного обозначения границ цитаты, особенно если внутри ее имеются кавычки, используется в качестве дополнительного особый полиграфический способ выделения цитаты (набор на меньший формат, набор шрифтом другого кегля и т.д.).

3. Если, приводя цитату, автор подчеркивает в ней отдельные слова (такие места выделяются особым шрифтом), то это оговаривается в примечании, заключаемом в скобки, с указанием инициалов автора, перед которыми ставятся точка и тире, например: (подчеркнуто нами. – *А. Б.*), (курсив наш. – *А. Б.*), (разрядка наша. – *А. Б.*). Такое примечание помещается или непосредственно после соответствующего места в цитате, или в конце предложения либо цитаты в целом, или в виде сноски (в последнем случае примечание помещается без скобок).

4. Если автор или редактор вставляют в цитату свой текст, поясняющий предложение или отдельные слова цитаты, то этот текст помещают в прямых или угловых скобках; например: *С. Н. Щукин писал в воспоминаниях об А. П. Чехове: «Чтобы стать настоящим писателем, – учил он <Чехов>, – надо посвятить себя исключительно этому делу. Дилетантство здесь, как и везде, не даст уйти далеко».*

§ 125. Многоточие при цитатах

1. Если цитата приводится не полностью, то пропуск обозначается многоточием, которое ставится:

1) перед цитатой (после открывающих кавычек), синтаксически не связанной с авторским текстом, для указания, что цитата приводится не с начала предложения, например: *Л. Н. Толстой писал: «...в искусстве простота, краткость и ясность есть высшее совершенство формы искусства, которая достигается только при большом даровании и большом труде»;*

2) в середине цитаты, когда пропущена часть текста внутри ее, например: *Говоря о достоинствах языка народной поэзии, А. А. Фадеев напомнил: «Не случайно наши русские классики... рекомендовали читать сказки, прислушиваться к народной речи, изучать пословицы, читать писателей, которые обладают всем богатством русской речи»;*

3) после цитаты (перед закрывающими кавычками), когда цитируемое предложение приводится не до конца, например: *Выступая в защиту культуры устной речи, Чехов писал: «В сущности, ведь для интеллигентного человека дурно говорить должно бы считаться таким же неприличием, как не уметь читать и писать...»*

2. После цитаты, заканчивающейся многоточием, ставится точка, если цитата не является самостоятельным предложением, например: *М. В. Ломоносов писал, что «красота, великолепие, сила и богатство российского языка явствует довольно из книг, в прошлые века писанных...».*

§ 126. Прописные и строчные буквы в цитатах

1. Если цитата синтаксически связана с авторским текстом, образуя придаточное предложение, то первое слово цитаты пишется, как правило, со строчной буквы, например: *Говоря о поэзии Пушкина, Н. А. Добролюбов писал, что «в его стихах впервые сказалась нам живая русская речь, впервые открылся нам действительный русский мир».*

Со строчной буквы пишется первое слово цитаты и в том случае, когда она, будучи синтаксически не связанной с предшествующими авторскими словами, приводится не с начала предложения, т.е. имеет перед собой многоточие, например: *Д. И. Писарев указывал: «...красота языка заключается единственно в его ясности и выразительности, то есть исключительно в тех качествах, которые ускоряют и облегчают переход мысли из головы писателя в голову читателя».*

2. Если цитата предшествует авторским словам, то первое слово в ней пишется с прописной буквы и в том случае, когда она приводится не с начала предложения, т.е. в цитируемом тексте это слово пишется со строчной буквы, например: *«...Гибок, богат и при всех своих несовершенствах прекрасен язык каждого народа, умственная жизнь которого достигла высокого развития»,* — писал Н. Г. Чернышевский.

§ 127. Пунктуация при ссылке на автора и на источник цитаты

1. Если указание на автора или на источник цитаты следует непосредственно за ней, то оно заключается в скобки, причем точка после цитаты опускается и ставится после закрывающей скобки, например: *«Значение Белинского в истории русской общественной мысли огромно»* (Луначарский).

Заглавие произведения отделяется от фамилии автора точкой и не заключается в кавычки, точкой же отделяются выходные данные, например: «Надо уметь употреблять слова, которые наиболее точно и наиболее тонко выражали бы мысли, волнующие художника» (Фадеев А. А. Литература и жизнь. М., 1939. С. 155).

Первое слово указания на источник цитаты пишется в этом случае со строчной буквы, если не является собственным именем, например: *Приближение грозы художественно описывается так:* «Между далью и правым горизонтом мигнула молния, и так ярко, что осветила часть степи и место, где ясное небо граничило с чернотой. Страшная туча надвигалась не спеша, сплошной массой; на ее краю висели большие черные лохмотья; точно такие же лохмотья, давя друг друга, громоздились на правом и левом горизонте» (из повести «Степь» А. П. Чехова).

2. Если указание на автора или на источник цитаты стоит не непосредственно за ней, а помещается ниже, то после цитаты ставится точка. Эпиграфы обычно пишутся без кавычек, а ссылка на источник – без скобок. Например (эпиграф к главе седьмой «Евгения Онегина»):

    Как не любить родной Москвы?
                  Баратынский

XXXIII. Употребление кавычек

§ 128. Слова, употребляемые в необычном, условном, ироническом значении

Кавычками выделяются:

1) слова непривычные, малоупотребительные, на которые автор хочет обратить внимание, например: *Мы поехали в лес, или, как у нас говорится, в «заказ»* (Тургенев);

2) слова, употребленные в особом, необычном значении, например: *Они [пассажиры третьего класса] не имели права находиться на верхних палубах, предназначенных исключительно для «чистой» публики первого и второго класса* (Катаев);

3) слова, представляющие собой малоизвестные термины, например: *Рано весной... начинаются «палы», или лесные пожары* (Аксаков);

4) слова устарелые или, наоборот, совсем новые, если подчеркивается эта их особенность, например: *Московские банки «крутят» налоговые деньги провинциалов* (Известия, 1996, 23 окт.);

5) слова, употребленные в ироническом значении, например: *...Мы в литературе чтим «табель о рангах» и боимся говорить вслух о «высоких персонах»* (Белинский);

6) слова, употребленные в условном значении (применительно к ситуации или контексту), например: *На маневрах «красные» выступали против «зеленых»; «противник» применил «атомное оружие».*

Ср. также: *«бочка»* (в авиации), *«котел»* (в военном деле), *«зеленая улица»* (у железнодорожников), *«белое золото»* (хлопок), *«белый уголь»* (электроэнергия воды), *«Белая книга»* (сборник документов), *«черное золото»* (нефть), *«молния»* (срочный выпуск в типографии), *«летучая мышь»* (керосиновый переносной фонарь), *быть на «вы»* (на *«ты»*), *стричь «под горшок»*, *«великий немой»* (кино), *«козел»* (в спорте) и т.п.

§ 129. Названия литературных произведений, органов печати, предприятий и т.д.

Кавычками выделяются:

1) названия литературных произведений, газет, журналов, картин, музыкальных

произведений и т.п., например: *роман «Накануне», повесть «Степь», рассказ «Каштанка», стихотворение «Сосна», газета «Правда», журнал «Новый мир», картина «Утро в сосновом лесу», опера «Хованщина», балет «Конек-Горбунок», доклад на тему «Проблема долголетия»*;

2) названия предприятий, фирм, шахт, рудников, колхозов, организаций, гостиниц и т.д., например: *«Татнефть», «Оренбургнефть», «Русский дом Селенга», банк «Национальный кредит», акционерное общество «Олби – Дипломат», АО «Конверсия», нефтяная компания «ЛУКОЙЛ», благотворительный фонд «Триумф», завод «Ростсельмаш», фабрика «Большевичка», колхоз «Заря», шахта «Северная 2-бис», теплоход «Грузия», крейсер «Аврора», самолет «ИЛ-18», гостиница «Метрополь», издательство «Просвещение», спортивное общество «Динамо», киностудия «Мосфильм»*; то же в иноязычных названиях: *концерн «Дженерал моторс корпорейшн», театр «Ла Скала», театр «Ковент-Гарден», итальянская музыкальная труппа «Театра музикале деала Читта ди Рома», парижские «Комеди Франсэз» и «Мулен Руж», американская телевизионная компания «Коламбия бродкастинг систем», американская компания «Эй-би-си», фирма «Вольво»*.

Примечание. Не выделяются кавычками:

а) собственные наименования, если они не имеют условного характера, например: *Московский государственный университет, Издательство детской литературы, Московский театр кукол, Институт языкознания Академии наук РФ*;

б) названия предприятий, учреждений, издательств, управлений и т.д., представляющие собой сложносокращенное слово, образованное из полного официального наименования, например: *Днепрогэс, АвтоВАЗ, ЛогоВАЗ, ВНИИполиграфмаш, Гипроздрав*;

в) названия предприятий, обозначенные номером или состоящие из аббревиатуры и номера, например: *шахта № 2-бис, завод АТЭ-2* (2-й Московский завод автотракторной электроаппаратуры);

г) названия, в состав которых входят слова *имени, памяти*, например: *швейная фабрика имени Розы Люксембург, Государственный академический театр драмы имени А. С. Пушкина, больница имени С. П. Боткина*;

д) названия телеграфных агентств, например: *Телеграфное агентство ИТАР–ТАСС, агентство Франс Пресс, Ассошиэйтед Пресс*;

е) названия книг в библиографических списках, в сносках, рецензиях, приводимые после фамилии автора, например: *Чуковский К. Живой как жизнь. М., 1962.*

§ 130. Названия орденов и медалей

1. Названия орденов и медалей Советского Союза выделяются кавычками, если сами названия синтаксически не зависят от слов *орден* и *медаль*, например:

орден «За заслуги перед Отечеством», орден «За военные заслуги», медаль «За отвагу», медаль «Защитнику свободной России», медаль «За спасение погибавших». Ср. также: нагрудный знак «Отличник народного просвещения», медаль «За отличие в охране государственной границы», медаль «За отличие в охране общественного порядка».

2. Если же название синтаксически зависит от предшествующего слова *орден*, то оно кавычками не выделяется, например: *орден Мужества, орден Жукова, орден Почета, орден Дружбы, медаль Суворова, медаль Ушакова, медаль Нестерова, Военный орден Святого Георгия* и знак отличия — *Георгиевский крест*.

Не выделяются кавычками названия в сочетаниях *Золотая Звезда Героя Российской Федерации, значок ГТО* и некоторые другие.

О прописных и строчных буквах в названиях орденов, медалей, знаков отличия см. § 25.

§ 131. Названия фабричных марок машин, производственных изделий и т.д.

1. Кавычками выделяются названия типа: *автомобили «Волга», «Зил-110», «Жигули», «Лада», «виллис», «кадиллак», «студебеккер»; самолеты «Ил-76», («ИЛ-76»), «Ту-154» («ТУ-154»)* и т.п., в специальной литературе названия-аббревиатуры пишутся без кавычек: *Ил-76, Ту-154, Ан-24, Миг-15, У-2, Як-9;* бытовые прозвища самолетов пишутся в кавычках со строчной буквы: *«кукурузник»* (У-2), *«мигарь»* (Миг-15), *«ястребок»* (ЯК-9); официальные названия самолетов иностранных фирм (название сопровождается цифровым обозначением) пишутся с прописной буквы: *«Мессершмитт-109», «Фокке-Вульф-189», «Хейнкель-111», «Хеншель-126», «Юнкерс-83»;* те же названия в разговорной речи (без цифровых обозначений) пишутся со строчной буквы: *«мессершмитт» («мессер»), «фоккер», «хейнкель», «хеншель», «юнкерс», «дуглас», «фарман»;*

танки *«пантера», «тигр», «фердинанд»;* пулемет *«максим»,* гвардейский миномет *«катюша»;* названия средств покорения космоса: *космический корабль «Восток-1»,* межпланетная станция *«Луна-3»,* спутник связи *«Молния-1»,* японская четырехступенчатая ракета *«Лямбда-4С-5»;* также: *ракеты «земля — воздух — земля», «воздух — воздух», «воздух — корабль», ракета типа «матадор»;*

другие названия: *тракторы «Беларусь», фотоаппараты «лейка», «ФЭД»* и т.д.

Примечание. Не выделяются кавычками:

а) наименования марок машин и производственных изделий, ставшие общеупотребительными названиями, например: *наган, браунинг, френч, галифе, макинтош;*

б) названия марок машин и механизмов, представляющие собой аббревиатуры, образованные из первых слов составного наименования (часто в сочетании с именем числительным), например: *КД* (крышкоделательная машина), *БКСМ-2* (башенный кран; числительное, стоящее после аббревиатуры, пишется через дефис), *20Р* (однорольная ротация; числительное, стоящее перед аббревиатурой, пишется слитно).

2. Кавычками выделяются названия кондитерских изделий, парфюмерных изделий и т.п., например: *конфеты «Василек», «Ромашка», «Южный орех», «Мишка косолапый»; духи «Алла», одеколон «Белая сирень», пудра «Лебедь», мыло «Красный мак», крем «Метаморфоза», набор «Голубой ларец», зубная паста «Новинка», стиральный порошок «Лоск».*

§ 132. Названия сортов растений и пород животных

1. Кавычками выделяются названия сельскохозяйственных культур, овощей, цветов и т.д., например: *рожь «харьковская-194», ячмень «нутанс-187», пшеница «крымка», клубника «виктория», гладиолус «элегия»* (см. § 14, п. 2).

Примечание. Не выделяются кавычками:
а) названия сортов растений в специальной литературе (названия эти пишутся с прописной буквы), например: *крыжовник Слава Никольска, малина Мальборо, земляника Победитель, смородина Выставочная красная, яблоня Китайка золотая ранняя, слива Никольская белая, тюльпан Черный принц;*
б) общепринятые названия цветов, плодов, например: *анютины глазки, иван-да-марья, белый налив, розмарин, папировка, ренклод.*

2. Названия пород животных не выделяются кавычками, например: *корова холмогорская; собака сенбернар; собака доберман-пинчер; лошади битюг; орловский рысак; куры кохинхинки.*

Не выделяются кавычками, но пишутся с прописной буквы клички животных, например: *лошадь Изумруд, корова Белянка, собака Трезор, кот Васька.*

XXXIV. Сочетания знаков препинания

§ 133. Запятая и тире

При встрече внутри предложения запятой и тире сначала ставится запятая, а затем тире, например: *История открытий, изобретений, история техники,* которая облегчает жизнь и труд людей, – вот собственно история культуры (Горький); *Это не вода плещет, меня не обманешь, – это его длинные весла* (Лермонтов). О постановке запятой и тире как единого знака препинания см. § 113.

§ 134. Вопросительный и восклицательный знаки

При встрече вопросительного и восклицательного знаков сначала ставится вопросительный, как основной, характеризующий предложение по цели высказывания, а затем восклицательный, как знак интонационный, например: *Да разве можно так говорить о близком человеке?! Откуда вы все это взяли?!*

§ 135. Кавычки и другие знаки

1. Точка, запятая, точка с запятой, двоеточие и тире не ставятся перед закрывающими кавычками; все эти знаки могут стоять только после кавычек. Например: *Одни голосовали «за», другие «против», но первых было явное большинство; В самых глухих уголках России можно увидеть свет «голубого экрана»: это результат роста благосостояния населения страны; Стереть на карте все «белые места» – вот о чем мечтали всегда географы*. См. также § 119 и 120.

2. Вопросительный и восклицательный знаки и многоточие ставятся перед закрывающими кавычками, если относятся к словам, заключенным в кавычки, например: *Роман «Что делать?» написан Н. Г. Чернышевским; Громкое «браво!» разнеслось по залу; «Я хотел бы поделиться с вами...» – так начал он свой рассказ, но кто-то прервал его*. См. также § 119 и 120.

Если же знаки вопросительный, восклицательный и многоточие относятся ко всему предложению вместе со словами, заключенными в кавычки, то названные знаки ставятся после закрывающих кавычек, например: *Где вы найдете больше, чем у нас, месторождений «черного золота»? Надоело мне ваше «За ответом приходите завтра»! Он так и не закончил фразу: – Прежде чем начнете читать роман «Отцы и дети»...*

3. Если перед закрывающими кавычками стоит вопросительный или восклицательный знак, то запятая после кавычек ставится только по требованию контекста, например: *В какой-то период жизни каждый из нас ставит перед собой вопрос «кем быть?», но отвечаем на него мы по-разному; На бортах боевых машин появились призывные лозунги: «Вперед на Запад!», «Добьем фашистского зверя в его логове!».*

4. Если перед закрывающими кавычками стоит вопросительный или восклицательный знак, то тот же самый знак не повторяется после кавычек, неодинаковые же знаки, если они требуются по условиям контекста, ставятся перед закрывающими кавычками и после них. Например: *Читали ли вы роман А. И. Герцена «Кто виноват?»* Ср.: *Я читаю роман Герцена «Кто виноват?»; Бойцы двинулись в атаку с криком «Вперед!»; Когда был выдвинут лозунг «Земля крестьянам!»?*

5. Если в начале или в конце текста (цитаты, прямой речи) встречаются внутренние и внешние кавычки, то они должны различаться между собой рисунком (так называемые «елочки» и „лапки"), например: *Корреспондент сообщает: «„Баллада о солдате" получила высокую оценку на международном кинофестивале»; Я получил телеграмму: «Приезжаю завтра, остановлюсь в гостинице „Москва"».*

6. Если предложение или словосочетание, заключенное в кавычки, должно было бы заканчиваться запятой, а дальше следует продолжение текста, то запятая не ставится ни перед закрывающими кавычками, ни после них, например: *Стихи «Ты знаешь край, где все обильем дышит» знакомы нам с детства; Но вот пришло время, когда «старик, одержимый рисунком» уже не мог держать кисть.* Запятая не опускается перед открывающими кавычками, например: *Вспомните, «как хороши, как свежи были розы».*

§ 136. Скобки и другие знаки

1. Перед открывающей или закрывающей скобкой не ставятся запятая, точка с запятой, двоеточие и тире, все эти знаки ставятся только после закрывающей скобки, например: *Это был Петр Герасимович (Нехлюдов никогда и не знал и даже немного хвастал тем, что не знает его фамилии), бывший учитель детей его сестры (Л. Н. Толстой); У него было три дочери (он их даже специально так назвал): Вера, Надежда и Любовь; «Евгений Онегин» (так говорил Белинский) — это энциклопедия русской жизни в определенную эпоху; — Ну, Сапронов второй, — шутливо говорит учитель («Первый-то Петька», — соображает Савка), — садись вот тут.*

2. Точка, вопросительный и восклицательный знаки ставятся перед закрывающей скобкой, если относятся к словам, заключенным в скобки, например: *К а б а н о в. Прощай, сестрица! (Целуется с Варварой.) Прощай, Глаша! (Целуется с Глашей.) Прощайте, маменька! (кланяется.) (А. Н. Островский); И каждый вечер в час назначенный (иль это только снится мне?) девичий стан, шелками схваченный, в туманном движется окне (Блок); Осторожно ступая по свежевыструганным, еще не выкрашенным (не хватило краски!) половицам, Доронин миновал сени и вошел в светлую большую комнату (Чаковский).*

3. После закрывающей скобки ставится знак препинания, требуемый условиями контекста, независимо от того, какой знак стоит перед закрывающей скобкой, например: *Не только песен нет, куда девался сон (узнал бессонницу и он!); все подозрительно, и все его тревожит... (Крылов). Быть может (лестная* надежда!), Укажет будущий невежда На мой прославленный портрет И молвит: «То-то был Поэт!» (Пушкин).

§ 137. Многоточие и другие знаки

1. После вопросительного или восклицательного знака ставятся две точки (Третья точка стоит под одним из названных знаков), например: *Сколько жить еще на свете?..* (Твардовский); *А как вы вчера играли!..* (А. Н. Островский).

2. При встрече многоточия с запятой последняя поглощается многоточием, которое указывает не только на пропуск слов, но и на пропуск знака препинания, например: *Моя работа... но, впрочем, не будем говорить о ней.*

§ 138. Последовательность знаков при сноске

1. Запятая, точка с запятой, двоеточие и точка ставятся после знака сноски, чтобы показать, что сноска относится к слову или группе слов, например (многоточием здесь обозначен текст):
...[1],...[1];...[1]:...[1].

2. Вопросительный или восклицательный знак, многоточие и кавычки ставятся перед знаком сноски, чтобы показать, что сноска относится ко всему предложению, например:
...?[1] ...![1] (...)[1] ...»[1].

ЛИТЕРАТУРНАЯ ПРАВКА

XXXV. Выбор слова

§ 139. Смысловой и стилистический отбор лексических средств

Важнейшим условием нормативности речи является правильный выбор слов, их лексическая сочетаемость. Последняя определяется значением слова, его принадлежностью к тому или иному стилю речи, эмоционально-экспрессивной его окраской. Иначе говоря, при построении предложения слова должны подбираться в соответствии с присущей им в литературном языке семантикой и стилистическими особенностями.

Так, нарушена лексическая сочетаемость в приводимых ниже предложениях из периодической печати.

«Наступила война». Наступает то, что закономерно, неизбежно: *наступает утро, наступила весна*. Поэтому следовало сказать: *началась война*.

«На стадионе жители приморского города стали свидетелями большого театрализованного представления». Зрители и свидетели – разные понятия, в данном случае можно было написать: *...увидели большое театрализованное представление*.

«Лектории выполняют большую роль». Роль играют, а не выполняют. «За стеклянными витражами магазина были видны первые посетители». Недостатки предложения: 1) не витражи, а витрины; 2) лишнее слово «стеклянными»; 3) вместо «посетители» лучше *покупатели*.

«Есть годы, часы, минуты, о которых тяжело рассказывать. О них тяжело писать. Слушать их тоже не легко». Нельзя «слушать годы, часы, минуты».

«Негритянские жители заперты в застенках трущоб, в нечеловеческих жилищных условиях, без средств к существованию». Получилось: «заперты в нечеловеческих жилищных условиях», в трущобах, оказывается, есть «застенки» (?).

«Я прошу вас рассказать о новых процессах, которые происходят в сельском хозяйстве республики, и осветить, какие возможности заложены в его перестройке». Вряд ли уместно в этом контексте слово «осветить».

Нередко затруднения в выборе слова связаны с недостаточно четким разграничением смысловых оттенков или грамматических особенностей близких по звучанию однокоренных слов (так называемых п а р о н и м о в). Ср. приводимые ниже пары глаголов, при наличии общего значения сохраняющих каждый присущие ему смысловые оттенки:

упростить – опростить: общее значение – «сделать более простым», но второму глаголу присущ дополнительный оттенок «сделать более простым, чем следует, довести упрощение до последней степени» (ср.: *упростить фабулу романа – опростить фабулу романа*);

усвоить – освоить; усвоить значит «теоретически понять, разобраться в чем-либо, запомнить, воспринять», *освоить* значит «вполне овладеть чем-либо понятым, уметь применять на практике» (ср.: *усвоить сложные приемы работы – освоить сложные приемы работы*);

усложнить – осложнить: общее значение – «сделать более сложным или слишком сложным», но второму глаголу присущ дополнительный оттенок «сделать более трудным» (ср.: *усложнить свою жизнь – осложнить свою жизнь*);

утяжелить – отяжелить: общее значение – «сделать более тяжелым», но у второго глагола это значение связано с представлением об отрицательных последствиях (ср.: *утяжелить подводу – отяжелить подводу*); кроме того, ему присуще переносное значение «сделать тяжеловесным (литературное произведение или его стиль)».

Глаголы *уплатить – оплатить* различаются в основном способом управления: после первого употребляется предложная конструкция, после второго – беспредложная (винительный падеж), ср.: *уплатить за проезд по железной дороге – оплатить проезд по железной дороге, уплатить по счету – оплатить счет*.

Различаются также смысловыми или стилистическими оттенками следующие пары глаголов:

выполнить – исполнить; общее значение – «осуществить, претворить в жизнь», но второй глагол имеет книжный характер (ср.: *выполнить поручение – исполнить поручение, выполнить заказ – исполнить заказ*);

подготовить – приготовить; общее значение – «провести работу для выполнения, осуществления чего-либо», но в первом глаголе содержится дополнительное указание на предварительный характер этой работы (ср.: *подготовить домашнее задание – приготовить домашнее задание*);

помириться – примириться; в значении «терпимо отнестись к чему-либо, свыкнуться» чаще употребляется второй глагол (ср.: *помириться со случившимся – примириться со случившимся*) в значении «прекратить состояние ссоры, вражды» второй глагол имеет разговорный характер (ср.: *соседи после ссоры помирились – соседи после ссоры примирились*);

посмотреть – осмотреть; общее значение – «рассмотреть с целью ознакомления (музей, памятники старины, достопримечательные места)», но во втором глаголе больше подчеркивается цель ознакомления (ср.: *посмотреть выставку картин молодых художников – осмотреть выставку картин молодых художников*);

предоставить – представить: первый из них имеет значения: 1) «отдать в распоряжение, пользование» (*предоставить помещение под общежитие, предоставить нужные материалы*); 2) «дать возможность, право что-либо сделать» (*предоставить решить спор самим, предоставить слово на собрании*);

второй глагол означает, в частности, «доставить, предъявить, сообщить» (*представить доказательства, представить нужные материалы*). Различаем также: *ему предоставлена возможность...* (т.е. дана) – *ему представилась возможность...* (т.е. возникла, появилась).

Глаголы *встать – стать* во многих сочетаниях приобретают общее значение и становятся взаимозаменяемыми. Однако при этом может возникнуть различная стилистическая окраска образуемых сочетаний, которую нельзя не учитывать в условиях конкретного текста. Так, в значении «перестать действовать или двигаться», «покрыться льдом, замерзнуть» употребление глагола *встать* (*река встала, мотор встал, часы встали*) имеет разговорный характер (в «Словаре» под редакцией Д. Н. Ушакова оно отмечается даже как ошибочное). Такой же оттенок имеют сочетания *встать у власти, встать на якорь* и нек. др. С другой стороны, разговорный характер имеет употребление глагола *стать* вместо *встать* в значении «возникнуть, появиться» (*стал вопрос*).

Глаголы *вычесть – высчитать*; в значении «удержать какую-либо сумму из денег, предназначенных к выдаче» в литературном языке употребляется первый, второму присущ разговорный оттенок.

Глаголы *надеть – одеть*; первый обозначает действие, производимое по отношению к самому себе или (в конструкциях с предлогом *на*) по отношению к другому лицу либо предмету (*надеть пальто, надеть шляпу, туфли, перчатки, очки, кольцо, коньки, надеть шубу на ребенка, надеть чехол на кресло*), второй глагол обозначает действие, обращенное на другое лицо или предмет, выраженный прямым дополнением (*одеть ребенка, одеть куклу*). Употребление глагола *одеть* вместо *надеть* характерно для обиходно-разговорной речи (*Он одел пальто и вышел на улицу*).

Глагол *кушать* стилистически ограничен в своем употреблении: в современной литературной речи он не употребляется в форме 1-го лица (в 3-м лице обычно только по отношению к ребенку), т.е. практически он используется только при вежливом приглашении к еде. В остальных случаях употребляется его нейтральный синоним *есть*.

Стилистическая дифференциация однокоренных слов нередко связана с формой словообразования. Так, для просторечия характерно наличие приставки в ряде слов, которые в литературной речи употребляются как бесприставочные, например: *завсегда* (ср.: *всегда*), *задаром* (ср.: *даром,* также в значении «бесполезно, напрасно»), *зазря* (ср.: *зря*), *заиметь* (в значении «достать, получить, приобрести в собственность или во владение»), *заполучить* (ср.: *получить*), *напополам* (ср.: *пополам*), *насовсем* (в значении «навсегда»). Ср. также – неправильное: *взаимообразно* (вместо *заимообразно*).

В других случаях имеет значение характер приставки. Ср.: *взвесить – завесить, сшить – пошить, сначала – поначалу* (в каждой паре второй вариант присущ разговорно-просторечному употреблению).

Различаются также паронимы-существительные, например:

договор (письменное или устное соглашение, условие о взаимных обязательствах) – *договоренность* (соглашение, достигнутое путем переговоров), ср.: *договор на поставку леса – договоренность о работе на дому*;

значение (смысл, содержание) – *значимость* (наличие смысла), ср.: *значение слова, значение взгляда – значимость сказанного*; в смысле «важность, значительность» оба слова совпадают *(социальное значение – социальная значимость)*;

истина (правда, действительное положение дел) – *истинность* (соответствие истине), ср.: *стремление к истине, объект истины – истинность выдвинутых положений*;

поверка (проверка времени, инструментов, перекличка с целью проверить наличный состав людей) – *проверка* (установление правильности чего-либо, соответствия чего-либо чему-либо); ср.: *поверка часов, вечерняя поверка – проверка документов, проверка отчетности*;

поступок (действие, совершенное кем-либо) – *проступок* (провинность), ср.: *самоотверженный поступок – мелкий проступок*;

статус (правовое положение) – *статут* (устав, положение о чем-либо), ср.: *статус независимых государств – статут ООН*.

В значении «лицо, получившее командировку, находящееся в командировке» употребляется субстантивированное прилагательное *командированный*, например: *Я поселился в маленьком уютном доме для командированных* (Паустовский). Употребление вместо него слова *командировочный* присуще разговорной речи, например: *– Надя, проводите командировочную* (Г. Николаева).

Ср. также приводимые ниже пары прилагательных: *близкий – ближний*; совпадают в значениях: 1) «находящийся неподалеку, на небольшом расстоянии» (*близкие горы – ближние горы*), но второе прилагательное указывает на большую степень близости; 2) «находящийся в кровном родстве» (*близкий родственник – ближний родственник*), но в этом значении второе слово устарело;

виновен – виноват: первое слово означает «совершивший преступление» (*виновен в подделке денег*), второе – «провинившийся в чем-либо, нарушивший правила морали, вежливости и т.д.» (*виноват в несвоевременном представлении отчета*);

далекий – дальний; совпадают в значениях: 1) «находящийся на большом расстоянии; доносящийся издали; имеющий большое протяжение» (*далекий край – дальний край, далекое эхо – дальнее эхо, далекое расстояние – дальнее расстояние*), но при этом второе слово может указывать на более удаленный предмет по сравнению с другим, расположенным ближе (*дальний конец сада*); 2) «отдаленный большим промежутком времени, относящийся к давнему прошлому» (*далекие годы*), в этом значении второе слово не употребляется;

длинный – длительный; совпадают в значении «долго продолжающийся, продолжительный» (*длинный разговор – длительный разговор, длинная пауза – длительная пауза*), но в большинстве случаев различаются сочетаемостью с другими словами: *длинный* сочетается с названиями периодов времени (*длинная* ночь, *длинная зима*) и указывает на протяженность во времени (*длинный доклад, длинный урок*), а *длительный* сочетается с названиями действий и состояний, рассчитанных на долгий срок (*длительный полет, длительное лечение*);

дружеский – дружественный; совпадают в значении «основанный на дружбе, выражающий дружбу» (*дружеские отношения – дружественные отношения, дружеский тон – дружественный тон*), но второе слово имеет добавочный смысловой оттенок «взаимно благожелательный (о народах, государствах, отношениях между ними)»;

духовный – душевный; первое слово означает «связанный с внутренним, нравственным миром человека» (*духовные запросы*), второе – «связанный с психическим состоянием человека» (*душевный подъем*);

желанный – желательный; первое слово означает «такой, которого желают, ожидаемый» (*желанный покой, желанный гость*), а второе – «соответствующий желаниям, интересам; нужный, необходимый» (*желательное присутствие, желательное решение*); ср.: *желанная перемена обстановки* (указывается объект желания) – *желательная перемена обстановки* (указывается целесообразность, потребность, соответствие чьим-то интересам);

короткий – краткий; совпадают в значениях: 1) «непродолжительный, малый по времени» (*короткий промежуток времени – краткий промежуток времени, короткая встреча – краткая встреча*), но *короткий* часто указывает на устойчивый признак явления (*короткий зимний вечер*), а *краткий* – на недлительность, краткосрочность (*краткое посещение*); 2) «немногословный, изложенный в немногих словах» (*короткий разговор – краткий разговор*), но чаще в этом значении употребляется *краткий*;

несчастный – несчастливый; совпадают в значениях: 1) «не знающий счастья, радости» (*несчастная жизнь – несчастливая жизнь*); 2) «неудачный» (*несчастный день – несчастливый день*); в обоих случаях чаще употребляется второе слово;

обыкновенный – обычный: первое слово означает «ничем не примечательный, не выделяющийся среди других» (*обыкновенная дворовая собака, обыкновенный блокнот*), второе – «часто встречающийся, привычный» (*обычный здоровый вид, в обычное время*);

особенный – особый: первое слово означает «непохожий на других, отличный от них, необычный» (*особенный талант, особенный запах*), второе – «большой, значительный» (*представляет особую трудность, смотреть без особого удивления*) (в других своих значениях слово *особый* не смешивается со словом *особенный*);

разный – различный; совпадают в значениях: 1) «разнообразный, всякий, всевозможный» (*доносились разные звуки – доносились различные звуки, приводились разные доводы – приводились различные доводы*); 2) «неодинаковый, непохожий» (*у сестер разные характеры – у сестер различные характеры*), но *разный* имеет еще значение «не один и тот же, иной, другой» (*разошлись в разные стороны*);

редкий – редкостный; совпадают в значениях: 1) «не часто или мало встречающийся» (*редкое явление – редкостное явление, редкое событие – редкостное событие*); 2) «исключительный, выдающийся по каким-либо качествам» (*редкий талант – редкостный талант, редкая доброта – редкостная доброта*), но чаще в обоих случаях употребляется первое слово, второе из них имеет оттенок устарелости.

Различаются однотипно образованные имена прилагательные, например:

гигиенический – гигиеничный; первое обозначает «основанный на гигиене» (*гигиенические нормы*), второе – «удовлетворяющий требованиям гигиены» (*гигиеничная обстановка*);

логический – логичный; первое обозначает «относящийся к логике, основанный на ее положениях, закономерный» (*логические законы, логический конец*), второе – «соответствующий логике, разумный, последовательный» (*логичный вывод*);

практический – практичный; первое обозначает «относящийся к практике, связанный с нею» (*практическое применение знаний*), второе – «выгодный, удобный по каким-либо качествам» (*практичная одежда*);

экономический – экономичный; первое обозначает «относящийся к экономике, хозяйственной деятельности» (*экономическая политика*), второе – «выгодный в хозяйственном отношении» (*экономичная машина*).

Стилистически разграничиваются сочетания *купированный вагон – купейный вагон* (второй вариант характерен для профессионального употребления).

Приведенные выше отдельные примеры являются только иллюстрацией к затруднениям и неточностям при выборе слова. Вообще же значения слов проверяются по словарям.

§ 140. Устранение канцеляризмов и штампов

Одним из источников засорения литературного языка являются речевые штампы – слова и выражения, лишенные образности, часто и однообразно повторяемые без учета контекста, обедняющие речь, заполняя ее шаблонными оборотами, убивающие живое изложение. А. Н. Толстой справедливо указывал: «Язык готовых выражений, штампов... тем плох, что в нем утрачено ощущение движения, жеста, образа. Фразы такого языка скользят по воображению, не затрагивая сложнейшей клавиатуры нашего мозга».

Вопрос о штампах в речи связан с известной сложностью. С одной стороны, говорящих и пишущих призывают к борьбе со штампами, а с другой – к ним часто обращаются с возражениями – «так не говорят», т.е. призывают к какому-то принятому и закрепленному в речевой практике стандарту. И второе вполне понятно: стандарты удобны и для говорящего (пишущего) и для слушающего (читающего). Нас устраивает легкая воспроизводимость готовых речевых формул, автоматизация самого процесса воспроизведения, облегчение коммуникации между членами коллектива. Особо следует отметить экономию усилий и времени – один из важных принципов речевой практики, проявляющийся не только в «материальной» экономии, но и в экономии мыслительной деятельности. Поэтому вполне закономерно использование речевых стандартов (стереотипов, клише). Но сказанное не следует распространять на избитые выражения, на слова и обороты с выветрившимся значением – именно штампы (трафареты, шаблоны). К последним относятся приводимые ниже случаи словоупотребления в практике печати.

В разных материалах встречаются одни и те же сочетания, утратившие в результате слишком частого употребления образность, превратившиеся в «стертые пятаки». Таковы сочетания со словом «золото» всякого цвета: «белое золото» (хлопок), «черное золото» (уголь), «голубое золото» (гидроэнергия), «зеленое золото» (лес), также: «жидкое золото» (нефть), «мягкое золото» (пушнина) и т.д. В контексте подобные сочетания звучат иногда нелепо, например: «В этом году с помощью техники в районе предстоит убрать 90 тысяч тонн белого золота».

Другие примеры штампов: «большой хлеб», «большая руда», «большая нефть» и т.п. (в значении «много…»). Или: «фронт жатвы», «фронт уборки», «фронт урожая» и т.п.

К таким «излюбленным» словам принадлежит и слово «разговор»: «большой разговор», «разговор начистоту», «разговор по большому счету», «читатель продолжает разговор» и т.д.

К определениям-эпитетам, ставшим уже трафаретными, принадлежит прилагательное «солнечный»: «солнечная Грузия», «солнечная Молдавия», «солнечный Узбекистан» и т.д.

Ср. также: «люди в серых шинелях», «люди в зеленых фуражках», «люди в белых халатах» (врачи? продавцы?) и т.д.

Нередко злоупотребляют словом «прописка» в переносном значении – «широкое географическое распространение», например: «Сейчас здесь получили прописку 200 тысяч личинок белого амура, привезенных из Туркмении, и 100 тысяч личинок пеляди – из Новгородской области».

Чаще всего речевые штампы создаются употреблением так называемых к а н ц е л я р и з м о в – стандартных формул официально-деловой речи, в отдельных жанрах которой их использование оправдано традицией и удобством оформления деловых бумаг. Но, перенесенные в произведения других речевых стилей, в частности в жанры периодической печати, канцеляризмы играют явно отрицательную роль. Ср. примелькавшиеся словесные шаблоны: «подняться до уровня задач современного момента», «взять курс на внедрение передовых приемов содержания и обслуживания скота», «мобилизовать себя на выполнение хозяйственных директив», «нацелить внимание на решение текущих вопросов», «охватить всех сотрудников кружками и семинарами», «охватить всех детей школьного возраста обучением», «развернуть культмассовые мероприятия», «рассмотреть под углом зрения», «начать борьбу за осуществление намеченных мероприятий», «поставить во главу угла», «поставить вопрос», «увязать вопрос», «утрясти вопрос», «заострить вопрос», «в ходе решения задач», «активно вторгаться в жизнь», «имеет место отставание от графика ввода дома в эксплуатацию», «мы имеем на сегодняшний день новую волну забастовок в Приморском крае», «в результате проведенных мероприятий, направленных на снижение себестоимости продукции....» и т.п.

Часто канцеляризмы связаны с неуместным употреблением так называемых новых предлогов (*в деле, в части, за счет, по линии* и др.), например: «в деле повышения урожая», «в деле выращивания молодняка», «в деле ознакомления школьников с произведениями искусства», «в части удовлетворения запросов населения», «проделана большая работа в части вывоза удобрений на поля», «за счет улучшения породистости скота», «неполадки за счет работы мотора», «выступил по линии критики», «пьянка со стороны завхоза», «в силу слабости подобных доказательств», «при наличии отсутствия нужного сырья», «руководство этим делом в лице отдела снабжения».

Речевые штампы создаются также в результате того, что одни обиходные слова влекут за собой появление других, так называемых слов-спутников, парных слов, например стандартных определений при часто употребляемых в печати именах существительных. Ср.: *широкий размах, повседневная помощь, активная поддержка, горячий отклик, резкая критика, практические мероприятия, достойная встреча, упорная борьба, конкретные задачи, живейший интерес, оживленные прения* и т.д. Отдельно взятые подобные сочетания не вызывают возражений, но когда такими оборотами насыщена речь докладчика или когда даже в единичном виде, но чуть ли не ежедневно они повторяются функционерами, то создается впечатление серости и бедности языка, как будто в богатейшем русском языке нет других лексических средств для характеристик явлений и предметов.

Не следует злоупотреблять такими словами, как *дело, факт* и др. Например: «Нужно уделить самое серьезное внимание делу сбора налогов», «Нужно внести ясность в дело популяризации новых массовых видов спорта», «Вопреки директивным указаниям имеют место факты разбухания штатов управленческого аппарата», «Следует обратить внимание на факты безответственного отношения завхоза к делу ремонта здания». Нетрудно видеть, что в подобных случаях слова *дело, факт* обычно теряют конкретное значение и без всякого ущерба для смысла предложения могут быть изъяты. Иногда их неоправданное употребление нарушает даже логику мысли, например: «Приведем только *два факта из бездеятельности руководства* аспирантского объединения» (можно приводить ф а к т ы и з д е я т е л ь н о с т и, но не «факты из бездеятельности», так как при бездеятельности нет фактов).

§ 141. Плеоназм и тавтология

Объектом лексической правки должны быть также употребленные без стилистического задания п л е о н а з м ы (обороты речи, содержащие лишние слова, например: *вернулся назад; жестикулировал руками; упал вниз*), т а в т о л о г и и (повторение сказанного однокоренными словами, например: *спросить вопрос, ответить в ответ*), а также многословие. Например: *в мае месяце* (в названии *май* уже содержится понятие «месяц»); *пять рублей денег* (слово *рубль* обозначает денежную, а не какую-либо другую единицу); *беречь каждую минуту времени* (минута обозначает только отрезок времени, других «минут» не бывает); *хронометраж времени* (слово *хронометраж* обозначает «измерение затрат времени на что-либо»; ср. *хронометраж трудовых процессов*); *свободная вакансия на медицинском факультете* (одним из значений слова *вакансия* является «свободное место в учебном заведении для учащегося», т.е. в приведенном выше сочетании *вакансия* может быть только «свободной»); *первая премьера* (*премьера* обозначает «первое представление театральной пьесы, оперы, балета и т.п.»); *коррективы и поправки* (*корректив* и значит «поправка»); *старый ветеран* (слово *ветеран* обозначает «старый, опытный воин» или «старый заслуженный работник, деятель на каком-либо поприще», т.е. в эти значения входит признак «старый»); *памятный сувенир* (*сувенир* обозначает «подарок на память»).

При решении вопроса о тавтологическом характере отдельных сочетаний следует учитывать возможные с течением времени изменения в значении того или иного слова. Так, в наши дни допустимо сочетание *патриот своей родины*, хотя в слове *патриот* этимологически содержится уже понятие «родина» (ср.: *патриот своего края, патриот своего завода* – в значении «любящий что-либо, преданный чему-либо»).

Требуют правки предложения, содержащие однокоренные тавтологические выражения или слова, образованные от одного и того же корня (исключается, естественно, стилистически заданное употребление). Например: «сторонники этого метода *объединились воедино*»; «*Наряду* с достижениями был отмечен *ряд* недостатков»; «*Подбирая* иллюстрации к книге, необходимо при их *подборе* учитывать художественные их достоинства»; «В заключение *рассказчик рассказал* еще одну забавную историю»; «Добиваясь высокой *производительности* труда, новаторы *производства* одновременно *добиваются* значительной экономии издержек *производства*»; «*Сверх* плана в истекшем квартале было сдано торгующим организациям много *сверхплановой* продукции»; «Не без *труда* удалось решить эти сложные и *трудные* проблемы», «Следует *иметь* в виду, что частицы пыли, *имеющие* острые грани, при ударах о волокна разрушают ткань»; «*Продолжительность* процесса *длится* несколько часов»; «К *недостаткам* диссертации нужно отнести *недостаточную* разработку отдельных частных вопросов»; «*Как и следовало* ожидать, все разъяснилось на *следующий* же день»; «*Следует* отметить *следующие* особенности рассматриваемого проекта…»; «В *ответ* на это мы получили такой *ответ*…».

Явно лишние слова содержатся в приводимых ниже предложениях: «Было установлено, что *существующие* расценки завышены» («несуществующие» расценки не могут быть ни завышены, ни занижены); «*Незаконное* растаскивание государственного имущества…» (растаскивание государственного имущества не может быть «законным»); «Перед *своей* смертью он написал завещание» (завещание не пишут перед чужой смертью); «Успешно проводится обмен *имеющимся* опытом» (если опыта не имеется, то нельзя им и обмениваться); «В *своем* докладе на тему о магнитных усилителях молодой ученый сообщил о найденных им новых формах их применения» (в чужом докладе не сообщают о своих открытиях или наблюдениях).

М. Горький в советах начинающим авторам неоднократно отмечал необходимость избегать многословия, выражать мысль экономнее, показывал конкретные приемы правки. Так, на полях рукописи против предложения: «Не суй своего носа, куда не следует» – Горький писал: «А разве можно совать чужой нос?» В сочетаниях «своя родная семья», «молча, без слов», «слизывая капельки с волос усов» он отмечал удвоение понятия: своя – это и есть родная; молча – значит без слов; усами называются волосы на верхней губе. Исправляя присланную ему рукопись, Горький заключает лишние слова в скобки: «Пролетали (мимо) дни, недели… Все было продумано до (самых) мельчайших подробностей».

Этого же принципа М. Горький придерживался и в собственной практике. Сопоставляя две редакции романа «Мать» (1907 г. и 1922 г.), можно указать ряд предложений, в которых автором были сделаны сокращения (в приводимых ниже примерах исключенные слова даны в скобках): «Мать обнял (холодный) страх»; «Вдруг раздался (угрюмо стонущий) холодный голос»; «На глаза навернулись (едкие) слезы»; «Он (страшно) много читал» и др. В этих предложениях авторская правка преследовала цель сделать текст более простым: удалялись слова, придававшие высказыванию излишнюю резкость, неоправданную гиперболизацию. Исключались из текста романа такие слова, как *все, всегда, всюду, весьма, очень* и подобные, придававшие высказыванию чрезмерную категоричность и обобщенность, например: «И (все) над ним издевались за это»; «Заговорили (все) про тебя»; «Они ничего, ласковые, (они всегда) улыбаются».

§ 142. Благозвучие речи

При выборе лексических средств следует уделять внимание и фонетической стороне, благозвучию речи. Возможности русского языка в этом отношении огромны. Многие писатели и деятели культуры отмечали фонетическое богатство и музыкальность русской речи, обосновывая свое утверждение рядом соображений. К особенностям фонетического строя русского языка относится подвижность, гибкость ударения, благодаря чему в сочетании с интонационными средствами создается богатая ритмичность; наличие многих слов (свыше четвертой части словарного состава русского языка) с носовыми и плавными звуками (*м, н, л*), которые вносят музыкальность в речь; наличие твердых и мягких вариантов большей части согласных звуков, что придает речи разнообразие в звучании, и т.д.

Однако неудачное стечение или соседство одинаковых звуков может лишить речь необходимой благозвучности. Ср. обилие одинаковых согласных в такой фразе: *Какая река так широка, как Ока?* Такое же неприятное впечатление для слуха создается скоплением гласных – з и я н и е м , например: *Я недавно был у нее и у ее брата.* Неблагозвучие создается случайными повторениями одинаковых по звукам частей слов, например: *Небо, казалось, трескалось от жары* (пример М. Горького) (здесь навязчиво повторяется звуковое сочетание *-лось*). Горький указывал также на необходимость избегать соединения конечного слога одного слова с одинаковым начальным слогом следующего слова, например: «Ночлеж*ка* – *ка*менный череп» (подчеркнуты два *ка*); «Лезет пыль в гла*за*, *за* воротник, в рот» (подчеркнуты два рядом стоящих *за*); «Они имели с бригадой Котовского свыше полутора*ста сты*чек» (подчеркнуты *ста* и *сты*, стоящие рядом); «Работаю *как ка*торжник» (о соседстве двух последних слов Горький пишет, что «это скверно»).

Нарушение благозвучия нередко создается стечением шипящих и свистящих звуков.

В ответе одному рабкору М. Горький писал: «Русский язык достаточно богат. Но у него есть свои недостатки, и один из них – шипящие звукосочетания: *-вши, -вша, -вшу, -ща, -щей.* На первой странице вашего рассказа *вши* ползают в большом количестве: *прибывшую, проработавший, говоривших.* Вполне можно обойтись и без насекомых». Ознакомившись с рукописью рассказа К. Тренева «На ярмарке», Горький писал автору: «…А за слогосочетаниями Вы совершенно не следите: „вшихся", „вшимися" – очень часты у Вас. Все эти „вши" и „щи" и прочие свистящие и шипящие слоги надобно понемногу вытравлять из языка, но, во всяком случае, надобно избегать их, по возможности. „Слезящийся и трясущийся протоиерей" – разве это хорошо, метко?»

В том же духе высказывался Антон Павлович Чехов: «Вообще следует избегать некрасивых, неблагозвучных слов. Я не люблю слов с обилием шипящих и свистящих звуков, избегаю их».

§ 143. Использование фразеологических средств

В различных стилях речи широко используются фразеологические обороты – устойчивые словосочетания, образующие смысловое единство. Функции фразеологизмов разнообразны: если в научной и официально-деловой речи они употребляются главным образом как номинативные единицы терминологического характера, то в художественной литературе, в публицистических произведениях, в разговорной речи на первый план выдвигаются их экспрессивно-стилистические особенности, большие выразительные возможности.

Фразеологические обороты могут образовать ряды смысловых синонимов, различающихся между собой внутри каждого ряда оттенками значений. Так, фразеологизмы *работать засучив рукава – работать в поте лица – работать не покладая рук* имеют общее значение «усердно работать», но первый из них передает дополнительное значение интенсивности в работе, второй связывается со значением «зарабатывать с трудом» (работать, чтобы жить) или «работать, не жалея себя», а в третьем заключено значение «работать без устали, прилежно».

Выбор фразеологического оборота связан с учетом не только содержащегося в нем оттенка значения, но и присущей ему стилистической окраски. Ср. книжный оборот: *приказать долго жить* и просторечный *ноги протянуть* (со значением «умереть»).

Как правило, фразеологические обороты воспроизводятся точно, в том виде, в каком они закрепились в языке. Неоправданное разрушение фразеологизма противоречит литературной норме. Ср. встречающиеся в печати неправильные сочетания: *играет значение* (вместо *играет роль* или *имеет значение*, результат контаминации, т.е. смешения, двух последних оборотов: от первого заимствован глагол, от второго – зависимое имя существительное), *взять себе львиную часть* (вместо *львиную долю*); *приподнять занавес над этой историей* (вместо *приподнять завесу*); *красной линией проходит мысль* (вместо *красной нитью*); *качество изделий желает много лучшего* (вместо *оставляет желать много лучшего*); *пускать туман в глаза* (вместо *пускать пыль в глаза*); *показывать образец другим* (вместо *служить образцом для других*); *поднять тост* (вместо *провозгласить тост*); *тратить нервы* (вместо *портить нервы, трепать нервы*); *одержать успехи* (вместо *одержать победу* или *добиться успехов*); *пока суть да дело* (вместо *пока суд да дело*); *придавать внимание* (вместо *уделять внимание*); *производить воздействие* (вместо *оказывать воздействие*); *внушать сомнения* (вместо *вызывать сомнения*); *заслужить известность* (вместо *добиться известности*); *имеет интерес для нас* (вместо *представляет интерес*); *борьба охватила широкие массы* (вместо *движение охватило*); *результаты не замедлили себя ждать* (вместо *не заставили себя ждать* или *не замедлили сказаться*) и т.д.

Иногда искажение фразеологического оборота выражается не в замене какого-либо из составляющих его компонентов, а в употреблении паронима какого-либо слова, входящего в оборот, например: *уморил червячка* (вместо *заморил червячка*, в значении «слегка закусил, утолил голод»); *положить в долгий ящик* (вместо *отложить в долгий ящик*, в значении «отложить исполнение какого-либо дела на неопределенное время»); *мороз по коже продирает* (вместо *подирает*); *выросла занятость* (вместо *возросла занятость*).

Как и в других случаях, связанных с употреблением отдельных слов, следует учитывать возможные с течением времени изменения в значении и употреблении фразеологизмов. Так, у Л. Н. Толстого в повести «Юность» имеется предложение: «Надо было сделать, по приказанию папа, визиты, которые он мне сам написал на бумажке»; с конца XIX в. используется уже оборот не «сделать визит», а *нанести визит*. Однако и сейчас в обиходной речи, имея в виду посещение больного врачом, употребляется: *Врач сделал за день десять визитов*.

В художественной литературе и в публицистике встречаются случаи изменения устойчивых сочетаний, употребления их не только в том виде, в каком они существуют в языке, но и в обновленном, стилистически заданном. К приемам авторской обработки фразеологических оборотов или цитат из других авторов относится обновление их семантики, изменение или расширение их лексического состава, использование устойчивого оборота в качестве свободного сочетания слов или употребление одновременно и как фразеологического, и как свободного сочетания, индивидуальное образование оборотов по аналогии с существующими в языке фразеологизмами и т.д. Ср. у М. Е. Салтыкова-Щедрина: *Цензура привыкла совать свой смрадный нос в самое святилище мысли писателя* (ср. *совать свой нос* или *совать нос не в свое дело*); *Люблю я земщину, но странною любовью* (ср. известный стих М. Ю. Лермонтова: *Люблю отчизну я, но странною любовью*); *Его сивушество* (по образцу «его сиятельство»); у А. П. Чехова: *Первый данный блин вышел, кажется, комом* (ср.: *первый блин комом*); *Виноват перед Вами по самое горло...* (ср.: *сыт по самое горло*); *Во всю ивановскую трачу деньги...* (по образцу: *кричать во всю Ивановскую*); *Весь декабрь не работал у Суворова и теперь не знаю, где оскорбленному есть чувству уголок* (ср. у А. С. Грибоедова: *...пойду искать по свету, где оскорбленному есть чувству уголок*); *Ваше местоимение* (обращение по типу «ваше благородие»); у В. В. Маяковского: *За него дрожу, как за зеницу глаза* (ср.: *беречь как зеницу ока*); *...Я буду – один! – в непролазном долгу* (контаминация сочетаний *непролазная грязь* и *быть в долгу*); *В третью годовщину небо от натуги кажется с овчину* (ср.: *небо с овчинку показалось*); *Изо всех щенячьих сил нищий щен заголосил* (ср.: *изо всех сил*); *Капитал – его препохабие* (по образцу «его преподобие»); у писателя-сатирика Эмиля Кроткого: *Если бы все хватали звезды с неба, не было бы звездных ночей* (ср.: *не хвастает звезд с неба*).

Сохраняется неизменным, как правило, не только лексический состав устойчивых сочетаний, но и форма входящих в них слов при их включении в предложение: *святая святых, тайная тайных, без году неделя* и др. Например: *И вот Васька вошла в святая святых аптеки* (В. Панова); *Вы, батюшка, в полку без году неделя* (Л. Толстой). Правда, встречается и сочетание *без году неделю* (винительный падеж): *Без году неделю на свете живет, молоко на губах не обсохло... а жениться собирается* (Тургенев); *... Мальчишке семнадцать лет, без году неделю на производстве* (В. Панова). Ср. двоякие формы сочетаний: *плечо к плечу – плечом к плечу*: *Они прислонились рядом, плечо к плечу, к шершавой стене* (А. Н. Толстой). *Внутри двора плечом к плечу стояли пленные* (Шолохов).

Заканчивая главу о работе редактора над лексико-фразеологическими средствами русского языка, напомним принцип, выдвинутый А. С. Пушкиным: «Истинный вкус состоит не в безотчетном отвержении такого-то слова, такого-то оборота, но в чувстве соразмерности и сообразности».

XXXVI. Формы имен существительных

§ 144. Колебания в роде имен существительных

1. Слова, имеющие параллельные формы мужского и женского рода. Некоторые имена существительные употребляются в современном русском литературном языке и в форме мужского, и в форме женского рода. В редких случаях параллельные формы не связаны со смысловыми или стилистическими различиями и выступают как равноправные, однако большую часть таких слов предпочтительно употреблять в одном из указанных родов:

аневризм – аневризма (в медицинской литературе этот термин закрепился во второй форме);

анемон – анемона (более распространена вторая форма; так, в «Словаре иностранных слов» первый вариант вообще не приводится);

арабеск – арабеска (соответственно в родительном падеже множественного числа *арабесков* и *арабесок*; чаще используется форма женского рода);

вольер – вольера (более употребительна вторая форма);

выхухоль, -я – выхухоль, -и (чаще встречается первая форма);

жираф – жирафа (более обычной является первая форма);

закут – закута (слова диалектные, в литературном языке встречаются редко; при этом в значении «угол в избе около печи; чулан» чаще используется первая форма, ср.: *в темном закуте*; в значении «хлев для мелкого скота» более обычной является вторая форма, ср.: *свиньи вырвались из закуты*);

затес – затесь (метка, зарубка на деревьях) (вторая форма – областное слово);

идиом – идиома (более привычной в учебной литературе является вторая форма);

каприфолий – каприфоль, -и (чаще употребляется первая форма);

клипс – клипса (литературная форма первая);

лангуст – лангуста (употребительнее первая форма; ср. у Чехова: *съел лангуста*; у Горького: *двигается лангуст*);

малолеток – малолетка (формы равноправные);

нашест – нашесть, -и (слова диалектные; чаще употребляется форма мужского рода, возможно, под влиянием литературного слова с тем же значением *насест*; ср. у Аксакова: *ястреб не слетает с нашеста*; у Неверова: *Куры не сидели на нашесте*);

перифраз – перифраза (чаще употребляется вторая форма);

193

перкаль, -я – перкаль, -и (формы равноправные);
пилястр – пилястра (чаще употребляется вторая форма);
пистоль, -я – пистоль, -и (слова устарелые, чаще используется первая форма);
присосок – присоска (формы равноправные);
просек – просека (более употребительной является вторая форма);
развален – развальца (чаще употребляется первая форма);
развилок – развилка (чаще употребляется вторая форма);
реприз – реприза (чаще употребляется вторая форма);
ретирад – ретирада (слова устарелые, поэтому трудно установить степень их употребительности в современном языке; более обычной следует считать форму женского рода: ср. у Л. Толстого: *произвели ретираду,* у В. Шишкова: *заметив эту ретираду*);
сангин – сангина (термины живописи; чаще используется вторая форма; ср. у Павленко: *портреты, писанные сангиной*);
скаред – скареда (формы равноправные);
скирд – скирда (более обычна вторая форма);
сомнамбул – сомнамбула (поскольку вторая форма имеет значение общего рода, то она используется чаще);
ставень – ставня (чаще употребляется вторая форма; ср. у Чехова: *сорвалась ставня*; у Фадеева: *хлопала ставня*);
унт – унта (формы равноправные);
филигран – филигрань (чаще употребляется вторая форма; в последнем издании «Словаря иностранных слов» приводится только она);
шпон – шпона (более обычной является первая форма).

В других случаях параллельные формы отличаются друг от друга оттенками значения, стилистической окраской, сферой употребления. Таковы:

вокализ – вокализа (вторая устарелая);
георгин – георгина (вторая форма в профессиональном употреблении у ботаников);
глист – глиста (вторая форма просторечная);
желатин – желатина; вторая форма характеризуется как присущая языку техники; ср.: *фотографическая желатина*;
заусенец – заусеница; в значении «задравшаяся кожица у основания ногтя» используется слово *заусеница*; употребление в этом значении слова *заусенец* является устарелым или просторечным; в значении же «шероховатость, острый выступ на поверхности» (в технике) употребляется обычно слово *заусенец*;
клавиш – клавиша; в технике более обычным является слово *клавиш*, в профессиональном употреблении у музыкантов – *клавиша*;
манжет – манжета; первая форма обычно используется в технической литературе; ср.: «Американские космонавты столкнулись с нарушением нормальной работы надувных ножных *манжетов*, которые должны содействовать правильному функционированию сердца» (из газет);

подклет – подклеть, -и: в бытовой речи употребляется второе слово; ср. у писателей: *нижнее жилье избы – подклеть* (А. Н. Толстой); *избы на высоких подклетях* (Н. Чуковский); в качестве архитектурного термина (нижний ярус в церквах) используется слово *подклет*;

подмен – подмена: различие в сочетаемости с другими словами; ср.: *подмен карт – подмена дежурного*;

привесок – привеска; первое слово имеет значение «отдельный кусок взвешиваемого продукта, прибавленный для полного веса» (то же, что *довесок*); второе слово употребляется для обозначения действия по глаголу *привесить* (что-либо к чему-либо) и в значении «то, что привешено в качестве украшения» (ср.: *стеклянная привеска на лампе*);

псалтырь, -и – псалтырь -я (вторая форма разговорная);

спазм – спазма; вторая форма общелитературная; ср. у писателей: *подавляя начинавшуюся горловую спазму* (Достоевский); *спазма сжала мне горло* (Паустовский); форма *спазм* используется как медицинский термин (ср.: *спазм сердечного сосуда*); в значении «припадок судороги, связанный со сжатием мышц» употребляется форма множественного числа *спазмы* (ср.: *спазмы уже прекратились*);

туфель – туфля (первая форма разговорная);

черед – череда: первое слово употребляется в значении «очередность, последовательность» (ср.: *соблюдать черед*) и в значении «пора, время» (ср.: *пришел черед, настал черед что-либо сделать*), слово *череда* может употребляться и в этих значениях, но обычное его значение – «вереница», «чередование» (ср.: *череда людей, череда событий, дни проходили медленной чередой*).

К параллельным формам относятся и такие, как *браслет – браслетка, гребень – гребенка, жилет – жилетка, щебень – щебенка* и т.п. (суффиксальные формы женского рода являются разговорными).

2. Слова, употребляемые в форме мужского рода. Многие имена существительные, ранее употреблявшиеся в форме женского рода или в параллельных формах мужского и женского рода, в современном литературном языке закрепились как слова мужского рода. Сюда относятся, например:

банкнот (устар. *банкнота*);

ботфорт (устар. *ботфорта*);

зал (форма *зала* устарела в значении «большое помещение для многолюдных собраний, для занятий чем-либо и т.д.», но сохраняется при употреблении в значении «просторная парадная комната в частном доме для торжественных случаев, для танцев и т.п.»; ср.: *концертный зал, читальный зал, актовый зал – зала была полна гостей*);

занавес (параллельная форма женского рода *занавесь* устарела в значении «ткань, полотнище, закрывающее сцену от зрительного зала», но сохраняется как синоним слова *занавеска*);

корректив (*корректива* – форма неправильная);

мирт (устар. *мирта*);

овощ (форма единственного числа к слову *овощи*; форма женского рода *овощь* имеет собирательное значение и является просторечным вариантом синонима *овощи*);

погон (устар. *погона*);

рельс (устар. и разгов. *рельса*);

рояль, -я (устар. *рояль, -и*);

табель, -я (устаревшая форма женского рода *табель, -и* сохраняется в выражении *табель о рангах*);

толь, -я (простор, *толь, -и*);

фильм (устар. *фильма*);

эполет (устар. *эполета*);

эпюр (устар. *эпюра*).

Замена форм женского рода с окончанием *-а* формами мужского рода с нулевым окончанием свидетельствует о проявлении тенденции к экономии речевых средств.

3. Слова, употребляемые в форме женского рода. Сейчас закрепилась форма женского рода за словами, которые ранее употреблялись в форме мужского рода или в параллельных формах мужского и женского рода, например:

бакенбарда (устар. *бакенбард*);

бандероль -и (устар. *бандероль, -я*);

вуаль, -и (устар. *вуаль, -я*);

гроздь, -и (устар. *грозд*, но соответствующая форма множественного числа *гроздья* более употребительна, чем *грозди* – форма, образованная от *гроздь*);

катаракта (устар. *катаракт* как медицинский термин);

консоль, -и (устар. *консоль, -я*);

мозоль, -и (мозоль, -я – форма просторечная);

парафраза (устар. *парафраз;* ср. синонимичные: *перифраз – перифраза*, указанные на с. 193);

плацкарта (форма *плацкарт* просторечная);

расценка (простор. *расценок*);

чинара (устар. *чинар*).

4. Слова, употребляемые в форме среднего рода. В редких случаях наблюдаются колебания в выборе формы среднего рода, с одной стороны, и форм мужского или женского рода – с другой, например:

ведерко – ведерка (вторая форма диалектная и просторечная);

дурро – дурра (сорт сорго) (формы равноправные);

кайло – кайла (чаще употребляется первая форма);

контральто – контральт (устарела не только вторая форма, но и употребление первой как формы мужского рода; ср. у Достоевского: *чистый, звучный контральто*; у Горького: *сочный, сильный контральто*);

монисто – мониста (правильна первая форма);

мочало – мочала (правильна первая форма; вторая встречается в просторечии под влиянием слова *мочалка*, в одном из своих значений синонимичного слову *мочало*);

нотабене – нотабена (формы равноправные);
остропестро – остропестр (растение) (формы равноправные);
плесе – плес (первая форма диалектная);
повидло – повидла (вторая форма просторечная);
страшилище (муж. и средн., формы равноправные);
титло – титла (вторая форма употребляется реже);
чучело – чучела (вторая форма устарелая);
щупальце (неправильны ни *щупалец*, ни *щупальца;* форма множественного числа – *щупальца*, род. пад. – *щупалец*, а не *щупальцы, -ев*).

5. Слова, образованные при помощи суффиксов. Колебания в роде наблюдаются также у существительных, образованных при помощи некоторых суффиксов (главным образом от существительных мужского рода при помощи суффикса **-ина**). В литературном языке приняты следующие формы:

1) слова м у ж с к о г о рода: *голос – голосина* (ср.: *грубый голосина*), *дождь – дождина* (ср.: *тропический дождина*), *дом – домина* (ср.: *уродливый домина*); но в винительном падеже: *уродливую домину*);

2) слова ж е н с к о г о рода: *паспорт – паспортина* (ср.: у Маяковского: *краснокожая паспортина*), *ствол – стволина* (ср.: *толстая стволина*), *сугроб – сугробина* (ср.: *огромная сугробина*);

3) слова о б щ е г о рода: *молодец – молодчина* (ср.: *настоящий молодчина – настоящая молодчина*), *скот – скотина* (ср.: *бессовестный скотина – бессовестная скотина*), *урод – уродина* (ср.: *ужасный уродина – ужасная уродина*).

Различается в зависимости от значения слова грамматический род некоторых существительных, имеющих в своем составе суффикс **-ищ-е.** Ср.:

городище (большой город) – мужского рода; *городище* (древнее поселение) – среднего рода;
пожарище (большой пожар) – мужского рода; *пожарище* (место, где произошел пожар; остатки чего-либо сгоревшего) – среднего рода;
топорище (большой топор) – мужского рода; *топорище* (рукоятка топора) – среднего рода.

См. также § 37, п. 6.

§ 145. Дифференциация значений в зависимости от родовых окончаний

Некоторые параллельные формы мужского и женского рода различаются своими значениями. Таковы:

антимоний (химический термин)   *– антимония* (в выражении *разводить антимонию*)

апостроф (надстрочный знак в виде запятой)	– *апострофа* (патетическое восклицание)
взяток (у пчелы)	– *взятка* (вид подкупа)
гарнитур (комплект мебели, белья)	– *гарнитура* (комплект типографских шрифтов одного рисунка, но разных размеров и начертаний)
жар (в теле, в печке)	– *жара* (зной)
карьер (место открытой разработки полезных ископаемых; ускоренный галоп, быстрый аллюр)	– *карьера* (продвижение по службе, достижение известности)
кегль (размер типографской литеры)	– *кегля* (деревянный столбик для игры)
манер (в выражениях: *таким манером, на новый манер* и т.п.)	– *манера* (способ действия, внешние формы поведения)
округ (подразделение государственной территории: *административный округ, военный округ, избирательный округ*)	– *округа* (окружающая местность, окрестность; ср.: *прославиться на всю округу*)
пролаз (тесный проход)	– *пролаза* (пройдоха)

§ 146. Род названий лиц женского пола по профессии, должности и т.д.

1. Слова без парных образований. Многие имена существительные мужского рода, обозначающие лицо по профессии, занимаемой должности, выполняемой работе, занятию, ученому или почетному званию и т.д., сохраняют свою форму и в тех случаях, когда относятся к лицам женского пола, например: *педагог, техник, токарь, геолог, физик, металлург, конструктор, оператор, новатор, судья, адвокат, доцент, кандидат наук, депутат, Герой Российской Федерации, лауреат международного конкурса, мастер спорта, полковник, лейтенант*.

В разговорной речи явно наметилась тенденция выражать отнесение подобных слов к лицам женского пола с и н т а к с и ч е с к и , главным образом путем постановки сказуемого в форме женского рода, если в функции подлежащего выступает одно из слов указанной группы, например: *депутат принимала посетителей, мастер спорта установила новый всесоюзный рекорд, токарь хорошо справилась с заданием*.

Эта форма смыслового согласования получила широкое распространение и в периодической печати, например: «Двое суток чабан без пищи, при 35-градусном морозе берегла отару», «Хотя было еще раннее утро – премьер-министр уже принимала посетителей» (об Индире Ганди); «В тот день, когда завуч школы родила дочку...» (Сем. Нариньяни).

Такие сочетания встречаются и в тех случаях, когда имеется возможность образовать парное название женского рода, но с известными стилистическими ограничениями (см. ниже, п.3), например: *секретарь выдала справку, редактор была в декретном отпуске, кондуктор объявила следующую остановку, управдом составила смету.*

Из двух конструкций: *врач пришла* и *врачиха пришла* – несомненно предпочтительнее первая.

Встречаются подобные конструкции и в художественной литературе – в речи персонажей и в авторской речи, например: *Военфельдшер добросовестна, не больше* (В. Панова); *По-видимому, приисковый счетовод серьезно заболела* (А. Коптяева); *Агроном уехала в район* (Антонов).

2. Парные образования, принятые в нейтральных стилях речи. Параллельные названия для обозначения лиц женского пола закрепились в тех случаях, когда данная специальность (профессия, род занятий и т.д.) в равной мере связана и с женским и с мужским трудом, например: *акушер – акушерка, буфетчик – буфетчица, лаборант – лаборантка, летчик – летчица, преподаватель – преподавательница, продавец – продавщица, студент – студентка, ткач – ткачиха, тракторист – трактористка, учитель – учительница* и мн. др. То же в области искусства, спорта, при обозначении лиц по их отношению к общественной организации и т.д., например: *артист – артистка, писатель – писательница, спортсмен – спортсменка.*

Однако, несмотря на свободное образование подобных названий в форме женского рода, они используются не во всех стилях речи. Так, в официально-деловом стиле предпочтительно сохранять форму мужского рода, когда речь идет о номенклатурном наименовании должности; ср. в документе-справке: «А. В. Петрова работает лаборантом на кафедре физики» (в обиходной речи – *лаборантка Петрова*); «Л. И. Николаева состоит преподавателем английского языка» (в обиходной речи – *преподавательница Николаева*). Ср. бытовое: *заведующая столовой Никитина* и официальное *управляющий трестом Никитина.*

Использование парного образования женского рода устраняет неясность в тех случаях, когда нерусская фамилия не позволяет установить, идет ли речь о мужчине или о женщине, например: *Корреспондентка газеты М. Смит сообщает...* (а не *корреспондент*, так как подобные фамилии не связаны с реальным полом их носителя).

В некоторых случаях образованию парного названия мешает то обстоятельство, что подобное название уже существует в языке, но употребляется с другим значением. Так, к слову *овчар* нельзя было образовать параллельное название «овчарка» (по модели *дояр – доярка*), поскольку это слово уже закрепилось как название породы собак. Ср. также невозможность образования пар *индеец* – «индейка» (второе слово обозначает домашнюю птицу, поэтому было образовано название *индианка*) или *кореец* – «корейка» (свиная грудинка, поэтому появилось слово *кореянка*) и т.п. Только в редких случаях возникли слова-омонимы: *толстовец – толстовка* (последовательница взглядов Л. Н. Толстого), при наличии слова *толстовка*, обозначающего тот фасон блузы в складках с поясом, который придумал великий писатель.

3. Парные образования, используемые в разговорной речи. В разговорной речи нередко встречаются парные названия, образованные при помощи суффиксов *-ша* и *-иха,* например: *библиотекарша, билетерша, бухгалтерша, директорша, докторша, инженерша, кассирша, комендантша, кондукторша, парикмахерша, почтальонша, редакторша, регистраторша, секретарша, врачиха, дворничиха, сторожиха, швейцариха.*

Однако подобные образования используются ограниченно. Их распространению препятствует, с одной стороны, присущая им двузначность: они могут быть поняты как название жены человека соответствующей профессии и как название действующего лица: ср. возможность двоякого истолкования таких слов в предложениях типа: *Вот идет наша бригадирша* (то ли жена бригадира, то ли сама бригадир); *Дворничиха помогает нам в стирке белья* (та же двузначность). Хотя в наше время при полном равноправии мужского и женского труда мы скорее склонны в подобных названиях видеть обозначение действующего лица, но не исключена возможность и другого толкования, что связано с историей таких слов (ср. прежние названия с суффиксами *-ша* и *-иха,* обозначавшие наименования жен по мужу: *генеральша, губернаторша, дьячиха, купчиха* и т.п.).

С другой стороны, в литературной речи подобных образований избегают из-за присущего им просторечного, сниженного, иногда пренебрежительного оценочного значения (*профессорша, врачиха*). Особенно это относится к словам на *-иха,* возможно, что здесь сказываются нежелательные ассоциации с названиями животных (ср.: *заяц – зайчиха, слон – слониха* и т.п.). Употребляются такие формы, как правило, в стилизованной речи (для речевой характеристики персонажа, в диалоге и т.д.). При обращении к данному лицу обычно используются нейтральные формы: *кассир, кондуктор* (а не: «кассирша», «кондукторша»).

Сказанное, разумеется, не относится к закрепившимся в языке нейтральным словам типа *портниха, ткачиха,* а также к словам, имеющим только форму женского рода для обозначения определенной профессии, например *маникюрша*. В профессиональной речи свободно используются неологизмы *спринтерша, пловчиха*.

Для обозначения мужского соответствия словам *балерина, машинистка,* используются описательные выражения: *артист балета, переписчик на машинке*. В профессиональном употреблении возникла пара *медицинская сестра – медицинский брат*.

§ 147. Род несклоняемых существительных

1. Слова, обозначающие неодушевленные предметы. Несклоняемые имена существительные иноязычного происхождения, обозначающие неодушевленные предметы, в своем большинстве относятся к среднему роду, например: *железнодорожное депо, интересное интервью, маршрутное такси, политическое статус-кво, целебное алоэ, шерстяное кашне, кьянти, крамбамбули* (вино).

Правило имеет ряд исключений, связанных с влиянием различных аналогий (русский синоним, грамматический род слова, обозначающего родовое понятие, и др.).

Так, к м у ж с к о м у роду относятся слова: *бри* (влияние родового понятия «сыр»), *га* (ср.: *один га*, влияние слова *гектар*), *кавасаки* (моторный бот), *кофе* (влияние прежних форм *кофей, кофий*), *креп-гофре, кросс-коунтри, памперо* (ветер в Южной Америке), *пенальти* (влияние русского синонимического сочетания «одиннадцатиметровый штрафной удар», ср. просторечное: *пенальт*), *сирокко* (родовое понятие «ветер»), *сулугуни* («сыр»), *шимми* (родовое понятие «танец»), *экю* (старинная французская монета, влияние языка-источника) и нек. др. Под влиянием слова-понятия «язык» к мужскому роду относятся слова *бенгали, пушту, урду, хинди* и т.д.

К ж е н с к о м у роду относятся слова: *авеню* (русский синоним *улица*), *бере* (родовое понятие «груша»), *бери-бери* (родовое понятие «болезнь»), *кольраби* («капуста»), *салями* («колбаса»), *маки* (заросль), и нек. др.

Наконец, некоторые слова употребляются в форме д в у х р о д о в, например: *авто* (средн. и муж., под влиянием слова *автомобиль*), *арго* (средн. и муж., под влиянием слова-понятия «жаргон»), *бибабо* (средн. и муж., ср.: *маленький бибабо*), *бренди* и *виски* (средн. и муж., ср.: *крепкий бренди, шотландский виски*), *динамо* (средн. и жен., влияние слова *динамо-машина*), *медресе* (средн. и жен., влияние объяснительного выражения «мусульманская средняя духовная школа»), *мокко* (средн. и муж., аналогия с употреблением слова *кофе*), *наргиле* (средн. и муж., близкое понятие «кальян»), *па-де-де* и *па-де-труа* (средн. и муж., родовое понятие «танец»), *цицеро* (средн. и муж., родовое понятие «шрифт»), *эсперанто* (средн. и муж., влияние слова *язык*, см. выше).

2. Субстантивированные слова. Субстантивированные несклоняемые слова относятся к среднему роду, например: *вежливое «здравствуйте», всегдашнее «да», громкое «ура», наше завтра, резкое «не хочу».*

3. Слова, обозначающие лиц. Несклоняемые существительные, обозначающие лиц, относятся к мужскому или женскому роду в зависимости от своего значения, т.е. соотнесенности с реальным полом обозначаемого лица, например:

1) м у ж с к о г о рода: *богатый рантье, военный атташе, усталый кули, великий Верди;*

2) ж е н с к о г о рода: *леди, фрау, фрекен — белокурая фрейлейн, простодушная инженю, старая леди, бедная Мими;*

3) д в у р о д о в ы е : *визави* (ср.: *мой визави оказался интересным собеседником — моя визави оказалась интересной собеседницей); протеже* (ср.: *наш протеже оправдал все надежды — наша протеже оправдала все*

надежды); *инкогнито* (ср.: *таинственный инкогнито внезапно исчез – таинственная инкогнито внезапно исчезла*);

4) с р е д н е г о рода: *жюри* (в собирательном значении, ср.: *жюри постановило*).

4. Слова, обозначающие животных, птиц и т.д. Несклоняемые существительные, обозначающие одушевленные предметы (кроме лиц, см. выше), относятся к м у ж с к о м у роду, например: *азиатский зебу, забавный пони, ловкий шимпанзе, пестрый какаду, серый кенгуру*. При этом мужской род употребляется безотносительно к полу животного. Однако если контекст указывает на самку, то соответствующие слова употребляются в форме женского рода, например: *кенгуру несла в сумке кенгуренка, шимпанзе кормила детеныша*.

Д в у р о д о в ы м и являются слова *колибри, киви-киви, кукебурре* (влияние родового слова-понятия «птица»).

К ж е н с к о м у роду относятся слова: *иваси* («рыба», «сельдь»), *цеце* («муха»).

5. Географические названия. Род несклоняемых существительных, обозначающих географические собственные имена (названия городов, рек, озер, островов и т.д.), определяется по грамматическому роду нарицательного существительного, выступающего в роли родового понятия (т.е. по роду слов *город, река, озеро* и т.д.), например: *солнечный Сочи* (город), *широкая Миссисипи* (река), *полноводное Эри* (озеро), *труднодоступная Юнгфрау* (гора), *живописный Капри* (остров).

Отступления от правила объясняются влиянием аналогии, употреблением слова в другом значении, тенденцией относить к среднему роду иноязычные несклоняемые слова на *-о* и т.д., например: *пятиглавый Бештау* (влияние названия соседней горы *Машук*), *Северное Борнео* (влияние конечного *о*), *Второе Баку* (название места добычи нефти, а не города), *Новые Сочи* (ложная аналогия со словами в форме множественного числа типа *Малые Мытищи*). Ср. в газетах: «Франция превращается в *огромное Чикаго*», «В 1958 году *Чили продали* Советскому Союзу 16 тысяч тонн медной проволоки» (подобные случаи требуют правки).

Иногда одно и то же слово употребляется в разных родовых формах в зависимости от того, какое понятие подразумевается. Ср.: «*Мали присоединилось* к резолюции, принятой группой африканских государств» – «*Мали должна рассчитывать* преимущественно на две основные отрасли экономики – рыболовство и сельское хозяйство» (в первом случае имеется в виду понятие «государство», во втором – «страна»).

6. Названия органов печати. По родовому наименованию определяется также грамматический род несклоняемых названий органов печати, например: *либеральная «Ньюс кроникл»*, *«Таймс» опубликовала подробное изложение доклада*; *На конкурсе 1962 г. на лучшее оформление и верстку «Дейли уоркер» заняла второе место* (в примерах приведены названия г а з е т); *В прошлые* годы «Фигаро литерер» нередко публиковал отдельные сочинения, написанные экзаменующимися на степень бакалавра (название ж у р н а л а). В разговорной речи встречается: «*Таймс» опубликовал...* (название с конечным согласным отнесено к мужскому роду).

7. Аббревиатуры. Аббревиатуры, образованные соединением начальных букв тех слов, из которых состоит полное наименование, определяют свой грамматический род по роду ведущего слова составного наименования, например: *МГУ* (Московский государственный у н и в е р с и т е т) *праздновал свое двухсотлетие; СНГ* (с о д р у ж е с т в о независимых государств) *было образовано по взаимному согласию входящих в него государств*. Это же положение распространяется и на сложносокращенные слова других типов (читаемые по начальным звукам, включающие в свой состав слоговые образования), если эти слова не склоняются, например: *ЖКХ* (жилищно-коммунальное х о з я й с т в о) *объявило; УКГ РКЦ* (учетно-контрольная г р у п п а рассчетно-кассового центра) *разослала уведомления*; но: *РКЦ разослал* (ц е н т р разослал).

§ 148. Особенности склонения некоторых слов и словосочетаний

1. Слова *домишко, заборишко* и т.п. (мужского рода) склоняются по типу имен существительных мужского-среднего рода: *домишко, домишка, домишку, домишко, домишком, о домишке*. Формы косвенных падежей *домишки, домишке, домишку, домишкой* являются разговорными и восходят к начальной форме *домишка* (ср. у Некрасова: *Артикул ружьем выкидывал, так что весь домишка вздрагивал*).

2. Слова типа *домище* имеют в именительном падеже множественного числа в качестве нормативного окончание *-а* (*эти домища*, см. § 37, п. 6). В разговорной речи допускают форму с окончанием *-и* (*эти домищи*).

3. Сложные имена существительные, первый компонент которых образован числительным *пол-* (половина), типа *полчаса, полдюжины, пол-арбуза* имеют в косвенных падежах (кроме винительного, совпадающего с именительным) двоякого рода формы: в книжной речи *пол-* меняется на *полу*, а в разговорной сохраняется без изменения. Ср.:

а) *от получаса не осталось ни одной минуты; к полудюжине карандашей добавлено еще три; в полуарбузе было три килограмма веса; Я уже более полугода не бывал у них* (Аксаков); *Учитель невольно остановился на полуслове* (Телешов);

б) *растворить лекарство в полстакане воды, ограничиться полдюжиной карандашей; На полслове он обрывал и тер себе лоб...* (А. Н. Толстой); *Полгодом позже я написал навеянное одной их этих поездок стихотворение...* (Симонов); *В полверсте, в кустах – противник* (Твардовский).

4. Сложносоставные слова типа *плащ-палатка, кран-балка, капитан-*

директор, с тесно слившимися частями, склоняются только во второй части: *укрыться плащ-палаткой, около кран-балки, беседа с капитан-директором флотилии, в «Роман-газете» напечатано.*

При меньшей спаянности составных частей возможны дублетные падежные формы: в разговорной речи склоняется только вторая часть, в книжной — обе части; ср.: *в вагон-ресторане — в вагоне-ресторане, на матч-турнире — на матче-турнире, в разгаре бал-маскарада — в разгаре бала-маскарада.* Ср. также: *у капитан-лейтенанта — у инженера-экономиста* (в первом случае слитный термин, во втором — сочетание определяемого слова и приложения при нем).

5. В сочетании *Москва-река* в книжной речи склоняются обе части (*на Москве-реке, за Москвой-рекой*), в разговорной — первая часть в косвенных падежах сохраняет начальную форму (*на Москва-реке, за Москва-рекой*).

6. В сложных географических названиях первая часть в одних случаях склоняется, в других — остается без изменений, ср.: *в Орехове-Зуеве, в Покровском-Стрешневе, во Владимире-Волынском — в Каменец-Подольске, в Гусь-Хрустальном.*

7. В сочетаниях типа *пятое марта* (образовано от сочетания «пятое число месяца марта») склоняется только первая часть: *к пятому марта* (не «к пятому марту»).

§ 149. Склонение некоторых имен и фамилий

1. Имена (славянские) на *-о* типа *Левко, Марко, Павло, Петро* склоняются по образцу склонения существительных мужского-среднего рода, например: *впереди Левка, у Марка;* у М. Горького имя *Данко* не склоняется («…рассказывала о горящем сердце Данко»).

Имена, имеющие параллельные формы на *-о — -а* (*Гаврило — Гаврила, Михайло — Михайла*), обычно склоняются по типу существительных женского склонения: *у Гаврилы, к Гавриле, с Гаврилой.* Другие окончания (*у Гаврила, к Гаврилу, с Гаврилом*) встречаются в просторечии, употреблялись они и в XIX веке.

2. Иностранные имена на согласный звук склоняются независимо от того, употребляются ли они самостоятельно или вместе с фамилией, например: *романы Жюля Верна* (не: «Жюль Верна»), *рассказы Марка Твена, пьесы Джона Бойнтона Пристли, сказки Ханса Кристиана Андерсена, книга Пьера-Анри Симона.* Частичные отступления наблюдаются при двойных французских именах при дефисном написании, например: *философские воззрения Жан-Жака Руссо, вечер памяти Жан-Ришара Блока* (первое имя не склоняется, см. § 13, п. 3).

3. При склонении иностранных имен и фамилий используются формы русских склонений и не сохраняются особенности склонения в языке подлинника, например: *Эдек, Владек* (польские имена) *— Эдека, Владека* (не «Эдка», «Владка»), *Карел Чапек — Карела Чапека.*

4. Русские и иноязычные фамилии, оканчивающиеся на согласный звук, склоняются, если относятся к мужчинам, и не склоняются, если относятся к женщинам. Ср.: *студенту Кулику – студентке Кулик, у Карла Зегерса – у Анны Зегерс.* Частые отступления от правила (несклоняемость мужских фамилий, оканчивающихся на согласный звук) наблюдаются в тех случаях, когда фамилия созвучна с названием животного или предмета неодушевленного (*Гусь, Ремень*), во избежание непривычных или курьезных сочетаний, например «у господина Гуся», «гражданину Ремню». Нередко в подобных случаях сохраняют фамилию в начальной форме (ср.: «Российское правительство высоко оценило заслуги Сергея Яковлевича Жук» – из газет) или вносят изменения в данный тип склонения, например сохраняют в формах косвенных падежей беглый гласный звук (ср.: «О награждении действительного члена Всесоюзной академии сельскохозяйственных наук им. К. А. Тимирязева Гребеня Л. К. орденом ...»).

5. Не склоняются фамилии на *-аго, -яго, -ых, -их, -ово: Живаго, Дубяго, Красных, Долгих, Дурново.* Только в просторечии встречаются формы типа «у Ивана Седыха».

6. Иностранные фамилии, оканчивающиеся на гласный звук (кроме неударяемых *-а, -я*), не склоняются, например: *романы Золя, стихотворения Гюго, оперы Бизе, музыка Пуччини, пьесы Шоу.*

Нередко под это правило подводятся и славянские (польские и чешские) фамилии на *-ски* и *-ы: романы Иоганнеса Бобровски, словарь Покорны* (чешский лингвист), *зверское убийство Дукозефа Яблонски и его семьи* (из газет). Следует, однако, иметь в виду, что тенденция к передаче подобных фамилий в соответствии с их звучанием в языке-источнике (ср. написание польских фамилий *Глиньски, Лещиньска –* с буквой *ь* перед *ск*) сочетается с традицией их передачи по русскому образцу в написании и склонении: *произведения польского писателя Красиньского, труды лингвиста Лер-Сплавинского, выступление певицы Эвы Бандровской-Турской, концерт пианистки Черны-Стефаньской, статья Октавии Опульской-Донецкой* и т.п. Чтобы избежать трудностей в функционировании подобных фамилий в русском языке, целесообразно оформлять их по образцу склонения русских мужских и женских фамилий на *-ский, -цкий, -ый, -ая.* Ср. падежные формы таких польских сочетаний, как *Крайова Рада Народова: делегация Крайовой Рады Народовой, образование Крайовой Радой Народовой Временного правительства* и т.п.

Из фамилий на ударяемые *-а* склоняются только славянские: *у писателя Майбороды, к философу Сковороде.*

Нерусские фамилии на неударяемые *-а, -я* (в основном славянские и романские) склоняются, например: *творчество Яна Неруды, стихи Пабло Неруды, труды почетного академика Н. Ф. Гамалеи, утопизм Кампанеллы, жестокость Торквемады, музыкальная комедия Д. Чимарозы, фильм с участием Джульетты Мазины, мексиканские песни в исполнении Роситы Клинтоны.* Также: *трактат Авиценны, роль Патриса Лумумбы, переговоры с Модибо*

Кейтой, приезд Суванна Фумы (наблюдается тенденция склонять такие слова; ср. также появившиеся недавно сочетания типа *корреспондент «Униты»*). Исключение составляют фамилии на *-а, -я* с предшествующим гласным *-и*: *сонеты Эредиа, стихи Гарсия, рассказы Гулия.* Не склоняются также финские фамилии на *-а*: *встреча с Куусела.*

Колебания наблюдаются в употреблении фамилий грузинских, японских и некоторых других, которые то склоняются, то не склоняются, ср.:

1) *игра народного артиста СССР Хоровы, песни Окуджавы, 100 лет со дня рождения Сен-Катаямы,* ср. в периодической печати: «Посол Осима докладывал из Берлина министру иностранных дел *Мацуоке*...»; «Ведь у *Икэды* с *Фукусимой-старшим* были какие-то дела, которые они обсуждали в "Цветастой бабочке"»;

2) *заявление премьера Икэда, беседа с японским послом Тору Накагава.*

В последние годы явно наметилась тенденция к склонению подобных фамилий.

7. Украинские фамилии на *-ко (-енко)* в художественной литературе XIX в. склонялись, хотя по разному типу склонения, например: *приказ голове Евтуху Макогоненку, лежал убитый Кукубенком шляхтич* (Гоголь); *стихотворение, посвященное Родзянке А. Г.* (Пушкин); *с Гончаренком* (Тургенев); по типу существительных женского рода склоняются подобные фамилии у Чехова, Короленко, Шолохова. В современной печати такие фамилии, как правило, не склоняются, например: *юбилей Тараса Шевченко, воспоминания о В. Г. Короленко.* В некоторых случаях, однако, их изменяемость целесообразна для внесения в текст ясности: ср.: *письмо В. Г. Короленко – письмо В. Г. Короленке.* Ср. также у Чехова: «Под вечер Беликов... поплелся к *Коваленкам*». Не склоняются фамилии на *-ко* подударное: *театр имени Франко, рассказы Ляшко.*

8. В составных именах и фамилиях корейских, вьетнамских, бирманских склоняется последняя часть (если она оканчивается на согласный звук), например: *речь Цой Хена, заявление Фам Ван Донга, беседа с У Ку Лингом.*

9. В русских двойных фамилиях первая часть склоняется, если она сама по себе употребляется как фамилия, например: *стихи Лебедева-Кумача, картины Соколова-Скаля.* Если же первая часть не образует фамилии, то она не склоняется, например: *исследования Грум-Гржимайло, в роли Сквозник-Дмухановского, скульптура Демут-Малиновского.*

10. Нерусские фамилии, относящиеся к двум или нескольким лицам, в одних случаях ставятся в форме множественного числа, в других – в форме единственного, а именно:

1) если при фамилии имеются два мужских имени, то она ставится в форме множественного числа, например: *Генрих и Томас Манны, Август и Жан Пикары, Адольф и Михаил Готлибы,* также *отец и сын Ойстрахи*;

2) при двух женских именах фамилия ставится в форме единственного числа, например: *Ирина и Тамара Пресс* (ср. несклоняемость фамилий на согласный звук, относящихся к женщинам);

3) если фамилия сопровождается мужским и женским именами, то она сохраняет форму единственного числа, например: *Билл и Хиллари Клинтон, Франклин и Элеонора Рузвельт, Поль и Эсланда Робсон, Август и Каролина Шлегель, создатели фильма «Русское чудо» Аннели и Андрэ Торндайк, соратники Рихарда Зорге Макс и Анна Клаузен, Ариадна и Петр Тур,* также *Сережа и Валя Брузжак, Нина и Станислав Жук;*

4) в единственном числе ставится также фамилия, если она сопровождается двумя нарицательными существительными, указывающими на разный пол, например: *господин и госпожа Райнер, лорд и леди Гамильтон,* однако при сочетаниях *муж и жена, брат и сестра* фамилия чаще употребляется в форме множественного числа: *муж и жена Эстремы, брат и сестра Ниринги;*

5) при слове *супруги* фамилия ставится в форме единственного числа, например: *супруги Кент, супруги Торндайк, супруги Ноддак;*

6) при слове *братья* фамилия тоже обычно ставится в форме единственного числа, например: *братья Гримм, братья Шлегель, братья Шелленберг, братья Покрасс;* то же при слове *сестры: – сестры Пресс, сестры Кох;* однако носители таких фамилий порой отступают от этого правила, например: *братья Вайнеры;*

7) при слове *семья* фамилия обычно ставится в форме единственного числа, например: *семья Оппенгейм, семья Гофмансталь.*

11. В сочетаниях русских фамилий с именами числительными используются такие формы: *два Петрова, оба Петрова, двое Петровых, оба брата Петровы, два друга Петровы; двое (оба) Жуковских, две (обе) Жуковские.* Под это правило подводятся также сочетания числительных с иноязычными фамилиями: *оба Шлегеля, два брата Манны.*

12. Женские отчества склоняются по типу склонения имен существительных, а не имен прилагательных, например: *у Анны Ивановны, к Анне Ивановне* (но: *...Ивановной*); во множественном числе: *Ольга и Вера Павловны, у Ольги и Веры Павловен, с Ольгой и Верой Павловнами* (ср.: *у царевен, с царевнами*).

§ 150. Окончания родительного падежа единственного числа существительных мужского рода -*а* (-*я*) – -*у* (-*ю*)

В названном падеже возможны вариантные окончания в сочетаниях типа *стакан чаю – стакан чая, много народу – много народа.* Форма на -*у* (-*ю*), с присущим ей разговорным оттенком, встречается в следующих случаях:

1) у имен существительных с в е щ е с т в е н н ы м значением при указании на количество, т.е. для обозначения части целого, например: *стакан чаю* (ср.: *вкус чая*), *килограмм сахару* (ср.: *сладость сахара*), *достать воску, керосину, клею, лаку, мелу, скипидару, тесу, прикупить гороху, жиру, луку, меду, перцу, рису, сыру;* то же с ударяемым окончанием: *килограмм песку, достать чесноку, прибавить кипятку, прикупить миндалю.*

С окончанием **-у** употребляются, как правило, существительные, имеющие в своем составе уменьшительный суффикс: *выпить кваску, коньячку, чайку, поесть медку, сахарку, сырку, чесночку*.

Если при существительном стоит определение, то обычно употребляется форма на **-а (-я)**, например: *стакан крепкого чая, пачка душистого табака*.

2) у отдельных с о б и р а т е л ь н ы х существительных с тем же количественным значением: *много народу* (ср.: *история народа*);

3) у имен существительных о т в л е ч е н н ы х , если выражается указанный оттенок количественного значения: *наделать шуму, нагнать страху, наговорить вздору*;

4) в некоторых фразеологических оборотах: *без году неделя, без роду и племени, дать маху, добиться толку, задать перцу, конца-краю нет, нашего полку прибыло, не до смеху, поддать жару, прибавить шагу, с глазу на глаз, с кругу сбиться, с миру по нитке, сбиться с толку, спору нет, только и разговору, что есть духу* и т.п.;

5) после предлогов *из, от, с* (со значением удаления или причины), предлога *до* (со значением предела, достижения), предлога *без* (в наречных сочетаниях), частицы *ни* (обычно во фразеологизмах), например: *упустить из виду, тридцать лет от роду, беситься с жиру, крикнуть с испугу, умереть с голоду, нужно до зарезу, проводить до дому, танцевать до упаду, брать без разбору, войти без спросу, говорить без умолку, сорить деньгами без счету, не был ни разу, ни слуху ни духу, ни шагу дальше*;

6) в отрицательных предложениях, например: *износу нет, отбою нет, отказу не было, покою не было, не показывать виду, не хватает духу*;

7) в некоторых случаях возможно смысловое различие форм на **-а (-я)** и на **-у (-ю)**. Так, *выйти из дому* значит «выйти из своего дома» (т.е. места, где человек проживает), а *выйти из дома* может обозначать «выйти из строения определенного типа» или «выйти из обозначенного дома» (ср.: *из дома вышли два гражданина, кто-то вышел из дома № 15*). Ср. также: *уйти из дому* (на некоторое время) – *уйти из дома* (покинуть семью, *проводить до дому* (проводить домой) – *проводить до дома* (до определенного дома), *леса нет* (отсутствует лес) – *лесу нет* (отсутствует строительный материал).

Следует заметить, что формы на **-у (-ю)** в современном языке убывают и в разговорной речи и в художественной литературе. Что касается таких стилей, как научный и деловой, то эти формы в них не используются.

§ 151. Формы винительного падежа существительных одушевленных и неодушевленных

1. Возможны варианты: *изучать бактерии – изучать бактерий, исследовать бациллы – исследовать бацилл, уничтожать микробы – уничтожать* *микробов;* то же в отношении слов *зародыши, личинки, эмбрионы* и некоторых других. Первые формы (по типу существительных неодушевленных) употребляются в общелитературном языке, вторые (по типу существительных одушевленных) связаны с более архаическим или профессиональным употреблением.

2. В различии форм *поймал трех рыб – съел три рыбки* сказывается то обстоятельство, что во втором случае имеется в виду кушанье (ср.: *съесть кильки, сардины, шпроты* – как нерасчлененный продукт; но: *съесть карасей, раков, цыплят* – как единичные предметы). Возможные варианты: *есть омаров, устриц – есть омары, устрицы.*

3. В вариантах *купить двух коров – купить две коровы, подстрелить трех уток – подстрелить три утки* (при названиях животных в форме женского рода, когда речь идет об общем счете, купле-продаже) вторая форма имеет разговорный характер.

4. При нормальной форме *доставить двадцать два пассажира* (в конструкциях с составными числительными, оканчивающимися на *два, три, четыре,* винительный падеж сохраняет форму именительного независимо от категории одушевленности) существует разговорная форма *доставить двадцать двух пассажиров.*

5. Из двух вариантов: *встретить нескольких товарищей* и *встретить несколько товарищей* – в настоящее время более употребителен второй (то же при словах *сколько, столько*).

6. Слово *лицо* в значении «человек» употребляется во множественном числе как существительное одушевленное, например: *уволить целые бригады и отдельных лиц.*

Различие форм *вывести положительный тип – проучить этого типа, найти субъект суждения – наказать этого субъекта, отогнать истребитель – наградить истребителя танков, построить бомбардировщик – ранить бомбардировщика, чинить счетчики – собрать счетчиков по переписи* связано с различным значением слов в каждой из приведенных пар.

Слово *персонаж* склоняется как существительное неодушевленное: *ввести комический персонаж.* Но во множественном числе встречается и форма одушевленного существительного, например: «Нью-йоркские газеты наперебой утверждают, что Чичиков *напоминает* им многих реальных *персонажей* из нынешней американской действительности» (С. Вишневский).

Слово *адресат* склоняется как существительное одушевленное: *найти адресата.*

7. В результате олицетворения или употребления слова в переносном значении названия предметов неодушевленных могут употребляться для обозначения лиц, например: *надо пригласить и этого старого колпака; этого пня трудно убедить; убрать этого истукана* (бессердечный или бестолковый человек, ср.: *поставить истукан*); *на кинофестивале можно было увидеть всех звезд экрана; показывать петрушек и марионеток; одевать кукол* (но: *шить матерчатые* куклы); ср. в поговорках: *Лапоть знай лаптя, сапог – сапога; Чин чина почитай.*

В профессиональном употреблении встречаются формы *загнать шара в лузу, найти гриба хорошего.*

Закрепились формы: *сотворить себе идола – сотворить себе кумир* (но: *обожал своего кумира* – имеется в виду живое существо).

Значение олицетворения находим в конструкциях: *прогневить горных духов, встретить опасных призраков* (ср.: *видеть вокруг себя призраки*). Ср. у Тютчева: *выкликать теней.*

Названия карточных фигур склоняются как существительные одушевленные: *открыть валета, прикупить туза.*

Названия планет склоняются как существительные неодушевленные: *наблюдать Марс, видеть в телескоп Нептун, смотреть на Юпитер.* Соответствующие названия в мифологии употребляются как существительные одушевленные: *проклинать Марса, воспевать Нептуна, надеяться на Юпитера.*

8. При употреблении существительных одушевленных для обозначения предметов наблюдаются двоякие формы винительного падежа. Ср.: *наблюдать искусственный спутник Земли, запустить новый спутник – запускать новых спутников* (в профессиональном употреблении). Только: *Юпитер имеет четырех спутников.*

В паре *пускать бумажного змея – пускать бумажный змей* второй вариант является устарелым.

В условных названиях (например, в названиях пароходов) одушевленные существительные могут склоняться как неодушевленные, например: *Курсанты торопились на уходящий в плавание «Товарищ»; Производится посадка на «Седов»* (подобные формы присущи разговорному языку, в книжном, литературном языке перед условным названием обычно ставят слово, обозначающее родовое понятие: «посадка на пароход „Седов"»).

Однако в периодической печати обычно встречаются сокращенные варианты, например: *«На „Юрий Долгорукий" (китобаза) было перегружено в открытом океане с рефрижератора „Сарма" продовольствие и снаряжение»* (из газет).

§ 152. Окончания предложного падежа единственного числа существительных мужского рода *-е – -у*

Различие между указанными формами может быть связано со значением (ср.: *на доме – на дому*) или со стилистической окраской (ср. книжный вариант в *отпуске* и разговорный в *отпуску*).

1. Формы с окончанием *-у (-ю)* употребляются, если при существительном (мужского рода, неодушевленном) имеются предлоги *в* и *на* (в сочетании с предлогом *при* только в единичных случаях: *при полку*); ср.: *на берегу – о береге,* *в строю – о строе* и т.п. В немногих конструкциях фигурирует имя собственное: *на Дону, в Крыму, в Клину.*

Форме на **-у** присуще обстоятельственное значение, а форме на **-е** – объектное. Ср.: *держаться на весу* (обстоятельство) – *выгадывать на весе* (дополнение); *увязнуть в меду – разбираться в меде; находиться в строю – в строе простого предложения* и т.п. Ср. также: *гулять в лесу* – роль Несчастливцева в «Лесе» А. Н. Островского; *был на Дону* – *был на «Тихом Доне»* (название оперы); *родился в 1918 году – описание событий в «Восемнадцатом годе»* А. Н. Толстого.

2. При выборе одной из параллельных форм учитывается лексический состав сочетания, фразеологический характер выражения, употребление слова в прямом или переносном значении. Ср.:

у нас в быту – перемены в нашем быте
брань на вороту не виснет – шов на вороте
работа на дому – номер на доме
задыхаться в дыму – в дыме пожарищ
весь в жиру – плавает в жире
подошва на клею – соединение на клее новой марки
лес на корню – трещина на корне зуба
на самом краю – на переднем крае
в кругу друзей – в спасательном круге
на лисьем меху – снежинки блестят на мехе
расположиться на мысу реки – на мысе Доброй Надежды
весь в поту – трудиться в поте лица
в ряду новобранцев – в ряде ферм
военные части на смотру – на смотре самодеятельности
на хорошем счету – на расчетном счете
стоять в углу – в угле треугольника
машина на ходу – отразиться на ходе дела
товар в ходу – перебои в ходе часов
сад в цвету – во цвете лет

При наличии определения вместо формы на **-у** возможна форма на **-е**, например: *в снегу – в пушистом снеге.*

Форма на **-у(-ю)** употребляется в сочетаниях, близких по значению к наречиям, например: *на весу, на лету, на скаку, на ходу,* а также в выражениях, имеющих характер устойчивых сочетаний, например: *бельмо на глазу, остаться в долгу, на краю гибели, на подножном корму, жить в ладу, идти на поводу, вариться в собственном соку, на хорошем счету.*

3. Формы на **-е** характеризуются как книжные, формы на **-у** – как разговорные (разговорно-профессиональные, иногда с оттенком просторечия). Ср.:

в аэропорте – в аэропорту	*в отпуске – в отпуску*
на гробе – на гробу	*в спирте – в спирту*

на грунте – на грунту в хлеве – в хлеву
на дубе – на дубу на холоде – на холоду
в зобе – в зобу в цехе – в цеху
на крюке – на крюку в чае – в чаю

§ 153. Окончания именительного падежа множественного числа существительных мужского рода -ы (-и) – -а (-я)

В современном языке продуктивно образование форм на **-á (-я́)** типа *инспектора́, слесаря́*. В одних случаях подобные формы на протяжении длительного периода прочно закрепились в литературном языке (например, многие односложные слова типа *бег – бега́* и слова, имеющие в единственном числе ударение на первом слоге, типа *ве́чер – вечера́, о́корок – окорока́*); в других случаях наблюдается параллельное их употребление с формами на **-ы (-и)**, но со стилистической дифференциацией (ср. книжную форму *корре́кторы* и разговорную *корректора́*); наконец, в третьих случаях формы на **-á (-я́)** выходят за пределы литературной нормы (например: *автора́, лектора́*).

1. Из форм на **-á (-я́)** наиболее употребительны в нормативном плане следующие:

адреса́	глаза́	края́	отруба́	стога́
бега́	голоса́	купола́	паруса́	сторожа́
берега́	директора́	кучера́	паспорта́	тенора́
бока́	доктора́	лемеха́	перепела́	терема́
борта́	дома́	леса́	писаря́	тетерева́
буера́	дупеля́	луга́	повара́	фельдшера́
буфера́	егеря́	мастера́	погреба́	флюгера́
веера́	желоба́	невода́	поезда́	холода́
века́ (но: во ве́ки веко́в, в кои ве́ки)	жемчуга́	номера́	потроха́	хутора́
	жернова́	обшлага́	приства́	черепа́
	закрома́	окорока́	профессора́	шафера́
векселя́	катера́	округа́	рога́	щёлка́
вензеля́	кивера́	ордера́	рукава́	штемпеля́
вечера́	кителя́	острова́	снега́	штуцера́
вороха́	колокола́	откупа́	сорта́	шулера́

2. К стилистически разграничиваемым случаям относятся следующие:

бу́нкеры – бункера́ инспе́кторы – инспектора́
возы́ – воза́ инстру́кторы – инструктора́
го́ды – года́ кле́веры – клевера́
гробы́ – гроба́ кормы́ – корма́
догово́ры – договора́ корре́кторы – корректора́
дья́коны – дьякона́ ко́робы – короба́

кре́йсеры – крейсера́
ку́зовы – кузова́
ле́кари – лекаря́
о́воды – овода́
о́тпуски – отпуска́
пе́кари – пекаря́
по́йнтеры – пойнтера́
проже́кторы – прожектора́
про́мыслы – промысла́
реда́кторы – редактора́
се́кторы – сектора́
ску́теры – скутера́
сле́сари – слесаря́
то́кари – токаря́
то́мы – тома́
то́поли – тополя́
фли́гели – флигеля́
хле́вы – хлева́
це́хи – цеха́
шо́мполы – шомпола́
шта́бели – штабеля́
шту́рманы – штурмана́
я́кори – якоря́
я́стребы – ястреба́

Как указывалось выше, форма на **-ы (-и)** свойственна книжной, преимущественно письменной речи, а форма на **-а (-я)** – устно-разговорной, профессиональной, иногда с оттенком устарелости (например: *гроба́*).

В отдельных случаях наблюдается смысловое различие между обеими формами, например: *кондуктора́* (работники транспорта) – *конду́кторы* (приспособления в технике). Возможно употребление одной формы в определенном лексическом окружении: при нормативной форме *кре́ндели* форма *кренделя́* употребляется только в выражении «кренделя ногами выписывать (выделывать, выводить)».

3. Некоторые слова-омонимы (в форме единственного числа) имеют во множественном числе окончание **-ы (-и)** или **-а (-я)** в зависимости от значения, например:

бо́ровы (кабаны) – *борова́* (дымоходы)
ко́рпусы (туловища) – *корпуса́* (здания, войсковые соединения)
ла́гери (общественно-политич. группировки) – *лагеря́* (военные, пионерские, туристские и т.п.)
мехи́ (кузнечные; бурдюки) – *меха́* (выделанные шкуры)
о́бразы (художественно-литературные) – *образа́* (иконы)
о́рдены (рыцарские и монашеские общества) – *ордена́* (знаки отличия)
о́рдеры (в архитектуре) – *ордера́* (документы)
по́ясы (географические) – *пояса́* (части одежды)
про́пуски (недосмотры) – *пропуска́* (документы)
со́боли (животные) – *соболя́* (меха)
то́ки (электрические) – *тока́* (место молотьбы)
то́ны (звуковые) – *тона́* (переливы цвета)
то́рмозы (препятствия) – *тормоза́* (приборы)
учи́тели (идейные руководители) – *учителя́* (преподаватели)
хле́бы (печеные) – *хлеба́* (на корню, также в выражении «поступить к кому-нибудь на хлеба»)

цветы́ (растения) — цвета́ (окраски)
ю́нкеры (прусские помещики) — юнкера́ (в дореволюционных военных училищах)

Смысловое различие проводится также между существительными, образующими множественное число при помощи окончания *-а (-я)*, и существительными с окончанием *-ы (-и)*, употребляющимися только во множественном числе, например:

про́воды (при отъезде) — провода́ (электрические)
счёты (прибор, взаимные отношения) — счета́ (документы)

Ср. также при другом соотношении окончаний:

зу́бы (у животных) — зу́бья (у пилы, у бороны)
ко́рни (у растений, также в математике) — коре́нья (овощи)
крюки́ (загнутые гвозди) — крю́чья (приспособление для переноски тяжестей, для захвата чего-либо)
листы́ (в книге) — ли́стья (на дереве)
мужи́ (государственные деятели) — мужья́ (в семье)
сыны́ (родины) — сыновья́ (у родителей)

Возможны и другие смысловые и стилистические соотношения между сопоставляемыми формами. Ср.:

коле́ни (суставы) — коле́на (в песне, в танце; разветвление рода; устарелая форма в значении «колени») — коле́нья (звено, сочленение — у трубы, у бамбука);
ка́мни — каме́нья (устарелая форма);
клоки́ (крупные) — кло́чья (мелкие);
лоскуты́ (обрезки ткани, кожи) — лоску́тья (лохмотья).

В поэзии встречается *листы́* в значении «листья»: басня И. А. Крылова «Листы и Корни».

§ 154. Окончания родительного падежа множественного числа

1. Многие имена существительные м у ж с к о г о рода с непроизводной основой на твердый согласный (кроме шипящих) имеют в родительном падеже множественного числа форму без окончания (так называемое нулевое окончание). Сюда относятся:

1) названия предметов, употребляющихся обычно парами: (пара) *ботинок, валенок, сапог* (но: *сапогов-скороходов*), *чулок* (но: *носков*), (без) *погон, эполет;*

2) названия некоторых национальностей, главным образом с основой на *н* и *р*: (жить среди) *англичан, армян, балкар, башкир, болгар, бурят, грузин, лезгин, мордвин, осетин, румын, сарацин, туркмен, турок, хазар, цыган, последний из могикан;* но: *бедуинов, берберов, бушменов, негров, сванов, калмыков, киргизов, мегрелов, монголов, ойротов, таджиков, тунгусов, узбеков, хакасов, хорватов, якутов;* колебания: *сарматов – сармат* и некоторые другие;

3) названия воинских групп, прежних родов войск и т.п.: (отряд) *партизан, солдат,* (отряд) *гренадер, гусар, драгун, кадет* (ср.: *партия кадетов*), *кирасир, рейтар, улан,* но: *минеров, мичманов, саперов;* колебания: *гардемаринов – гардемарин* и некоторые другие;

4) некоторые названия единиц измерения, обычно употребляющиеся с именами числительными: (количество) *ампер, ватт, вольт; аршин; ангстрем, герц, гран, эрстед;* колебания: *микронов – микрон, омов – ом, рентгенов – рентген, граммов – грамм, килограммов – килограмм, каратов – карат;* полные формы: *кулонов, ньютонов, эргов; динаров; кабельтовых* (от *кабельтов*). В случае колебания следует учитывать несомненную тенденцию к использованию более коротких форм. Также: *без шпон.*

Окончание **-ов** сохраняется в формах: *гектаров; апельсинов, мандаринов, помидоров, томатов; рельсов;* колебания: *баклажанов – баклажан* и нек. др. В устной речи обычно используются усеченные формы (без окончания **-ов**).

Разные формы имеются у слов-омонимов. Так, *рожо́к* (пастуший, детский и т.п.) образует во множественном числе формы *рожки́ – рожко́в; рожо́к* (уменьшит. к *рог*) имеет формы *ро́жки – ро́жек,* от *глазо́к* (почка у растений; отверстие для надзора) – *глазки́ – глазко́в;* от *глазо́к* (уменьшит. к *глаз*) – *гла́зки – гла́зок.*

2. Вариантные формы существительных ж е н с к о г о рода: *барж* (от *ба́ржа*) – *баржéй* (от *баржа́*); *ба́сен* (от *ба́сня*) – *ба́сней* (от *басн́ь*); *пе́сен* (от *пе́сня*) – *пе́сней* (от *песнь*); *сажéней* (от *сажéнь*) – *са́жен* и *сажене́й* (от *са́жень*); *я́блонь* (от *я́блоня*) – *я́блоней* (от *я́блонь*). Современному литературному употреблению свойственны первые в каждой из приведенных пар формы.

Нормативными являются формы родительного падежа *вафель, домен* (реже *домн*), *кочерёг, кровель, оглобель* (реже *оглоблей*), *розог, свадеб, сплетен, усадеб* (реже *усадьб*); *долей, кеглей, пеней, пригоршней, саклей, свечей* (реже *свеч*), *цапель* (реже *цаплей*), *нянь, простынь, тетей* (реже *теть;* ср. у Чехова: «В этом же новом мире, где солнце режет глаза, столько пап, мам и *теть,* что не знаешь, к кому и подбежать»).

При выборе возможных форм собственных имен: (для наших) *Валь – Валей, Галь – Галей, Оль – Олей* и т.п. – можно также исходить из принципа «экономии», т.е. употреблять более краткую форму (в противовес мужским именам однотипного «членения: (для наших) *Ваней, Васей, Петей*).

3. Вариантные формы существительных с р е д н е г о рода: *дупел – дупл* (от *дупло*), *дышел – дышл* (от *дышло*), *ремесел – ремесл* (от *ремесло*), *русел – русл* (от *русло*), *тягол – тягл* (от *тягло*). В книжной речи обычно встречаются первые формы, в разговорной – вторые (без вставки беглого гласного).

Стилистическими вариантами являются литературные *захолустий, побережий, снадобий* и разговорно-просторечные *захолустьев, побережьев, снадобьев.*

Нормативные формы: *верховьев, низовьев, устьев* (также *подмастерьев,* муж. р.), *плеч* (устар. *плечей*), *яблок* (устар. и простор. *яблоков*), *блюдец, зеркалец, корытец* (реже *корытцев*), *одеялец, коленец, полотенец, щупалец; болотцев, кружевцев* (от *кружевце*) и *кружевец* (от *кружевцо*). Вариантные формы: *коленей – колен, копытцев – копытец* и нек. др.

4. Вариантные формы существительных, употребляющихся только во множественном числе: *граблей* (реже *грабель*), *ходулей* (реже *ходуль*), *выкрутасов* (реже *выкрутас*), *рейтуз* (реже *рейтузов*).

Нормативные формы: *заморозков, клавикордов, клипсов, лохмотьев, отрепьев, пантов, подонков; мокасин, нападок, панталон, потемок, сумерек, шаровар; будней, дровней, яслей.*

Некоторые слова этой категории допускают параллельные формы родительного падежа множественного числа (без окончания и с окончанием *-ов*), например: *бот – ботов, выжимок – выжимков, высевок – высевков, выселок – выселков, вычесок – выческов*. Но только (с окончанием *-ов*): *выморозки – выморозков, опивки – опивков, последки – последков* и нек. др.

§ 155. Окончания творительного падежа множественного числа -*ями*– –(ь)*ми*

В парах *дверями – дверьми, дочерями – дочерьми, лошадями – лошадьми* более употребительны вторые варианты (первые рассматриваются как книжные и в той или иной степени устарелые).

При нормативных формах *костями, плетями* сохраняется во фразеологических оборотах форма с ударяемым окончанием – (ь) *ми: лечь костьми, наказание плетьми.*

§ 156. Употребление единственного числа в значении множественного

Форма единственного числа употребляется в значении множественного в ряде случаев:

1) при обозначении целого класса предметов с указанием их характерных признаков, например: *Собака – друг человека; Сосна – дерево смолистое; Книга – источник знания;*

2) при употреблении существительного конкретного в собирательном, обобщающем значении, например: *Зерно уже налилось; В такую вьюгу и медведь не вылезает из берлоги; Не перевелась еще благородная птица тетерев* (Тургенев);

3) при указании на то, что одинаковые предметы принадлежат каждому лицу или предмету из целой их группы или находятся в одинаковом отношении к ним (так называемое д и с т р и б у т и в н о е   значение), например: *Солдаты стояли с опущенной головой...* (Пушкин); *Совещание заведующих отделом*

информации (не «*отделами информации*»); *Ученики писали карандашом* (не «*карандашами*»); *Он не знал, какое горе лежало на сердце чужих людей* (Короленко) – играет роль также образное использование слова *сердце*.

§ 157. Употребление отвлеченных, вещественных и собственных имен существительных во множественном числе

1. Некоторые о т в л е ч е н н ы е имена существительные, употребленные в конкретном значении, ставятся в форме множественного числа, например: ... *Говорили о радостях труда* (Чехов) (ср.: *скрыть свою радость*); ...*Он стал перечислять красоты родной страны* (Казакевич) (т.е. красивые места); *низкие температуры* (ср.: *температура наружного воздуха*); *шумы радиоприемника* (ср.: *шум на улице*); *морские глубины* (ср.: *глубина моря*); *получить в школе прочные знания* (ср.: *знание жизни*); *Педагогические чтения* (ср.: *чтение классических произведений*); *число продаж* (в значении «число актов продажи»).

Отвлеченные существительные употребляются во множественном числе также для обозначения интенсивности явления, его повторяемости, например: *По ночам стоят холода...* (Куприн) (ср.: *посинеть от холода*); *Морозы... время крещенское...* (А.Н. Островский) (ср.: *вынести продукты на мороз*).

2. Имена существительные с в е щ е с т в е н н ы м значением употребляются в форме множественного числа для обозначения различных сортов или видов вещества, например: *высококачественные стали, дорогие табаки, красные и белые глины, лечебные вина, смазочные масла, спирты из недефицитного сырья*. Ср. в специальном употреблении: *бензины, граниты,, каучуки, цементы, эфиры, культурные лаки, офсетные бумаги*. Однако названия элементов (*золото, серебро, платина, азот, калий, натрий* и др.) не образуют формы множественного числа. Не образуют ее и такие вещественные существительные, как *молоко, просо, рис, щавель, пух, тес* и др.

Форма множественного числа употребляется также для обозначения изделий из данного материала: *бронзы, фарфоры, хрустали;* ср.: *Мебель же, зеркала, бронзы отдавались даром* (Л. Толстой).

Форма множественного числа рассматриваемых существительных может также указывать на большое количество вещества, занимающего обширное пространство: *пески пустыни* (ср.: *разбросан песок*), *бесконечные снега* (ср.: *выпал снег*); в частности при названии злаков: *овсы, ячмени* (также *озими*). Ср.: *Солнце закатилось, и в мокрых овсах кричали перепела* (А. Н. Толстой); *Вдоль дороги дымились в росе вызревшие овсы* (Шолохов).

Различие в формах единственного и множественного числа названий плодов, овощей, ягод (ср.: *килограмм малины – килограмм яблок*) связано с тем, что при сборе или потреблении одни культуры выступают как нерасчлененная масса, другие – как единичные предметы. Ср.: *килограмм вишни,* смородины, клубники, моркови, репы – килограмм груш, персиков, абрикосов, огурцов.

3. С о б с т в е н н ы е имена существительные употребляются в форме множественного числа для обозначения типа людей, например: *И может собственных Платонов и быстрых разумом Невтонов Российская земля рождать* (Ломоносов). Эта форма используется также для выражения отрицательной оценки с характером типичности, причем происходит переход собственного имени в нарицательное, например: *квислинги* (изменники-коллаборационисты) (см. также § 13, п. 6).

Фамилии в форме множественного числа обозначают членов одной семьи, например: *семья Артамоновых* (иностранные фамилии в этом случае сохраняют форму единственного числа, например: *семья Оппенгейм*).

§ 158. Варианты суффиксов имен существительных

1. В парах *воробышек – воробушек, камешек – камушек* первые слова (с суффиксами *-ышек, -ешек*) употребляются в нейтральном стиле, а вторые (с суффиксом *-ушек*) имеют народный и разговорный оттенок.

В паре *краешек – краюшек* первому слову присущ разговорный оттенок, а второе является диалектным.

2. В парах *лозняк – лозник, березняк – березник* вторые слова (с суффиксом *-ник*) являются диалектными.

3. Слова *бессмыслица* и *нелепица* выступают как разговорный вариант книжных слов *бессмысленность* и *нелепость*.

XXXVII. Формы имен прилагательных

§ 159. Полная и краткая форма качественных прилагательных

При выборе одной из двух названных форм в функции сказуемого следует учитывать имеющиеся между ними различия.

1. С м ы с л о в о е различие выражается в том, что некоторые краткие формы имен прилагательных резко расходятся в своем значении с соответствующими полными. Ср.: *глухой от рождения – глух к просьбам; ребенок весьма живой – старик еще жив; метод очень хороший – парень хорош собой.* Ср. также неупотребляемость в краткой форме отдельных прилагательных, выражающих постоянное свойство предметов или служащих терминологическим обозначением признаков: *Противоположная стена глухая; Цветы в вазе живые* и т.д.

Некоторые краткие формы употребляются ограниченно. Так, обычно они не употребляются при обозначении погоды, например: *дни были теплые, ветер будет холодный, погода прекрасная*.

Названия некоторых цветов или совсем не употребляются в краткой форме (*голубой, коричневый, розовый, фиолетовый* и др.), или употребляются с известными ограничениями. Так, почти совсем не встречаются формы мужского рода *бур, синь, черен* (при употребительности форм женского и среднего рода и множественного числа).

Во фразеологизмах в одних случаях закрепились только полные формы, в других – только краткие. Ср.:

1) *положение безвыходное, пора горячая, рука легкая* и др.;

2) *все живы и здоровы, взятки гладки, дело плохо, мил сердцу, руки коротки, совесть нечиста* и др.

2. Полные формы обычно обозначают п о с т о я н н ы й признак, вневременное качество, а краткие – в р е м е н н ы й признак, недлительное состояние, ср.: *мать больная – мать больна, движения его спокойные – лицо его спокойно* и т.д. Положение это не имеет категорического характера. Ср.:

1) *В тот момент он сильно волновался, лицо у него было красное* (полная форма, хотя указывается временный признак, сказывается ограниченная употребительность краткой формы прилагательного, обозначающего цвет, см. выше);

2) *Страна наша богата, все у нас есть* (краткая форма, хотя указывается постоянный признак; такие конструкции употребляются в научных положениях, определениях, в описаниях, например: *пространство бесконечно; наша молодежь очень талантлива; девушка молода и красива; эти требования неприемлемы* и т.п.).

В качестве третьего варианта выступает полная форма в творительном падеже, указывающая, подобно краткой форме, на временный признак, но между последними двумя формами в контексте выявляются оттенки смыслового различия. Ср.: *Он был старый* (постоянный признак).

Он был стар, когда я с ним познакомился (признак по отношению к данному моменту).

Он был старым, когда я был с ним знаком (признак, ограниченный определенным периодом).

3. В других случаях полная форма обозначает а б с о л ю т н ы й признак, не связанный с конкретной обстановкой, а краткая – о т н о с и т е л ь н ы й признак, применительно к определенной ситуации. Обычно это различие проявляется у прилагательных, обозначающих размер, вес и т.д., причем краткая форма указывает на недостаточность или излишек. Ср.: *потолок низкий* (признак вообще) – *потолок низок* (для высокой мебели); *ноша тяжелая* (безотносительно к тому, кто будет ее нести) -- *ноша тяжела* (для слабого человека, для ребенка). Ср.: также: *ботинки малы, перчатки велики, коридор узок, пальто коротко* и т.п.

4. Грамматическое (синтаксическое) различие между обеими формами заключается в том, что краткая форма обладает способностью синтаксического управления, а полная, употребленная в именительном падеже, такой способностью не обладает, например: *он способен к музыке, мы готовы к отъезду, ребенок склонен к простуде, она была больна гриппом* (употребление полной формы в этих примерах невозможно). Встречающиеся в художественной литература конструкции с наличием управляемых слов при полной форме связаны со стилистическим заданием (внесением просторечной окраски в высказывание), например: *Я на такую тяжесть уже не способный* (В. Кожевников); *Старик... на язык легкий и занятный* (Н. Грибачев).

5. Стилистическое различие между обеими формами выражается в том, что для краткой формы характерен оттенок категоричности, для полной – оттенок смягченного выражения. Ср.: *он хитер – он хитрый, она смела – она смелая* и т.п.

Краткая форма нередко присуща книжному языку, полная – разговорному. Ср.: *Умозаключения и выводы автора исследования ясны и точны. – Ответы ученика ясные и точные.* Ср. употребление краткой формы в книжно-письменной речи: *Всякая сфера деятельности бесконечно разнообразна...* (Белинский); *Настоящая мудрость немногословна* (Л. Толстой); *Наша речь преимущественно афористична...* (Горький).

Возможен выбор между краткой формой и полной формой в творительном падеже, например: *стал богат – стал богатым, сделался известен – сделался известным.* Ср. при некоторых глаголах-связках:

Я хотел бы быть вам полезен (В. Кожевников). – *Я не могу быть полезным вашему сыну* (Федин).

Лепет его стал неразборчив (Федин). – *Он быстро охмелел, стал болтливым* (В. Кожевников).

Дед заметно становился жаден (Горький). – *Молчание становилось тягостным* (В. Кожевников).

Ефрейтор оказался чрезвычайно наивен в своем восхищении деятельностью капитана Дитриха (В. Кожевников). – *Запас сырья в лаборатории оказался довольно значительным* (В. Михайлов).

В современном языке преобладает второй вариант. Но при глаголе-связке *быть* чаще встречается конструкция с краткой формой. Ср.: *он был молод – он был молодым, она была красива – она была красивой.*

6. В качестве однородных сказуемых выступают, как правило, или только полные, или только краткие формы прилагательных, например:

1) *Октябрь был на редкость холодный, ненастный* (Паустовский); *Был я молодым, горячим, искренним, неглупым...* (Чехов);

2) *Открытая шея тонка и нежна* (А. Н. Толстой); *Сила моряков неудержима, настойчива, целеустремленна* (Л. Соболев).

Нарушением нормы являются конструкции: «Он добрый, но слаboволен»;

«Взгляды оригинальные, хотя и примитивны в своей основе» (в обоих случаях формы прилагательных следует унифицировать).

Только в особых условиях контекста или со стилистическим заданием возможно сочетание обеих форм как синтаксически однородных, например: *Как она мила, какая умненькая* (Тургенев) – при наличии слов *как* и *так* употребляется только краткая форма, при наличии слов *какой* и *такой* – только полная форма; *Ведь горбат, а приятный...* (Горький) (в речи персонажа).

7. При вежливом обращении на «вы» возможна или краткая форма (*вы добры, вы настойчивы*), или полная, согласованная в роде с реальным полом лица, к которому обращена речь (*вы добрая, вы такой настойчивый*). Форма «вы добрые» в обращении к одному лицу звучит как явное просторечие.

§ 160. Вариантные формы кратких прилагательных

1. Из дублетных форм кратких прилагательных (на *-ен* и на *-енен*), образуемых от полных форм с неударяемым *-енный*, в нейтральных стилях речи все больше закрепляется форма на *-ен* (как более «экономная»). Таковы, например:

безбоязнен	болезнен	легкомыслен	подведомствен
бездействен	величествен	медлен	посредствен
безжизнен	воинствен	многочислен	родствен
безнравствен	двусмыслен	могуществен	свойствен
безукоризнен	единствен	мужествен	соответствен
беспочвен	естествен	невежествен	существен
бессмыслен	злокачествен	неприязнен	таинствен
бесчувствен	искусствен	ответствен	тождествен
			явствен

2. Различаются краткие прилагательные на *-енен* и краткие причастия на *-ен*. Ср.:

случай вполне определенен (ясен) – *срок отъезда уже определен* (установлен, намечен);

старик весьма почтенен (достоин почтения) – *юбиляр почтен нашим вниманием* (его почтили вниманием);

вид актера принужденен (натянут, неестествен) – *брат принужден уехать* (делает по принуждению).

3. У одних прилагательных в краткой форме появляется беглый гласный между конечным согласным корня и суффиксом, в других беглый гласный в этих случаях отсутствует. Ср.:

а) *кислый – кисел, светлый – светел, теплый – тепел;*

б) *круглый – кругл, мокрый – мокр, смуглый – смугл, тухлый – тухл.*

Возможны дублетные формы: *острый – остр* и *остер* (разговорн.); *полный – полон* и *полн* (книжн., устар.).

§ 161. Формы степеней сравнения имен прилагательных

1. П р о с т а я форма сравнительной степени употребляется во всех речевых стилях, в частности в разговорной речи, а **с л о ж н а я** в основном свойственна книжной (научной и деловой) речи. Ср. бытовые: *Брат выше сестры. Этот дом выше соседнего* и книжные: *Показатели роста внешней торговли в этом году более высокие, чем в прошлом.* Ср. также: *Оля была серьезней Нины* (Фадеев). – *Дальнейшие опыты были более сложные, чем предыдущие* (акад. И. П. Павлов).

Возможны книжный и разговорный или просторечный варианты простой формы сравнительной степени, например: *бойче – бойчее, звонче – звончее, ловче – ловчее, слаще – слаже, хлестче – хлеще*. От слова *молодой* образуется форма *моложе* (*младше* имеет значение «ниже по должности, по званию, по чину»). Явно просторечной является форма *красивше*.

Разговорный характер присущ выражениям *живет лучше прежнего* (в значении «лучше, чем прежде»), *устал больше вчерашнего* («больше, чем вчера») и т.п.

Форма сравнительной степени на *-ей* (*скорей, смелей,* и т.п.) употребляется в разговорном стиле и в стихотворной речи.

Не соответствует нормам литературного языка соединение в одной конструкции простой и сложной формы сравнительной степени типа «более интереснее», ср. довольно часто встречающиеся выражения *более лучшее положение, более худшие привычки,* и т.п.

Формы с приставкой *по-*, вносящей добавочное значение небольшой степени увеличения или уменьшения качества, характерны для разговорной речи, например: *сделать получше, стать повыше, проснуться пораньше* и т.д. (ср. в деловой речи: *немного лучше, немного выше, немного раньше*). Неоправданны плеонастические сочетания типа: *рассказать несколько поподробнее* (в самой форме «поподробнее» уже заключено значение «несколько, немного»). Такой же разговорный оттенок имеют формы сравнительной степени с приставкой *по-* и в других значениях: 1) в значении «в большей степени, чем обычно», например: *Мое дело, ежели разобраться, поважнее, чем этот рояль* (Паустовский); 2) в значении «насколько возможно», например: *Выбрав крыльцо попросторнее, расположились на нем* (Солоухин).

В наречных вариантах *более – больше, менее – меньше, далее – дальше, ранее – раньше* первые (на *-ее*) характерны для книжной речи, вторые (на *-ше*) используются в нейтральных стилях. Ср.: *тем более это нужно подчеркнуть, говорить более чем серьезно – ждать больше двух часов.* Такое же разграничение проводится в паре *позднее – позже*.

2. П р о с т а я форма превосходной степени (в отличие от такой же формы сравнительной степени) имеет книжный характер, а **с л о ж н а я** употребляется во всех стилях речи; ср.: *высочайшие вершины знания – самые высокие дома* в городе; *строжайшие меры взыскания* – *самые строгие воспитатели в школе-интернате*.

Устарелый оттенок присущ плеонастическим конструкциям, образованным сочетанием слова *самый* с превосходной степенью прилагательного (в форме на *-ейший* – *-айший* уже заключено выражение предельного признака); такие конструкции встречались у писателей XIX века, например: *по самой выгоднейшей цене* (Гоголь); *один из самых честнейших людей* (Аксаков); *самое убедительнейшее доказательство* (Белинский); *самый почетнейший гость* (Достоевский). Реже они используются в позднейшую эпоху: *самая ценнейшая энергия* (Горький); *самым наглейшим образом* (Новиков-Прибой); *граждане самых отдаленнейших мест* (Маяковский); *самый старейший из нашего круга* (Сурков). В наши дни сохраняются единичные выражения этого типа: *самый ближайший путь, самая кратчайшая дорога, самым теснейшим образом* и немногие другие.

Следует разграничивать сложную форму превосходной степени, имеющую в своем составе местоимение *самый* (в тех случаях, когда высокая степень качества выражается вне сравнения, так называемая абсолютная превосходная степень), и форму с наречиями *наиболее, наименее* (относительная превосходная степень; она свойственна преимущественно научной и публицистической речи), например: *самые подходящие условия* – *наиболее подходящие условия*. Неудачно поэтому выбран вариант в предложении: «Все это требует от участников совещания наиболее серьезного подхода к делу» (вместо: *...самого серьезного подхода к делу*, поскольку выражается высокая степень без сопоставления носителей признака).

§ 162. Употребление притяжательных прилагательных

Для выражения притяжательности (значения принадлежности) существует несколько форм, различающихся смысловыми и стилистическими оттенками.

1. Притяжательные прилагательные на *-ов (-ев), -ин (-ын)* не употребляются в научном и публицистическом языке и встречаются только в разговорной речи и в художественной литературе, например: *Сам Моргунок, как все, сперва не верил в дедовы слова* (Твардовский); *Минут через двадцать эти соседи были созваны в старухину избу* (Казакевич).

Ср. просторечные выражения с двойным выражением принадлежности: родительным падежом существительного и притяжательным прилагательным (*к дяди Петину дому, в тети Машиной кофте*) или двумя притяжательными прилагательными (*тетин Лизин муж*).

Возможны варианты окончаний в родительном и дательном падежах мужского и среднего рода прилагательных на *-ин*; ср.: *возле дедушкина дома* – *возле дедушкиного дома; к соседкину сыну* – *к соседкиному сыну*. Краткие формы (с окончаниями *-а, -у*) являются устарелыми и давно уже в литературном языке вытесняются формами с полным окончанием (*-ого, -ому*). Ср. в современной художественной литературе: *Алешкиному отцу* (Федин), *невестиного платья* (Недогонов), *Олиного письма* (Б. Полевой).

Устарели формы на *-ов (-ев)*, образованные от фамилий: вместо *Гегелева «Логика», Далев «Словарь»* используются сочетания с родительным падежом существительного – *«Логика» Гегеля, «Словарь» Даля*. Сохраняются указанные формы, а также формы на *-ин* в образованиях от личных имен (*Иваново детство, Верины куклы*) и в устойчивых фразеологических сочетаниях, закрепившихся в языке (*адамово яблоко, антонов огонь, анютины глазки, ариаднина нить, ахиллесова пята, иудин поцелуй, прометеев огонь, сизифов труд, соломоново решение* и др.).

2. При выборе вариантов в синонимических конструкциях *отцов дом – отцовский дом* следует учитывать, что прилагательные на *-ский (-овский, -инский)* чаще выражают качественное значение, ср.: *отцовская забота, материнская любовь*.

3. Притяжательные прилагательные на *-овый, -иный* обозначают не индивидуальную, а групповую принадлежность – принадлежность целому классу или породе животных, например: *китовый ус, слоновая кость, змеиный яд, пчелиное жало*. Такие формы легко теряют значение притяжательности и приобретают качественное или относительное значение (выражение свойственности, сходства, отношения к кому-либо и т.д.), например: *бобровый воротник, кротовое манто, змеиное коварство, орлиная зоркость*. Ср. фразеологизмы: *куриная слепота, лебединая песня* и др.

4. Прилагательные на *-ий, -ья, -ье* также выражают групповую принадлежность либо свойственность, отношение и т.д., например: *казачья станица, рыбачий поселок, верблюжья шерсть, лебяжий пух, медвежье сало*. Эти формы часто приобретают качественно-относительное значение, например: *волчий аппетит, заячья трусость, лисья хитрость, охотничья собака, пастуший рожок*.

§ 163. Синонимическое использование прилагательных и косвенных падежей существительных

В одинаковой функции определения могут выступать прилагательные и однокоренные с ними существительные в косвенных падежах без предлогов или с предлогами, например: *отцов дом – дом отца, горная вершина – вершина горы, книжный шкаф – шкаф для книг, орфографические упражнения – упражнения по орфографии*. При выборе одной из двух параллельных конструкций следует учитывать присущие им в условиях контекста оттенки значения и стилистические особенности (книжный или разговорный вариант, оттенок устарелости, экспрессивную окраску) (см. ниже).

1. В парах *рабочие завода – заводские рабочие, работа ученика – ученическая работа, решетка сада – садовая решетка* первые сочетания имеют более конкретное значение (подразумеваются рабочие завода, о котором идет речь, работа конкретного ученика, решетка определенного сада), а вторые – более общее; в первом варианте названы два «предмета», во втором – предмет и его признак. Ср. в контексте:

Рабочие завода кончили свою смену. – Заводские рабочие составляют высокий процент людей, занятых физическим трудом;

Работа ученика была оценена как хорошая. – Рецензируемая повесть – далеко не зрелое произведение, это еще ученическая работа;

Решетка сада покрашена в зеленый цвет. – Садовая решетка ограждает и защищает зеленые насаждения.

Ср. также: *Помощь брата была весьма своевременна. – Они оказали мне подлинно братскую помощь.*

2. Прилагательные-определения имеют значение качественной характеристики, указывают на отличительный признак предмета, характерный и устойчивый, а существительные в косвенных падежах выделяют какое-либо конкретное значение (принадлежность, происхождение, назначение и т.д.). Ср.:

отцовский дом – дом отца (принадлежность);

ротный командир – командир роты (отношение между предметами);

профкомовская проверка – проверка профкомом (производитель действия);

паровозная труба – труба паровоза (отношение части к целому);

изумрудный цвет – цвет изумруда (определительные отношения);

утренняя зарядка – зарядка по утрам (обстоятельственные отношения);

марокканские апельсины – апельсины из Марокко (происхождение);

лабораторное оборудование – оборудование для лаборатории (назначение);

бронзовая люстра – люстра из бронзы (материал);

малиновый джем – джем из малины (вещество);

часовая цепочка – цепочка от часов (о т д е л и т е л ь н ы е   отношения: называется один предмет в отрыве от другого).

В зависимости от контекста избирается один из приведенных выше вариантов. В обобщенном виде можно указать, что чаще используются сочетания прилагательного с существительным, чем сочетания двух существительных.

Так, обычны конструкции *шерстяное кашне* (а не «кашне из шерсти»), *кожаные перчатки* (а не «перчатки из кожи»), позволяющие указать на характерный признак предмета, а не только на материал, из которого сделан предмет.

Обычны также сочетания *грузинские вина* (а не «вина из Грузии»), *тихоокеанская сельдь* (а не «сельдь с Тихого океана»), *оренбургский платок* (а не «платок из Оренбурга»), поскольку важнее дать качественную характеристику предмета, чем указать на его происхождение. Ср. разрыв этой последней связи в таких сочетаниях, как *рижский хлеб, полтавская колбаса, английская булавка* и т.п.

Употребительнее сочетания *детские игрушки* (а не «игрушки для детей»), *писчая бумага* (а не «бумага для письма»), *рабочий стол* (а не «стол для работы»), так как в них показывается не только назначение, но и отличительный признак предмета.

Вместе с тем следует указать, что в некоторых случаях каждый из двух вариантов имеет свои преимущества. Так, в паре *взобраться с обезьяньей ловкостью – взобраться с ловкостью обезьяны* в пользу первой конструкции говорит ее более широкая применимость (понятие «обезьянья ловкость» шире понятия «ловкость обезьяны», так как эту ловкость может проявить и человек, и животное); в пользу второй конструкции говорит ее образность: мы не только определяем слово *ловкость*, но и вызываем представление о носителе признака – обезьяне. Кроме того, у второй конструкции богаче выразительные возможности, так как она позволяет полнее и точнее характеризовать зависимое существительное при помощи определяющего его прилагательного, ср.: *вой волков – вой голодных волков* (чего нельзя сделать при сочетании *волчий вой*).

Ср. также оправданность каждого варианта в паре: *Постучавшись, я взялся за дверную ручку. – На столе лежала ручка от двери.*

3. Параллельные обороты могут расходиться в своих значениях, выражать различный смысл. Ср.:

В этом населенном пункте имеются настоящие городские улицы (а не «улицы города»). – *До появления в Москве электричества улицы города освещались газовыми рожками* (а не «городские улицы»);

В области создан новый городской центр. – После реконструкции у нас создан новый центр города.

4. Сочетания с прилагательным-определением могут иметь переносное значение (ср.: *тело покрылось гусиной кожей, смешна его журавлиная походка, продвигаться черепашьим шагом*), терминологический характер (*кукушкины слезки, рыбий жир*), метафорическое употребление (*человек на тонких, птичьих ногах*).

5. Стилистическое различие проявляется, например, в паре *рассказы Толстого – толстовские рассказы* (второй вариант имеет разговорный характер).

XXXVIII. Формы имен числительных

§ 164. Сочетания числительных с существительными

1. Имеются вариантные формы творительного падежа простых и сложных числительных и сочетаний с ними:

а) *восьмью – восемью* (вторая форма имеет книжный характер и оттенок устарелости; также: *восьмьюдесятью – восемьюдесятью, восьмьюстами – восемьюстами*;

б) *пятьюдесятью – пятидесятью, шестьюдесятью – шестидесятью* и т.д. (нормативными для литературного языка являются первые варианты, вторые встречаются в устно-разговорной речи);

в) *с тремястами рублями – с тремястами рублей* (первый вариант, в котором числительное, в соответствии с правилом, согласуется в падеже с существительным, является книжным, второй вариант, в котором сложное числительное *двести, триста* и т.д. управляет существительным в форме родительного падежа, рассматривается как разговорный);

г) *тысячей – тысячью;* ср.: *расходы исчисляются не одной тысячей рублей* (слово *тысяча* с предшествующим числительным *одна* рассматривается как счетное существительное и управляет родительным падежом следующего слова) – *приехал сюда с тысячью рублями* (в качестве числительного слово *тысяча* обычно согласуется с последующим существительным); возможна также связь управления при форме *тысячью,* например: *тысячью дорогих безделушек* (Мамин-Сибиряк); *тысячью буйных и огненных голов* (Л. Андреев); *тысячью мелких уколов* (Короленко); *«Человек с тысячью лиц»* (название кинофильма).

2. При нормативной форме типа *с шестьюстами семьюдесятью двумя рублями* (в составном числительном склоняются все образующие его части; это положение обязательно для книжно-письменной речи) встречается в устно-разговорной речи упрощенная конструкция «с шестьсот семьдесят двумя рублями», в которой склоняется только последнее слово (иногда также первые: «с двумя тысячами шестьсот семьдесят двумя рублями», что объясняется для первых слов влиянием предлога, а для последнего – согласованием с последующим существительным).

Ср. нормативную форму: *груз массой в тысячу пятьсот тонн* (не: «в тысяча пятьсот тонн»). Но (в порядковом числительном): *в тысяча девятьсот шестьдесят пятом году* (не: «в тысячу девятьсот шестьдесят пятом году»).

3. При соединении составного числительного, оканчивающегося на *два, три, четыре* (22, 23, 24, 32, 33, 34… 102, 103, 104 и т.д.), с существительными, имеющими только формы множественного числа (*сутки, сани, ножницы*), возникает синтаксическая несочетаемость: нельзя сказать ни «двадцать два суток», ни «двадцать две суток», «ни двадцать двое суток» (последний вариант, который представляется говорящему единственным выходом из затруднительного положения, отражает разговорное употребление и не может считаться нормативным, так как в составное числительное входят одни количественные числительные без включения в конструкцию хотя бы одного собирательного числительного). В подобных случаях, в зависимости от контекста, проводится или лексическая правка (замена слова, вставка другого слова), или грамматическая перестройка предложения (замена одной конструкции другой). Например: вместо «22 суток» можно сказать: *двадцать два дня* (если текст не связан с терминологическим употреблением слова *сутки,* например в истории болезни), *в течение двадцати*

двух суток и т.п. Ср. в деловом стиле: *двадцать две штуки ножниц, приобрести сани в количестве двадцати двух штук*.

4. В нормативной речи строго разграничивается употребление слов *оба* и *обе* во всех падежах: *обоих братьев – обеих сестёр*; поэтому: *с обеих сторон, по обеим сторонам* и т.д. Нарушение этого правила нежелательно даже в устной речи.

Разговорный характер имеют также сочетания «у обоих ворот», «у обоих часов», не отвечающие грамматической норме, так как форма косвенного падежа образована от несуществующей начальной формы (нет формы именительного падежа «оба – обе ворота», «оба – обе часы» в связи с отсутствием категории рода у существительных, употребляющихся только в форме множественного числа). Возможная правка: *у тех и у других ворот, часов*.

5. Употребление слова *пара* в значении «два» присуще разговорной речи, например: *купить пару яблок, пару груш*. Такой же характер имеет употребление указанного слова в значении «несколько», например: *пара дней, пара пустяков, пара слов, пара строк*.

6. В сочетаниях *два (три, четыре) и более...* управляемое существительное ставится в родительном падеже е д и н с т в е н н о г о числа: *два и более варианта, три и более трудных формы, четыре и более ценных предложения*, т.е. существительное ставится в зависимость от числительных *два, три, четыре*, а не от слова *более* (ср. возможность перестановки: *два варианта и более*).

7. Предлог *по* в так называемом д и с т р и б у т и в н о м (распределительном) значении управляет дательным и винительным падежом числительного. Ср.:

а) *по одному яблоку, по тысяче книг, по миллиону жителей, по миллиарду рублей* (при числительных *один, тысяча, миллион, миллиард*);

б) *по два карандаша, по три тетради, по четыре листа бумаги; по двое ножниц; по девяносто копеек, по сто билетов, по триста рублей* (при числительных *два, три, четыре, двое, трое, четверо, девяносто, сто, двести, триста, четыреста*); встречавшиеся ранее книжные формы типа *по девяноста копеек, по ста рублей* воспринимаются в наше время как архаичные.

Остальные количественные числительные (*пять, шесть... десять, одиннадцать, двенадцать... двадцать, тридцать, сорок, пятьдесят...*) допускают в рассматриваемой конструкции двоякие формы: с дательным падежом (книжный вариант) и с винительным падежом (разговорный вариант), например: *по пяти копеек – по пять копеек, по десяти раз – по десять раз, по сорока мест – по сорок мест, по семидесяти рублей – по семьдесят рублей*.

Такие же варианты возможны и при числительных составных: *по двадцати пяти рублей – по двадцать пять рублей, по сорока семи копеек – по сорок семь копеек* и т.п. Но если в составном числительном имеются слова *два, три, четыре, двести, триста, четыреста*, то все счетное сочетание ставится в форме винительного падежа, например: *по двадцать две копейки, по двести тридцать пять рублей*. Следует отметить все большее распространение конструкций с винительным падежом: сочетания типа *по пятьдесят километров в час, по двенадцать часов в день, два билета по тридцать пять тысяч* и т.п. становятся преобладающими. Особенно это относится к числительным *пятьсот – девятьсот*, у которых в сочетании с предлогом *по* образуется не обычная форма дательного падежа (*пятистам*), а особая – *по пятисот* (первая часть сложного слова стоит в форме дательного падежа – *пяти*, а вторая сохраняет начальную форму – -*сот*) это сближает возможные варианты, и явно господствует форма *по пятьсот, по шестьсот, по семьсот* и т.д.

8. Правильными являются конструкции *35,5 процента* (не: ...*процентов*), *12,6 километра* (не: ...*километров*), т.е. при смешанном числе существительным управляет дробь, а не целое число. Также: *45,0* (сорок пять и ноль десятых) *секунды*, $6\frac{7}{8}$ (шесть и семь восьмых) *метра* и т.п.

9. В паре *с полутора десятками человек – с полутора десятком человек* нормативной является первая конструкция: числительное *полтора* во всех падежах, кроме именительного и винительного, сочетается с формой множественного числа последующего существительного.

Правильной является конструкция *в полутораста километрах от областного центра* (не «в полутораста километров...»): числительное *полутораста* сочетается с именами существительными так же, как *полтора*, т.е. согласуется во всех падежах, кроме именительного и винительного (ср.: *в полутора километрах*).

О проявлении категории одушевленности – неодушевленности в сочетаниях имен числительных с именами существительными см. § 151, п. 3, 4, 5.

§ 165. Употребление собирательных числительных

1. Собирательные числительные *двое, трое, четверо* (остальные числительные этого типа употребляются редко; ср. обычное *пять суток* вместо «пятеро суток») сочетаются:

1) с существительными мужского и общего рода, называющими лиц: *двое друзей, трое сирот*;

2) с существительными, имеющими формы только множественного числа: *двое саней, трое ножниц, четверо суток*;

3) с существительными *дети, ребята, люди*, с существительным *лицо* в значении «человек»: *двое детей, трое ребят, трое молодых людей, четверо незнакомых лиц*;

4) с личными местоимениями *мы, вы, они; нас двое, вас трое, их было пятеро*;

5) с субстантивированными числительными: *вошли двое; трое в серых шинелях; семеро одного не ждут*.

В разговорном языке и в просторечии круг сочетаемости собирательных числительных шире. Они сочетаются:

а) с названиями лиц женского пола, например: *Семья Зиненков состояла из отца, матери и пятерых дочерей* (Куприн); *У него не хватило бы средств дать образование многочисленным детям – пятерым девочкам и трем сыновьям* (Паустовский); *В* [*военное*] *училище я пошел, чтобы облегчить заботы отца, у которого было еще трое моих сестер* (В. Песков). Как показывают примеры, такое употребление чаще встречается в формах косвенных падежей, реже в форме именительного падежа, например: *Трое женщин в доме* (Г. Николаева); сочетания типа «трое портних», «четверо учениц» и т.п. не рекомендуются даже в разговорной речи;

б) с названиями молодых животных, например: *двое медвежат, трое щенят*;

в) с названиями парных предметов, например: *двое рукавиц, трое сапог* в значении «столько-то пар», нормативным является сочетание *двое брюк* (а не «две пары брюк»), вызывающее представление о четырех предметах, так как брюки считают не на пары, а на штуки); сочетания *пара брюк, пара ножниц* имеют разговорный характер;

г) с другими словами в стилизованной речи: «Три пограничника. *Шестеро глаз да моторный баркас*» (Багрицкий); *трое коней* (Паустовский).

2. При синонимичности конструкций с количественными и собирательными числительными типа *два друга – двое друзей* возможен выбор одного из вариантов. Предпочтительно употребление собирательных числительных:

1) с субстантивированными прилагательными мужского рода: *двое прохожих, трое больных, четверо конвойных*;

2) с существительными мужского рода, имеющими окончание *-а*: *двое мужчин, трое старост*.

В некоторых случаях, наоборот, не используются собирательные числительные, так как они вносят сниженный стилистический оттенок, например: *два профессора, три генерала* (не: «двое профессоров», «трое генералов»).

3. В сочетании с о д у ш е в л е н н ы м и существительными собирательные числительные употребляются как в именительном, так и в косвенных падежах: *трое детей, мать троих детей*.

В сочетании с н е о д у ш е в л е н н ы м и существительными используется, как правило, только форма именительно-винительного падежа: *двое саней, трое ножниц, четверо суток*. В косвенных падежах используются формы соответствующих количественных числительных: *к двум саням, с тремя ножницами, около четырех суток*.

При слове *часы* (прибор) употребляется собирательное числительное (*одни часы, двое часов*) или добавляется слово *штука* (*не хватает пяти штук часов*). Выражение «пара часов» имеет просторечный характер.

§ 166. Числительные в составе сложных слов

1. Возможно параллельное употребление слов, в составе которых имеется элемент *дву- – двух-*, например: *двубортный костюм – двухбортный костюм*, *двусменная работа – двухсменная работа, двуспальная кровать – двухспальная кровать, двуствольная береза – двухствольная береза, двустворчатая раковина – двухстворчатая раковина*. Однако в большей части слов с указанным элементом закрепился один вариант: в терминах, словах специальных и книжных преобладают образования с элементом *дву-*, в словах обиходных – образования с элементом *двух-*. Например:

а) *двуглавый* (орел), *двугласный* (звук), *двугорбый* (верблюд), *двугранный* (угол), *двудышащие* (рыбы), *двуконный* (плуг), *двукопытные* (животные), *двукрылые* (насекомые), *двуличие, двуокись, двуполые* (цветы), *двуполье, двуручная* (пила), *двурушник, двусемянодольные* (растения), *двусемянка, двуслоговое* (слово), *двусмысленность, двустопный* (ямб), *двууглекислая* (сода), *двуутробка, двучлен, двуязычие*;

б) *двухведерный* (самовар), *двухверстное* (расстояние), *двухдневный* (запас), *двухквартирный* (домик), *двухколесная* (тележка), *двухкомнатная* (квартира), *двухлитровая* (банка), *двухмесячный* (оклад), *двухнедельный* (отпуск), *двухсуточный* (переезд), *двухчасовая* (езда).

При наличии обоих вариантов чаще используется первый, например: *двудольные растения, двужильный провод, двукратный чемпион, двусоставное предложение, двусторонний договор*.

Однако такая дифференциация не имеет категорического характера: в книжных словах может быть элемент ***двух-*** (*двухпалатная система, двухстепенные выборы, двухтавровая балка*) и, наоборот, в обиходно-разговорных словах – элемент ***дву-*** (*двугривенник, двужильный мужик, двусмыслица*). Некоторые слова с элементом *дву-* имеют оттенок устарелости: в парах *двугодичный – двухгодичный, двуместный – двухместный* второй вариант в настоящее время более распространен.

Известную роль играет фонетико-орфоэпическая сторона: перед гласными (в том числе йотированными), как правило, употребляется *двух-* во избежание зияния, т.е. стечения двух гласных, например: *двухактный, двухатомный, двухосный, двухъярусный, двухэтажный, двухэлементный* (правда, имеются отступления: *двуокись, двууглекислый, двуязычный* и нек. др.).

2. Числительное *пол-*, имеющее значение «половина», в современном литературном языке не употребляется в качестве самостоятельного слова (см. § 46). О склонении таких слов см. § 148, п. 3. Укажем здесь только на варианты типа *расстояние в полсотни шагов – расстояние в полсотню шагов*. Первый вариант со словом *полсотни* является нормативным: в сложных словах с первым элементом *пол-* в качестве второй составной части обычно выступает существительное в форме родительного падежа; ср. конструкции с тем же винительным падежом: *сделать за полчаса, расстояние в полдесятка шагов, съесть полпорции, купить полсотни яиц* и т.д. Во втором варианте фигурирует просторечное слово *полсотня* (ср. такого же характера слова *полбутылка, полпорция*); в этих образованиях элемент ***пол-*** употребляется вместо ***полу-***, а второй частью сложного слова является именительный падеж существительного, причем при склонении эти слова имеют окончания, обычные для того существительного, которое стоит во второй части (ср.: *выпил полбутылку, съел полпорцию;* также: *расстояние в полсотню шагов*).

Такое же разграничение книжного и разговорно-просторечного вариантов отмечается в паре *за последние полстолетия – за последнее полстолетие*.

3. В словах типа *2500-летие* использованы два способа образования сложных слов, первым элементом которых является количественное числительное: форма родительного падежа числительного без соединительного гласного (ср.: *двухлетие, пятисотлетие*) и форма с соединительным гласным (ср.: *тысячелетие*); в результате получается *двухтысячепятисотлетие*.

XXXIX. Употребление местоимений

§ 167. Личные местоимения

1. Местоимение 3-го лица (*он, она, оно, они*) обычно заменяет ближайшее к нему предшествующее существительное в форме того же рода и числа. Однако эта связь местоимения с существительным определяется иногда смыслом, а не формально порядком слов, например: *Туристы побывали во многих городах страны, они интересовались прежде всего местными историческими достопримечательностями* (не вызывает сомнений, что местоимение *они* относится к более отдаленному существительному *туристы*, а не к ближе стоящему *города*).

Возможность соотнесения местоимения с разными словами в предшествующем тексте может служить источником неясности или двусмысленности, например: *Сестра поступила в артистическую труппу, она скоро уезжает на гастроли* (кто уезжает – сестра или труппа?). В этих случаях необходима правка, ср.: а) *Сестра поступила в артистическую труппу и скоро уезжает на гастроли;* б) *Сестра поступила в артистическую труппу, которая скоро уезжает на гастроли. Мать Оли, когда она заболела, стала очень нервной* (кто заболел – мать или Оля?); *Внесены добавления в оба текста; они нуждаются в некоторых уточнениях* (нуждаются в уточнениях тексты или добавления?).

Местоимение *они* не должно соотноситься с собирательным существительным, имеющим форму единственного числа. Это правило нарушено, например, в предложении: «Когда в институт приходит новое пополнение, они показывают разный уровень подготовки». В подобных случаях при правке часто сказывается неудобство замены формы *они* формой единственного числа (*оно, он*), поэтому целесообразно заменять собирательное существительное существительным конкретным или отказаться от использования местоимения (*студенты первого курса показывают…*).

2. При выборе одного из вариантов в парах *я гуляю – гуляю, ты прочти – прочти* и т.п. учитывается, что пропуск личного местоимения 1-го и 2-го лица в роли подлежащего при сказуемом-глаголе, форма которого указывает на определенное лицо, придает речи динамичность, ускоряет ее темп, вносит разговорный оттенок, например: *Объеду еще раз и, как вернусь, пойду к генералу и попрошу его* (Л. Толстой); *Не согласен! Не могу! Не желаю* (Чехов); *Уйдем – живы будем* (Бубенцов). В таких конструкциях иногда подчеркивается категоричность, например: *Идите, выполняйте приказание. Спите* (Симонов). Ср. в приказах и распоряжениях: *Приказываю...; Предлагаю...* и т.п.

Подлежащее-местоимение обычно опускается при формах повелительного наклонения. Наличие местоимения в этом случае служит целям логического подчеркивания, противопоставления, например: *...Но ты останься твердь, спокоен и угрюм* (Пушкин); *Вы побудьте с больными, а я пойду за лекарством*. Наличие подлежащего-местоимения при форме повелительного наклонения может придавать высказыванию смягчающий оттенок, например: *Ты мне скажи откровенно... ты мне дай совет...* (Л. Толстой).

3. Личное местоимение 3-го лица иногда дублирует имеющееся в предложении подлежащее-существительное.

В одних случаях такое плеонастическое употребление местоимения используется для подчеркивания подлежащего и встречается в ораторской и поэтической речи, например: *Весь облик Грузии любимой, он стал другим в сознаньи жить...* (Тихонов).

В других случаях рассматриваемое явление наблюдается в разговорном языке, в просторечии, например: *Народ, он культуры требует* (Солоухин); *Пуля – она в Федотку-то не угодит, а кого-нибудь со стороны свалит* (К. Седых).

Без стилистического задания подобные конструкции в литературном языке (в научной, официально-деловой речи, в нейтральных стилях) не следует употреблять. Ср. ошибочные построения в ученических работах: «Евгений Онегин, он был представителем...».

4. Нормативной является форма *у нее*; форма *у ней* придает высказыванию разговорный характер, например: *У ней лились слезы...* (Федин); *Нет, глаза у ней ничего!* (Леонов).

Архаичный характер присущ формам *без ней, для ней, от ней* и т.п., например: *стремился избавиться от ней*.

5. При выборе варианта в парах *внутри них – внутри их* (с *н* перед местоимением 3-го лица или без *н*) следует исходить из того, что в современном языке указанный звук добавляется, если местоимение стоит после любого из простых, или первообразных, предлогов (*без, в, для, до, за, из, к, на, над, о, от, по, под, перед, при, про, с, у, через*), а также после многих наречных предлогов (*возле, вокруг, впереди, мимо, напротив, около, после, посреди, сзади* и некоторых других, употребляющихся с родительным падежом). Однако такие предлоги, как *внутри, вне,* употребляются в основном без вставки начального *н*.

Не добавляется *н* к местоимению также после предлогов наречного происхождения, управляющих дательным падежом; ср.: *вопреки ему, наперекор ей, согласно им, вслед ему, навстречу ей, подобно им, соответственно им;* также: *благодаря ему.*

Не требуют после себя вставки *н* также предложные сочетания, состоящие из простого предлога и имени существительного, например: *в отношении его, при помощи ее, не в пример им, в противовес ему, по поводу ее, за исключением их, со стороны его, по причине ее;* также: *наподобие его, насчет их.*

Не добавляется начальное *н* в тех случаях, когда местоимение стоит после сравнительной степени прилагательного или наречия, например: *старше его, выше ее, лучше их.*

Если личному местоимению предшествует определительное местоимение *весь*, то допустимы обе формы (со вставочным *н* и без него), например: *у всех их – у всех них, для всех их – для всех них, за всеми ими – за всеми ними, над всеми ими – над всеми ними.*

Вариантные формы встречаются и в других случаях отрыва местоимения 3-го лица от предлога в результате вставки между ними какого-либо другого слова, например: *между вами и ими – между вами и ними, между мной и им – между мной и ним.* Ср.: *Видишь разницу между нами и ими...* (Горький). *– ...Нет между нами и ними никакой средней линии* (Гайдар).

§ 168. Возвратные и притяжательные местоимения

1. Возвратное местоимение *себя* может относиться к любому из трех грамматических лиц, поэтому при наличии в предложении нескольких существительных или местоимений, с которыми потенциально может соотноситься возвратное местоимение, нередко возникает неясность. Например: *Комендант велел дворнику отнести вещи жильца к себе* (к коменданту или к дворнику?). В подобных случаях возвратное местоимение следует относить к слову, называющему производителя соответствующего действия: действие коменданта выразилось в том, что он велел, а действие, выраженное инфинитивом *отнести,* относится к дворнику; поскольку сочетание к *себе* синтаксически зависит от последнего глагола (*отнести к себе*), то тем самым возвратное местоимение соотносится с существительным *дворник.*

Однако указанное толкование не всегда убедительно. Так, в предложении *Я застал помощника у себя в кабинете* производителем действия является только одно лицо – *я,* однако *у себя* можно понимать и как «у меня», и как «у него». С другой стороны, в предложении *Дедушка приказал нас с сестрицей посадить за стол прямо против себя* (Аксаков) производителем действия, выраженного глаголом *посадить,* от которого синтаксически зависит сочетание *против себя,* является не дедушка (дедушка приказал, а посадить должен кто-то другой), но по смыслу *против себя* здесь значит «против него», так как другого «претендента» на соотносительную связь с возвратным местоимением в приведенном предложении нет.

В случаях двузначности рекомендуется правка, например: 1) *Комендант велел, чтобы дворник отнес к нему вещи жильца;* 2) *Комендант велел, чтобы дворник отнес вещи жильца к себе.* Или: 1) *Я застал помощника в своем кабинете;* 2) *Я застал помощника в его кабинете.*

2. Аналогичное положение может возникнуть при употреблении возвратно-притяжательного местоимения *свой*, поскольку оно тоже может относиться ко всем трем лицам. Так, в предложении *Старшая сестра попросила младшую подать ей свою кружку* слово *свою* следует отнести к младшей сестре как производителю действия, выраженного инфинитивом *подать*, с которым связано сочетание *свою кружку*, но оттенок неясности присущ и таким конструкциям. Двузначным окажется также предложение, в котором слово *свой* будет заменено личным местоимением *ее* в притяжательном значении: *Старшая сестра попросила младшую подать ей ее кружку.* Ср. другие примеры: *Редактор попросил автора учесть его прежние поправки* (чьи поправки?); *Председатель собрания предложил секретарю огласить подготовленную им резолюцию* (кем подготовленную?). Неправильно использовано местоимение *ее* (вместо *свой*) в предложении: *Напротив старого городского укрепления раскинулась современная Йена с ее цейсовскими заводами.*

Приведенные выше примеры требуют правки, устраняющей неясность или неточный выбор местоимения.

Возможно синонимическое употребление притяжательных местоимений *мой – свой, твой – свой* и т.п. Ср.: *...Я предаюсь моим мечтам* (Пушкин). – *Я не потерплю в своем доме воров* (Чехов). Употребление притяжательных местоимений *мой, твой, наш, ваш* вместо возможного по условиям контекста *свой* больше подчеркивает связь с соответствующим лицом, в частности при противопоставлении, например: *Моей главы коснись твоей рукой* (Жуковский).

§ 169. Определительные местоимения

1. При значительной смысловой близости слов *всякий, каждый* и *любой* (ср.: *это может сделать всякий из нас – ...каждый из нас – ...любой из нас*) они отличаются друг от друга оттенками значения.

Всякий имеет особое значение «разный, самый разнообразный, всевозможный», например: *всякого рода предложения*. Другое значение – «какой-либо, какой бы то ни было», например: *отсутствие всякой системы, без всякого сомнения* (в значении «совсем без»).

Местоимению *каждый* присуще особое значение «один из всех в данном количественном ряду», «любой из себе подобных, взятый отдельно», например:

зачетная книжка выдается каждому студенту; ср. также: *на каждом шагу, каждый третий день, каждые два часа.*

Сопоставляя местоимения *всякий* и *каждый,* находим еще такие различия:

1) *всякий* содержит оттенок обобщения, указывает на предметы без ограничения их определенным кругом, а *каждый* предполагает такое ограничение; ср.: *Всякому растению нужна влага. – Каждому из посаженных недавно растений нужен еще повседневный уход;*

2) *всякий* сравнительно свободно принимает формы множественного числа, а *каждый* употребляется во множественном числе только при указании на определенное число предметов (т.е. при наличии количественного числительного), а также при сочетании с существительными, не имеющими формы единственного числа; ср.: *всякие брошюры – каждые три брошюры, каждые вторые сутки.*

Слово *любой* (относимое обычно к прилагательным) имеет особое значение «какой угодно на выбор», например: *выбирайте любую книгу, справиться в любом почтовом отделении, перенести заседание на любой другой день.* В стилистическом отношении слово *любой* отмечается как разговорное.

2. Существовавшее в прежнее время разграничение в употреблении местоимений *сам* и *самый* (первое относилось к названиям одушевленных предметов, второе – к названиям предметов неодушевленных) в настоящее время не соблюдается. В современном языке, особенно в публицистическом стиле, тенденция к употреблению местоимения *сам* вместо *самый* (но не к обратной замене) заметно усилилась, ср. употребление *сам* при названиях неодушевленных предметов в языке печати: *сам созыв конференции, сам порядок принятия решения о создании комиссии; сама постановка вопроса здесь является нарушением устава, само голосование проходило в обстановке острой борьбы* и т.п.

Из двух форм винительного падежа местоимения *сама* – книжного варианта *самоё* и разговорного *саму* – шире используется второй как более современный, например: *встретим саму хозяйку.*

При наличии в предложении возвратного местоимения *себя* местоимение *сам* может согласоваться в падеже либо с ним, либо с подлежащим, например: *я сам себе удивляюсь – я удивляюсь самому себе; она сама себе нравится – она нравится самой себе.*

§ 170. Неопределенные местоимения

Близки по значениям, но различаются в смысловых и стилистических оттенках местоимения *что-то, кое-что, что-нибудь, что-либо, нечто;* такой же параллельный ряд образуют местоимения *кто-то, кое-кто, кто-нибудь, кто-либо, некто.*

Местоимение *что-то* (соответственно *кто-то*) указывает на неизвестное как для говорящего, так и для слушающего, например: *Что-то промелькнуло в воздухе. Кто-то стучится в дверь.*

Местоимение *кое-что* (соответственно *кое-кто*) указывает на неизвестное слушающему, но в какой-то степени известное говорящему, например: *Я кое-что помню об этом случае. Придется кое-кого посвятить в детали вопроса.* Ср. различие в употреблении *что-то* и *кое-что*, связанное с наличием разных личных местоимений в роли подлежащего: *Я кое-что мог бы рассказать вам. – Он что-то мог бы рассказать нам.* В разговорной речи используется также частица **кой-** (*кой-что, кой-кто*).

Такое же различие устанавливаем между местоимениями *какой-то* и *кое-какой*. Ср.: *Видите, на прилавке лежат какие-то книги* (неизвестные обоим собеседникам). – *Я на днях купил кое-какие книги по специальности* (в какой-то мере известные мне).

Различие между местоимениями *что-то* и *что-нибудь* (соответственно *кто-то* и *кто-нибудь*) заключается в том, что частица **-то** придает значение «неизвестно что или кто», а частица **-нибудь** придает значение «безразлично что или кто». Ср.: *Он рассказывал что-то интересное. – Расскажите что-нибудь интересное; Он стал звать кого-то на помощь* (неизвестно кого для лица говорящего). – *Он стал звать кого-нибудь на помощь* (безразлично кого). Ср. также в диалоге: *– Приходил кто-нибудь к нам сегодня? – Да, кто-то приходил.* Неопределенность местоимений с частицей **-нибудь** позволяет связывать их с предметом, еще не имеющимся налицо, отсюда возможность употреблять их при глаголе-сказуемом в форме будущего времени, повелительного или сослагательного наклонения, а также в вопросительных предложениях, например: *Я попытаюсь что-нибудь сделать для вас; Пошлите рукопись кому-нибудь на отзыв; Если бы кто-нибудь позвонил мне, я был бы рад.*

Местоимение *что-либо* (и соответственно *кто-либо*) близко по значению к местоимению с частицей **-нибудь,** но имеет более общее значение (не один какой-то неопределенный предмет или не один из немногих неопределенных предметов, а один из любых этих предметов). Ср.: *попросить кого-нибудь* (одного из немногих неизвестных людей) – *попросить кого-либо* (любого из неизвестных людей), ср. также в отрицательных предложениях: *не хочу обращаться к кому-нибудь* (к кому попало, безразлично к кому) – *не хочу обращаться к кому-либо* (ни к кому, к кому бы то ни было). Местоимения с частицей **-либо** имеют книжный характер. Книжный характер имеет также местоимение *нечто* (и соответственно *некто*), которое обычно сопровождается пояснительным словом, например: *нечто неожиданное, некто в сером.*

В значении «безразлично что», «безразлично кто» употребляются сочетания вопросительно-относительных местоимений (*кто, что, какой* и др.) со словами *угодно* и *попало*, например: *делайте что угодно, занимайтесь чем попало.*

Местоимение *некий* (книжное, ср.: *некоторый*) имеет параллельные падежные формы: *некоим – неким* (устар. *некиим*), *некоих – неких* (устар. *некиих*), *некоими – некими* (устар. *некиими),* чаще употребляются вторые варианты. В качестве дублетов используются формы *некоей – некой.*

XL. Употребление форм глагола
§ 171. Образование некоторых личных форм

1. Глаголы *победить, убедить, очутиться, ощутить, чудить, дудеть, пылесосить* и некоторые другие, принадлежащие к так называемым н е д о с т а т о ч н ы м глаголам (т.е. глаголам, ограниченным в образовании или употреблении личных форм), не образуют формы 1-го лица единственного числа настоящего-будущего времени. Если необходимо употребить эти глаголы в указанной форме, используется описательная конструкция, например: *сумею победить, хочу (стремлюсь) убедить, могу очутиться, попытаюсь ощутить, не буду чудить, воспользуюсь пылесосом.*

Редко или почти совсем не употребляются в литературном языке из-за необычности звучания формы «башу» (от *басить*), «галжу» (от *галдеть*), «гвозжу» (от *гвоздить*), «ерунжу» (от *ерундить*), «прегражу» (от *преградить*), «сосежу» (от *соседить*), «шкожу» (от *шкодить*).

Не употребляются из-за фонетического совпадения с формами от других глаголов такие формы, как «бужу» (от *бузить*, ср.: *бужу* от *будить*), «держу» (от *дерзить*, ср.: *держу* от *держать*), «тужу» (от *тузить*, ср.: *тужу* от *тужить*) и некоторые другие.

Из сосуществовавших ранее форм *умерщвлю – умертвлю, ропщу – ропчу* в современном языке закрепились первые.

2. Глаголы *выздороветь, опостылеть, опротиветь* образуют личные формы по типу I спряжения: *выздоровею, -еешь, -еют; опостылею, -еешь, -еют; опротивею, -еешь, -еют.* Формы глаголов *выздоровлю, -ишь, -ят* и под. (по II спряжению) имеют устарелый или разговорный характер.

3. Глагол *зиждиться* образует неопределенную форму и прошедшее время (*зиждился*) с суффиксом *-и-* (по типу II спряжения), формы настоящего времени и причастие образуются по I спряжению (*зиждется, -утся, зиждущийся*).

Форма *зыблется* (по 1 спряжению) восходит к вышедшему из употребления инфинитиву *зыбаться;* форма прошедшего времени *зыбился* образована от инфинитива *зыбиться,* тоже вышедшего из употребления (как и параллельная ему форма *зыблиться*).

Глагол *стелить*(*ся*), выступающий как просторечный вариант глагола *стлать*(*ся*), употребляется только в инфинитиве и в прошедшем времени (*туман стелился*); личные формы образуются по I спряжению от глагола *стлать*(*ся*), например: *туман стелется, луга стелются на необозримое пространство.*

Глагол *чтить* в 3-м лице множественного числа имеет параллельные формы *чтят – чтут;* ср. у Горького: *Оба они любовью чтят память о ней. – Их чтут, им повинуются тысячи таких, как он.* Ср. формы глагола *почтить* в условиях сочетаемости: *почтут память вставанием, почтут за честь,* но: *почтят присутствием.*

4. Некоторые глаголы (так называемые и з о б и л у ю щ и е) образуют двоякие формы настоящего времени, например: *полоскать – полоскает* (без чередования конечных согласных основы инфинитива и основы настоящего времени) и *полощет* (с чередованием согласных в названных формах).

Первые формы: *полоскает, плескает, капает, кудахтает, колыхает, мурлыкает, махает, рыскает* и др. – свойственны разговорному стилю и просторечию. Вторые формы: *полощет, плещет, каплет, кудахчет, колышет, мурлычет, машет, рыщет* и др. – присущи общелитературному языку. Ср. в художественной литературе (с учетом возможности стилизации, отражения писательской манеры и т.д.):

На речке... бабы сидят, **полоскают** (Л. Толстой). *– В яркой синеве небес* **полощутся** *знамена* (Павленко) (употребление слова в переносном значении во втором случае не влияет на его литературную форму);

Стая морских птиц **колыхается** *на волнах* (Гончаров). *– Романтические призраки прошлого обступают меня кругом, овладевают душой,* **колышут,** *баюкают, нежат...* (Короленко);

Лошадь **махает** *хвостом* (Салтыков-Щедрин). *– Идет седая чародейка, косматым* **машет** *рукавом* (Державин).

Наряду со стилистическим отмечается смысловое разграничение параллельных форм.

Форма *брызгать – брызгает* имеет значение «спрыскивать, окроплять»: *брызгает водой, брызгает белье;* форма *брызгать – брызжет* значит «разлетаться каплями, разбрасывать капли, сыпать брызгами»: *грязь брызжет, искры брызжут, брызжет слюной.*

Форма *двигать – двигает* имеет значение «перемещать, толкая или таща что-нибудь»: *двигает мебель;* форма *двигать – движет* наряду с этим же значением (*паровоз движет вагоны*) имеет переносное значение «побуждать, руководить»: *им движет чувство сострадания.* Ср. также формы глагола *двигаться*: *дело не двигается – время движется вперед* (второй вариант книжный); *С трудом двигаются усталые лошади. – Движутся знакомые фигуры, обыденные эпизоды, будничные сцены* (оба примера из Короленко). *Поезд двигается* значит «приходит в движение», *поезд движется* значит «находится в движении».

Форма *капать – капает* имеет значение «падать каплями, лить по капле»: *пот капает со лба, сиделка капает лекарство в рюмку,* книжный вариант: *дождь каплет;* форма *капать – каплет* значит «протекать, пропускать жидкость»: *крыша каплет.*

Глагол *метать – метает* имеет значение «шить, прошивать стежками, обшивать петлю»: *метает кофту, метает шов*. Глагол *метать – мечет* значит «разбрасывать, раскидывать»: *мечет гром и молнии, мечет гневные взоры*, также: *мечет икру*, в том же значении «бросать» в спортивном обиходе употребляется форма *метает: метает гранату, диск, копье* и т.д. В паре *метается – мечется* первая форма имеет устарелый или разговорный характер: ср.: *Он бросается с одра своего, **метается** по земле* (Фонвизин). – *Он **мечется**, как дикий зверь* (Л. Андреев).

В просторечии и в диалектах встречаются формы *кликает* (вместо *кличет* – от *кликать*), *мяучит* (от *мяучить*; литературная форма *мяукает* – от *мяукать*).

Просторечными же являются формы *сыпет, щипет* (вместо *сыплет, щиплет* – от *сыпать, щипать*).

5. Глаголы *доить, кроить, поить, утаить* в литературном языке образуют форму повелительного наклонения на *-и* в разговорном языке, в просторечии, в фольклоре – форму на *-й*. Ср.: ...*Тревогой бранной напои!* (Блок). – *Напой ее чаем, баловница,* – *закричал ей вслед Овсяников* (Тургенев).

Некоторые глаголы с приставкой *вы-* образуют параллельные формы повелительного наклонения: *высунь – высуни, выставь – выстави, выправь – выправи, высыпь – высыпи* (устар. *высыпли*); вторые варианты в каждой паре имеют устарелый или книжный характер.

Глаголы, у которых перед *-ить* инфинитива имеется сочетание **ст** или стечение двух согласных звуков, причем первым из них является плавный согласный **р**, тоже образуют параллельные формы: *почисть – почисти, не порть – не порти, не корчь – не корчи, не морщь – не морщи*; чаще используется первая форма. Однако во множественном числе употребляются формы на **-ите**: *почистите, не портите*.

Из вариантов *уведомь – уведоми, лакомься – лакомись, закупорь – закупори, откупорь – откупори* также более употребительны первые формы (без окончания *-и*). Однако формы *взглянь, видь, не крадь, положь* (во фразеологическом сочетании *вынь да положь*) являются просторечными.

Просторечный же характер имеют формы *поди* (вместо *пойди*), *обойми* (вместо *обними*); также *езжай* (вместо *поезжай*).

§ 172. Варианты видовых форм

1. Формы *заведывать, исповедывать, проповедывать* и т.п. являются устарелыми. Ср. современные *заведовать, исповедовать, проповедовать*.

Просторечной является форма несовершенного вида *использовывать* (нет надобности в употреблении этой формы в литературном языке, поскольку глагол *использовать* имеет значение обоих видов – и совершенного и несовершенного).

Употребление формы *организовывать* (наряду с *организовать* в значении несовершенного вида) оправдывается тем, что в прошедшем времени глагол *организовать* имеет значение только совершенного вида (ср.: *организовал группу самодеятельности*), поэтому для выражения значения несовершенного вида в прошедшем времени необходима форма *организовывал* (ср.: *ежегодно он организовывал группы самодеятельности*). По этой же причине правомерен неологизм *атаковывал* (форма *атаковал* имеет значение совершенного вида).

2. Варианты форм типа *обусловливать – обуславливать* связаны с особенностями образования несовершенного вида посредством суффиксов **-ыва-, -ива-**: в одних случаях происходит чередование гласных *о – а* в корне, в других корневой гласный *о* сохраняется:

1) глаголы, требующие в современном литературном языке указанного чередования: *выхлопотать – выхлопатывать, заболотить – заболачивать, заморозить – замораживать, застроить – застраивать, затронуть – затрагивать, обработать – обрабатывать, облагородить – облагораживать, освоить – осваивать, оспорить – оспаривать, удостоить – удостаивать, усвоить – усваивать* и др.;

2) глаголы, сохраняющие корневое *о*: *захлопнуть – захлопывать, озаботить – озабочивать, опозорить – опозоривать, опорочить – опорочивать, отсрочить – отсрочивать, приурочить – приурочивать, узаконить – узаконивать* и др. Сюда же входят глаголы, у которых *о* относится к суффиксу **-ов-**, поскольку с образованием видов связано чередование звуков в корне, а не в суффиксе, например: *обворовать – обворовывать, ознаменовать – ознаменовывать, очаровать – очаровывать, укомплектовать – укомплектовывать*;

3) глаголы, допускающие обе формы (книжная форма – с *о*, разговорная – с *а*): *заподозривать – заподазривать, обусловливать – обуславливать, подытоживать – подытаживать, сосредоточивать – сосредотачивать, унавоживать – унаваживать, уполномочивать – уполномачивать, условливаться – уславливаться* и некоторые другие;

4) глаголы, образующие формы несовершенного вида с суффиксом **-ыва-, -ива-** (разговорная форма) и с суффиксом **-а-, -я-** (книжная форма): *заготавливать – заготовлять, засаривать – засорять, накапливать – накоплять, опоражнивать – опорожнять, подбадривать – подбодрять, подготавливать – подготовлять, подменивать – подменять, примеривать – примерять, приспосабливать – приспособлять, простуживаться – простужаться, разрезывать – разрезать* и др.;

5) глаголы, образующие форму несовершенного вида с суффиксом **-я-** (книжная форма): *оздоровить – оздоровлять, ознакомить – ознакомлять, оформить – оформлять, ускорить – ускорять* и др.

Возможны также бесприставочные формы несовершенного вида, выступающие в паре с приставочными образованиями совершенного вида, например:

обеспокоить – беспокоить, опозорить – позорить, опорочить – порочить и др. Предпочтительно использование этих форм, чем форм с суффиксом *-ива-* (*опозоривать, опорочивать*).

3. Среди глаголов типа *популяризовать – популяризировать* (с суффиксом *-изова-* и суффиксом *-изирова-*) можно выделить три группы:

1) глаголы с суффиксом *-изова-*:
деморализовать, легализовать, локализовать, мобилизовать, нейтрализовать, нормализовать, парализовать, реализовать, стилизовать, централизовать, электризовать и др.;

2) глаголы с суффиксом *-изирова-*:
агонизировать, активизировать, военизировать, госпитализировать, демократизировать, идеализировать, иронизировать, латинизировать, монополизировать, морализировать, муниципализировать, полемизировать, символизировать, утилизировать, яровизировать;

3) глаголы, имеющие оба варианта:
*вулканизовать – вулканизировать
гармонизовать – гармонизировать
канонизовать – канонизировать
колонизовать – колонизировать
кристаллизовать – кристаллизировать
легализовать – легализировать
модернизовать – модернизировать
пастеризовать – пастеризировать
популяризовать – популяризировать
рационализовать – рационализировать
секуляризовать – секуляризировать
сигнализовать – сигнализировать
стабилизовать – стабилизировать
стандартизовать – стандартизировать
терроризовать – терроризировать* и некоторые другие.

В книжно-письменной речи чаще встречается второй вариант.

4. Разговорный оттенок присущ второму варианту в парах:
брезгать – брезговать; например: *Дедушка... не брезговал побарышничать на стороне, когда ездил в извоз* (Гладков);
видеть – видать; например: *...Дикого Барина я в ней* [в комнате] *не видал* (Тургенев);
коптить – коптеть (в значении «испускать копоть»); например: *На вас глядя, мухи мрут и лампы начинают коптеть* (Чехов);
лазить – лазать; например: *Лазали по деревьям, разоряли птичьи гнезда* (Салтыков-Щедрин);
мерить – мерять; например: *Смеряй все линии...* (Горький);
мучить – мучать; например: *За что вы меня так мучаете?* (Достоевский);

поднимать – подымать; например: *Цыганы... подымали им* [*лошадям*] *ноги и хвосты, кричали, бранились...* (Тургенев);

прочитать – прочесть; например: *Костя прочел целый монолог* (Чехов); раньше глагол *прочесть* характеризовался как книжный;

свистеть – свистать; например: *Мальчик пронзительно свистал...* (Куприн); в значении «производить свист посредством механического прибора» употребляется только глагол *свистеть;*

слышать – слыхать; например: *– А слыхал, сударь, про несчастье у вас? – спросил ямщик* (Гарин-Михайловский).

В парах *стариться – стареться, состариться – состареться* вторые формы являются устарелыми; ср.: *Много знать – скоро состареться* (Даль).

5. Некоторые бесприставочные глаголы, обозначающие движение, имеют двоякие формы несовершенного вида:

бегать – бежать	*ездить – ехать*	*носить – нести*
водить – вести	*катать – катить*	*плавать – плыть*
возить – везти	*лазить – лезть*	*ползать – ползти*
гонять – гнать	*летать – лететь*	*таскать – тащить*
		ходить – идти

Первые глаголы в каждой паре обозначают действие без указания на направление или действие, совершающееся не за один прием (глаголы н е о п р е д е л е н н о г о движения), а вторые – действие, протекающее в одном направлении, или действие, совершающееся непрерывно и в определенный момент (глаголы о п р е д е л е н н о г о движения). Ср.: *грузовик возит кирпич – грузовик везет кирпич; самолет летает над лесом – самолет летит над лесом; утки плавают в зарослях камыша – утки плывут к берегу* и т.п.

В некоторых случаях допустимы обе формы, например: *Автобус по этой линии ходит каждые пять минут. – Автобус по этой линии идет каждые пять минут.* Различие между обоими вариантами заключается в следующем: *ходит* имеет значение «туда и обратно», т.е. указывает на движение не в одном направлении, а *идет* обозначает только «туда», т.е. указывает на движение в одном направлении.

Ср. также приставочные образования: *иди на почту* (движение в одном направлении) *– сходи на почту* («иди и вернись»); *ко мне приехал брат* («прибыл и находится здесь») *– ко мне приезжал брат* («был и уехал»). Значение рассматриваемых форм зависит также от контекста: при конкретизации действия употребляются глаголы определенного движения. Ср.:

Сегодня утром он возил нас на станцию. – Сегодня утром он вез нас на станцию очень быстро;

Я ходил вчера на работу. – Я немного задержался, когда шел вчера на работу;

В тот день мы ездили в город. – В тот день мы не устали, потому что медленно ехали в город.

6. Названия средств сухопутного механического и воздушного транспорта обычно сочетаются с глаголом *идти*, например: *Автобус идет по новой трассе; Поезд идет со скоростью 60 километров в час; Трамвай идет в парк; Самолеты идут* (также *летят*) *один за другим.* Слово *мотоцикл* сочетается с глаголом *ехать*, например: *Мотоцикл ехал прямо на нас.*

Названия средств передвижения по воде сочетаются как с глаголом *идти*, так и с глаголом *плыть*, например: *Вниз по реке идут* (*плывут*) *нагруженные баржи; Вблизи берега шла* (*плыла*) *лодка; Миноносцы идут в кильватерной колонне; В море плывут корабли.*

7. В парах *гас – гаснул, мок – мокнул, сох – сохнул* и т.д. в современном языке чаще используются первые варианты (без суффикса *-ну-*); вторые формы имеют книжный, частично устарелый характер.

§ 173. Возвратные и невозвратные формы

1. Варианты типа *вдали белеется парус – вдали белеет парус* (с возвратной и невозвратной формами глагола, имеющими одинаковое значение «быть видным своим цветом, выделяться им») различаются тем, что в возвратном глаголе указанный признак выявляется менее четко и менее стойко. Ср. также: *в отдалении чернеется лес – в отдалении чернеет лес; в тумане что-то синеется – в тумане что-то синеет; желтеется мед в чашке – желтеет мед в чашке* и т.п. При наличии в предложении слова, указывающего на интенсивность проявления признака, предпочтительна невозвратная форма, например: *ярко зеленеет молодая трава.*

В значении «становиться белым (зеленым, красным, черным и т.д.)» употребляется только невозвратная форма, например: *земляника на солнце краснеет* (становится красной или более красной), *серебро от времени чернеет, мех песца в носке желтеет.*

2. В парах *грозить – грозиться, звонить – звониться, стучать – стучаться* и т.п. возвратным глаголам присуще значение большей интенсивности действия, заинтересованности в его результате; ср.: *он постучал в дверь – он постучался в дверь, чтобы ему открыли.* Стилистически эти формы различаются тем, что формы на *-ся* свойственны разговорно-просторечному стилю, например: *Одна баба с порогу своей избы погрозилась мне ухватом* (Тургенев).

3. В парах *кружить – кружиться, плескать – плескаться, решить – решиться* и т.п. первые (невозвратные) формы характеризуются как общелитературные, вторые – как разговорные; ср.: *Даша решила как можно скорее начать самостоятельную жизнь* (А. Н. Толстой); *– Низведенная на степень кухарки, Глафира решилась скоротать свой век в кухне* (Гл. Успенский). Ср. также разговорно-просторечный характер таких возвратных глаголов, как *играться* (вместо *играть*), *плеваться, стараться, тлеться* и др.

4. При использовании глаголов на *-ся* следует учитывать возможность совпадения у них двух значений – страдательного и возвратного, что может породить двузначность, например: *Сюда собираются дети, потерявшиеся на улице* (сами приходят или их собирают?). В подобных случаях необходима соответствующая нужному смыслу правка; ср.: а) *Сюда приходят дети...*; б) *Сюда собирают детей...*

Ср. также: «*Деталь бросается в ванну*» (вместо *Деталь бросают в ванну*). В технической литературе формы на *-ся* целесообразно употреблять в тех случаях, когда на первый план выступает самое действие независимо от его производителя, например: *Дверь открывается автоматически*. Если же с понятием действия связано представление о его производителе, иногда неопределенном, то правильнее употреблять формы без *-ся*.

§ 174. Формы причастий

1. Из вариантов *забредший – забрёвший, приобретший – приобрёвший, приплетший – приплёвший* первый используется в книжной речи, второй – в разговорной.

Такое же разграничение проводится в парах (на первом месте стоит современная литературная форма, на втором – устарелая или разговорная): *вышибленный – вышибенный, заклейменный – заклеймлённый, изрешеченный – изрешетённый, обезопасенный – обезопашенный, пронзенный – пронжённый, обгрызенный – обгрызанный, спеленатый – спелёнанный (спелёнутый)*.

2. Бесприставочные глаголы с суффиксом *-ну-* типа *гаснуть, мокнуть, сохнуть* (см. § 172, п. 7) сохраняют этот суффикс в причастиях, например: *глохнувший, липнувший, мокнувший, слепнувший*.

Реже встречаются параллельные формы без суффикса, например: *мерзший, кисший*.

Приставочные глаголы этого типа, как правило, теряют суффикс в форме причастия, например: *оглохший, прилипший, промокший, ослепший*. В отдельных случаях образуются формы с суффиксом (*завязнувший, исчезнувший*) или параллельные формы с суффиксом и без суффикса (*завянувший – завядший, зачахнувший – зачахший, иссякнувший – иссякший, постигнувший – постигший, увянувший – увядший* и некоторые другие).

3. Сказанное о глаголах на *-ся* (§ 173, п. 4) относится и к причастиям. Так, курьезно звучит сочетание «*коровы, отправляющиеся на убой*» (вместо: *коровы, отправляемые на убой*).

§ 175. Формы деепричастий

1. Из вариантов *взяв – взявши, встретив – встретивши, купив – купивши* и т.п. первый (с суффиксом *-в*) является нормативным для современного литературного языка, второй (с суффиксом *-вши*) имеет разговорный, иногда устарелый характер. Формы на- *вши* сохраняются в пословицах и поговорках, например: *Давши слово, крепись; Снявши голову, по волосам не плачут.*

2. Возможны варианты *замерев – замерши, заперев – заперши* (вторая форма в каждой паре имеет разговорный характер). Но только *выведя* (не «выведши»), *выметя* (не «выметши»), *обретя* (не «обретши»), *отвезя* (не «отвезши»), *ошибясь* (не «ошибившись»), *пронеся* (не «пронесши») и т.д.

В парах *высунув – высуня* (ср.: *бежать высуня язык*), *положив – положа* (ср.: *положа руку на сердце*), *разинув – разиня* (ср.: *слушать разиня рот*), *скрепив – скрепя* (ср.: *согласиться скрепя сердце*), *сломив – сломя* (ср.: *броситься сломя голову*), *спустив – спустя* (ср.: *работать спустя рукава*) и т.п. вторые формы устарели и сохраняются в устойчивых фразеологических выражениях. Ср. также устарелый оттенок в формах *вспомня, встретя, заметя, наскуча, обнаружа, обратя, оставя, простя, разлюбя, расставя, увидя, услыша, ухватя* и т.п.

Неупотребительны в современном языке формы *бежа, жгя, ища, нося, пиша, пляша, ходя, хохоча, чеша* и другие подобные.

3. Стилистически окрашенными (под народную или старинную речь) являются деепричастные формы на **-учи (-ючи):** *глядючи, греючи, гуляючи, едучи, жалеючи, живучи* и т.п. В значении наречий употребляются формы *играючи* (ср.: *делать играючи*), *крадучись* (ср.: *идти крадучись*), *припеваючи* (ср.: *жить припеваючи*), *умеючи* (ср.: *пользоваться умеючи*) и некоторые другие.

XLI. Строй простого предложения

§ 176. Типы предложения

1. В вариантах *Я предлагаю открыть собрание* (двусоставное предложение). – *Предлагаю открыть собрание* (односоставное предложение) второй отмечается как более разговорный (см. § 167, п. 2). Например: *Утопаю в грязи... в подлости своей утопаю...* (Горький). С другой стороны, такие конструкции характерны для официально-деловой речи, например: *Прошу срочно выслать необходимые сведения; Приказываю собраться к девяти часам утра.*

2. В деловой речи используются неопределенно-личные предложения типа *Просят не курить; Просят соблюдать тишину* и безличные предложения типа *Запрещается курить; В проходе стоять запрещается.* Предложения второго типа встречаются также в научной речи, например: *Рекомендуется составить смесь из таких-то элементов.*

3. Различие между вариантами типа *я хочу* (личное предложение) *– мне хочется* (безличное предложение), *я вспомнил – мне вспомнилось* заключается в том, что личные конструкции содержат элемент активности, проявления воли действующего лица, уверенности в совершении действия, тогда как безличным предложениям присущ оттенок пассивности, инертности. Ср.: *Не хочу я, чтоб ты притворялась и к улыбке себя принуждала бы* (А. К. Толстой). – *Ему хотелось быть одному и отдаться всему этому страдательному напряжению совершенно пассивно, не ища ни малейшего выхода...* (Достоевский).

4. Близкие по смыслу конструкции образуются оборотами действительным, страдательным и безличным, например: *волна разбила лодку – лодка разбита волной – волной разбило лодку*. Различие между ними заключается в следующем: в первой конструкции подчеркивается производитель действия (волна), во второй – объект действия, поскольку он выражен как грамматическое подлежащее, т.е. главный член предложения (лодка), в третьей – само действие и его результат.

Страдательный оборот, подобно безличному (см. выше, п. 3), выражает мысль менее категорически, в более смягченной форме, ср.: я *дал указание – мною дано указание*. Предложения второго типа (со сказуемым, выраженным краткой формой страдательного причастия) употребляются в деловой речи, например: *Настоящая справка выдана типографией № 2...*

5. В художественной литературе, в газетных жанрах используются предложения с так называемой смещенной конструкцией (конец предложения дается в ином синтаксическом плане, чем начало). Например: *Те пламенные речи, те призраки, что увлекали нас, давно их нет* (Полонский) (начало предложения – личная конструкция, конец – безличный оборот); *Священники, мечети – их совсем незаметно на бойком фоне новых зданий, зеркальных витрин, кинорекламы* (М. Кольцов) (вместо ожидаемого после первых слов продолжения: *они совсем незаметны...*). Такие конструкции, используемые как стилистический прием, придают высказыванию разговорный оттенок.

§ 177. Формы сказуемого

1. Многие формы сказуемого характерны для разговорной речи. Сюда относятся:

1) сказуемое, выраженное инфинитивом глагола несовершенного вида со значением интенсивности начала действия, например: *Он бежать, а я догонять*; иногда в сочетании с частицами *ну, давай*, например: *...Соседушки ну помогать ему* (Некрасов); *...Бабушка... согнется и давай кашлять* (Гончаров);

2) сказуемое, выраженное повторением глагола, иногда с добавлением частиц *так, не*, например: *Спорили, спорили и ни до чего не доспорились; Вот уж наелся так наелся; Сам работать не работает, да и другим мешает*;

3) сказуемые типа *взял да и сделал наоборот, возьму и нагряну к вам неожиданно* (с глаголом *взять* в различных формах и другим глаголом в тех же формах);

4) сказуемые типа *пойду посмотрю, сходи узнай* (с глаголом *пойти, сходить, побежать* и другим глаголом в той же форме);

5) сказуемое, в котором при глаголе имеется частица *себе* для выражения непринужденности действия, совершения его в свое удовольствие, например: *сидит себе улыбается, пойду себе в лес, идет себе как ни в чем не бывало*.

2. Книжный характер имеют сказуемые, выраженные фразеологическими сочетаниями глагольного типа, например: *вести борьбу* (ср.: *бороться*), *давать советы* (ср.: *советовать*), *оказывать помощь* (ср.: *помогать*), *питать ненависть* (ср.: *ненавидеть*), *принимать участие* (ср.: *участвовать*), *производить осмотр* (ср.: *осматривать*), *проявлять интерес* (ср.: *интересоваться*).

Подобные конструкции в некоторых случаях придают высказыванию канцелярский характер, например: «производить проверку письменных работ» (вместо *проверять письменные работы*), «использовать применение новых методов» (вместо *применять новые методы*). Такие конструкции иногда называют «расщеплением» сказуемого (глагол-сказуемое заменяется сочетанием однокоренного существительного с полузнаменательным глаголом). Ср. также: «происходит рост производительности труда» (вместо *растет производительность труда*), «идет снижение себестоимости продукции» (вместо *снижается себестоимость продукции*) и т.п.

В зависимости от контекста и лексического состава самой конструкции она может оказаться уместной или неуместной; ср.: *произвести посадку самолета* (технический термин) – *произвести посадку картофеля* (ненужное «расщепление» сказуемого). Ср. также закрепившиеся обороты: *производится набор учащихся* (книжный вариант; ср.: *набираются учащиеся*); *дальше следует перечисление правил* (книжный вариант; ср.: *дальше перечисляются правила*).

Неудачны сочетания: «идет изучение вопроса», «происходит стройка дома», «имеет место отсутствие нужных доказательств», «имеет место неявка на работу по неуважительным причинам» и т.п. (последние примеры явно неприемлемы из-за своей бессмысленности).

3. Именная часть составного сказуемого может быть выражена формой именительного и формой творительного падежа; ср. конструкции с одним и тем же лексическим составом сказуемого: *И в семье его Савельич был свой человек* (Мельников-Печерский). – *У Ивашиных он был своим человеком* (Чехов).

Обычно в этих случаях именительный падеж указывает на устойчивый признак предмета, на постоянно присущую ему качественную характеристику, а творительный падеж указывает на временный признак. Ср. у Пушкина: *Германн был сын обрусевшего немца. – Бопре в отечестве своем был парикмахером, потом в Пруссии солдатом*. Однако это разграничение не проводится последовательно, например: *А Давид... был сначала пастух* (В. Панова) (употреблена форма именительного падежа, хотя указывается временный признак); *Дом, мимо которого бежала Аночка, был городской школой* (Федин) (употреблена форма творительного падежа, хотя имеется в виду постоянный признак).

При отсутствии связки употребляется форма именительного падежа, например: *Мой отец врач.* Постановка именного сказуемого в форме творительного падежа встречается в разговорной речи, причем только у существительных, обозначающих род деятельности, профессию, состояние, например: *У меня мать здесь учительницей* (Федин); *Он в штабе дивизии связистом* (Казакевич). Такой же разговорный характер имеет конструкция с именительным падежом при глаголе *считаться,* например: *Я грубиян считаюсь...* (А. Островский). Ср. литературную форму: *Рощин считался хорошим стрелком* (А. Н. Толстой).

При глаголе *звать* употребляется как именительный, так и творительный падеж, например: *...Все звали ее Люба* (Фадеев); *...Звали его Иваном Ивановичем* (Гаршин).

При глаголах *называться, зваться* обычно употребляется творительный падеж, например: *Мать сшила мне гимнастерку и штаны из какой-то материи, которая называлась «чертовой кожей»* (Гайдар); *...Проводят по морю ту же непроходимую черту, которая на земле зовется границей* (Л. Соболев). Форма именительного падежа вносит разговорный оттенок, например: *Ну, серьги мои с зажимом, клипсы называются* (В. Панова). При географических наименованиях обычно употребляется именительный падеж, например: *Потом и вся местность кругом стала зваться Игарка* (А. Кожевников).

Имя прилагательное в составном сказуемом независимо от типа связки (незнаменательные или знаменательные глаголы-связки) употребляется как в форме именительного, так и в форме творительного падежа. Ср.:

Я бываю гадкая... (Л. Толстой). – *Когда же я бываю любезным?* (Тургенев); *Разговор был холодный, несвязный...* (Л. Толстой). – *Схватка была короткой и страшной* (Л. Соболев);

...Все будут веселые, добрые, счастливые (Чернышевский). – *Работница я, нищего человека дочь, значит, смирной буду...* (Горький).

XLII. Порядок слов в предложении

В русском языке порядок слов (точнее, порядок членов предложения) считается свободным. Это значит, что в предложении нет строго закрепленного места за тем или иным его членом. Например, предложение, состоящее из пяти знаменательных слов: *Редактор вчера внимательно прочитал рукопись* – допускает 120 вариантов в зависимости от перестановки членов предложения.

Различаются п р я м о й п о р я д о к с л о в, определяемый типом и структурой предложения, способом синтаксического выражения данного члена предложения, его местом среди других слов, которые непосредственно с ним связаны, а также стилем речи и контекстом, и о б р а т н ы й п о р я д о к, являющийся отступлением от обычного порядка и выполняющий чаще всего функцию и н в е р с и и, т. е. стилистического приема выделения отдельных членов предложения путем их перестановки. Прямой порядок характерен для научной и деловой речи, обратный широко используется в произведениях публицистических и литературно-художественных; особую роль обратный порядок играет в разговорной речи, имеющей свои типы построения предложений.

Определяющим фактором расположения слов в предложении является целенаправленность высказывания, его коммуникативное задание. С ним связано так называемое а к т у а л ь н о е ч л е н е н и е высказывания, которое предполагает движение мысли от известного, знакомого к неизвестному, новому: первое (основа высказывания, тема) обычно заключено в начальной части предложения, второе (ядро высказывания, рема) – в его конечной части. Ср.:

1) *12 апреля 1961 года состоялся полет Ю. А. Гагарина в космос, первый в истории человечества* (исходной точкой, основой высказывания является указание на дату, т. е. сочетание *12 апреля 1961 года*, а ядром высказывания – остальная часть предложения, которая логически подчеркивается);

2) *Полет Ю. А. Гагарина в космос, первый в истории человечества, состоялся 12 апреля 1961 года* (основой высказывания является сообщение об историческом полете Ю. А. Гагарина, а ядром высказывания – указание на дату, которое логически подчеркивается).

§ 178. Место подлежащего и сказуемого

1. В п о в е с т в о в а т е л ь н ы х предложениях подлежащее обычно предшествует сказуемому, например: *Провода тянулись от дерева к дереву...* (Ажаев); *Кое-кто уходил из деревни на заработки...* (Гладков); *Земля вращается вокруг солнца.*

Взаимное расположение подлежащего и сказуемого может зависеть от того, обозначает ли подлежащее определенный, известный предмет или, наоборот, предмет неопределенный, неизвестный. Ср.: *Поезд пришел* (определенный). – *Пришел поезд* (неопределенный, какой-то).

Обратный порядок главных членов предложения (сначала сказуемое, потом подлежащее) является обычным в следующих случаях:

1) в авторских словах, разрывающих прямую речь или стоящих после нее, например: *– Я не странный, – ответил мальчик грустно* (Короленко).

Постановка подлежащего впереди сказуемого в подобных случаях встречалась в старых текстах, например: *– Скажи мне, кумушка, что у тебя за страсть кур красть? – крестьянин говорил лисице, встретясь с нею* (Крылов); *– Дедушку знаешь, мамаша? – матери сын говорит* (Некрасов); учитывается и ритм стиха;

2) в авторских ремарках, включаемых в текст драматических произведений, например: *Входит Глумов* (А. Н. Островский); *Видна часть дома с террасой* (Чехов);

3) в предложениях, в которых подлежащее обозначает отрезок времени или

явление природы, а сказуемое выражено глаголом со значением бытия, становления, протекания действия и т. д., например: *Прошло сто лет...* (Пушкин); *Пришла весна* (Л. Толстой); *Была лунная ночь* (Чехов);

4) в описаниях, в рассказе, например: *Поет море, гудит город, ярко сверкает солнце, творя сказки* (Горький);

5) в качестве стилистически заданного приема и н в е р с и и , с целью логического выделения одного из главных членов предложения, например: *Опасна охота на медведя, страшен раненый зверь, да смела душа охотника, привычного к опасностям с детства* (А. Коптяева).

При постановке обстоятельственных слов в начале предложения подлежащее часто стоит после сказуемого, например: *С улицы доносился шум...* (Чехов). Однако встречается в этих условиях и прямой порядок главных членов предложения, например: *К базе Уваров и Анна подъехали в самое жаркое время дня* (А. Коптяева).

2. В в о п р о с и т е л ь н ы х предложениях сказуемое часто предшествует подлежащему, например: *Не заступятся ли за меня дедушка или тетушка?* (Пушкин); *Так отдам ли я тебе эту волюшку, дорогую, короткую?* (А. Н. Островский).

3. В п о б у д и т е л ь н ы х предложениях местоимения-подлежащие, предшествующие глаголу-сказуемому, усиливают категоричность приказания, совета, побуждения, а следуя за сказуемым, они смягчают тон приказания. Ср.: *Ты у меня пикни только* (А. Н. Островский). — *Не сокрушай ты меня, старуху* (Тургенев).

4. В разговорной речи связка часто ставится на первое место, например: *Был я молодым, горячим, искренним, неглупым...* (Чехов).

5. Постановка именной части сказуемого впереди подлежащего служит целям инверсии, например: *Загадочны и потому прекрасны темные чащи лесов, глубины морей, загадочен крик птицы и треск лопнувшей от теплоты древесной почки* (Паустовский).

Средством выделения сказуемого служит также постановка именной части перед связкой, например: *...Оба голодные остались* (Л. Толстой); *Бор глухим, сумрачным стал* (Сейфуллина). То же в составном глагольном сказуемом при постановке инфинитива перед вспомогательным глаголом, например: *Так ты, что же, и сеять не думал?* (Шолохов).

§ 179. Место определения в предложении

1. С о г л а с о в а н н о е определение обычно ставится впереди определяемого имени существительного, например: *интересный сюжет, контрольная вычитка, проверенные цитаты, третье издание, наше издательство.* Постановка согласованного определения после определяемого существительного служит целям инверсии, например: *Со всех сторон горы неприступные* (Лермонтов).

Постпозитивное определение (т.е. определение, стоящее после определяемого слова) часто встречалось в произведениях писателей и поэтов XIX в., например: *На меня она имела влияние сильное* (Тургенев); *Участие и любовь непритворные видны были на лице* (Л. Толстой); *Белеет парус одинокий в тумане моря голубом* (Лермонтов); *Есть в осени первоначальной короткая, но дивная пора...* (Тютчев).

Обычны постпозитивные определения, относящиеся к имени существительному, повторяющемуся в данном предложении, например: *Это представление о рефлексе, конечно, представление старое...* (акад. И. П. Павлов); *Воропаев вспомнил свою первую встречу с Гаревой – встречу удивительную и редкую по своеобразной фронтовой красоте* (Павленко). Ср. в публицистической и деловой речи: *Такие планы, планы смелые и оригинальные, могли возникнуть только в наших условиях. Это решение, как решение неправильное, подлежит отмене.*

В речи стилизованной постпозитивные определения придают рассказу характер народного повествования; ср. у Неверова: *Вышел месяц ночью темной, одиноко глядит из черного облака на поля пустынные, на деревни дальние, на деревни ближние.*

Определения, выраженные притяжательными местоимениями, находясь в положении после определяемого существительного, могут придавать высказыванию экспрессивную окраску, например: *Мама, мама, я помню руки твои с того мгновения, как я стал сознавать себя на свете* (Фадеев).

В нейтральных стилях нередки постпозитивные определения, выраженные указательными местоимениями, например: *Полустанок этот... был обнесен двойным валом из толстых сосновых бревен* (Казакевич).

Средством смыслового выделения определения служит:

1) его обособление, например: *Люди же, изумленные, стали как камни* (Горький);

2) отрыв определения от определяемого существительного, например: *Редкие в пепельном рассветном небе зыбились звезды* (Шолохов).

Обособленное определение обычно постпозитивно, например: *публикация писем, поступивших в редакцию; выставка картин, выдвинутых на соискание премии.* Постановка таких распространенных определений (без их обособления) впереди определяемого слова воспринимается как своего рода инверсия; ср.: *публикация поступивших в редакцию писем, выставка выдвинутых на соискание премии картин.*

2. При наличии нескольких согласованных определений порядок их расположения зависит от морфологического их выражения:

1) определения, выраженные местоимениями, ставятся впереди определений, выраженных другими частями речи, например: *в этот торжественный день, наши дальнейшие планы, все замеченные опечатки, каждый четвертый день.* Постановка определений-местоимений после определений-прилагательных является инверсией, например: *В утренний этот серебристо-опаловый час спал весь дом* (Федин); *Танкист боролся с медленной своей и долгой болью* (Л. Соболев);

2) определительные местоимения предшествуют другим местоимениям, например: *все эти поправки, каждое ваше замечание*. Но местоимение *самый* ставится после указательного местоимения, например: *эти самые возможности, тот же самый случай;*

3) определения, выраженные качественными прилагательными, ставятся впереди определений, выраженных относительными прилагательными (последние, как выражающие более существенный или постоянный признак, стоят ближе к определяемому существительному), например: *новый исторический роман, теплое шерстяное белье, светлый кожаный переплет, поздняя осенняя пора;*

4) если неоднородные определения выражены одними качественными прилагательными, то ближе к определяемому существительному ставится то из них, которое обозначает более устойчивый признак, например: *огромные черные глаза, приятный легкий ветерок, интересная новая повесть;*

5) если неоднородные определения выражены одними относительными прилагательными, то обычно они располагаются в порядке восходящей смысловой градации (от более узкого понятия к более широкому), например: *ежедневные метеорологические сводки, антикварные бронзовые изделия, специализированный промтоварный магазин.*

3. Н е с о г л а с о в а н н о е   определение ставится после определяемого существительного, например: *заключение специалиста, книга в кожаном переплете, роман с продолжением*. Но определения, выраженные личными местоимениями в роли притяжательных, препозитивны (т.е. стоят впереди определяемого слова), например: *его возражения, их заявления.*

Постановка несогласованного определения, выраженного существительным, впереди определяемого слова является инверсией, например: *средней величины медведь* (Гоголь), *генерала Жукова дворовый* (Чехов).

Препозитивные несогласованные определения закрепились в некоторых устойчивых оборотах, например: *часовых дел мастер, гвардии старший лейтенант, добрейшей души человек;* ср. также: *замечательного ума француз* (Горький).

Согласованные определения обычно предшествуют несогласованным, например: *высокая красного дерева кровать* (Л. Толстой); *старые табачного цвета глаза* (Сергеев-Ценский). Но несогласованное определение, выраженное личным местоимением с притяжательным значением, обычно предшествует согласованному определению, например: *его последнее выступление, их возросшие запросы.*

§ 180. Место дополнения в предложении

1. Дополнение обычно следует за управляющим словом, например: *вычитать рукопись, исправление опечаток, готовы к набору.*

Дополнение (чаще всего прямое), выраженное местоимением (личным, неопределенным), может предшествовать управляющему слову, не создавая инверсии, например: *Книга мне понравилась; Это зрелище его поразило; Мать что-то заметила в выражении лица дочери; Я вам рад.*

Постановка дополнения впереди управляющего слова обычно имеет характер инверсии, например: *Аптекаршу, быть может, увидим* (Чехов); *Душа к высокому тянется* (В. Панова). Ср. в живой разговорной речи: *Вас кто-то спрашивает; Всех своих друзей вы позабыли; А телевизор вы можете починить?*

Обычна препозиция дополнения со значением лица в безличных предложениях, например: *Ему нужно поговорить с вами; Сестре нездоровится; Всем хотелось отдохнуть.*

2. При наличии нескольких дополнений, относящихся к одному управляющему слову, возможен различный порядок слов:

1) обычно прямое дополнение предшествует другим дополнениям, например: *Возьмите рукопись у корректора; Обсудите вопрос со своими сотрудниками; Вошедший подал руку всем присутствующим;*

2) косвенное дополнение л и ц а, стоящее в дательном падеже, обычно предшествует прямому дополнению п р е д м е т а, например: *Сообщите нам свой адрес; Мать подарила ребенку красивую игрушку; Эта женщина спасла Бекишеву жизнь...* (В. Панова).

Точно так же родительный падеж со значением действующего лица (несогласованное определение) предшествует другому падежу (в роли дополнения), например: *приезд сына к родителям, памятная записка автора для вычитчика.*

3. Прямое дополнение, совпадающее по форме с подлежащим, ставится, как правило, после сказуемого, например: *Мать любит дочь; Весло задело платье; Лень порождает беспечность; Суды защищают законы.* При перестановке подлежащего и дополнения меняется смысл предложения (*Дочь любит мать; Платье задело весло*) или возникает двусмысленность (*Беспечность порождает лень; Законы защищают суды*). Иногда в подобных случаях инверсии сохраняется нужный смысл, вытекающий из лексического значения названных членов предложения (*Велосипед разбил трамвай; Солнце закрыло облако*), но правильное понимание таких предложений несколько затрудняется, поэтому рекомендуется или сохранять прямой порядок слов, или действительный оборот заменять страдательным (*Велосипед разбит трамваем; Солнце закрыто облаком*).

§ 181. Место обстоятельства в предложении

1. Обстоятельства о б р а з а   д е й с т в и я, выраженные наречиями на *-о, -е*, обычно ставятся впереди глагола-сказуемого, например: *Перевод точно отражает содержание оригинала; Мальчик вызывающе смотрел на нас; Гаврюшка густо покраснел и бурно запротестовал...* (Гладков); *Вокзал быстрее и быстрее уплывал назад...* (Г. Николаева); *Мостовая гладко белела (*Антонов).

Некоторые наречия, сочетающиеся с немногими глаголами, ставятся после них, например: *идти шагом, лежать ничком, пройтись босиком, упасть навзничь, ходить пешком*. Обычно постпозитивны обстоятельства образа действия, выраженные именем существительным в наречном значении, например: *разбегаться волнами, расходиться кругами*.

Место обстоятельства образа действия может зависеть от наличия или отсутствия в предложении других второстепенных членов, ср.: *Альпинисты шли медленно. – Альпинисты медленно шли по крутой тропинке*.

Средством смыслового выделения обстоятельства образа действия или меры и степени является постановка их в начале предложения или отрыв от слов, к которым они примыкают, например: *Тщетно Григорий старался увидеть на горизонте казачью лаву* (Шолохов); *Дважды пережил такое чувство Никита* (Федин); *Да, мы дружны были очень* (Л. Толстой).

2. Препозитивны обстоятельства м е р ы   и   с т е п е н и, например: *Диктор дважды повторил приведенные в тексте цифры; Директор очень занят; Рукопись вполне подготовлена к набору*.

3. Обстоятельство в р е м е н и обычно предшествует глаголу-сказуемому, например: *За ужином разговаривали мало* (Тургенев); *Через месяц Беликов умер* (Чехов); *По вечерам доктор оставался один* (В. Панова).

Нередко, однако, обстоятельство времени бывает постпозитивно, что способствует его смысловому выделению, например: *Дуняша поднялась рано...* (Шолохов); *Я шел до рассвета* (Первенцев).

4. Обстоятельство м е с т а обычно препозитивно, причем часто стоит в начале предложения, например: *На фабрике было неспокойно...* (Горький); *С запада шла туча* (Шолохов).

Если обстоятельство места стоит в начале предложения, то часто непосредственно за ним следует сказуемое, а потом уже подлежащее, например: *Справа подымалось белое здание больницы...* (Гаршин); *Отовсюду неслись незнакомые запахи трав и цветов...* (Серафимович). Однако в этих условиях возможен и прямой порядок главных членов предложения, например: *Над седой равниной моря ветер тучи собирает* (Горький).

Постановка обстоятельства места после сказуемого является нормой в тех сочетаниях, в которых наличие обстоятельства необходимо для полноты высказывания, например: *Дом находится на окраине города; Родители его постоянно живут на юге; Жители города вышли навстречу воинам-освободителям*.

Если в предложении имеются обстоятельство времени и обстоятельство места, то обычно они ставятся в начале предложения, причем на первом месте стоит обстоятельство времени, а на втором – обстоятельство места, например: *Завтра в Москве ожидается теплая погода без осадков; К вечеру в доме все успокоилось*. Постановка рядом двух обстоятельств подчеркивает их смысловую роль в предложении. Возможно и другое их размещение: на первом месте ставится обстоятельство времени, затем подлежащее, за ним сказуемое и, наконец, обстоятельство места и другие члены предложения, например: *В начале апреля река вскрылась на всем своем протяжении; Вчера я встретил на улице своего старого друга.*

5. Обстоятельства п р и ч и н ы и ц е л и чаще стоят впереди сказуемого, например: *По случаю волнения на море пароход пришел поздно* (Чехов); *Две девушки от страха плакали* (В. Панова); *Какая-то делегация нарочно въезжала на площадь с песней* (Бабаевский); *Мужик с сумою на спине... для смеху подтолкнул другого плечом* (Малышкин).

Постановка названных обстоятельств после глагола-сказуемого обычно приводит к их смысловому выделению, например: *Она проснулась от страха* (Чехов); *Он отходит от работы якобы из-за болезни* (Л. Соболев); *Санитарный поезд направляется в Омск на годовой ремонт* (В. Панова).

§ 182. Местоположение вводных слов, обращений, частиц, предлогов

1. Не являясь членами предложения, вводные слова свободно располагаются в нем, если относятся к предложению в целом; ср.: *Казалось, он уснул. – Он, казалось, уснул. – Он уснул, казалось.*

Вместе с тем следует отметить, что смысловая нагрузка вводного слова в приведенных вариантах неодинакова: в большей степени она отмечается в первом из них, где в начале предложения слово *казалось* по значению приближается к простому предложению в составе бессоюзного сложного предложения; последние два варианта равноценны.

Если вводное слово по смыслу связано с отдельным членом предложения, то оно ставится рядом с ним, например: *Стала появляться настоящая птица, дичь, по выражению охотников* (Аксаков); *Наше ветхое суденышко наклонилось, зачерпнулось и торжественно пошло ко дну, к счастью, на неглубоком месте* (Тургенев).

Не следует ставить вводное слово между предлогом и тем словом, которым предлог управляет, например: «*Дело находилось в, казалось бы, верных руках*» (вместо: *Дело находилось, казалось бы, в верных руках*)

2. Обращения также свободно располагаются в предложении, однако для смыслового и интонационного их выделения не безразлично место, занимаемое ими в предложении: обращение, стоящее в начале или в конце предложения, логически подчеркивается. Ср.: *Доктор, скажите, что с моим ребенком. – Скажите, доктор, что с моим ребенком. – Скажите, что с моим ребенком, доктор.*

В призывах, лозунгах, воззваниях, приказах, ораторских выступлениях, официальных и личных письмах обращение, как правило, ставится в начале предложения.

То же в поэтической речи, причем обращение нередко выделяется в самостоятельное предложение, например: *Юноша бледный со взором горящим!* Ныне даю я тебе три завета (Брюсов); *Мать-земля моя родная, сторона моя лесная, край, страдающий в плену! Я приду – лишь дня не знаю, – но приду, тебя верну* (Твардовский). Ср. разорванное обращение с основной частью в конце предложения: *За кровь и слезы жаждавший расплаты, тебя мы видим, сорок первый год* (Щипачев).

3. Частицы, как правило, стоят перед словом, к которому они по смыслу относятся. Ср.:

а) *Эта книга трудна **даже** для него* (речь идет о трудности для квалифицированного человека);

б) *Эта книга **даже** трудна для него* (подчеркивается неожиданность трудности);

в) ***Даже** эта книга трудна для него* (речь идет о неподготовленном читателе).

Частица *-таки* постпозитивна (*довольно-таки, настоял-таки*), но для подчеркивания смысла иногда в разговорной речи ее ставят перед глаголом, например: *Статский советник хоть и сам пропал, но таки упек своего товарища* (Гоголь); *Елена промолчала, и я таки запер ее и в этот раз* (Достоевский).

4. Неудачен отрыв предлога от управляемого существительного в конструкциях типа «Я приду с еще несколькими товарищами» (вместо: *Я приду еще с несколькими товарищами*); «Объем экспорта сократился с примерно…, увеличился до примерно…» (вместо: *…сократился примерно с …; увеличился примерно до …*).

Не следует ставить подряд два предлога, например: «В одном из от вас полученных писем…» (вместо: *В одном из полученных от вас писем…*); «Обратить внимание на во всех отношениях выдающуюся работу» (вместо: *Обратить внимание на выдающуюся во всех отношениях работу*).

В сочетаниях имени существительного с именем числительным, обозначающих приблизительное количество, предлог ставится между названными частями речи (*минут через десять, шагах в двадцати*), а не перед всем сочетанием («через минут десять», «в шагах двадцати»).

XLIII. Согласование сказуемого с подлежащим

§ 183. Сказуемое при подлежащем, имеющем в своем составе собирательное существительное

При подлежащем, имеющем в своем составе собирательное существительное с количественным значением (*большинство, меньшинство, ряд, часть* и др.), сказуемое может стоять в единственном числе (г р а м м а т и ч е с к о е с о г л а с о в а н и е) и во множественном числе (согласование п о с м ы с л у).

1. Сказуемое ставится в единственном числе, если собирательное

существительное не имеет при себе управляемых слов, например: *Большинство голосовало за предложенную резолюцию, меньшинство было против.*

Постановка сказуемого в форме множественного числа в этом случае может быть продиктована или условиями контекста, или стилистическим заданием – стремлением использовать более выразительный вариант, например: *На конгресс славистов прибыло много гостей; задолго до заседания большинство заняли отведенные для них места* (форма *заняли* находится в соответствии с последующей формой множественного числа *для них*); *Большинство серьезно, даже мрачно смотрели на эту живую картину тяжелого безысходного раздумья и со вздохом отходили* (Л. Андреев); *Проценко вполне отчетливо представлял себе, что большинство, очевидно, умрут здесь...* (Симонов).

2. Сказуемое ставится в единственном числе, если собирательное существительное имеет при себе управляемое слово в родительном падеже е д и н - с т в е н н о г о числа, например: *Подавляющее большинство населения голосовало за лидера движения «Реформы – новый курс».*

Сказуемое может стоять во множественном числе при так называемом о б р а т н о м с о г л а с о в а н и и , т. е. согласовании связки не с подлежащим, а с именной частью составного сказуемого (см. ниже, § 189), например: *Большинство группы были приезжие.*

3. Сказуемое ставится как в форме единственного, так и в форме множественного числа, если собирательное существительное имеет при себе управляемое слово в родительном падеже м н о ж е с т в е н н о г о числа. Ср.: *Большинство бойцов успело выпрыгнуть на берег и ударить с тыла по врагу* (Новиков-Прибой). – *Огромное большинство действительно лучших артистов ответили, что в самые сильные моменты подъема они особенно ясно ощущают свою связь с человеческой массой, с зрителями* (Короленко); *На дворе множество людей... обедало, сидя без шапок около братского котла* (Пушкин). – *Множество рук стучат во все окна с улицы, а кто-то ломится в дверь* (Лесков).

За последнее время явно наметилась тенденция к согласованию по смыслу. Ср. в языке периодической печати: *Еще недавно большинство представленных на конференции стран были бесправными колониями; Ряд рабочих завода заявили в своих выступлениях, что они не получали зарплаты уже четыре месяца; Часть лунных образцов напоминают по своему составу камни, обнаруженные на Земле близ старых вулканов.*

Постановка сказуемого во множественном числе предпочтительна при наличии следующих условий:

1) если главные члены предложения оторваны друг от друга, например: *Большинство участников совещания в своих предварительных замечаниях на проект нового положения о жилищно-строительной кооперации и в ходе его обсуждения выразили свое согласие с основными его принципами; Ряд делегатов от разных организаций участвовали в работе комиссии;*

2) если при препозитивном подлежащем имеется причастный оборот или

определительное придаточное предложение с союзным словом *который*, причем причастие или слово *который* стоит во множественном числе, например: *Большинство студентов первого курса, поступивших в вузы непосредственно по окончании средней школы, успешно прошли зимнюю экзаменационную сессию*; *Большинство учебников, которые школьники положат на парту 1 сентября, вышли из печати в первый раз*. Ср.: *Ряд лиц, виденных Бельтовым, не выходили у него из головы* (Герцен);

3) если при собирательном существительном имеется несколько управляемых слов в форме родительного падежа множественного числа, что усиливает представление о множественности производителей действия, например: *Большинство прогрессивных общественных деятелей, писателей, ученых выступили за политику разрядки* (из газет). Ср.: *Большая часть моих привычек и вкусов не нравились ему* (Л. Толстой);

4) если при подлежащем имеются однородные сказуемые, например: *Большинство заочников своевременно выполнили все контрольные работы, успешно сдали зачеты и хорошо подготовились к экзаменам*;

5) если подчеркивается активность и раздельность действия каждого действующего лица, например: *Ряд рабочих цеха заявили в своих выступлениях, что они объявляют голодовку и не уйдут из цеха, пока администрация не выплатит им зарплату* (но: *Ряд вопросов, стоявших на повестке дня, за недостатком времени не обсуждался* – подлежащее обозначает неодушевленный предмет). Поэтому сказуемое в страдательном обороте обычно ставится в единственном числе, так как подлежащее обозначает объект действия, а не его субъект, например: *Большинство курортников размещено в пансионатах*; *Ряд молодых специалистов направлен на заводы в пределах области*;

6) при обратном согласовании, если именная часть составного сказуемого имеет форму множественного числа, например: *Еще недавно большинство представленных на конференции стран были бесправными колониями*; *Ряд физкультурников нашего учреждения были призерами различных соревнований*. Такая форма согласования обычна для сказуемых, выраженных краткой формой прилагательного или относительным прилагательным, например: *Целый ряд сцен в пьесе правдивы и интересны*; *Большая часть домов на нашей улице каменные*. Ср.: *Большинство людей, встретившихся мне здесь, были оборванные и полураздетые...* (Л. Толстой); *... Большинство дверей были низки для его роста* (Л. Андреев).

§ 184. Сказуемое при подлежащем – количественно-именном сочетании (счетном обороте)

В рассматриваемой конструкции сказуемое может иметь как форму единственного, так и форму множественного числа. Ср.: *Вошло семь человек погони...*

(Песков). – *Наутро пятьдесят семь выходцев подали заявления с просьбой принять в колхоз* (Шолохов).

На выбор формы числа, помимо указанных выше условий согласования сказуемого с подлежащим – собирательным существительным, влияет также ряд других условий.

1. Форма единственного числа сказуемого указывает на совместное действие, форма множественного числа – на раздельное совершение действия. Ср.: *Пять солдат отправилось в разведку* (группой). – *Пять солдат отправились в разведку* (каждый с самостоятельным заданием); *К началу экзамена явилось десять студентов. – Десять студентов окончили институт с отличием.* Ср. также различное согласование однородных сказуемых в одном и том же предложении: *Человек полтораста солдат высыпало из лесу и с криком устремились на вал* (Пушкин) (в первом случае характеризуется совместность действия, во втором – раздельность).

2. Форма единственного числа сказуемого указывает на общую совокупность предметов, форма множественного числа – на отдельные предметы. Ср.: *В республике строится пять стадионов* (единое нерасчлененное представление о действии). – *В крупнейших городах республики строятся еще пять стадионов* (расчлененное представление о действии). Ср. также: *В крендельной работало двадцать шесть человек...* (Горький). – *Восемь самолетов полка взлетали попарно, соблюдая очередь* (Н. Чуковский). Поэтому при подлежащем, обозначающем большое число предметов и воспринимаемом как одно целое, сказуемое обычно ставится в единственном числе, например: *В столовой в одну смену сидело сто человек* (Макаренко); *Прибыло шестьсот студентов-путейцев* (Н. Островский).

3. Форма единственного числа сказуемого употребляется и при обозначении меры веса, пространства, времени и т. д., так как в этом случае имеется в виду единое целое, например: *На покраску крыши ушло двадцать килограммов олифы; До конца пути оставалось пятнадцать километров; На выполнение всей работы понадобится шесть месяцев.*

4. Сказуемые-глаголы (обычно со значением протекания времени) ставятся в единственном числе, если в составе количественно-именного сочетания (счетного оборота) имеются слова *лет, месяцев, дней, часов* и т. д., например: *Прошло сто лет* (Пушкин); *Однако уже, кажется, одиннадцать часов пробило* (Тургенев); *Вот два года моей жизни вычеркнуто* (Горький). Но при другом лексическом значении глагола возможна форма множественного числа сказуемого, например: *Десять секунд показались мне за целый час* (Л. Толстой); *Пятнадцать лет революции изменили население города* (Эренбург). Ср. формы согласования со словами *половина, четверть* в условиях различного контекста: *пробило половина десятого — прошла половина января, четверть часа прошло после начала доклада — нескончаемо тянулась четверть века.*

5. При числительных *два, три, четыре, двое, трое, четверо* сказуемое обычно ставится в форме множественного числа, например: *Два солдата с котомками равнодушно глядели на окна поезда...* (А. Н. Толстой); *Лаборанту деятельно помогали три студента; Тридцать два человека... дышали одним духом* (Шолохов); *Двое рабочих в белых фартуках копались около дома* (Чехов). Но сказуемые-глаголы со значением бытия, наличия, существования, положения в пространстве и т. д. (т. е. со значением состояния, а не действия) обычно в этих случаях употребляются в форме единственного числа, например: *Три царства перед ней стояло* (Некрасов); *...При больнице состояло два человека* (Тургенев); *Умерло от удара... еще три человека* (Л. Толстой); *У него было два сына* (Чехов); *В комнате было два окна с широкими подоконниками* (Каверин); *Может быть две смелости: одна – привитая воспитанием, другая – врожденное свойство характера* (В. Панова).

6. При составных числительных, оканчивающихся на *один*, сказуемое, как правило, ставится в форме единственного числа, например: *Двадцать один делегат прибыл на совещание; ...было подано сразу тридцать одно заявление* (Шолохов). Форма множественного числа в данной конструкции возможна по условиям контекста, например: *Двадцать один делегат встретились за круглым столом* (сказуемое-глагол *встретились* указывает на взаимное действие, которое выражается формой множественного числа); *За зиму 1929/30 года в ряды ВЛКСМ по Московской области вступили 93681 человек* (влияние многосоставного числа); *За все уплачено 231 рубль* (при формальной роли подлежащего счетный оборот имеет значение обстоятельства меры в страдательной конструкции); *21 студент явились на экзамен* (разговорный вариант, влияние тенденции к согласованию по смыслу); *21 ящик с посудой, которые были доставлены на базу, попали туда по ошибке* (влияние придаточного предложения с союзным словом *которые* в форме множественного числа).

7. При словах *тысяча, миллион, миллиард* сказуемое обычно согласуется по правилам согласования с подлежащими-существительными (в роде и числе), например: *Тысяча книг поступила в школьную библиотеку; Миллион демонстрантов заполнил площади и улицы столицы.* Возможны также конструкции по образцу согласования с подлежащими – счетными оборотами: *Тысяча солдат бросились на правый фланг.*

8. Если при счетном обороте имеются слова *все, эти* или другие в роли определения, то сказуемое ставится во множественном числе, например: *Недавно построены и эти семь домов; Все двадцать одна страница переписаны заново; На столе лежат приготовленные к отправке пять пакетов.*

При наличии в составе подлежащего слов *всего, лишь, только* (со значением ограничения) сказуемое обычно ставится в форме единственного числа, например: *В шахматный кружок записалось только семь человек; Всего лишь двенадцать сотрудников нашего отдела пришло на лыжную базу.*

9. Если в роли подлежащего выступает имя числительное без существительного, т. е. в значении абстрактного числа, то сказуемое ставится в единственном числе, например: *Двадцать делится на четыре без остатка.* Но если с числительным связано представление о конкретном деятеле, то употребляется форма множественного числа сказуемого, например: *И опять идут двенадцать, за плечами ружьеца...* (Блок); *В зале тихо. Шестьсот внимательно слушают высокого мастерового* (Н. Островский).

10. При обозначении приблизительного количества (путем постановки числительного впереди существительного или путем вставки слов *около, свыше, больше, меньше* и т.п.) сказуемое может стоять как в форме единственного, так и в форме множественного числа (второй способ согласования все чаще встречается в наше время), например:

а) *Оттуда поднялось десятка два человек* (А. Н. Толстой); *Под навесиком помещалось не больше четырех ребят...* (Макаренко); *За бугром лежало с десяток возчиков* (Фурманов); *Работало двадцать с лишним человек* (Н. Островский);

б) *Человек пять стали мыться в горном, холодном ручье* (Горький); *Не менее двадцати дам... сидели на зеленых скамейках и неотрывно глядели в сторону бухты* (Сергеев-Ценский); *С полсотни людей, главным образом офицеров, толпились невдалеке* (Павленко); *Человек двадцать гурьбой провожали Акима и Федора до автодрезины* (Н. Островский); *Десятка два старых изб разместились по обеим сторонам пыльной улицы* (Г. Гулиа). Ср. в периодической печати: *От двух до трех миллионов человек посещают Московский зоопарк ежегодно; Свыше 70 театров страны показали в эти дни чеховские спектакли; Около одной пятой нашей группы туристов отважились подняться на вершину горы; На «Грузии» совершили увлекательное путешествие более 750 туристов; Подписку на газеты и журналы принимают в Москве свыше 200 почтовых отделений; В результате наводнения на острове более 100 тысяч человек терпят бедствие.*

11. При наличии в количественно-именном сочетании слова *несколько* возможна постановка сказуемого как в форме единственного, так и в форме множественного числа (сохраняются в силе условия, указанные в § 183, п. 3). Например:

а) *За оградой стояло несколько саней...* (Пушкин); *Несколько человек оглянулось...* (Горький); *Несколько рыбачьих баркасов заблудилось в море* (Куприн);

б) *Несколько дам скорыми шагами ходили взад и вперед по площадке...* (Лермонтов); *Что могли сделать несколько молодых студентов?* (Герцен); *Заговорили сначала несколько человек туманно и нетвердо...* (Фадеев).

Ср. различное согласование однородных сказуемых в одном и том же предложении в зависимости от того, обозначают ли они активное действие или пассивное состояние, совместное или раздельное действие: *За дверью находилось несколько человек и как будто кого-то отталкивали* (Достоевский); *Замок бани сломали, несколько человек втиснулось в двери и почти тотчас же вылезли оттуда* (Горький).

12. При наличии в составе подлежащего слов *много, мало, немного, немало, сколько, столько* преобладает форма единственного числа сказуемого, однако в последнее время, в связи с общей тенденцией к согласованию по смыслу, форма множественного числа, встречавшаяся в прошлом редко, находит все более широкое распространение. Например:

а) *И много других подобных дум проходило в уме моем...* (Лермонтов); *Сколько еще сказок и воспоминаний осталось в ее памяти?* (Горький);

б) *Много совершенно недетских впечатлений стали для меня как-то страшно доступны* (Достоевский); *Много огней и раньше и после манили не одного меня своею близостью* (Короленко); *Немало наших товарищей отдали свои жизни во имя великой цели, безвременно ушли навеки во имя победы над проклятым фашизмом...* (Л. Никулин); *Сколько замученных работой калек молча помирают с голоду* (Горький); *Но сколько детей — во Франции, в Италии — просыпаются и засыпают голодные?* (Эренбург).

Ср. в периодической печати: *В Российской Федерации много детей различных национальностей обучаются на родном языке; Слишком много ученых и технических специалистов заняты в Англии изысканиями в области военной техники; Немало писателей, артистов, начинающих ученых, офицеров обязаны Евгению Викторовичу Тарле помощью, теплым участием в их творческих замыслах и делах.*

13. При наличии в составе подлежащего имени существительного со значением определенного количества *(тройка, сотня, пара* и т. п.) сказуемое ставится в форме единственного числа, например: *Семерка самолетов устремилась вперед; Сотня ребят разбежалась во все стороны.*

14. В единственном числе ставится сказуемое также при существительных со значением неопределенного количества *(масса, уйма, бездна, пропасть* и т.п.). При этом возможны варианты согласования в роде; ср.: *Народу сбежалось бездна...* (Л. Толстой). — *Дел у него была бездна...* (Чернышевский). Обычно препозитивное сказуемое ставится в форме среднего рода, а постпозитивное сказуемое согласуется грамматически с указанными существительными; ср.: *В моей повести было бездна натянутого* (Герцен). — *Уйма трудностей пережита...* (В. Панова).

15. При подлежащем, выраженном сложным существительным, первую часть которого образует числительное *пол-* (*полчаса, полгода* и т.п.), сказуемое обычно ставится в форме единственного числа, а в прошедшем времени — в среднем роде, например: *полчаса пройдет незаметно; полгорода участвовало в демонстрации; Полголовы уже осталось* (Чехов). Но если при этих словах имеется определение в форме именительного падежа множественного числа, то и сказуемое ставится во множественном числе, например: *Первые полчаса прошли незаметно; Остальные полдома уцелели от пожара.*

§ 185. Согласование сказуемого с подлежащим, имеющим при себе приложение

1. По общему правилу сказуемое согласуется с подлежащим, и наличие при последнем приложения в форме другого рода или числа не влияет на согласование, например: *Девушка-пилот умело вела машину; Жаркое – мясные консервы – встречено кислыми минами* (Станюкович).

В отдельных случаях встречается согласование сказуемого по смыслу – не с подлежащим, а с более конкретным по значению приложением, ближе расположенным к сказуемому, например: *Долли невольно вздохнула. Лучший друг ее, сестра, уезжала* (Л. Толстой); *...Только величайшее искусство – музыка – способна коснуться глубины души* (Горький); *Начало всех органических существ – клеточка – сходна у всех животных и растений* (учебник биологии); *Бридж, карточная игра, очень популярная в Прибалтике, привлекла в Таллин много любителей из других городов страны* («Неделя»).

2. При сочетании родового наименования и видового функцию подлежащего выполняет первое, обозначающее более широкое понятие, и сказуемое согласуется с этим словом, например: *Дерево баобаб раскинуло свои могучие ветви; Птица секретарь уничтожила змею; Трава зверобой росла по всей поляне.*

3. При сочетании нарицательного существительного с собственным именем лица в роли подлежащего выступает последнее, и сказуемое согласуется с ним, например: *Дежурный бригадир Оксана Литовченко проталкивалась к Захарову* (Макаренко); *...Доверительно спросила санинспектор Фрося* (Павленко).

Другие собственные имена (клички животных, географические наименования, названия органов печати и т.д.) являются приложениями, и сказуемое согласуется с нарицательным существительным, например: *Собака Трезор громко лаяла; Озеро Байкал глубоко и полноводно; Журнал «Литературное наследство» опубликовал новые материалы о творчестве М. Горького.*

4. На форму согласования сказуемого не влияет наличие при подлежащем уточняющих или пояснительных слов, присоединительных конструкций, сравнительных оборотов и т. д., например: *Всё, по-видимому, и даже природа сама, вооружилось против господина Голядкина* (Достоевский); *Логическая форма, т.е. способ связи составных частей содержания, в обоих умозаключениях одна и та же* (Асмус. «Логика»). Ср. в периодической печати: *Американская творческая интеллигенция, в частности американские киноработники, переживает сейчас эпоху повышенного интереса к русскому киноискусству; Дальнейшее накопление экспериментальных данных, в том числе и результаты настоящего исследования, дает возможность увереннее судить об этом явлении.*

Реже (в публицистической и разговорной речи) встречается согласование сказуемого не с подлежащим, а с поясняющими его конструкциями, например: *Из всех родственников только один человек, а именно восьмидесятилетняя бабушка, продолжала держать сторону бедной Клавы* (Сем. Нариньяни); *Итак, дорога от Ставрова, вернее, отсутствие дороги отрезало нас от «Большой земли»* (Солоухин). Ср.: *Носящий это имя, то есть я, изображаю из себя человека шестидесяти двух лет* (Чехов) (согласование в лице не с подлежащим, а с пояснительным членом предложения).

5. При согласовании сказуемого со сложными существительными, образующими сложносоставные термины типа *кафе-столовая*, учитываются смысловые отношения между частями сложного слова: ведущим компонентом, с которым согласуется сказуемое, является то слово, которое выражает более широкое понятие или конкретно обозначает предмет, например: *кафе-столовая отремонтирована* (столовая – более широкое понятие); *автомат-закусочная открыта* (носителем конкретного значения выступает слово *закусочная*); *кресло-кровать стояло в углу* (мыслится один из видов кресел, вторая часть выступает в роли уточняющей); *плащ-палатка лежала в свернутом виде* (палатка в виде плаща, а не плащ в виде палатки). Играет роль также порядок частей сложного наименования, склоняемость или несклоняемость одного из компонентов, условия контекста.

1) Обычно на первом месте стоит ведущее слово, с которым и согласуется сказуемое, например: *автомобиль-игрушка понравился детям* (ср.: *игрушка-автомобиль понравилась детям*); *библиотека-музей приобрела неизданные рукописи писателя; витрина-стенд помещена в коридоре; выставка-просмотр новых картин открыта ежедневно; диван-кровать уже продан; завод-лаборатория выполнил срочный заказ; клуб-читальня закрыт на ремонт; книга-справочник пополнилась новыми сведениями; концерт-загадка прошел с большим успехом; машина-канавокопатель проложила широкую борозду; машина-фургон поднималась в гору; музей-квартира приобрел новые экспонаты; окошечко-касса было освещено; песня-романс стала весьма популярной; платье-халат висело на вешалке; полка-прилавок завалена книгами; ракета-носитель вышла на орбиту; рассказ-сценка очень оригинален; самолет-амфибия пошел на посадку; станок-качалка сконструирован удачно; стул-трость приставлен к стенке; счет-фактура выписан своевременно; таблица-плакат привлекала внимание экскурсантов; театр-студия воспитал немало талантливых актеров; торт-мороженое разрезан на равные части; урок-лекция продолжался пятьдесят минут; часы-браслет куплены для подарка; шоссе-магистраль заново утрамбовано; ящик-тумбочка наполнен безделушками.*

2) Если на первом месте стоит не ведущее слово, то оно в подобных сочетаниях, как правило, не склоняется, что служит указанием для согласования сказуемого со вторым словом сложного наименования, например: *«Роман-газета» вышла большим тиражом* (ср.: *в «Роман-газете»...*); *плащ-палатка свернута* (ср.: *укрыться плащ-палаткой*); *кафе-закусочная* (*кафе-кондитерская*) *переведена на другую улицу* (слово *кафе* не склоняется).

3) Влияние контекста, в частности лексического значения сказуемого, сказывается на выборе формы сказуемого, ср.: *Вагон-весы прицеплен к составу. – Сконструированы типовые вагон-весы, точно отмеряющие заданное количество руды, известняка и т.д.* Ср. также: *Поезд-баня подошел к станции; Вагон-выставка стоял на запасном пути; За вагонами для легкораненых шел вагон-аптека* (В. Панова).

Встречаются трудности в согласовании однородных сказуемых с подлежащими, выраженными словами этого типа. Так, нельзя сказать ни «Вагон-выставка подошел к станции и о т к р ы л с я для посетителей», ни «Вагон-выставка п о д о ш л а к станции и открылась для посетителей» (возможный вариант: *Вагон-выставка подошел к станции, и открылся доступ для посетителей*).

§ 186. Сказуемое при подлежащем типа *брат с сестрой*

1. При оборотах указанного типа, образованных сочетанием «именительный падеж плюс предлог *с* плюс творительный падеж», сказуемое может стоять как в форме множественного, так и в форме единственного числа.

Форма м н о ж е с т в е н н о г о числа сказуемого показывает, что в роли подлежащего выступает все сочетание, т. е. действие приписывается двум равноправным субъектам, например: *После обеда Лось с Русаковым пошли посмотреть склады и магазины* (Семушкин); *Встали и Воропаев с Корытовым* (Павленко).

Форма е д и н с т в е н н о г о числа сказуемого показывает, что подлежащим является только существительное в именительном падеже, а существительное в творительном падеже выступает в роли дополнения, обозначая лицо, сопутствующее производителю действия, например: *Граф Илья Андреевич в конце января с Наташей и Соней приехал в Москву* (Л. Толстой); *... Пришел Разметнов с Демкой Ушаковым* (Шолохов).

Выбор одной из двух возможных форм согласования сказуемого зависит от смысловой соотнесенности действия и его производителя. Иногда этот вопрос решается лексическим значением слов, входящих в сочетание, например: *Мать с ребенком пошла в амбулаторию; Брат с сестренкой уехал в деревню.* Ср.: *И графиня со своими девушками пошла за ширмами оканчивать свой туалет* (Пушкин).

В других случаях играет роль лексическое значение сказуемого, например: *Мать с дочерью долго не могли успокоиться и вспоминали случившееся* (оба действия могут производиться при равноправном участии субъектов действия). *Коля с Петей поступили в одну и ту же школу; Брат с сестрой возвратились порознь.* Ср.: *Клычков с Чапаевым разъехались по флангам...* (Фурманов).

Иногда играет роль порядок слов в сочетании. Ср.: *Муж с женой пошли в театр. —Жена с мужем пошла в театр* (обычно в рассматриваемых конструкциях при различной родовой принадлежности существительных на первом месте фигурирует более сильный в грамматическом отношении мужской род, например: *отец с матерью, дед с бабкой, мальчик с девочкой;* поэтому выдвижение на первое место существительного в форме женского рода подчеркивает его роль, а отсюда согласование с ним сказуемого).

2. При наличии в конструкции слов *вместе, совместно* чаще употребляется форма единственного числа сказуемого, например: *Операцию делал профессор вместе с ассистентом; Режиссер совместно со своими помощниками подготовил новые мизансцены в спектакле.* Ср.: *Еще мальчиком Русаков вместе со своим отцом уехал от безземелья с переселенцами в Сибирь* (Семушкин).

3. В рассматриваемое сочетание могут входить личные местоимения, например: *Он с сестрой сообща наметили маршрут поездки; Она с ним подружилась.* При наличии местоимений *я* или *ты* сказуемое ставится в форме единственного числа, например: *Ты с Олей будешь в одной комнате пока что...* (Чехов).

4. Согласование по смыслу (со всем сочетанием, а не с первым словом в форме именительного падежа) встречается при конструкциях, состоящих из существительного в именительном падеже, предлога *за* и того же существительного в творительном падеже, например: *Медленно проходят день за днем; Падали капля за каплей; Лист за листом устилали землю желтым шуршащим покровом.*

§ 187. Сказуемое при подлежащем – местоимении вопросительном, относительном, неопределенном, отрицательном

1. При подлежащем – в о п р о с и т е л ь н о м местоимении *кто* глагол-сказуемое ставится в форме единственного числа, а в прошедшем времени – в мужском роде, независимо от числа производителей действия и их принадлежности к мужскому или женскому полу, например: *Кто присутствовал на последнем занятии? Кто из сотрудниц нашего отдела записался в кружок кройки и шитья?*

В конструкциях типа *Кто из лыжниц пришла первой?* используется форма обратного согласования (см. § 189), глагол в прошедшем времени ставится в форме женского рода, так как неудобно сказать ни «пришел первым из лыжниц», ни «пришел первой» (получился бы разрыв между формой мужского рода глагола и формой женского рода числительного в составе единой конструкции сказуемого).

В предложении *Кто, как не семья, воспитала юношу барчуком...* на согласовании сказуемого сказывается влияние сравнительного оборота с существительным в форме женского рода. Такие конструкции встречаются в ненормированной разговорной речи.

2. При подлежащем – о т н о с и т е л ь н о м местоимении *кто* (в функции союзного слова в придаточном предложении) сказуемое может стоять как в форме единственного, так и в форме множественного числа, например:

а) *Все, кто не потерял еще головы, были против* (Сергеев-Ценский); *...Те, кто не успел к двери, кинулись в радостной панике к окнам* (Макаренко);

б) *Тут эти люди, кто по неразумию своему малодушно положили оружие,* узнали стыд... (А. Н. Толстой); *В полку служат теперь те, кто десять лет назад были пионерами, бегали в школу, играли в снежки* (Б. Полевой).

Форма множественного числа, возможная при условии, что в главном предложении соотносительное слово и сказуемое тоже стоят во множественном числе, подчёркивает множественность производителей действия. Ср. разные формы согласования в одном и том же сложном предложении: *Все, кто мог ехать, ехали сами собой; те, кто остановились, решали сами с собой, что им надо было делать* (Л. Толстой).

Обычны конструкции типа *первые, кто пришли; последние, кто записались* (с субстантивированным прилагательным-подлежащим в главном предложении).

3. При о т н о с и т е л ь н о м   местоимении *что* сказуемое ставится в форме множественного числа, если замещаемое местоимением слово в главном предложении стоит во множественном числе, например: *Те, что ушли вперёд и забрались на гору, всё ещё не теряли надежды захватить неприятельские обозы* (Фурманов).

4. При н е о п р е д е л ё н н ы х и о т р и ц а т е л ь н ы х местоимениях *некто, кто-то, никто* и др. сказуемое ставится в единственном числе (в прошедшем времени глагола – в форме мужского рода, даже если речь идёт о лице женского пола), например: *Некто под инициалами А. М. (это оказалась корреспондентка одной из лондонских газет) писал следующее...*; *Кто-то из москвичек-конькобежек неудачно выступил на соревнованиях*; *Никто, даже лучшие спринтеры, не мог улучшить поставленный рекорд*.

В разговорной речи встречаются отступления от указанного правила, а именно:

1) постановка сказуемого в форме множественного числа при подлежащем – неопределённом местоимении, например: *По средам у ней собираются кое-кто из старых знакомых* (Гончаров); *А за последнее время стали захаживать к нему кое-кто из учащихся* (Шишков); *Приходили кто угодно*; *За работу брались кто попало*;

2) постановка сказуемого в форме женского рода при подлежащем – неопределённом или отрицательном местоимении, за которым следует уточняющий или пояснительный оборот с ведущим словом в форме женского рода, например: *Некто в чёрном, по-видимому иностранка, вошла в ложу театра*; *Никто из девушек, даже Зоя, не нашлась что сказать*.

При конструкции «не кто иной, как» на согласование сказуемого в числе и роде может оказать влияние порядок слов. Ср.:

а) *Этот эскиз сделал не кто иной, как стажёры.* – *Не кто иной, как стажёры, сделали этот эскиз;*

б) *И на этот раз помог не кто иной, как медсестра.* – *Не кто иной, как медсестра, помогла и на этот раз.*

Вторые варианты в каждой паре, отражающие согласование по смыслу, встречаются чаще в разговорной речи.

§ 188. Сказуемое при подлежащем – несклоняемом существительном, сложносокращенном слове, нерасчленимой группе слов

1. При подлежащем, выраженном субстантивированной неизменяемой частью речи, глагол-сказуемое ставится в единственном числе, а в прошедшем времени – в форме среднего рода, например: *Раздалось тихое «ах»; Его категорическое «нет» меня обескуражило.*

2. С подлежащим, выраженным заимствованным несклоняемым словом, сказуемое согласуется в соответствии с грамматическим родом, установленным для данного слова в русском языке (см. §147), например:

а) ...*Пальто как в воду кануло* (Чехов); *Метро работало* (Эренбург); *Кофе подан;*

б) *Шимпанзе взобрался на верхушку дерева; Кенгуру скрылся из виду; Иваси шла густым косяком; Цеце смертельно укусила спящего мальчика;*

в) *Маленький Ренэ заболел; Вошла смеющаяся Мари;*

г) *Миссисипи разлилась; Капри спал; Батуми вырос за последние годы; Рядом шла нарядная Прадо* (улица) (Маяковский);

д) *«Юманите» опубликовала заявление ряда прогрессивных деятелей Франции.*

3. Если сложносокращенное слово (аббревиатура) склоняется, то сказуемое согласуется с ним по грамматическому принципу, например: *В прошлом году наш вуз выпустил сотни молодых специалистов; Нэп был переходным периодом.*

При несклоняемости аббревиатуры сказуемое согласуется с ведущим словом расшифрованного сложного наименования, т. е. ставится в той форме, в какой оно стояло бы при полном наименовании, например: *ФСБ выступила с заявлением* (Федеральная служба безопасности); *АО предложило* (акционерное общество).

Колебания в форме согласования наблюдаются в связи с тем, что некоторые аббревиатуры, несклоняемые в официальной речи, склоняются в разговорном языке, например: *ВАК* (Высшая аттестационная комиссия) *утвердил... – утвердила...; ТЭЦ* (тепловая электроцентраль) *обеспечил... – обеспечила...*

4. При подлежащем – иноязычной аббревиатуре сказуемое обычно ставится в форме среднего рода, но может также согласоваться по смыслу, например:

а) *НАТО объявило о своем желании участвовать в миротворческой миссии;*

б) *ЮНЕСКО прислало* (прислала) *своего представителя* (вторая форма согласования связана с мысленной подстановкой слова «организация»); *ФИДЕ* (Международная шахматная организация) *утвердила состав участников турнира.*

5. При подлежащем – условном названии применяется принцип грамматического согласования, например: *«Известия» увеличили свой тираж; «Воскресение» было впервые опубликовано Л. Н. Толстым в журнале «Нива».*

Если условное название – несклоняемое слово, то сказуемое согласуется с ним или как с субстантивированным словом (т. е. ставится в форме среднего рода), или по смыслу (т. е. согласуется с родовым наименованием по отношению к данному слову). Например:

1) *«Накануне» помещено в третьем томе собрания сочинений И. С. Тургенева;*

2) *«Вперед»* (линкор) *вышел в открытое море.* Второй принцип согласования обычно применяется при иноязычных несклоняемых наименованиях промышленных компаний, акционерных обществ, спортивных организаций и т. п. (ср. выше, п. 4), например: *«Дженерал моторс корпорейшн»* (компания) *выплатила акционерам огромные дивиденды; «Тре крунур»* (спортивная команда) *проиграла нашим хоккеистам оба матча.*

6. При подлежащем, выраженном нерасчленимой группой слов (составным наименованием), форма сказуемого зависит от состава этой группы:

1) если в этой группе имеется ведущее слово в форме именительного падежа, то сказуемое согласуется с ним, например: *«Приключения, почерпнутые из моря житейского» составили цикл произведений писателя А. Ф. Вельтмана;*

2) если в составном наименовании нет ведущего слова в форме именительного падежа, то название обычно субстантивируется и сказуемое ставится в среднем роде, например: *«На всякого мудреца довольно простоты» вышло отдельным изданием; «Не брани меня, родная» исполнялось вторично.* Ср. то же при наличии ведущего слова в сочетании: *«Во поле березонька стояла» слышалось где-то вдалеке.* Неоправданны поэтому встречающиеся иногда конструкции типа *«Не в свои сани не садись» возобновлены в репертуаре театра* (сказуемое не может согласоваться здесь со словом *сани*, которое стоит в винительном падеже);

3) если составное наименование образовано двумя существительными разного грамматического рода, то, хотя в отдельных случаях встречается согласование с одним из них, обычно первым (ср.: *«Война и мир» написана Л. Н. Толстым*), однако, как правило, выбор формы сказуемого затруднителен, ср. такие названия, как *«Руслан и Людмила», «Ромео и Джульетта», « Тристан и Изольда»* и т.п., для которых не подходит ни одна из форм – *написан, написана, написано, написаны.* В подобных случаях следует включать родовое наименование (*роман, поэма, пьеса, опера* и т.п.). То же самое рекомендуется для тех случаев, когда согласование возможно, но при этом могут появиться курьезные сочетания, например: *«Двенадцать апостолов» стояли на рейде* (фрегат), *«Волки и овцы» распроданы.*

7. При подлежащем – прозвище лица сказуемое принимает форму рода, которая соответствует полу называемого лица, например: *В августе Редька приказал нам собираться на линию* (Чехов); *Хорошее Дело всегда слушал мою болтовню внимательно...* (Горький); *Из-за суконной занавески появилась «Великий Могол» с подносом* (А. Н. Толстой) (речь идет о горничной Луше).

§ 189. Согласование связки с именной частью сказуемого

Согласование связки не с подлежащим, а с именной частью составного сказуемого (так называемое о б р а т н о е   с о г л а с о в а н и е) чаще всего встречается в следующих случаях:

1) при наличии в составе подлежащего имени существительного с количественным значением, например: *Большая часть между ними были довольно добрые люди* (Герцен) (ср. § 183, п. 3, подпункт 6); *Большинство участников выставки были люди приезжие;*

2) при логическом подчеркивании сказуемого, например: *Последние числа октября было время самого разгара партизанской войны* (Л. Н. Толстой). Ср. у него же: *Но погибель французов, предвиденная им одним, было его душевное единственное желание; Первое помещение за дверьми была большая комната со сводами и железными решетками; Так приезд Пьера было радостное, важное событие.* Следует учесть, что подобные конструкции с именительным падежом в составном сказуемом (так называемым именительным предикативным, или вторым именительным) придают высказыванию оттенок книжности, иногда архаичности (см. § 177, п. 3);

3) при выражении подлежащего местоимением это, например: *Я случайно посмотрел на эту книгу, это была хрестоматия...* (Гл. Успенский).

§ 190. Согласование сказуемого с однородными подлежащими

1. При прямом порядке слов (сказуемое следует за однородными подлежащими) обычно употребляется форма множественного числа сказуемого, при обратном порядке (сказуемое предшествует подлежащим) – форма единственного числа. Например:

а) *Жара и засуха стояли более трех недель* (Л. Толстой); *Гул орудий и грохот взрывов расплескались широко по осенней земле* (Бубенцов);

б) *До Райского и Марфиньки долетел грубый говор, грубый смех, смешанные голоса, внезапно притихшие...* (Гончаров); *Появилась ломота во всех членах и мучительная головная боль* (Тургенев); *Несся тяжелый топот кованых сапог и крикливые бабы взвизги...* (Серафимович); *По земле, истомленной в зное, разливалась свежесть, прохлада и неизъяснимая легкость...* (Солоухин); *Хорошо работала связь и комендантские службы.*

Указанные положения не носят категорического характера: постпозитивное сказуемое может стоять в форме единственного (см. ниже), а препозитивное – в форме множественного числа (особенно часто в технической литературе).

Форма множественного числа препозитивного сказуемого подчеркивает множественность предметов, например: *Слышатся кашель и стук* (Чехов); *Снаружи были слышны визг, лай и вой* (Арсеньев); *От ветхого барака в темноту леса* нырнули *конь и всадник* (Н. Островский). Обычно такая форма согласования бывает, когда подлежащие обозначают лиц, например: ...*Арестованы Букин, Самойлов, Сомов и еще пятеро* (Горький). Но если сказуемое выражено глаголом бытия или состояния, то оно может ставиться в форме единственного числа, например: *Кроме нее, в комнате находился ее муж да еще некто Увар Иванович Стахов...* (Тургенев) (играет роль присоединительный характер второго подлежащего).

2. Согласование сказуемого зависит от формы связи между однородными подлежащими.

1) Если однородные подлежащие связаны с о е д и н и т е л ь н ы м и союзами *и, да* или только интонацией, то действуют правила, указанные выше, п. 1. При повторяющемся союзе сказуемое обычно ставится в форме множественного числа, например: *И тот и другой способны на это.*

При наличии союза *ни* возможна двоякая форма согласования, например:

а) *Ни он, ни она ни слова не промолвили...* (Тургенев); *Сюда не проникали ни свет, ни жара...* (Бабаевский) (в обоих примерах сказывается принадлежность подлежащих к различному грамматическому роду); *Ни он, ни я не искали этой встречи* (Б. Полевой) (влияет значение лица);

б) *Ни сжатие, ни охлаждение не помогло; Ни отсутствие одних, ни присутствие других не изменило хода дела* (в обоих примерах имеет значение то обстоятельство, что подлежащие выражены отвлеченными существительными); *И никакой ни черт, ни дьявол не имеет права учить меня...* (Чехов) (смысловая близость подлежащих и влияние слова *никакой*, см. ниже, п. 4).

2) Если между однородными подлежащими стоят р а з д е л и т е л ь н ы е союзы, то возможна двоякая форма согласования:

а) сказуемое ставится в единственном числе, если не возникает необходимость согласования в роде или если подлежащие относятся к одному грамматическому роду, например: *В нем слышится то Дант, то Шекспир* (Гончаров); *Пережитый страх или мгновенный испуг уже через минуту кажется и смешным, и странным, и непонятным* (Фурманов); *Не то туман, не то дым окутывал всю рощу* (Пришвин); *Собаку... охватывает сонливость, сон или гипноз* (акад. И. П. Павлов);

б) сказуемое ставится во множественном числе, если возникает необходимость согласования в роде и подлежащие принадлежат к разному грамматическому роду, например: *...Ни одно государство или группа государств не должны получить военное преимущество* (из газет); *Действие или признак субъекта (подлежащего) выражены сказуемым* (академическая «Грамматика русского языка»); *Статья в целом или отрывок из нее представили бы интерес для читателей сборника.* То же, если одно из подлежащих имеет форму множественного числа, например: *Стихи или рассказ печатаются почти в каждом номере нашей многотиражки.*

3) Если между однородными подлежащими стоят п р о т и в и т е л ь н ы е союзы, возможна двоякая форма согласования:

а) при постпозиции сказуемого оно согласуется с подлежащим, обозначающим реальный (не отрицаемый) предмет, например: *Не ты, но судьба виновата* (Лермонтов); *Роман, а не повесть будет опубликован в журнале; Не роман, а повесть будет опубликована в журнале;*

б) при препозиции сказуемого оно согласуется с ближайшим подлежащим (независимо от того, является ли оно утверждаемым или отрицаемым), например: *Меня угнетала не боль, а тяжелое, тупое недоумение* (Горький); *Опубликован роман, а не повесть; Опубликован не роман, а повесть; Это была не разведка, а настоящее сражение.*

4) Если между однородными подлежащими стоят с о п о с т а в и т е л ь н ы е союзы, то в зависимости от их типа возможна двоякая форма согласования:

а) при союзе *как... так и* (близком по значению к повторяющемуся союзу *и... и*) сказуемое ставится в форме множественного числа, например: *Как наука, так и искусство в своем развитии отражают развитие общества;*

б) при союзах *не только... но и, не столько... сколько* и др. (содержащих оттенок противопоставления) сказуемое обычно согласуется с ближайшим из однородных подлежащих, например: *В окружающей нас действительности не только большое, но и малое должно интересовать наблюдательного писателя.*

5) Если между однородными подлежащими стоит п р и с о е д и н и т е л ь н ы й союз, то сказуемое согласуется с ближайшим подлежащим, например: *В Бельгию экспортирован лен, а также лесные товары.*

3. Форма единственного числа сказуемого предпочитается при смысловой близости однородных подлежащих, например:

1) сказуемое предшествует подлежащим: *На стене висела винтовка и высокая казацкая шапка* (Пушкин); *В нем [Пушкине], как будто в лексиконе, заключалось все богатство, сила и гибкость нашего языка* (Гоголь); *Главной заботой была кухня и обед* (Гончаров); *И с берега, сквозь шум машины, неслось рокотание и гул* (Короленко); *Да здравствует дружба и солидарность народов!* Однако в деловой речи предпочитается форма множественного числа, например: *На пушной рынок поставлены каракуль и лисьи шкурки; ...Строятся завод, электростанция и несколько комплексов;*

2) сказуемое следует за подлежащим: *С зимой холодной нужда, голод настает* (Крылов); *Неточность и запутанность выражений свидетельствует только о запутанности мыслей* (Чернышевский); *Эта простота и ясность мышления заключает в себе задатки новой жизни...* (Добролюбов); *Не раны, не больное легкое мучило его – раздражало сознание ненужности* (Павленко); *...Писатель обязан быть борцом, а художник, скульптор, актер – не обязан?* (Симонов); *Авторитет и престиж писателя непрерывно растет; Сила и значение реалистического искусства состоит в его жизненности; Никто и ничто не нарушало тишины.*

Ср. также: *выписка и выдача документов производится* (общая операция) – *прием и выдача книг производятся* (разные операции). На согласование сказуемого может оказать влияние наличие среди подлежащих формы множественного числа: *В постель ее уложили ревность и слезы* (Чехов). Но и в этом случае возможна форма единственного числа сказуемого: *Несся тяжелый топот кованых сапог и крикливые бабьи взвизги* (Серафимович).

4. Сказуемое обычно согласуется с ближайшим подлежащим при г р а д а ц и и (расположении слов с нарастанием их значения); нередко в этих случаях однородным подлежащим предшествуют повторяющиеся слова *каждый, всякий, любой, никакой, ни один* и др. Например: *Все разнообразие, вся прелесть, вся красота жизни слагается из тени и света* (Л. Толстой); *Каждое слово, каждая фраза резко, определенно, рельефно выражает у него [Гоголя] мысль...* (Белинский); *Мне надо, чтобы каждое слово, каждая фраза попадала бы в тон, к месту...* (Короленко); *...Каждая встреча, каждая беседа вносила все большее отчуждение и глухую неприязнь в их отношения* (Н. Островский); *...Отобрать наиболее значительное, чтобы каждый эпизод, каждая деталь несла свою нагрузку* (Шолохов); *Никакое убеждение, никакая угроза на него не действует; Ни одна описка, ни одна ошибка в ученической тетради не должна оставаться неисправленной и неразъясненной.*

5. Сказуемое ставится в форме множественного числа, независимо от своего местоположения, если оно обозначает действие, совершаемое несколькими субъектами, например: *А вечером ко мне понагрянули и Черемницкий, и новый городничий Порохонцев* (Лесков); *В душе его боролись желание забыть теперь о несчастном брате и сознание того, что это будет дурно* (Л. Толстой).

Ср. в деловой речи: *на заседании присутствовали...; на слет съехались...; в состязаниях участвовали...; в президиум избраны...; плату внесли...* и т.п.

6. Если среди однородных подлежащих имеются личные местоимения, то при согласовании в лице первому лицу отдается предпочтение перед вторым и третьим, а второму лицу перед третьим, например: *Потом, с позволения Мими, я или Володя отправляемся в карету...* (Л. Толстой); *И я и ты добьемся своего; И ты и он можете приступить к работе завтра.*

XLIV. Согласование определений и приложений

§ 191. Определение при существительном общего рода

1. Определение при существительных общего рода ставится в форме мужского или женского рода в зависимости от того, какого пола лицо обозначается этим существительным, например: *Этот простофиля способен перепутать все на свете* (о мужчине); *Эта соня спит целыми днями* (о женщине); *Наша неряха испачкала новое платье* (о девочке). Ср.: *Добрый, кроткий с теми, кого* он любил, Иванов был круглый сирота... (Гарин-Михайловский). – *И над ней умирает луна – эта круглая сирота* (Исаковский).

2. В разговорной речи при существительных общего рода, благодаря наличию окончания *-а*, встречается постановка определения в форме женского рода и в тех случаях, когда речь идет о лице мужского пола, например: *он большая пройдоха, он такая растяпа*. Ср.: *...Цинически заметил это проницательная шельма, Марк* (Гончаров); *Горемыка я, горемыка неисходная!* (Тургенев); *Ох ты, вечная гуляка...* (Ершов); *Дядя... пьяница непробудная и герой* (Горький).

Ср. разные формы согласования определения и сказуемого в предложении: *И «эта громадина»* [Аниканов] *сгреб здоровенного немца...* (Казакевич).

3. Такие слова, как *знаменитость, личность, персона* и т. п., не являются существительными общего рода, поэтому определения согласуются с ними по грамматическому принципу, т. е. ставятся в форме женского рода и в тех случаях, когда ими обозначаются лица мужского пола, например: *...На нашем горизонте появилась новая личность* (Чехов) (о Лубкове); *Наша знаменитость не обедала сегодня* (Чехов) (о Тригорине); *В городе находилась важная персона – столичный актер*.

Нередко в подобных случаях существительные женского рода представляют собой бранные клички или экспрессивные характеристики, например: *А ведь все кончится тем, что эта старая баба Петр Николаевич ...попросит у него извинения* (Чехов).

4. Не являются также словами общего рода многие существительные мужского рода, обозначающие лицо по профессии, специальности, занимаемой должности, выполняемой работе и т. д., не имеющие парных соответствий женского рода (см. § 146, п. 1). Определения при таких словах ставятся в форме мужского рода, например: *она опытный педагог, она известный мастер спорта*. Однако вместо нужной в подобных случаях конструкции «один из...» встречается конструкция «одна из...», что придает высказыванию разговорный оттенок. Например: «Бекман-Щербина – одна из старейших музыкальных педагогов»; «Играла Анна Пети – одна из призеров Международного конкурса имени Листа в Будапеште» (оба примера из газет). Подобные конструкции не соответствуют нормам книжно-письменной речи.

§ 192. Определение при существительном, имеющем при себе приложение

1. При сочетании родового понятия с видовым определение согласуется со словом, обозначающим родовое понятие, например: *огромное дерево эвкалипт, японский цветок камелия, морская птица буревестник*.

2. При сочетании нарицательного имени и собственного имени лица определение согласуется с ближайшим из существительных, например: *внимательный врач Петрова – врач Петрова, внимательная к больным*.

3. При сочетании видового понятия и индивидуального географического названия определение согласуется с видовым понятием, например: *высочайшая гора Эверест, соленое озеро Баскунчак, славный город Одесса.*

4. При сочетании родового наименования и условного названия определение согласуется с родовым наименованием, например: *интересный журнал «Неделя»; кондитерская фабрика «Большевик».*

5. При сложносоставных терминах типа *кафе-столовая* определение, как и сказуемое (см. § 185, п. 5), согласуется с той частью, которая выражает более широкое или более конкретное понятие, например: *диетическая кафе-столовая, отремонтированная автомат-закусочная, интересный концерт-загадка.* Как и при согласовании сказуемого, играет роль склоняемость или несклоняемость первой части; ср.: *Благодарю, что вы моей хлеб-солью не презрели* (Пушкин). — *Брезгуешь нашим хлебом-солью* (В. Овечкин). Оказывает влияние и порядок частей, например: *Ферапонтов был толстый... мужик, с толстыми губами, с толстой шишкой-носом...* (Л. Толстой).

6. При сложных единицах измерения числительное согласуется со второй (склоняемой) частью, например: *одна вольт-секунда, одна грамм-молекула.*

7. При аббревиатурах склоняемых определение согласуется по грамматическому принципу, например: *столичный вуз, прочный дзот.* При аббревиатурах несклоняемых определение согласуется с ведущим словом развернутого составного наименования, например: *недавнее ЧП* (чрезвычайное происшествие); *наш ОМОН* (отряд милиции особого назначения).

§ 193. Определение при существительном, зависящем от числительных *два, три, четыре*

1. При существительных м у ж с к о г о и с р е д н е г о рода, зависящих от числительных *два, три, четыре* (а также от составных числительных, оканчивающихся на указанные цифры), определение, находящееся между числительным и существительным, в современном языке ставится, как правило, в форме родительного падежа множественного числа: *два высоких дома, три больших окна, двадцать четыре деревянных стола.* Например: *...Офицеры ели жадно, без разговоров, наверстывали за два потерянных в боях дня* (Шолохов); *Два других кадровика... воевали меньше* (Бубенцов); *Два крайних окна в первом этаже закрыты изнутри газетными листами...* (А. Н. Толстой).

2. При существительных ж е н с к о г о рода в указанных условиях определение чаще ставится в форме и м е н и т е л ь н о г о падежа множественного числа: *две большие комнаты.* Например: *На изгороди из трех жердей сидели три женские фигуры* (А. Н. Толстой); *На платформе прохаживались... две молоденькие чему-то смеявшиеся девушки* (Шолохов); *По этим дорогам двигаются две большие колонны немцев* (Бубенцов).

При наличии перед всем оборотом предлога возможны варианты; ср.: *на две равные части – по две столовых ложки*.

Если формы именительного падежа множественного числа существительных женского рода отличаются по ударению от формы родительного падежа единственного числа (ср.: *го́ры – горы́, слёзы – слезы́*), то определение в рассматриваемой конструкции обычно ставится в родительном падеже множественного числа: *две высоких горы, две крупных слезы*. Например: *Три серых струны натянулись в воздухе* (Горький); *Две сильных мужских руки подхватили ее* (А. Коптяева).

На выбор формы определения может оказать влияние форма сказуемого; ср.: *Разыграны три золотые медали. – Разыграно три золотых медали*.

3. Притяжательные прилагательные на *-ин* и *-ов* обычно ставятся в родительном падеже множественного числа независимо от грамматического рода имени существительного: *два бабушкиных сарафана, три сестриных подруги, два чертовых ущелья*.

Притяжательные прилагательные на *-ий, -ья, -ье,* а также порядковое числительное *третий* согласуются в зависимости от рода определяемого существительного: *два лисьих хвоста, два вороньих гнезда, две медвежьи берлоги; два третьих приза – две третьи премии*.

4. Если определение стоит перед счетным оборотом, то оно ставится в форме именительного падежа независимо от рода имени существительного: *каждые два часа, последние два предложения, лучшие две песни*. Например: *Первые три года она только урывками наезжала в Заболотье* (Салтыков-Щедрин); *Последние два слова были написаны крупным и размашистым, решительным почерком* (Тургенев); *Остальные три лошади... шли сзади* (Шолохов).

Однако прилагательные *целый, полный, добрый* и некоторые другие обычно употребляются в этом случае в форме родительного падежа: *целых два месяца, целых две недели, полных два ведра, добрых двое суток, лишних три часа*. Например: *...Принужден был иногда целых три часа стоять, прижавшись к стене* (Пушкин); *Да и бил он меня каких-нибудь месяца два* (Достоевский).

В сочетаниях с *пол-* и *полтора* (*полторы*) возможны обе формы согласования: *добрых полчаса – добрые полчаса, целых полторы недели – целые полторы недели*. Например: *Он целых полчаса стоял перед зеркалом...* (Чехов); *Через какие-нибудь полчаса «виллис», как птица, летел между хлебами...* (Бабаевский); *Дачу возьмете... каких-нибудь полторы-две тысячи за лето дадут* (Павленко).

5. Если определение (обычно обособленное) стоит после счетного оборота, то чаще оно ставится в форме именительного падежа множественного числа, например: *Направо от двери были два окна, завешенные платками* (Л. Толстой); *Последние два письма, писанные карандашом, меня испугали* (Чехов); *...Два огромных осмоленных корыта, привалившиеся друг на друга... торчащие у самого выхода в открытую воду* (Федин); *Все четыре наших скрипача,* принимавшие в этом году участие в конкурсе, получили премии* (М. Бажан); *Подкатили к колхозному амбару два грузовика, груженные мукой* (Ю. Лаптев).

6. При субстантивированных прилагательных мужского и среднего рода определение ставится в форме родительного падежа множественного числа: *двое случайных прохожих, трое вооруженных конвойных, четыре опытных портных, два вкусных жарких.*

При субстантивированных прилагательных женского рода возможны обе формы согласования: *две соседние столовые – две соседних столовых, три большие котельные – три больших котельных.* Если определение препозитивно, то используется форма именительного падежа: *соседние две булочные, лучшие три кондитерские.*

Если субстантивированное прилагательное женского рода употреблено без определения, то оно чаще принимает форму именительного падежа множественного числа: *имеются две ванные, дополнительно запроектированы три прачечные.* В роли прямого дополнения возможна форма родительного падежа: *нужно открыть еще три столовых, оборудовать четыре прачечных.* При разных предлогах тоже возможны варианты, ср.: *оборудование рассчитано на три прачечные, на четыре парикмахерские – в каждом микрорайоне будет открыто по три прачечных, по четыре парикмахерских.*

Как и при выборе формы определения (см. выше, п. 2), здесь может сказаться влияние формы сказуемого, ср.: *Были зафиксированы две ничьи. – Было зафиксировано две ничьих.*

7. При назывании дробного числа (знаменатель – субстантивированное порядковое числительное женского рода) используется форма родительного падежа: *Две пятых Луны скрыты от нашего взора.*

§ 194. Два определения при одном существительном

1. Имя существительное, которому предшествует два или несколько определений, указывающих на разновидности предметов, ставится в форме е д и н с т в е н н о г о числа:

1) если существительное не употребляется в форме множественного числа, например: *научный и технический прогресс; черная и цветная металлургия; тяжелая и легкая атлетика; политическое, экономическое и культурное сотрудничество стран.* Неправильно поэтому: «Больше всего распространен шпионаж в автомобильной, нефтяной и химической *промышленностях*» (из газет). Нужно: *в ... промышленности.*

Сказуемое в этих случаях ставится в форме единственного числа, согласуясь грамматически с подлежащим-существительным, имеющим форму того же числа, если показывается общность перечисляемых предметов или явлений, например: *Атомное и водородное оружие должно быть уничтожено.* Если же подчеркивается самостоятельный характер субъектов действия-состояния, то сказуемое ставится в форме множественного числа, например: *Тяжелая и легкая промышленность выполнили свои планы; Описательная и историческая фонетика имеют своим объектом отдельный конкретный язык; Американская и английская пресса не могут скрыть беспокойства в связи с новой ситуацией, возникшей во внутренней жизни ряда африканских стран* (из газет);

2) если существительное во множественном числе имеет иное значение, чем в единственном, например: *хозяйственный и культурный подъем страны* (ср.: *крутые спуски и подъемы*); *железнодорожный и водный транспорт* (ср.: *транспорты с оружием*); *государственная и кооперативная торговая сеть* (ср.: *рыболовные сети*); *молодежное и студенческое движение* (ср.: *движения рук*); *консервативная и либеральная печать* (ср.: *резчик печатей*); *католическая и протестантская церковь* (ср.: *старинные церкви*); *начальное и среднее образование* (ср. *горные образования*).

Сказуемое в этих случаях согласуется по смыслу и ставится во множественном числе, например: *Правая и левая фракции парламента не могли прийти к соглашению; Индийская и пакистанская печать подчеркивали значение соглашения, достигнутого в Ташкенте*;

3) если между определениями стоят противительные, разделительные или сопоставительные союзы, например: *не норвежский, а голландский конькобежец; латинский или готический шрифт; то широкая, то узкая дорога; как в прошлом, так и в нынешнем году; если не в соседнем, то в более отдаленном магазине*;

4) если перечисляемые разновидности предметов или явлений внутренне связаны, например в сочетаниях терминологического характера; ср.: *в правой и левой руке (половине, стороне и т.п.); оперное и балетное искусство; промышленный и аграрный кризис; учащиеся среднего и старшего школьного возраста; программы для восьмилетней и средней школы* (как системы образования); *в старославянском и древнерусском книжном языке; глаголы совершенного и несовершенного вида (действительного и страдательного залога, настоящего и прошедшего времени, изъявительного и сослагательного наклонения, первого и второго спряжения* и т.п.); *существительные мужского, женского и среднего рода (первого и второго склонения, единственного и множественного числа); местоимения первого и второго лица; вирусный и простой грипп; головной и спинной мозг; война Алой и Белой розы.*

Ср. также: *Город был открыт для ветров с северной и восточной стороны; Наша Конституция гарантирует гражданам РФ реальную возможность получения общих и специальных знаний путем обучения в средней и высшей школе.*

Сказуемое в этих случаях ставится в форме множественного числа, например: *Правая и левая половина дома были освещены; Прошедшее и будущее время глагола указывают на предшествующее и последующее действие по отношению к моменту речи*;

5) часто, если определения выражены порядковыми числительными или местоименными прилагательными, например: *рабочие первой и второй смены; строительство первой и второй очереди комбината; шахматисты первой и второй категории; пуля прошла между пятым и шестым ребром; сходство между твоим и моим почерком; в том и другом случае; у той и другой команды.* Играет роль форма падежа; ср.: *первый и второй этажи – между первым и вторым этажом* (форма множественного числа при именительном падеже и форма единственного числа при косвенном падеже).

Сказуемое в этих случаях ставится в форме множественного числа, например: *Первый и второй день прошли спокойно; Моя и твоя мама беспокоились о нас.*

При наличии к о л и ч е с т в е н н ы х числительных в подобных конструкциях форма определяемого существительного зависит от формы последнего компонента; например: *Звучат восемь залпов – в честь семи прошедших и нынешней Олимпиады; Фронт имел в своем составе тридцать отдельных танковых и двадцать два кавалерийских корпуса; Квартира состоит из трех светлых и одной темной комнаты; Дополнительно открыто десять продовольственных и три промтоварных магазина;*

6) в сочетаниях типа *в конце XIX и начале XX века*: однородными членами здесь являются существительные *начало* и *конец*, а не порядковые числительные. То же самое в выражениях типа *от Северного до Южного полюса;* между прилагательными-названиями нет сочинительной связи.

2. Имя существительное ставится в форме м н о ж е с т в е н н о г о числа:

1) если подчеркивается наличие нескольких предметов, например: *биологический и химический методы; академическое и массовое издания произведений классиков; широкоэкранный и обычный варианты фильма; марганцевая и хромовая руды; соляная и серная кислоты; кузнечно-прессовый и сборочный цехи; золотая и серебряная медали; гидроэнергетическая и оросительная системы; токарный и фрезерный станки; всасывающий и напорный патрубки насоса; ходовая и боевая рубки крейсера; овечья и телячья шкуры; разрыв между первым и последним гонщиками; встречи с болгарской и польской футбольными командами; герои гражданской и Великой Отечественной войн.*

Значение множественности может оказать свое влияние и в тех случаях, когда определения выражены порядковыми числительными, например: *первый и второй походы Антанты; Первая и Вторая империи во Франции; первая и вторая мировые войны; радионаблюдения за сигналами первого и второго искусственных спутников Земли; на восьмом и девятом агрегатах куйбышевской ГЭС; первая и вторая редакции романа; вторая и третья группы выпускного курса; третье, четвертое и пятое места поделили... совпадает с первым и вторым этапами.* Ср.: *старосты восьмого и девятого классов* (расчлененное понятие) *– он был отличником в восьмом и девятом классе* (понятие целого);

2) если имеется предшествующее определение в форме множественного

числа, например: *Новые мировой и отечественный рекорды, древнерусские первое и второе склонения;*

3) если определяемое существительное стоит впереди определений, например: *формы залогов действительного и страдательного.*

§ 195. Определение при существительных – однородных членах

1. Определение, относящееся к двум или нескольким существительным – однородным членам, ставится в форме е д и н с т в е н н о г о числа:

1) если по смыслу сочетания ясно, что определение относится не только к ближайшему существительному, но и к последующим, например: *российская печать, радио и телевидение; подъем нашей техники, науки и культуры; декада казахской литературы и искусства; создание новой оперы, балета, музыкальной комедии; литературный карьеризм и индивидуализм; школьная успеваемость и дисциплина; в своем изложении и выводах...; каждый завод и фабрика; уличный шум и грохот; летний жар и зной; морской прилив и отлив; различной формы и цвета.* Ср.: *необыкновенный шум и говор* (Пушкин); *Дикий гусь и утка прилетели первыми* (Тургенев); *общий веселый говор и хохот* (Л. Толстой); *написать свой адрес, имя, отчество* (А. Н. Толстой); *Ее великолепная шуба и шляпка не произвели никакого впечатления* (Чехов).

Форма числа определения может зависеть от формы падежа определяемых существительных; ср.: *Можно представить себе, каким громовым ударом разразилось это письмо над моим отцом и матерью* (Аксаков). – *Здесь жили мои отец и мать* (Чехов) (в первом случае форма косвенного падежа с предлогом, во втором – форма именительного падежа);

2) если между определяемыми существительными стоит разделительный союз, например: *написать интересный роман или повесть; купить игрушечную собачку или кошку.*

2. Определение ставится в форме м н о ж е с т в е н н о г о числа:

1) если по смыслу сочетания при единственном числе было бы неясно, связано ли определение с ближайшим существительным или со всем рядом однородных членов, например: *способные ученик и ученица; построить каменные дом и гараж; коричневые шкаф и комод; мелко нарезанные зелень и мясо; талантливо исполненные пьеса для виолончели и концерт для скрипки с оркестром.* Ср.: *Зеленели молодые рожь и пшеница* (Чехов). *И тем большие ответственность и обязанность ложились на нас, наследников чеховской и горьковской славы* (Леонов);

2) если определение постпозитивно (даже при наличии разделительного союза между определяемыми словами); например: *Мелкие повреждения кожи смазываются настойкой йода или бриллиантовой зеленью, предохраняющими от гнойничковых заболеваний.*

То же при форме единственного числа определяемого существительного, которому предшествуют определения, указывающие на разновидности предметов, например: *мужской и женский род, отличающиеся своими формами; головной и спинной мозг, представляющие собой важнейшие жизненные центры организма; машиностроительная и металлообрабатывающая промышленность, занимающие по числу рабочих первое место среди других отраслей промышленности.*

3. Определение относится только к ближайшему существительному, если между однородными членами стоит повторяющийся предлог, например: *выслушать с большим вниманием и с сочувствием; Иван Ильич без лишней беготни и без крику быстро получил паровоз и наряд на погрузку* (А. Н. Толстой).

4. При существительных, стоящих в форме множественного числа, определение, в зависимости от значения существительных, может относиться или ко всем им, или только к ближайшему из них. Ср.:

а) *орфографические правила, упражнения, задания; крохотные мошки, козявки, букашки;*

б) *топкие болота, кустарники, деревца; пронестись над дремучими лесами, реками, полями.*

В некоторых случаях может возникнуть неясность, например: *На дворе валялись обгоревшие бревна и кирпичи* (определение относится к обоим однородным членам или только к ближайшему из них?). Такие предложения требуют правки: при первом толковании можно добавить синонимическое для данного текста определение (*обгоревшие бревна и почерневшие от пожара кирпичи*), при втором – переставить однородные члены (*кирпичи и обгоревшие бревна*).

5. Определение, относящееся к сочетанию типа «брат с сестрой», ставится в форме единственного или множественного числа в зависимости от смысла, например: 1) *выходящие из ворот дед с бабушкой;* 2) *шедшая впереди мать с ребенком* (см. § 186). Из двух вариантов: *Мой отец с матерью уехал в деревню* и *Мои отец с матерью уехали в деревню* – предпочтительнее первый.

§ 196. Согласование приложений

1. Приложения, выраженные прозвищами или условными названиями, не согласуются с определяемыми словами, т. е. сохраняют начальную форму во всех падежах, например: *у Всеволода Большое Гнездо, с Оленем Золотые Рога* (имя индейца); *в газете «Правда», в передаче белорусского национального телевидения «Телемост „Столица – регионы"».* Имеются единичные отступления от правила: *у Ваньки-встаньки, у мальчика с пальчика.*

2. В сочетаниях типа *ракета-носитель,* образованных соединением существительного неодушевленного и существительного одушевленного, вторая часть в винительном падеже в целях согласования имеет форму именительного падежа, например: *наблюдать ракету-носитель; сбить самолет-нарушитель; обуздать государства-агрессоры; обязать предприятия-поставщики; включить заводоуправления-наниматели; увековечить в памяти города-герои; Рязань из города-потребителя превратилась в город-производитель; призвать страны – члены ООН*.

3. Не согласуются:

1) приложения, присоединяемые словами *по имени, по фамилии, по прозвищу* и т. п., например: *за подписью корреспондента по фамилии Сергеев; несчастный случай с каким-то мальчиком по имени Коля*;

2) существительные в сочетаниях *известный как, нужный как* со значением «в качестве», например: *в суд вызвали Петрова, нужного как свидетель по данному делу*;

3) слова после сочетания *будь то*, например: *Информация содержится в различных материалах, будь то корреспонденция, подборка писем или маленькая заметка*;

4) заключенные в скобки слова-вставки, относящиеся к предшествующему обобщающему слову, например: *Чехов проявил себя как блестящий мастер художественного слова в самых разнообразных жанрах (рассказ, новелла, сценка-юмореска, театральная пьеса)*.

4. Части сложносоставных наименований согласуются в падеже и числе, например: *в письме-открытке, машиной-канавокопателем, на витринах-стендах*. То же при наличии числительных: *два торта-мороженых, три школы-интерната, четыре платья-халата* (в этих примерах числительное одинаково сочетается с каждой частью сложного названия). В отдельных случаях вторая часть не согласуется: *у акулы-молот*.

§ 197. Приложения – географические названия

1. Названия г о р о д о в, выраженные склоняемым существительным, как правило, согласуются в падеже с определяемым словом, например: *в городе Москве, у города Смоленска, над городом Саратовом*. То же при иноязычных названиях: *в городе Алма-Ате, близ города Венеции*.

Обычно не согласуют редко встречающиеся названия, чтобы сохранить нужную ясность; ср. в периодической печати: *Переговоры имели место в городе Мина* (Саудовская Аравия, при сочетании «в городе Мине» начальная форма незнакомого слова могла бы быть воспринята и как *Мин*, и как *Мина*); *К пребыванию в РФ мэра греческого города Волос; поезд подходит к городу Кальтаниссета; близ города Ниш; в румынском курортном городе Синая*.

Часто названия городов сохраняют начальную форму, не согласуясь с родовыми наименованиями, в географической и военной литературе, в официальных сообщениях и документах, например: *Узбекистан со столицей*

Ташкент; бои шли около городов Мерзебург и Вупперталь; 400-летие города Чебоксары.

Названия городов на *-о* иногда не согласуются при наличии сходных в звуковом отношении названий мужского рода: *в городе Одинцово, в городе Пушкино* (соответствующие названия мужского рода согласуются: *в городе Пушкине*).

Обычно не согласуются составные названия: *в городе Минеральные Воды; у города Матвеев Курган; в городе Новый Орлеан.*

Не согласуются названия городов, заключенные в скобки и синтаксически не связанные с предшествующим родовым обозначением, например: *На западе Правобережья эта высокая плотность находит себе объяснение в сильном развитии промышленности и городов (Нижний Новгород, Павлов, Муром).*

2. Названия с е л, д е р е в е н ь, х у т о р о в обычно согласуются с родовыми наименованиями, например: *родился в селе Горюхине* (Пушкин); *в деревню Дюевку* (Чехов); *за хутором Сестраковом* (Шолохов).

Отступления наблюдаются у тех названий, род и число которых расходятся с грамматическим родом и числом слов *деревня, село* и т. д., например: *у деревни Берестечко; за деревней Березники; в деревне Погребец; в селе Углянец.* То же при составных названиях: *в селе Малые Мытищи.*

3. Названия рек, как правило, согласуются с родовым наименованием, например: *на реке Днепре* (также: *на Москве-реке*); *между реками Обью и Енисеем.*

Малоизвестные названия рек, особенно иноязычные, обычно не согласуются: *на реке Рось, у реки Птичь; бассейн реки Аргунь; в долине реки Гильменд* (Афганистан); *столица Кампучии город Пномпень на реке Меконг.* То же часто при составных названиях: *приток реки Голая Долина; на реке Черная Вольта* (но в соответствии с правилом: *на реке Северной Двине*).

4. Названия м е с т е ч е к, а у л о в, к и ш л а к о в, з а с т а в не согласуются с родовым наименованием, например: *в местечке Ельск, недалеко от аула Арысыпай, в кишлаке Гилян, на заставе Жаланашколь.*

5. Названия з а р у б е ж н ы х р е с п у б л и к обычно согласуются со словом р е с п у б л и к а, если имеют форму женского рода, и не согласуются, если имеют форму мужского рода; ср.:

а) *торговля между Россией и Республикой Индией; в Республике Швейцарии; правительство Республики Боливии; в южноамериканской Республике Колумбии;*

б) *в Республике Вьетнам; столица Республики Судан; посол Республики Ливан.*

6. Названия з а р у б е ж н ы х а д м и н и с т р а т и в н о - т е р р и т о р и а л ь н ы х е д и н и ц не согласуются с родовыми наименованиями, например: *в штате Техас, в штате Хайдарабад* (Индия)*, в провинции Тоскана, в провинциях Хорасан и Исфаган* (Иран)*, в департаменте Сена, в княжестве Лихтенштейн, в земле Шлезвиг-Гольштейн, в графстве Суссекс.*

7. Названия о з е р, з а л и в о в, п р о л и в о в, к а н а л о в, б у х т, о с т р о в о в, п о л у о с т р о в о в, г о р, г о р н ы х х р е б т о в, п у с т ы н ь и т. п., как правило, не согласуются с родовыми наименованиями, например: *на озере Байкал* (также: *на Ильмень-озере*); *вблизи залива Аляска; в проливах Скагеррак и Каттегат; в бухте Золотой Рог; за островом Новая Земля; на острове Ява; на полуострове Флорида; у мыса Челюскин; на горе Эльбрус; над хребтом Куэнь-Лунь; в пустыне Каракум, у оазиса Шарабад; вблизи лунного кратера Архимед; над вулканом Этна; извержение вулкана Везувий.*

Возможные варианты с согласованием относятся к немногим хорошо знакомым названиям, которые часто употребляются самостоятельно, без родового наименования, например: *мимо острова Цусимы; северная половина острова Сахалина; на острове Сицилии; в пустыне Сахаре.*

Названия, имеющие форму полного прилагательного, согласуются: *у горы Магнитной, на озере Ладожском.* Однако в этом случае наблюдаются колебания. Ср. в одной и той же статье Константина Симонова: *Длина острова Даманского – полтора километра. – Провокации происходили и около острова Даманский, и в тридцати километрах оттуда.*

8. Не согласуются а с т р о н о м и ч е с к и е названия: *движение ракеты к планете Венера; орбита планеты Юпитер; яркий свет звезды Сириус.*

9. Названия с т а н ц и й и п о р т о в не согласуются, например: *на станции Орел, у станции Злынка; регулярные рейсы между портами Одесса и Александрия; из польского порта Гдыня.*

10. Названия у л и ц обычно согласуются, если имеют форму женского рода, и не согласуются, если имеют форму мужского рода или представляют собой составное название; ср.:

а) *на улице Сретенке; на углу улицы Петровки; этот проезд называют улицей Стромынкой;*

б) *на улице Балчуг; на углу улицы Большая Полянка; на улицах Олений Вал; Коровий Брод; Кашенкин Луг; на улице Краковское Предместье* (в Варшаве).

XLX. Управление

§ 198. Беспредложное и предложное управление

1. При выборе вариантных беспредложных и предложных конструкций типа *вытянуться линией – вытянуться в линию, собираться кучками – собираться в кучки* учитывается различие в смысловых оттенках: предложные сочетания *в линию, в кучки* указывают на большую степень концентрации действия.

Обычно предложные конструкции, в которых отношения между словами выражаются не только падежным окончанием, но и предлогом, имеют более конкретный характер, связь между словами уточняется.

Так, сопоставляя сочетания *лицо у девушки – лицо девушки*, отмечаем в первом из них более четкое выражение принадлежности и связь со сказуемым в контексте предложения (ср.: *лицо у девушки побледнело*).

Такое же различие в смысловых оттенках (более конкретное значение предложных конструкций) находим в приводимых ниже парах: *интересный всем – интересный для всех, нужный многим – нужный для многих, полезный детям – полезный для детей, понятный каждому – понятный для каждого, приятный друзьям – приятный для друзей, чуждые мне взгляды – чуждые для меня взгляды* (во всех этих сочетаниях предлог *для* подчеркивает связь с лицом – косвенным объектом). Ср. также: *видеть первый раз – видеть в первый раз, охотиться летней порой – охотиться в летнюю пору, перпендикулярный плоскости – перпендикулярный к плоскости, приверженность науке – приверженность к науке* и т.п.

В сочетаниях типа *вернуться поездом – вернуться на поезде, ехать трамваем – ехать на трамвае* предложные конструкции характеризуются большей степенью сочетаемости с названиями средств механического транспорта; ср. обычное *приехал на машине* при неупотребительности «приехал машиной».

В других случаях выявляется дополнительное смысловое различие. Так, сочетания *идти по полю, идти по лесу* обозначают движение в отдельных местах названного пространства, а синонимические сочетания *идти полем, идти лесом* указывают на непрерывность линейного движения. Ср.: *Мы шли по полю, по лесу. – Туда мы шли полем, оттуда лесом.*

Сочетания *работать вечерами – работать по вечерам, приходить временами – приходить по временам* различаются внутри каждой пары тем, что беспредложные конструкции указывают только на совершение действия в одни и те же отрезки времени, а предложные конструкции обозначают также регулярное повторение действия и его распределение на ряд временных отрезков.

Предложная конструкция позволяет устранить двузначность в конструкциях типа *письмо матери* (чье письмо; или письмо к кому?): в значении «письмо, адресованное матери» следует употреблять сочетание *письмо к матери*. При кажущейся синонимичности конструкций *равноправны друг другу – равноправны друг с другом* правильной является только вторая (ср.: *женщины равноправны с мужчинами*). Наоборот, правильна беспредложная конструкция *оперировать чем*, а не предложная *оперировать с чем* (ср.: *оперировать фактами, оперировать проверенными данными*).

В других случаях различие между беспредложными и предложными конструкциями имеет стилистический характер. Ср. устарелый оттенок предложных конструкций в парах: *считать бездельником – считать за бездельника; слыть чудаком – слыть за чудака; что касается меня – что касается до меня; петь всю дорогу – петь во всю дорогу.* Разговорный оттенок присущ сочетанию *представлять из себя* при сопоставлении с сочетанием *представлять собой;* ср.: *Подводчик представлял из себя длинную, прямолинейную фигуру с сильно покатыми плечами* (Чехов). – *Бухта представляла собой важную судоходную станцию* (Новиков-Прибой).

Беспредложные конструкции, появившиеся вначале в профессионально-технической речи, получили в некоторых случаях широкое распространение, например: *глубиной пятнадцать метров, длиной десять метров, шириной три метра, на высоте 4500 метров, ценой четыре рубля, стоимостью пятьдесят тысяч, ростом 170 сантиметров, мощностью 100 тысяч киловатт, водоизмещением 30 тысяч тонн, массой два килограмма, со скоростью шестьдесят километров в час, на расстоянии 425 километров, тиражом 50 тысяч экземпляров, водохранилище емкостью 185 миллионов кубометров* и т.п. (без предлога *в*).

2. Требуют правки конструкции с так называемым с л а б ы м управлением в тех случаях, когда возможность отнесения подчиненного слова к разным словам в предложении порождает двузначность. Например: *Вскоре после возвращения рукописи в р е д а к ц и ю поступили новые материалы* (рукопись вернули в редакцию или в редакцию поступили новые материалы?); *В других работах п о д о б н о г о р о д а цифровые данные отсутствуют* (работы подобного рода или подобного рода цифровые данные?); *Встречать гостей из Америки приехали артисты и журналисты* (гости из Америки или приехали из Америки?); *П р е д л о ж е н о и м д о с т а в и т ь нужную информацию* (им предложили или им нужно доставить?). Необходимая правка в подобных случаях проводится путем изменения порядка слов, в результате чего предложение получает однозначное толкование в зависимости от вкладываемого в него смысла.

3. Требуют также правки предложения, в которых нарушены синтаксические связи между управляющим словом и зависимым оборотом, имеющим в своем составе предлог *кроме, помимо, вместо, наряду с* и др. Эти обороты, как правило, управляются сказуемыми, при которых имеется однородное по смыслу другое управляемое слово, например: *кроме книг выпускают брошюры; помимо обычной работы выполняют еще сверхурочную; вместо корпуса набрано петитом*. Если же сказуемое-глагол не управляет подобным оборотом, то синтаксическая связь может оказаться разорванной, например: «Вместо отчета о выполненной работе участники экспедиции организовали выставку снимков и своих рисунков» (глагол *организовали* не управляет оборотом *вместо отчета*); «Наряду с разведением кур следует обратить внимание на гусей и индюков». Ошибка устраняется или подбором глагола, который был бы связан с рассматриваемыми оборотами, например: *Наряду с разведением кур следует заняться разведением гусей и индюков;* или перестройкой предложения, например: *Вместо того чтобы представить отчет о выполненной работе, участники экспедиции организовали выставку снимков и своих рисунков.*

§ 199. Выбор предлога

1. При выборе предлога в синонимических конструкциях учитывается различие в смысловых и стилистических оттенках между ними. Ср.:

в адрес кого-либо замечания – по адресу кого-либо замечания (в данном сочетании первый вариант имеет разговорный характер: в значении «по отношению к кому-нибудь» в книжной речи употребляется сочетание *по адресу*; ср. у Горького: *Варвара Ивановна рассердилась и произнесла по моему адресу несколько слов...*; у Куприна: *Прошу без намеков по моему адресу...*);

в волнении (полный охват чувством) – *с волнением* (частичный охват);

в веснушках – с веснушками (лицо), *в заплатах – с заплатами* (пальто) (в первом сочетании каждой пары указывается полнота охвата признаком, во втором – принадлежность признака предмету);

говорит за то – говорит о том (первый вариант имеет просторечный характер, ср. у Чехова как стилистический прием: *Каждое движение его души говорит за то, что в своем клиенте я имею честь видеть идеального человека* – из речи провинциального адвоката);

за подписью и печатью – с подписью и печатью (первый вариант присущ официально-деловому стилю);

в подтверждение – для подтверждения (документы) (первое сочетание свойственно книжно-деловому стилю, второе – нейтральному);

заискивать в ком-нибудь – заискивать перед кем-нибудь (первый вариант устарелый);

идти по грибы – идти за грибами, идти по воду – идти за водой (первые варианты в каждой паре имеют просторечный характер);

из боязни не сделать – из-за боязни не сделать (первый вариант указывает на сознательный характер, второй содержит указание только на причину);

в автомобильной катастрофе – при автомобильной катастрофе (погиб) (первый вариант указывает на непосредственную причину, второй – на обстановку события);

не изгладились в памяти – не изгладились из памяти (разрушения при землетрясении) (более распространен второй вариант; ср.: *Ласковый тон этих слов никогда не изгладится из моей памяти* (Куприн);

в клочки – на клочки (разорвать) (первое сочетание имеет значение «разорвать на мелкие части, не поддающиеся счету», второе – «разорвать на части, поддающиеся счету»);

разгорелся спор у них – разгорелся спор между ними (в первом сочетании указывается среда, в которой совершалось действие, во втором – участники этого действия);

стрелять в противника – стрелять по противнику (в первом сочетании указывается направление действия на объект, во втором – распределение действия на ряд лиц);

пройти около километра – пройти с километр, понадобится около месяца – понадобится с месяц, детей набралось около сотни – детей набралось до сотни (второй вариант в каждой паре имеет разговорный характер);

эта роль для меня – эта роль по мне, для чего тебе эти вещи – на что тебе эти вещи (первый вариант в каждой паре нейтральный, второй – разговорный);

чуть не умер с голоду – чуть не умер от голода (первый вариант употребляется в разговорно-бытовой речи);

использовать на местные нужды – использовать для местных нужд, меры к осуществлению – меры для осуществления (в первой паре предлог *на*, во второй предлог *для* вносят больший оттенок целенаправленности);

лекции на объявленные темы – лекции по всем объявленным десяти темам (во втором варианте значение обобщения);

наблюдения за звездами, за радиоизлучением – наблюдения над подопытными животными (различие обусловлено значением управляемых слов: при возможности вмешательства в наблюдаемое явление, его регулирования употребляется конструкция с предлогом *над*);

с помощью техники – при помощи друзей (второй вариант конкретизирует действующее лицо);

с целью осуществить – в целях осуществления (первая конструкция связана с инфинитивом, вторая – с отглагольным существительным, преимущественно в деловой речи, где она появилась сравнительно недавно);

справедлив к своим подчиненным (относится к ним справедливо) – *справедлив со своими подчиненными* (обращается с ними справедливо);

стол о трех ножках – стол на трех ножках (первый вариант устарелый).

В некоторых случаях сказывается установившееся словоупотребление, близость к фразеологизмам, например: *в меру сил и возможностей – по мере надобности, находиться на службе – находиться в услужении, покатиться со смеху – покатиться от хохота*.

Канцелярский характер придает высказыванию широко распространенное в настоящее время употребление предлога *по* вместо других предлогов; ср. примеры из периодической печати: «Делегация получила *ответы по* интересующим *ее вопросам*» (вместо: *...на вопросы*); «...Единственный *отклик* химика *по этому произведению*» (вместо: *...на это произведение*); «Российский экспорт покрывал значительную часть импортных *потребностей* Голландии *по ржи, ячменю, пшенице, пиломатериалам, марганцевой руде и т.д.*» (вместо: *...потребностей в...*); «Проводилось *соревнование по лучшей встрече...*» (вместо: *...на лучшую встречу...*).

Требует также правки использование одних предлогов вместо других или предложной конструкции вместо беспредложной в таких выражениях: «выставка *об успехах народной Польши*» (возможный вариант правки: *выставка, показывающая успехи народной Польши*); «заверил *о готовности участвовать...*» (вместо: *заверил в готовности участвовать...*); «неоднократно отмечалось в печати об ограниченном ассортименте товаров» (вместо: *отмечался ограниченный ассортимент товаров*); «показатели по использованию электроэнергии» (вместо: *показатели использования электроэнергии*) и т.п.

2. Синонимический ряд образуют предлоги с изъяснительным значением, например: *разговоры о поездке – про поездку – насчет поездки – относительно поездки – касательно поездки*. В этих сочетаниях можно отметить убывающую конкретизацию предмета речи и стилистическое различие: разговорный характер предлогов *про* и *насчет*, книжный (присущий старой и деловой речи) – предлогов *касательно* и *относительно* и нейтральный характер предлога *о* при глаголах речи или мысли и соответствующих существительных.

3. Синонимичны многие предлоги, выражающие п р о с т р а н с т в е н н ы е отношения, например: *у дома – при доме – около дома – возле дома – подле дома – вблизи дома*. Значение наибольшей степени близости выражается сочетаниями с предлогами *при* и *у*, значение средней близости – предлогами *около, возле, подле*, значение наименьшей степени близости – предлогом *вблизи*. Различна также степень распространенности указанных предлогов в современном литературном языке, ср., с одной стороны, широкое распространение предлогов *при* и *у*, с другой – слабое использование предлогов *близ, подле, под* (например: *под стенами города*).

Смысловые различия находим внутри каждой из приводимых ниже пар:

гулять в лесу – гулять по лесу: первое сочетание обозначает действие ограниченное (гулять можно на небольшом участке леса), а второе – действие разбросанное (в пределах названного пространства);

ездить в города – ездить по городам: первое сочетание указывает на направление действия, а второе имеет дистрибутивное (распределительное) значение;

идти по берегу – идти вдоль берега: первое сочетание обозначает место движения, а второе – направление движения на пространстве, вытянутом в линию;

глядеть в небо – глядеть на небо: первое сочетание обозначает «устремлять взоры в одну точку названного пространства», а второе – «бросать взоры на всю поверхность пространства»;

жить в квартире брата – жить на квартире у брата: первое сочетание значит «жить в занимаемой братом квартире», а второе – «проживать у брата»;

картины развешаны на стенах – картины развешаны по стенам: первое сочетание указывает только на место, а второе имеет добавочное значение распространения действия по всей поверхности предмета;

пробираться между льдинами – пробираться среди льдин: первое сочетание обозначает, что действие совершается в окружении названных предметов, а второе имеет добавочное пространственное значение, указывая на место, занятое предметами;

продираться сквозь кусты – продираться через кусты: в первом сочетании содержится указание на применение большего усилия;

отодвигать на край стола – отодвигать к краю стола: первое сочетание обозначает направление движения на ту часть поверхности предмета, которой он обрывается, а второе – направление к определенной точке поверхности предмета;

спускаться с лестницы – спускаться по лестнице: первое сочетание значит: «двигаться от верхней до нижней ступеньки», а второе – «двигаться вниз по поверхности предмета»;

туман поднимался от земли – туман поднимался с земли: в первом сочетании указывается только направление движения (туман мог уже не касаться земли), а во втором – отдаление после предшествующего соприкосновения с предметом;

ударить в лоб – ударить по лбу: в первом сочетании указывается определенная точка названного предмета, а во втором – распределение действия по всей поверхности предмета.

Синонимичны в ряде конструкций предлоги *в – на* и их антонимы *из – с*. Например: *работать в огороде – работать на огороде, ехать в поезде – ехать на поезде, слезы в глазах – слезы на глазах, в спортивных играх – на Олимпийских играх.* Между вариантными конструкциями обычно имеются смысловые или стилистические различия.

Употребление предлога *в* в пространственном значении связано с представлением об ограниченном пространстве, при отсутствии этого значения употребляется предлог *на.* Ср.: *машины стояли во дворе* (окруженное забором или домами пространство) *– дети играли на дворе* (вне дома; ср.: *на дворе сегодня холодно*).

1) С административно-географическими наименованиями употребляется предлог *в*, например: *в городе, в районе, в области, в республике, в Сибири, в Белоруссии, в Закавказье, в Украине.*

С названиями горных областей употребляется предлог *на: на Алтае, на Кавказе, на Урале* (имеется в виду горная местность без точно очерченных границ). Но: *в Крыму* (только частично ограниченное горами степное пространство). Употребление предлогов *в – на* при названиях гор во множественном числе придает сочетаниям разное значение: *в Альпах, в Андах, в Апеннинах, в Пиренеях* и т.д. значит «в горах, среди гор»; *на Балканах* – на Балканском полуострове, *на Карпатах* – на поверхности гор.

В некоторых случаях отражается влияние народного языка, профессионального употребления и т.д. Ср.: *работает в фотостудии – фильм дублирован на киностудии* (профессиональный оборот, под влиянием сочетания *на кинофабрике;* ср.: *работает на радио, на телевидении); Я побежал в кухню...* (Горький). *– Нянька приходила на кухню...* (Короленко) (второй вариант под влиянием народной речи).

Иногда сказывается исторически сложившаяся традиция, ср.: *в деревне – на хуторе, в селе – первый на селе работник; в учреждении – на предприятии, в переулке – на улице;* ср. также: *в акционерном обществе «Барнаултрансмаш» – на инженерной фирме «Техпроектсервис».*

На выбор предлога влияет семантика управляющего слова и значение всего сочетания. Ср.: *поехал на вокзал – вошел в вокзал, пошел на мельницу – вошел в мельницу* (сказывается соответствие приставки *в-* и предлога *в*).

2) В выражениях *на почте, на заводе, на фабрике* употребление предлога *на* объясняется тем, что первоначально понятия «почта», «завод», «фабрика» не связывались с представлением о закрытом помещении или здании: почта когда-то была на почтовой станции, на которой содержали ямщиков и держали лошадей, завод или фабрика могли занимать открытую территорию и состоять из нескольких сооружений (ср.: *в мастерской, в цехе* – с представлением о закрытом помещении). Употребляются сочетания: *на избирательном участке* (ср. дореволюционное: *в полицейском участке*), *на полевом стане* (ср. устарелое: *в военном стане*), *в агитпункте* (ср.: *на наблюдательном пункте*).

3) При названиях зрелищных организаций и мероприятий установилось такое употребление: *в театре, в кино, в цирке* (имеется в виду помещение) – *на концерте, на опере, на спектакле* (имеется в виду исполнение, представление). В профессиональном употреблении встречаются сочетания: *работает на театре, занят в концерте* (ср.: *служит на флоте*).

4) При названиях учебных заведений употребляется предлог *в*: *в университете, в институте, в техникуме, в школе;* при названиях частей учебного заведения – предлог *на: на филологическом факультете, на романском отделении, на втором курсе.* Сочетания *в классе, в аудитории* связаны с обычным использованием предлога *в* при обозначении закрытого помещения.

5) При названиях средств передвижения обычно употребляется предлог *на: на пароходе, на катере, на поезде, на трамвае, на автобусе, на метро, на самолете* и т.д. Употребление предлога *в* предполагает нахождение внутри предмета: *спал в автомобиле, сидел в машине, обедал в самолете, рыба валялась в лодке* и т.д. Ср. предлоги при названиях закрытых и открытых видов экипажей: *в карете, в лимузине – на дрожках, на дровнях.* Возможные варианты связаны с условиями контекста, ср.: *с трудом удалось сесть в трамвай – сел на трамвай, чтобы скорее добраться до дому.*

Как указано выше, антонимические пары образуются предлогами *в – из, на – с,* например: *поехал на Кавказ – вернулся с Кавказа, поехал в Крым – вернулся из Крыма.*

4. Синонимичны некоторые предлоги, выражающие в р е м е н н ы е отношения, например:

в последнее время – за последнее время: первое сочетание указывает на определенный момент, второе – на временной отрезок, ср.: *в последнее время он чувствует себя лучше – за последнее время он добился улучшения своего здоровья;*

в праздники – по праздникам (навещал друзей): первое сочетание указывает на время совершения действия, второе – на регулярность повторения действия в определенные сроки;

в два часа – за два часа (сделать): в первом сочетании отмечается период совершения действия, во втором – длительность процесса;

к старости – под старость (стал болеть): первый вариант нейтральный, второй – разговорный;

к утру – под утро (вернулся): первое сочетание значит «к моменту наступления», второе – «на грани приближения»;

по окончании спектакля – после окончания спектакля, по приезде в столицу – после приезда в столицу, по возвращении из отпуска – после возвращения из отпуска (первый вариант в каждой паре характерен для книжной речи, второй – для стилистически нейтральной);

положение изменилось со смертью матери – положение изменилось после смерти матери: первое сочетание указывает на непосредственные последствия (сразу же за упомянутым событием), второе может указывать и на более отдаленные последствия (через некоторое время).

5. Синонимичны многие предлоги, выражающие п р и ч и н н ы е отношения: *благодаря, ввиду, вследствие, в связи с, в силу, из-за, по причине* и др. При их употреблении обычно учитываются присущие им смысловые оттенки. Так, предпочтительнее конструкция *ввиду предстоящего отъезда*, чем «вследствие предстоящего отъезда» (отъезд еще предстоит и «последствий» пока не имеет), ср.: *Ввиду предстоящего наступления объявляю заседание закрытым* (Казакевич). С другой стороны, точнее выражена мысль в сочетании *предоставить отпуск вследствие болезни*, чем в сочетании «предоставить отпуск ввиду болезни» (получилось бы, что болезнь, ставшая уже фактом, должна еще наступить), ср.: *Пишу к вам из деревни, куда заехал вследствие печальных обстоятельств* (Пушкин). Двузначный характер имеет предложение: «Ввиду засухи и наводнений Индия должна импортировать продовольствие» (то ли констатируется наступивший уже факт, то ли говорится о повторяющихся стихийных бедствиях).

Вместе с тем следует указать, что уже давно предлог *ввиду* употребляется в литературном языке не только для указания причины, ожидаемой в будущем, но и для обозначения связей настоящих, постоянных, а также отнесенных к прошлому, например: *Ввиду недостатка в продовольствии, сокращение в пути теперь было особенно важно* (Арсеньев).

Предлог *благодаря*, не потерявший еще своего первоначального лексического значения (по связи с глаголом *благодарить*), естественнее употреблять в тех случаях, когда речь идет о причинах, вызывающих желательный результат, например: *выздоровел благодаря правильному лечению, выиграл партию благодаря тонкому пониманию сложной позиции;* ср.: *Благодаря выпавшему снегу можно было кое-что рассмотреть на земле* (Арсеньев). Встречающиеся в печати обороты «благодаря снежным заносам движение на транспорте прервано», «поезд потерпел крушение благодаря небрежности стрелочника» и т.п. воспринимаются как нарушение указанного положения («не за что благодарить»).

Вместе с тем следует отметить широкое употребление предлога *благодаря* не только в разговорном, но и в книжном стиле для указания причины вообще; такая причина может быть нейтральной или даже вызывающей отрицательные последствия. Ср.: ...*Связь с людьми потеряна благодаря последним арестам* (Горький); *Последние дни благодаря дурной погоде он пил по вечерам слишком много* (Бунин); *С войны он вернулся почти оглохший, благодаря осколку гранаты, с больной ногой...* (Куприн). Однако невозможность оборотов типа «не пришел на работу благодаря смерти матери» показывает, что до некоторой степени в предлоге *благодаря* сохраняется его первоначальное значение.

6. Синонимичны предлоги *по* и *о* при некоторых глаголах, выражающих душевные переживания (*горевать, плакать, скучать, соскучиться, тосковать, тужить* и др.), например: *скучать о доме – скучать по дому, соскучиться о музыке – соскучиться по театру, тосковать о счастливом детстве – тосковать по родине*; ср.: *Бедный старик очень скучает обо мне...* (Мамин-Сибиряк). – *Вы давно не учились, и понятно, что скучаете по книге* (Вс. Иванов); *Умру я, тоскуя по муже* (Некрасов). – *Ты будешь тосковать о них* [детях] (Горький).

Предлог *по* в указанных конструкциях сочетается с двумя падежами: дательным и предложным. Дательный падеж обычно употребляется при именах существительных, например: *тосковать по брату, скучать по морю* (сочетания *тосковать по муже, скучать по отце* имеют оттенок устарелости). Предложный падеж употребляется при личных местоимениях 1-го и 2-го лица множественного числа: *тоскуют по нас, скучаем по вас* (но: *...по ним*). В форме единственного числа личные местоимения сочетаются с обоими падежами: *скучаю, тоскую по нем – по нему*.

7. Без заметного различия (поскольку им всем присущ одинаковый книжный характер) употребляются в качестве синонимов отыменные предлоги (предложные сочетания): *в сравнении с – по сравнению с, в отношении к – по отношению к* и др. Ср.: *Пошел по желтому и сырому песку в направлении ключа...* (Тургенев). – *Пошел прочь, по направлению к городу* (Горький); *Он всегда чувствовал несправедливость своего избытка в сравнении с бедностью народа...* (Л. Толстой). – *Мои неприятности – это капля по сравнению с морем твоих* (Симонов); *Степан Аркадьич был человек правдивый в отношении к себе самому* (Л. Толстой). – *Он член общества и нарушать своих обязанностей по отношению к кружку... не должен* (А. Н. Островский).

8. Стилистически окрашены широко используемые в настоящее время так называемые новые предлоги: *в деле, в области, в части, за счет, по линии* и др. (см. § 140). В нормативном плане их употребление ограничено определенными условиями. Так, употребление предлога *за счет* является правильным:

а) в конструкциях, в которых выигрыш одной стороны связан с ущербом для другой, например: *Большая комната – приемная барского дома: ее увеличили за счет другой комнаты, выломав стену* (Горький); *За счет отпадающих развлечений усиливается интерес к писательству и обостряется внимание* (Пришвин);

б) в конструкции, имеющей значение резерва, источника, питающего какой-либо процесс, или указывающей способ использования этого источника, например: ...*Наши мощности должны резко возрасти за счет гидроэнергии* (Г. Николаева); *Я решил резче индивидуализировать героев за счет прочистки жаргона* (Аксенов);

в) в конструкции, имеющей значение элементов, единиц целого, исключение которых служит источником сокращения целого или включение которых служит источником пополнения целого, например: *Беридзе требовал предельно сократить объемы работ за счет второстепенных деталей* (Ажаев); *Мог и растянуть доклад на пять часов подряд за счет цитат* (Михалков).

Предлог *по линии* находит оправданное употребление:

а) в конструкциях с отглагольным существительным, указывающим направленность какого-либо действия, например: *Развитие нашего сельского хозяйства шло по линии укрупнения колхозов;*

б) в конструкциях с неотглагольным существительным, обозначающим ту или иную область деятельности, например: *Своевременно были даны директивы по линии профсоюзов.*

9. В условиях контекста возможны дублеты типа *в введении – во введении*. Добавление гласного *о* к предлогу, состоящему из одного согласного звука или оканчивающемуся на согласный, наблюдается в ряде случаев:

1) перед односложным словом, начинающимся со стечения согласных, с беглым гласным в корне, например: *во сне* (ср.: *в сновидениях*), *во рту* (ср.: *в ртутных испарениях*), *во льну* (ср.: *в льнотеребилках*), *ко мне* (ср.: *к мнимой величине*);

2) часто после предлогов *в* и *с*, если с этих же согласных начинается последующее стечение согласных, например: *во власти, во внушении, со слезами, со словами, со страху;*

3) в отдельных фразеологических выражениях, например: *во сто крат, изо всех сил, во главе войск, как кур во щи;*

4) в текстах, имеющих оттенок торжественности, например: *Во дни сомнений, во дни тягостных раздумий о судьбах моей родины...* (Тургенев);

5) в сочетаниях официального стиля, например: *во избежание, во исполнение, во имя* (перед начальным гласным слова).

§ 200. Выбор падежной формы

1. Некоторые конструкции допускают двоякие падежные формы, из которых одной присуща та или другая стилистическая окраска.

В паре *вершить судьбами – вершить судьбы* второй вариант отмечается как характерный для официального стиля, с оттенком устарелости.

Профессиональный оттенок имеет сочетание *судна типа крейсер* (с формой именительного падежа после слова *типа;* ср. нормативные: *типа справочника, типа молотилки* и т.д.).

Разговорный характер имеют конструкции типа *боюсь Анну Ивановну; только старшую сестру он еще слушается* (с формой винительного падежа вместо родительного при непереходном глаголе); ср.:

Мне было ясно, что все боятся матери (Горький). – *Дядю боялись все* (Лесков);

Слушаться начальства (Помяловский). – *Не забывай матери и слушайся Настасью Петровну* (Чехов);

Царицы дожидаюсь, государь (А. К. Толстой). – *Вы ведь Гришу дожидаетесь?* (Достоевский).

В приведенных выше парах вторые варианты свойственны разговорной речи.

Для нашего времени устарела беспредложная конструкция «некролог кого-либо» (например: «Некролог Г. И. Петровского»); сейчас используются конструкции «некролог кому-либо» или «некролог о ком-либо».

Вместо прежних конструкций, употреблявшихся в официально-деловом стиле, типа *согласно приказа* (с родительным падежом управляемого существительного) в настоящее время используются конструкции с формой дательного падежа (*согласно приказу*).

2. Выбор падежа может зависеть от лексического состава конструкции. Ср.: *в отсутствие...* (форма винительного падежа) – *в присутствии...* (форма предложного падежа); *в прошлые годы – в двадцатых годах* (при указании десятилетий посредством порядковых числительных обычно употребляется не винительный падеж, а предложный).

3. Предлог *исключая* раньше сочетался с родительным падежом, например: *Пыль и зной стояли везде, исключая нашего любимого местечка в саду* (Л. Толстой). В наше время обычной является конструкция с винительным падежом, например: *исключая этот случай, исключая северную часть территории, исключая последнюю неделю*.

Предлог *между* употребляется с двумя падежами: родительным и творительным; ср.: *зажал винтовку между колен* – *...между коленями*. Например: *Шумный и возбужденный говор поднялся между донских казаков* (Злобин). – *Половину листовок Матвей послал Мартыну с запиской, остальные поделил между фронтовиками* (Г. Марков). Современному употреблению больше отвечает второй вариант (с творительным падежом). В немногих случаях употребление обоих падежей служит целям дифференциации значений, например: *между двумя огнями* (в прямом смысле) – *между двух огней* (в переносном смысле, фразеологическое сочетание). Фразеологизмы находим также в сочетаниях: *между четырех стен, пропускать между ушей, путаться между ног, сидеть между двух стульев, читать между строк* и некоторых других.

Предлог *сообразно* сочетается с двумя падежами: *сообразно ч е м у* и *сообразно с ч е м*. Например: *Они [коммунисты] преображают мир сообразно своему учению* (Попов). – *Он действует сообразно со своими интересами* (Горький).

4. Конструкция может оказаться в двойной зависимости, при несочетаемости двух форм управления, например: «...Потребовал обнародования петиции, подписанной свыше миллиона граждан, выступающих против повышения квартирной платы» (*подписанной* к е м ? *свыше* ч е г о ?; возможный вариант правки: *подписанный свыше чем миллионом граждан*); «В проходе разрешается стоять не свыше 25 человек» (*Разрешается* к о м у ? *не свыше* ч е г о ?; возможный вариант: *не больше чем 25 человекам*); «Издание, датируемое около 1600 года» (*датируемое* т а к и м - т о г о д о м; *около такого-то г о д а*; возможный вариант: *датируемое приблизительно 1600 годом*).

§ 201. Падеж дополнения при переходных глаголах с отрицанием

При переходных глаголах с отрицанием в одних случаях явно преобладает употребление родительного падежа дополнения, в других – употребление винительного падежа, в третьих – наблюдается факультативное их использование.

1. Р о д и т е л ь н ы й   п а д е ж , имеющий в рассматриваемой конструкции значение подчеркнутого отрицания, обычно употребляется в следующих случаях:

1) при наличии в предложении частицы *ни* или местоимения либо наречия, в составе которых имеется указанная частица, например: *Да мы не имеем ни малейшего понятия о том, что делается с этими несчастными...* (Л. Толстой); *Никогда еще он не ощущал так горестно своей беззащитности, бессилия своего* (Горький); *До вас никто еще этого браслета не надевал* (Куприн); *...Нисколько не облегчает процесса чтения* (акад. Ф. Ф. Фортунатов);

2) при разделительно-количественном значении дополнения, например: *...Не дать ли воды? Я вам хлеба не достану... Молока не выпьете на дорогу?; За обедом оказалось, что он не пьет вина и не ест мяса* (все примеры из Горького); *Не купил к чаю баранок* (Федин);

3) при глаголах восприятия, мысли, желания, ожидания (*видеть, слышать, понимать, думать, знать, хотеть, желать, ожидать* и т.п.), например: *Печали в ее словах Самгин не слышал* (Горький); *...Ты не чувствуешь его пафоса* (он же); *Он... деревни не знал* (Чехов); *Степка проглотил... конфеты и даже не заметил их вкуса* (В. Гроссман);

4) при глаголах *иметь, получать, доставать* и т.п., которые в сочетании с частицей *не* приобретают значение полного отрицания, например: *не хватает времени, не имеет комнаты, не получил приказа, не достал билета, не приобрел нужных вещей*. Ср. у Горького: *Он... не имеет личных целей; Эта прокламация не имела успеха;*

5) при выражении дополнения отвлеченными существительными: *не дает оснований, не обнаруживает понимания, не теряет надежды, не скрывает радости, не осуществляет контроля, не упускает случая, не делает уступок*.

Например: *Здесь шума не любят* (Горький); *Веселья я не ищу* (В. Кетлинская); *Утро не принесло ясности* (Леонов). Ср. употребление в этих случаях местоимений *это* и *то* с их отвлеченным значением: *И кто не понимает этого, тот не понимает Францию* (Горький); *Не буди того, что отмечталось, не волнуй того, что не сбылось...* (Есенин); *Этого даже сделать не можете?* (Куприн);

6) в устойчивых сочетаниях, пословицах, поговорках, чаще при выражении дополнения отвлеченным существительным, например: *не испытывает желания, не питает надежды, не находит поддержки, не делает секрета, не дает ходу, души не чает, не принимает участия, не обращает внимания, не дает покоя, не имеет представления, не внушает доверия, не упускает возможности; Вчерашнего дня не воротишь; Чужой тайны не поверяй.* Также при конкретном значении существительного: *не спускает глаз, не покладая рук; Денег куры не клюют; Лежа хлеба не добудешь; Плетью обуха не перешибешь; Своего локтя не укусишь; Шила в мешке не утаишь;*

7) при деепричастии или причастии, в связи с книжным характером этих форм, например: *Не получив ответа, старик идет на станцию* (Чехов); *...Гибнут вдруг, не дописав поэм* (Симонов);

8) в безличных (инфинитивных) предложениях, в которых подчеркивается категорический характер отрицания, например: *Не нагнать тебе бешеной тройки...* (Некрасов); *При проходе войск никому окон не открывать...* (Вишневский).

2. В и н и т е л ь н ы й падеж, ослабляющий значение отрицания, обычно употребляется в следующих случаях:

1) при указании на конкретный объект («именно этот предмет, а не вообще какой-то»): *не отрецензировал рукопись, которую ему прислали; не выпила молоко, которое ей оставила мать.* Например: *Он не отвергнул тогда с презрением эти сто рублей* (Достоевский); *Не наклоняй знамя-то...* (Горький); *...Толстяк упросил Самгина «не разрушать компанию»...* (он же);

2) при выражении дополнения одушевленным существительным, в частности собственным именем лица, например: *Ты не любишь мать* (Л. Толстой); *...Не пожалеет ни папу, ни маму* (Горький); *Анна Николаевна не обманула Марью Александровну...* (Достоевский); *Недомогание не покидало Козьму еще долго* (Бунин); *Он давно.. не видел Ольгу...* (Горький).

То же при географических названиях, поскольку и они мыслятся как конкретные, вполне определенные понятия, например: *Не сдавай Порт-Артур...* (Горький).

Реже имя лица встречалось (главным образом у писателей XIX века) в форме родительного падежа, например: *Уж я ли не любил моей Дуни...* (Пушкин); *...Тришки не знаешь?* (Тургенев); *Вронский еще не видал Анны...* (Л. Толстой); *А Дымов... уже не замечал Егорушки...* (Чехов);

3) нередко при инверсии дополнения (постановке его впереди глагола-сказуемого), например: *Журнал я этот не люблю* (Тургенев); *...Дверь не притворяла*

(Достоевский); *Война торговлю не разоряет* (Горький); *Свою дочку не узнал; Кулаком правду не убьёшь* (он же); *Трактор им не дали* (Шолохов);

4) в вопросительных и восклицательных предложениях, общий смысл которых не имеет характера отрицания, например: *И кто знает, когда седыми вы придёте под сомкнутые кроны своих питомцев, не испытаете ли вы гордость вдесятеро большую, чем создатель иных торопливых книг?..* (Леонов); *Куда только я не забрасывал свою вторую металлическую приманку, вооружённую острыми колючками?!* (Г. Федосеев);

5) в побудительных предложениях (со сказуемым в форме повелительного наклонения), в связи с их разговорным характером, например: *Гляди под ноги, не смеши народ* (Горький); *Когда вы наносите удар, то не бейте и не рубите предмет, а режьте его* (Куприн);

6) при форме совершенного вида глагола-сказуемого, указывающей на результативность действия, например: *...Не передам бронепоезд никому другому* (Вс. Иванов); *А мы не отдадим это место* (Симонов);

7) при двойном отрицании (т.е. усиленном утверждении), например: *Не могу не сказать несколько слов об охоте* (Тургенев); *Никак нельзя не пожалеть это кроткое провинциальное создание...* (Леонов); *Женщина не может не понять музыку...* (Горький);

8) при совпадении различных, но одинаково звучащих падежных форм для устранения неясности: *не читал сегодня газету* (форма *газеты* могла бы обозначать множественное число). Например: *...Дабы не поощрять в человеке чувство ростовщика* (Горький) (ср.: *поощрять чувства ростовщика*); *Сводку не слышали?* (Павленко). Ср. употребление с той же целью формы родительного падежа: *Я не люблю проповедей* (Горький); *А вы разве газет не читаете?* (Мальцев);

9) при наличии слов (частиц) с ограничительным значением: *чуть не пропустил лекцию, едва не уронил стакан*. Например: *Раз он даже шикал, за что чуть было не потерял место* (Чехов); *Он почти не сосал свой таинственный леденец* (Макаренко);

10) при наличии в предложении слова, по смыслу относящегося одновременно к прямому дополнению и к сказуемому: *не считаю вопрос актуальным, не нахожу эти меры своевременными*. Например: *Она не признаёт эту интриганку своей дочерью* (Л. Толстой); *Самгин уже не находил эту девушку такой уродливой...* (Горький);

11) при распространении дополнения несколькими определениями, например: *Софья Ивановна мрачно покашливала, слушая Леночку, и не узнавала в ней тихую, безропотно молчащую и ко всему равнодушную дочь* (Павленко);

12) обычно в конструкции «*не* + вспомогательный глагол + инфинитив переходного глагола + дополнение» (т.е. при отнесении дополнения не непосредственно к глаголу с отрицанием, а к инфинитиву, зависящему от глагола с отрицанием, что ослабляет влияние отрицания): *не мог представить рукопись, не надеялся выполнить задание*. Например: *Старик Лаврецкий долго не мог*

простить сыну его свадьбу (Тургенев); *Я не успел сшить форму* (Горький); *...Он не мог сдержать улыбку* (он же); *...Он не решался сообщить матери и Оле правду о своем несчастье* (Б. Полевой).

Реже в этих случаях встречается конструкция с родительным падежом, например: *...Не могла слышать его грустного голоса, не могла видеть его тоски и страданий* (Короленко); *Мы не умеем брать просто от жизни ее радостей* (Куприн);

13) в устойчивых сочетаниях, пословицах, поговорках, обычно при выражении дополнения конкретным существительным, например: *не вставлять палки в колеса, не скалить зубы...; Не рой другому яму...; Отрезанный ломоть к хлебу не приставишь; Яйца курицу не учат.*

3. Ф а к у л ь т а т и в н о е употребление родительного и винительного падежа при переходном глаголе с отрицанием связано со стилистическим различием: конструкции с родительным падежом характерны для книжной речи, конструкции с винительным падежом – для речи разговорной. Ср.: *Я не намерен умалять чьих-либо заслуг...* (Горький). – *Так и умрешь, не выговорив это слово* (он же).

4. Дополнение обычно ставится в форме винительного падежа при глаголах с приставкой **недо-**, не имеющей значения отрицания, а указывающей на выполнение действия ниже нормы, например: *недогрузить тонну угля, недодать почту, недожечь известь, недолить стакан, недооценить силу противника, недопечь пирог.* Родительный падеж в этих случаях употребляется при количественно-разделительном значении объекта, например: *недодать деталей, недовесить масла, недодать кирпича, недолить воды, недослать денег.*

5. Постановка прямого дополнения в форме винительного падежа обязательна в тех случаях, когда отрицание *не* стоит не при переходном глаголе, а при другом слове в предложении, например: *не вполне понял задание, не очень люблю живопись, не часто читаю художественную литературу.*

6. Ошибочное употребление формы родительного падежа иногда встречается в предложениях со с м е щ е н н о й конструкцией (о конструкциях этого типа см. § 176, п. 5), например: «*Лучшего новогоднего подарка, чем эти пропуска... трудно себе и представить*» (из газет) (на начало предложения, по-видимому, повлияло возможное другое его окончание: *нельзя себе представить*).

§ 202. Управление при синонимических словах

Следует различать конструкции со словами, близкими по значению или однокоренными, но требующими различного управления. Сюда относятся:

обидеться н а ч т о - л и б о – *обижен* ч е м - л и б о (*обиделся на эти слова – обижен оказанным ему холодным приемом*);

обрадоваться ч е м у - л и б о – *обрадован* ч е м - л и б о (*обрадовался приезду друга – обрадован счастливым исходом дела*);

обращать внимание н а ч т о - л и б о – *уделять внимание* ч е м - л и б о (*обращать внимание на оформление книги – уделять внимание подбору шрифтов*);

опираться н а ч т о - л и б о – *базироваться* н а ч е м - л и б о (*опираться на фактические данные – базироваться на результатах эксперимента*);

основываться н а ч е м - л и б о – *обосновывать* ч е м - л и б о (*основываться на одних предположениях – обосновывать проверенными фактами*);

отзыв о ч е м - л и б о (реже н а ч т о - л и б о) – *рецензия* н а ч т о - л и б о – *аннотация* н а ч т о - л и б о (реже о ч е м - л и б о и ч е г о - л и б о) (*отзыв о диссертации – рецензия на книгу – аннотация на опубликованные сборники – аннотация о выходящих пособиях – аннотация вышедших изданий*);

отчитаться в ч е м - л и б о – *сделать отчет* о ч е м - л и б о (*отчитаться в израсходовании полученного аванса – сделать отчет о выполненной работе*);

полный (*исполненный, преисполненный*) ч е г о - л и б о (в значении «наполненный доверху, до краев», а также в сочетании с местоимениями – *полный* к е м - ч е м) – *наполненный* ч е м - л и б о (*полный воды кувшин – полное мглою ущелье – душа полна любовью – сердце полно тобою – исполненный ужаса крик – преисполненный любезности прием – наполненный ароматом воздух*);

превосходство н а д ч е м - л и б о – *преимущество* п е р е д ч е м - л и б о (*превосходство машинного способа производства над ручным – преимущества демократии перед диктатурой*);

препятствовать ч е м у - л и б о – *тормозить* ч т о - л и б о (*препятствовать экономическому развитию – тормозить экономическое развитие*);

различать ч т о и ч т о – *отличать* ч т о о т ч е г о (*различать старые и новые методы – отличать новые методы от старых*);

рассердиться н а ч т о - л и б о – *рассержен* ч е м - л и б о (*рассердился на неуместную шутку – рассержен глупой выходкой*);

уверенность в ч е м - л и б о – *вера* в о ч т о - л и б о (*уверенность в победе – вера в победу*);

удивляться ч е м у - л и б о – *удивлен* ч е м - л и б о (*удивляюсь его выносливости – удивлен его смелостью*);

уплатить з а ч т о - л и б о – *оплатить* ч т о - л и б о (*уплатить за проезд – оплатить проезд;* в разговорной речи, в речи канцелярской получает распространение ошибочный вариант – конструкция *оплатить* з а ч т о - л и б о);

§ 203. Различные предложно-падежные формы при одном управляющем слове

1. Некоторые глаголы имеют при себе управляемое слово в различной предложно-падежной форме, что связано с разными смысловыми или стилистическими оттенками. Сюда относятся:

бросить ч т о (значение объекта: *бросить камень в воду, бросить палку на землю*) – *бросить* ч е м (значение орудия действия: *бросить камнем, палкой в собаку*);

вертеть пальцы (крутить, причиняя боль) – *вертеть пальцами* (от нечего делать);

вершить ч т о (решать, давать какое-либо решение: *вершить трудные вопросы, вершить правое дело*) – *вершить* ч е м (распоряжаться: *вершить судьбами*);

вешать н а ч т о (объектное значение: *вешать картину на гвоздь, вешать пиджак на спинку стула*) – *вешать* н а ч е м (пространственное значение: *вешать бельё на чердаке, на дворе*);

винить в ч е м (значение объекта действия: *винить других в своих несчастиях*) – *винить* з а ч т о (значение причины действия: *винить за отсутствие внимания*);

внедрить к у д а (заставить прочно войти во что-либо: *внедрить новый метод в практику, внедрить эти идеи в сознание молодежи*) – *внедрить* г д е (заставить утвердиться в чем-либо: *внедрить новую технологию изготовления кукурузных хлопьев на предприятиях пищевой промышленности*);

воздать ч т о (отдать, выразить, оказать: *воздать должное, воздать воинские почести*) – *воздать* ч е м (отплатить: *воздать добром за зло*);

воплотить в ч е м (выразить в конкретной форме: *воплотить идею в образах*) – *воплотить* в о ч т о (осуществить: *воплотить мечты в жизнь, воплотить замысел в реальность*);

вращать ч т о (приводить в круговое движение: *вращать колесо, вода вращает турбину*) – *вращать* ч е м (поворачивать в разные стороны: *вращать глазами*);

встряхнуть ч т о (предмет, находящийся в руке производителя действия: *встряхнуть остановившиеся часы, встряхнуть платок*) – *встряхнуть* ч е м (предмет, органически связанный с производителем действия: *встряхнуть головой, встряхнуть волосами*);

гарантировать к о м у ч т о (обеспечить: *гарантировать курортникам хорошие условия пребывания в домах отдыха*) – *гарантировать* к о г о о т ч е г о (оградить, защитить: *гарантировать туристов от несчастных случайностей*);

гнушаться к о г о (*гнушаться нечестных людей*) – *гнушаться* ч е м (*гнушаться подачками*);

говорить ч т о (в полном объеме: *говорить правду*) – *говорить* о ч е м (в общем виде: *говорить о разных вещах*);

двигать ногу (чтобы ступить) – *двигать ногой* (например, во сне);

дергать ч т о и з а ч т о (тянуть рывками, резкими отдельными движениями: *дергать концы шнура, дергать за рукав*) – *дергать* ч е м (делать резкое движение какой-либо частью тела: *дергать плечами, дергать бровью*);

дрожать з а к о г о - ч т о (опасаться, оберегать: *дрожать за своих детей, дрожать за свою жизнь*) – *дрожать* н а д к е м - ч е м (заботиться, бережно охранять, беречь: *дрожать над детьми, дрожать над каждой копейкой*);

жертвовать ч т о (приносить в дар материальные ценности: *жертвовать деньги на благотворительные цели*) – *жертвовать* ч е м (поступаться чем-либо, отказываться от чего-либо: *жертвовать собственными интересами, свободою, честью, жизнью ради высокой цели*);

завязать узел (на вещах) – *завязать узлом* (например, галстук);

заплатить з а ч т о (отдать деньги за что-либо: *заплатить за покупки, заплатить за проезд в автобусе*) – *заплатить* ч т о (возместить что-либо: *заплатить долги*);

заслужить ч т о (своими поступками, деятельностью добиться положительной или отрицательной оценки: *заслужить доверие коллектива, заслужить порицание*) – *заслуживать* ч е г о (быть достойным чего-либо: *проект заслуживает внимания*);

зацепить ч т о (захватить чем-либо цепким: *зацепить бревно багром, зацепить трубу крючьями*) – *зацепить* з а ч т о (случайно задеть при движении: *зацепить ногой за порог*);

знать ч т о (основательно: *знать свое ремесло*) – *знать* о ч е м (поверхностно: *знать о случившемся*);

играть ч е м (*играть кистями пояса*) – *играть* с ч е м (*обезьяна играла с нашими вещами*);

искать ч т о (стараться найти, обнаружить спрятанное, скрытое: *искать тропинку в лесу, искать закатившийся мячик*) – *искать* ч е г о (добиваться чего-либо, стараться получить что-либо: *искать защиты, искать поддержки*);

кидать ч т о (значение объекта действия: *кидать камни в воду, кидать невод в реку*) – *кидать* ч е м (значение орудия действия: *кидать грязью*);

консультироваться с к е м (советоваться со специалистом по какому-либо вопросу: *консультироваться с кардиологом*) – *консультироваться* у к о г о (обращаться за советом к специалисту: *консультироваться у физиотерапевта*);

корить з а ч т о (упрекать, бранить за что-либо: *корить за грубость, корить за ветреность*) – *корить* ч е м (попрекать, ставить в вину: *корить куском хлеба*);

лежать на постели (отдыхать) – *лежать в постели* (быть больным);

наблюдать ч т о (проводить наблюдения; смотреть: *наблюдать солнечное затмение*) – *наблюдать* з а ч е м (иметь надзор: *наблюдать за поведением учеников*);

напомнить ч т о (в полном объеме: *напомнить сказанное*) – *напомнить* о ч е м (в общих чертах: *напомнить о случившемся*);

обеспечить к о г о ч е м (снабдить чем-либо в нужном количестве: *обеспечить учащихся нужными пособиями, обеспечить крестьян посадочным материалом*) – *обеспечить* к о м у ч т о (гарантировать что-либо, создать необходимые условия для осуществления чего-либо: *обеспечить молодежи возможность получить специальное образование*);

объединить в о ч т о (образовать целое из частей: *объединить простые предложения в сложное, объединить два института в один*) – *объединить* в ч е м (соединить что-либо в пределах целого: *объединить свои силы в рамках одной организации*);

ограничить к о г о - ч т о ч е м (поставить какой-либо предел: *ограничить десятиминутным выступлением, ограничить прения строгим регламентом*) – *ограничить* к о г о - ч т о в ч е м (стеснить в какой-либо области: *ограничить детей в выборе игр, ограничить себя в еде*);

отнести к о м у (указывается только адресат действия: *отнести рукопись редактору*) – *отнести* к к о м у (добавочное обстоятельственное значение направления действия: *отнести посылку к жильцу на дом*);

охотиться н а к о г о (добывать путем истребления, умерщвления: *охотиться на волков, на диких уток, на пушного зверя*) – *охотиться* з а к е м (добывать путем ловли: *охотиться за перепелами, за певчими птицами*);

перемежаться ч е м (сменяться чем-либо другим, идти вперемежку: *пласты глины перемежались песком, густая чаща перемежалась просеками и полянами*) – *перемежаться* с ч е м (чередоваться, возникать вслед за чем-либо: *снег перемежался с градом, крики охотников перемежались с лаем собак*);

положить к у д а (с винительным падежом, направление действия: *положить платок в карман, положить больного на носилки, положить масло в кашу*) – *положить* г д е (с предложным падежом, место действия: *положить книги на видном месте, положить коврик в конце коридора*);

поместить к у д а (с винительным падежом, определить место, назначение для чего-либо: *поместить сбережения в сбербанк*) – *поместить* г д е (с предложным падежом, предоставить место: *поместить приезжих в гостинице;* поставить, расположить: *поместить книги в шкафу, поместить хор в глубине сцены;* передать для публикации, напечатать: *поместить статью в журнале, поместить объявление в газете*);

поражаться ч е м (восхищаться: *поражаться величием и красотой сооружения*) – *поражаться* ч е м у (удивляться: *поражаться отваге альпинистов*);

поставить к у д а (с винительным падежом; расположить, заставить занять место: *поставить книги на полку, поставить цветы в вазу, поставить часового на пост*) — *поставить* г д е (с предложным падежом; устроить, установить: *поставить телефон в кабинете, поставить памятник на площади*);

придать ч т о (дать в дополнение к чему-либо, прибавить: *придать отряду артиллерию*) — *придать* ч е г о (усилить какое-либо качество, свойство: *придать бодрости и силы*);

принадлежать к о м у (составлять собственность: *приусадебный участок принадлежит одной семье*) — *принадлежать* к к о м у (входить в состав: *все они принадлежат к одной семье*);

промышлять ч т о (добывать: *промышлять себе корм*) — *промышлять* ч е м (заниматься каким-либо ремеслом, промыслом: *промышлять охотой*);

прятать к у д а (с винительным падежом: помещать на должное место, класть для сохранности: *прятать часы в карман, прятать молоко в погреб*) — *прятать* г д е (с предложным падежом; скрывать: *прятать клад в земле, прятать военнопленных в горах*);

свидетельствовать ч т о (официально удостоверять: *свидетельствовать копию, подпись*) — *свидетельствовать* о ч е м (говорить о чем-либо, служить подтверждением: *работа свидетельствует об эрудиции автора*);

складывать к у д а (с винительным падежом; направление действия: *складывать вещи в дорожный мешок, складывать книги и брошюры в книжный шкаф*) — *складывать* г д е (с предложным падежом; место действия: *складывать верхние вещи на прилавке, складывать письма на маленьком столике*);

смотреть ч т о (воспринимать зрением, рассматривать с целью ознакомления: *смотреть новый кинофильм, смотреть передачи по телевидению*) — *смотреть* н а ч т о (направлять взгляд, чтобы увидеть что-либо: *смотреть на картину, смотреть на уличную сцену*);

согласиться н а ч т о (дать согласие: *согласиться на предложение*) — *согласиться* с ч е м (выразить солидарность, примкнуть к чему-либо: *согласиться с мнением рецензента*) — *согласиться* о ч е м (договориться – в официальном стиле речи: *участники совещания согласились о следующем...*);

сообщить ч т о (по существу: *сообщить нужные сведения*) — *сообщить* о ч е м (в общем виде: *сообщить о результатах*);

соревноваться з а ч т о (участвовать в соревновании: *соревноваться за право участия в конкурсе*) — *соревноваться* н а ч т о (претендовать на высокие результаты: *соревноваться на первенство факультета*) — *соревноваться* в ч е м (область соревнования: *соревноваться в беге, в плавании*);

состоять в ч е м (иметь своим содержанием что-либо: *обязанности вычитчика состоят в подготовке рукописи к набору*) — *состоять* и з ч е г о (быть составленным из чего-либо: *сборник состоит из ряда очерков*);

стать к у д а (с винительным падежом; направление действия: *стать за прилавок, стать на пост*) – *стать* г д е (с предложным падежом; место действия: *стать в дверях, стать на крыльце*);

трясти ч т о (толчками, рывками качать, шатать, встряхивать: *трясти стол, трясти дерево, трясти ковер*) – *трясти* ч е м (часто двигать, махать чем-либо: *трясти головой, трясти ногой*);

удовлетворять ч т о (исполнять чьи-либо задания, требования: *библиотека удовлетворяет запросы читателей*) – *удовлетворять* ч е м у (быть в соответствии с чем-либо, вполне отвечать чему-либо: *качество товаров должно удовлетворять высоким запросам покупателей*);

удостоить ч е г о (признав достойным, наградить чем-либо: *удостоить правительственной награды*) – *удостоить* ч е м (сделать что-либо в знак внимания: *удостоить ответом*);

указать ч т о (показать, привести, перечислить: *указать недостатки и положительные стороны в работе*) – *указать* н а ч т о (обратить внимание: *указать на недостатки в работе*);

уполномочить н а ч т о (*уполномочить на заключение соглашения*) – *уполномочить* к ч е м у (*его уполномочили вести переговоры, вернее, он сам себя уполномочил к этому*);

упрекать в ч е м (объект упрека: *упрекать в небрежности*) – *упрекать* з а ч т о (основание, причина упрека: *упрекать за плохое поведение*);

усмотреть к о г о - ч т о (наблюдая, увидеть, заметить: *усмотреть злой умысел*) – *усмотреть* з а к е м - ч е м (уследить, уберечь от чего-либо: *усмотреть за ребенком, усмотреть за порядком*).

Управляемое слово в различной падежной форме может находиться не только при глаголе, но и при имени существительном; например:

необходимость ч е г о (в значении «обязательность») – *необходимость* в ч е м (в значении «потребность»). Ср.: *Бельяр быстрыми шагами подошел к императору и смело, громким голосом стал доказывать необходимость подкреплений* (Л. Толстой). – *Вяткин обладал удивительной способностью появляться именно там, где в его присутствии ощущалась необходимость* (Поповкин).

2. Разница в конструкциях *выпить воду – выпить воды, купить булку – купить хлеба, принесли яблоки – принесли яблок* и т.п. заключается в том, что винительный падеж указывает на полный охват предмета действием, а родительный – на частичный охват (так называемый р о д и т е л ь н ы й ч а с т и).

3. Различие между формами винительного и родительного падежа может заключаться в том, что первый указывает на определенный предмет, а второй – на предмет неопределенный. Ср.:

жду поезд Петербург – Москва (определенный, прибывающий в такое-то время по расписанию) – *жду поезда* (одного из поездов); чаще существительные конкретные при глаголе *ждать* и других подобных употребляются в форме винительного падежа, а существительные отвлеченные – в форме родительного падежа: *жду почту, жду свою сестру – жду случая, жду решения вопроса*;

искать свое место (в аудитории, в зале) – *искать места* (работы, должности); *искать закатившийся мячик, искать свою тетрадь* – *искать поддержки, искать сочувствия;*

просить деньги (определенную сумму, заранее обусловленную) – *просить денег* (неопределенное количество); *просить стакан воды* – *просить слова на собрании;*

требовать свою зарплату – *требовать вознаграждения; требовать пропуск* (удостоверение) – *требовать пропуска всех прибывших в зал.*

4. При глаголах *дать, одолжить, попросить* и некоторых других имена существительные со значением конкретного предмета могут употребляться в разговорной и диалектной речи в форме родительного падежа (так называемый р о д и т е л ь н ы й   в р е м е н н о г о   п о л ь з о в а н и я), например: *дай ножичка, одолжи веничка.*

5. В некоторых конструкциях при одном управляющем слове имеются два дополнения; выбор падежной формы зависит от вкладываемого в конструкцию смысла. Ср.: *обеспечить* к о г о   ч е м (снабдить в потребных размерах чем-то материальным: *Лечащий врач обеспечил меня лекарством; обеспечить дома топливом*) – *обеспечить* к о м у   ч т о (гарантировать что-либо, сделать несомненным, верным: *Врач обеспечит мне лекарства; обеспечить больным возможность поправить здоровье на курортах*).

Ср. также конструкцию: *быть обязанным* к о м у   ч е м, например: *Своим спасением я обязан случаю; Чему я обязан вашим посещением? Чем я вам обязан?*

6. Некоторые имена существительные, как и глаголы, допускают при себе управляемое слово в различной предложно-падежной форме (часто в качестве вариантов выступают формы родительного и дательного падежей). Сюда относятся:

амнистия политическим заключенным – *предполагаемая амнистия для военных преступников;*

все в нашей семье делается на благо детям (при обозначении лица) – *трудиться на благо Родины* (при обозначении не лица);

ведомость расходов – *ведомость на выдачу заработной платы;*

враг всяких традиций – *всяким условностям враг* (Маяковский);

друг отца (определительное значение) – *друг отцу* (значение направленности отношения);

имя этого чиновника было Акакий Акакиевич – *имя этому поступку может быть только предательство;*

интервью нашему корреспонденту – *интервью с известным режиссером;*

подвести итог убытков – *подвести итог убыткам;*

конец урока, начало сеанса – *не видно ни конца, ни начала колоннам демонстрантов;*

памятник Пушкину (при названии лица) – *памятник нашей славы* (при названии не лица);

подтверждение показаний на суде – подтверждением сказанному являются его поступки;
пример мужества – примером тому служит его деятельность;
причина отставания – причиной тому были неожиданно возникшие трудности;
противник всяких условностей – всяким новшествам противник;
расправа со свидетелями бандитского нападения – учинить расправу над свидетелями преступления;
свидетельство наших успехов – свидетельством тому служат наши успехи;
служба в армии, служба у губернатора – служба народу;
тенденция развития народного хозяйства – тенденция к повышению производительности труда;
цена одной пары – цена ему гроши.

7. Различные формы управляемого слова возможны и при отдельных прилагательных, например:
близкий ч е м у (непосредственно касающийся, отвечающий взглядам: *близкое нашему пониманию учение*) – *близкий* к ч е м у (похожий, подобный: *близкие к разговорному стилю выражения*);
виноват ч е м (причинное значение: *чем я виноват?*) – *виноват* в ч е м (объектное значение: *виноват во многом*);
тождественный ч е м у (такой же, одинаковый: *взгляды, тождественные нашим*) – *тождественный* с ч е м (соответствующий чему-либо: *сила войск тождественна с их численностью и технической оснащенностью*);
чуждый ч е м у (далекий по духу, несвойственный: *пессимистические настроения чужды этому человеку*) – *чуждый* ч е г о (не обладающий чем-либо: *чуждый мелкого самолюбия*).

§ 204. Нанизывание одинаковых форм

1. Затрудняет понимание текста скопление одинаковых падежных форм. Чаще всего встречается нанизывание р о д и т е л ь н ы х падежей, например: «В целях лучшей постановки дела повышения профессионального уровня…»; «Для решения задачи ускорения подъема уровня заработной платы…»; «Закон о перестройке школы был принят в целях дальнейшего улучшения качества воспитания подрастающего поколения»; «Для выполнения требования устранения отставания производства деталей намечены конкретные меры».

При правке обычно отглагольные существительные заменяют инфинитивами или другими конструкциями, распространенные обороты – придаточными предложениями, устраняют лишние слова и т.д., например: *Чтобы повысить профессиональный уровень…; С целью повысить заработную плату…*

2. Возможно стечение и других одинаковых падежных форм, например т в о р и т е л ь н ы х падежей: «Речь неоднократно прерывалась слушателями шумными аплодисментами» (ср. правильный вариант: *Слушатели неоднократно прерывали речь шумными аплодисментами*); «Этот вопрос рассматривается выделенной профкомом комиссией» (ср.: *Этот вопрос рассматривает выделенная профкомом комиссия*); д а т е л ь н ы х падежей: «Приступили к подготовке к выборам» (ср.: *Начали подготовку к выборам*); п р е д л о ж н ы х падежей: «Актуальность вопроса о соглашении о взаимном разоружении» (ср.: *Актуальность проблемы соглашения о взаимном разоружении*).

3. Следует также избегать падежных форм с одинаковыми предлогами, например: «Беседа с инженером с большим производственным стажем» (ср.: *Беседа с инженером, имеющим большой производственный стаж*); «Обращение к стремящейся к овладению английским языком молодежи» (ср.: *Обращение к молодежи, стремящейся овладеть английским языком*).

4. Требуют правки также конструкции с нанизыванием инфинитивов, например: «Я не мог решиться поручить ему пойти просить вас написать статью для журнала» (ср.: *Я не решался поручить ему обратиться к Вам с просьбой написать статью для журнала*).

5. Неудачно сочетание при одном управляющем слове родительного с у б ъ е к т а (обозначающего производителя действия) и родительного о б ъ е к т а (обозначающего предмет, на который переходит действие), например: «Повесть "Степь" – это итог сложных поисков Чехова своей творческой манеры» (ср. возможный вариант: *Повесть «Степь» – это итог сложной работы Чехова в поисках своей творческой манеры*); «Оценка Добролюбова "темного царства"» (ср.: *Оценка «темного царства» Добролюбовым*). Как показывают примеры, правка достигается лексической заменой, использованием другой падежной формы и т.д.

Требуют правки также конструкции с одним только родительным падежом, если он может быть воспринят и как родительный субъекта и как родительный объекта, например: «Проверка сбербанка показала…» (возможные варианты в зависимости от смысла: 1) *Проверка, проведенная сбербанком, показала…*; 2) *Проверка работы сбербанка показала…*; «Характеристика старосты была положительной» (ср.: *Характеристика, выданная старостой… – Характеристика, выданная старосте…* Ср. также канцелярские обороты: *Характеристика со стороны старосты… – Характеристика на старосту…*).

§ 205. Управление при однородных членах предложения

При двух или нескольких управляющих словах общее зависимое слово допустимо тогда, когда каждое из управляющих слов требует того же падежа и предлога, например: *читать и конспектировать книгу, подбирать и готовить* кадры, *протравливать* и *яровизировать семена, надеяться* и *рассчитывать на помощь*.

Наличие общего зависимого слова при различном управлении нарушает грамматико-стилистическую норму, например: «с помощью и в сотрудничестве с местными организациями» (ср. правильный вариант: *с помощью местных организаций и в сотрудничестве с ними*); «организация и руководство стачечной борьбой»; «в соответствии и на основе утвержденного плана»; «надеяться и верить в возможность»; «руководство и контроль за распределением молодых специалистов».

Изредка подобные конструкции встречаются у писателей, например: *жмурил и хлопал глазами* (Гоголь); *ловя и избегая вопросительно устремленный на него взор Кати* (Тургенев); *препятствует или затягивает достижение соглашения* (Эренбург); *Многие из коренных лесорубов поняли и смирились с переменами в своем быту* (А. Караваева).

XLVI. Предложения с однородными членами

§ 206. Союзы при однородных членах

При бессоюзном и союзном соединении однородных членов возможны различные варианты. Ср.:

1) *читать книги, брошюры, газеты, журналы;*
2) *читать и книги, и брошюры, и газеты, и журналы;*
3) *читать книги, брошюры, газеты и журналы;*
4) *читать книги и брошюры, газеты и журналы.*

Первый вариант (с отсутствием союзов) образует так называемый незамкнутый ряд (конструкция не имеет характера исчерпывающего перечисления), ср.: *Гром перекатывается, грохочет, ворчит, встряхивает землю* (Паустовский). Конструкция характерна для спокойной повествовательной речи.

Второй вариант (с повторением союза перед каждым однородным членом) тоже имеет характер незаконченного перечисления, но при этом все однородные члены логически и интонационно выделяются, ср.: *Перед глазами ходил океан, и колыхался, и гремел, и сверкал, и угасал, и светился, и уходил куда-то в бесконечность...* (Короленко). Конструкция используется в речи эмоциональной.

Третий вариант (с постановкой союза перед последним однородным членом) образует замкнутый ряд, имеющий значение исчерпывающего перечисления; ср.: *Анфиса принесла топор, пилу, молоток и горсть гвоздей* (Бабаевский). Конструкция встречается в любом стиле речи, особенно характерна она для деловых стилей. При наличии последующего обобщающего слова союз *и* перед последним однородным членом чаще опускается, например: *Надя, теща,* длинный нос судебного пристава, подсудимый, Глаша – все это прыгает, вертится и уходит далеко, далеко, далеко... (Чехов).

Четвертый вариант (с попарным соединением однородных членов) имеет несколько разновидностей:

а) чаще всего парные группы образуются близкими по смыслу словами, ср.: *Лицо Николая и голос, тепло и свет в комнате успокаивали Власову* (Горький);

б) попарно могут объединяться слова, обозначающие контрастные понятия, ср..: *...Глядя на все вокруг пытливыми глазами надежд и опасений, страха и радости* (Горький);

в) возможно попарное соединение слов-понятий, логически далеких друг от друга; ср.: *Они сошлись. Волна и камень, стихи и проза, лед и пламень не столь различны меж собой* (Пушкин).

Конструкции с попарным соединением однородных членов встречаются преимущественно в художественной литературе и в публицистической речи.

Однородные члены предложения могут связываться не только соединительными союзами, но также противительными, разделительными и другими.

§ 207. Предлоги при однородных членах

Предлог, стоящий перед первым однородным членом, может опускаться перед остальными однородными членами, но может и повторяться перед каждым из них. Ср.: *Хозяин, из почтения и радости, ничего не ел...* (Пушкин). – *Феничка вся покраснела от смущения и от радости* (Тургенев).

1. Предлог повторяется:

1) если однородные члены соединены повторяющимися союзами, например: *Большую еще недостачу испытывали колхозы и в машинах, и в тягле, и в инвентаре, а главное – в людях* (Лаптев);

2) если однородные члены соединены сопоставительными союзами, например: *Он дрался и буянил не столько для собственного удовольствия, сколько для поддержания духа своего солдатства* (Л. Толстой);

3) если нужно показать, что предшествующее определение относится только к ближайшему однородному члену (см. § 195, п. 3), например: *выслушать с большим вниманием и с сочувствием;*

4) если отсутствие предлога может вызвать неясность в понимании предложения, например: *учебники по литературному чтению и по литературе* (при пропуске второго предлога могло бы создаться впечатление, что речь идет об общих, а не об отдельных учебниках по двум предметам);

5) при отдаленной смысловой связи между однородными членами, например: *Пришлось много ездить по Украине, по степям Средней Азии, по сибирской тайге* (перечисленные слова не входят как видовые понятия в ближайшее родовое понятие);

6) при значительном распространении однородных членов пояснительными словами, например: *Пыль толстым слоем лежала на письменном столе, обитом зеленым сукном, на кожаном диване с широкой спинкой, на старом вольтеровском кресле.*

Иногда предлог повторяется перед группами однородных членов, образуемыми близкими по значению словами, например: «*...За нею с кувшином, медным тазом, с простынями и губкой шла ее кухарка Ольга* (Чехов).

Невозможен пропуск разных предлогов; ср.: *на предприятиях и в учреждениях.* Иногда по недосмотру предлог в этом случае опускается при длинном ряде однородных членов, когда вначале такой пропуск возможен, а в дальнейшем невозможен, например: «Много народу было на улицах, площадях, бульварах, переулках» (перед последним словом нужен другой предлог).

2. Факультативное повторение предлога встречается:

1) если однородные члены соединены п р о т и в и т е л ь н ы м и союзами; ср.: *Эта первая кормежка случилась не в поле, а в какой-то русской деревушке* (Аксаков). – *Конфликт можно было разрешить, прибегнув к обычным дипломатическим, а не провокационным методам* (из газет);

2) если однородные члены соединены р а з д е л и т е л ь н ы м и союзами; ср.: *Другая река бежит по долине или по широкому лугу* (Аксаков). – *Последние слова подействовали на доктора сильнее, чем ссылки на человеколюбие или призвание врача* (Чехов).

3. Предлог обычно не повторяется в интересах благозвучия (чаще, когда следующее слово начинается с того же согласного звука, которым выражен предлог), например: *Плоты с кричавшими мужиками, с гомоном и стуком стали уходить вверх по реке* (Серафимович); *Раскатывали брезентовые рукава к пруду или колодцу* (Солоухин); а также: *А другой раз вдруг с грохотом и плеском обрушилась в реку старая ольха* (Паустовский).

§ 208. Ошибки в сочетаниях однородных членов

1. Ошибочным является соединение в нейтральном стиле речи в качестве однородных членов несопоставимых (вещественно неоднородных) понятий, например: *покраснел от смущения и от быстрой ходьбы, в сравнении с вечностью и Монбланом.* Подобные сочетания используются в художественной литературе со специальным стилистическим заданием (создание комического эффекта, индивидуализация речи рассказчика или персонажа и т.д.), например: *В продолжение ночи он раза три чуть не убил меня то страхом, то ногами* (Герцен); *...На подъезд выбежали девки и лакеи со свечами и радостными лицами* (Л. Толстой); *Лев Саввич Турманов, дюжинный обыватель, имеющий капиталец, молодую жену и солидную плешь, как-то играл на именинах у приятеля в винт* (Чехов).

2. Источником ошибки может быть лексическая несочетаемость одного из однородных членов с общим для них словом в предложении, например: *в ходе прений был внесен ряд предложений и замечаний* (замечания не «вносят», а делают).

3. Не сочетаются в качестве однородных членов видовые и родовые понятия, например: «В гастрономическом магазине имеется большой выбор пирожных, кондитерских изделий, фруктов и вин» (под «кондитерскими изделиями» подразумевались, очевидно, конфеты, торты и т.д., т.е. нечто помимо «пирожных», но первое понятие включает в себя второе, при нежелании продолжить перечисление можно было после слова *пирожных* добавить: *и других кондитерских изделий*).

4. В перечисление однородных членов не должны входить с к р е щ и в а ю щ и е с я   п о н я т и я, т.е. понятия, частично совпадающие по своему логическому объему, например: «В доме отдыха были журналисты, писатели, туристы» (очевидно, имелось в виду, что журналисты и писатели не были туристами и наоборот, но такое сочетание нельзя считать оправданным). Исключение составляют некоторые закрепившиеся обороты, например: *международные фестивали молодежи и студентов*.

5. Стилистически неудачны конструкции, в которых управляемое слово может быть отнесено в разные ряды однородных членов, например: «Подготовка охотников для истребления волков и лиц, ответственных за проведение этого мероприятия» (речь, конечно, идет о подготовке охотников и других лиц для указанной цели, но неудачно соседство слов «для истребления волков и лиц...»). Ср. предложение из биографического очерка, приложенного к «Полному собранию стихотворений Н. А. Некрасова» (изд. 1902 г.): «Со всех концов России, из самых дальних ее участков стекались к нему письма, стихотворения, телеграммы, выражавшие глубокое искреннее сочувствие к нему, как к поэту народной скорби, вместе с пожеланиями избавления от болезней и долголетней жизни».

6. При попарном сочетании однородных членов должен соблюдаться принцип упорядоченного их подбора (по признаку смежности, сходства, контраста — со специальным стилистическим заданием, см. § 206), но не должно быть случайных сочетаний, например: «Вопросы эти освещаются в книгах и газетах, лекциях и брошюрах, докладах и журналах» (вместо: *...в книгах и брошюрах, газетах и журналах, лекциях и докладах*).

7. Не сочетаются в качестве однородных членов некоторые разнородные морфологические категории, например имя существительное и инфинитив, ср. при рубрикации: «Приняли на себя обязательства: 1) *снижение* себестоимости; 2) *повышать* производительность труда; 3) *улучшать качество* продукции» (во всех трех случаях следовало использовать одинаковую форму — или имя существительное, или инфинитив).

Отступления встречаются в художественной литературе как прием стилизации под разговорно-просторечные конструкции, например: *Изъявив свое удовольствие, что сапоги пришлись хорошо, господин Голядкин спросил чаю, умываться и бриться* (Достоевский).

8. Каждая из частей сопоставительного (двойного) союза ставится перед соответствующим однородным членом, изменение этого порядка обычно приводит к нарушению стилистической нормы, например: «Необходимо не только обратить внимание на знания учащихся, но и на их практические навыки» (вместо: *Необходимо обратить внимание не только на знания учащихся, но и на их практические навыки*).

Отступления от этого правила допустимы в тех случаях, когда одна часть сопоставительного союза относится к сказуемому, а другая – к члену предложения, логически выделяемому и зависящему от другого глагола-сказуемого, синонимичного первому, например: «Огромное помещение строящегося в Перми цирка будет универсальным: здесь можно будет проводить не только цирковые представления, но и устраивать большие концерты, спортивные соревнования, собрания, демонстрировать кинофильмы»; «Выпускник университета должен быть теоретически подготовленным специалистом, знающим не только свою конкретную узкую область науки, но и обладающим хорошими знаниями основополагающих отраслей науки, а также ряда других наук». Ср. при повторяющихся союзах: *...Вдали, по дороге, то проедет подвода, то машина* (В. Панова) (с интонационно-логическим выделением однородных подлежащих).

Иногда создаются неправильные пары союзов: *не только... а также* (вместо: *не только... но и*), *как... а также* (вместо: *как... так и*), например: «За короткий срок в городе-спутнике построены не только новые школы, больница, а также драматический театр и ряд культурно-просветительных учреждений».

Неудачно расположены частица *не* и союз *а* в предложении: «Не опасна сама болезнь, а ее последствия» (вместо: *Опасна не сама болезнь, а ее последствия*).

9. При наличии в предложении обобщающего слова однородные члены должны согласоваться с ним в падеже. Положение это иногда нарушается, например: «Фактические данные приводятся в различных газетно-публицистических жанрах: статья, корреспонденция, очерк» (однородные члены следовало поставить в предложном падеже).

Разговорный характер имеет с м е щ е н н а я конструкция (см. § 176, п. 5) типа: *Шум, крики, смех – всей этой пестрой гаммой звуков была наполнена ярмарочная площадь* (ср. вариант с согласованными однородными членами: *Шумом, криками, смехом – всей этой пестрой гаммой звуков...*).

Обобщающее слово, выступающее в функции родового понятия, должно включать в себя все однородные члены в качестве видовых понятий. Это требование нарушено в таком, например, предложении: «Средства производства: земля, ее недра, фабрики и заводы, шахты и рудники, железнодорожный, водный и воздушный транспорт, банки и средства связи – принадлежат народу» (не все однородные члены подходят под понятие «средства производства»).

10. Не следует соединять как однородные синтаксические элементы члены предложения (в частности, причастные и деепричастные обороты) и придаточные предложения. Положение это иногда нарушается, например: «На некоторых стройках принят в эксплуатацию ряд зданий без подъездных путей, ведущих к этим зданиям и которые позволяли бы машинам подъезжать к ним от ближайшей магистрали»; «Выступавшие в прениях, не возражая против основных положений доклада, однако считают его неполным».

Следует, впрочем, заметить, что не только в устной речи, но и в речи письменной нередко встречаются случаи соединения при помощи сочинительных союзов разнородных синтаксических конструкций — члена предложения и придаточного предложения, например: *Государь тотчас вспомнил вашу фамилию и что вы были в Вятке* (Герцен); *Я вижу ленточку на вашей шейке и даже как с левой стороны у вас локон на бровку упал* (Леонов); *Помню поездку в Кентерберийский мюзик-холл и как я сидел в красном плюшевом кресле и смотрел выступление моего отца* (Чаплин. Моя автобиография. Перевод). Ср. у Достоевского: *На мгновение чуть не позабыли Настасью Филипповну и что все-таки она хозяйка своего дома*; *Вы спрашиваете про ваши лица и что я заметил в них*.

Еще чаще наблюдается в разных речевых стилях сочетание в качестве однородных членов определения, выраженного именем прилагательным или причастием, и придаточного определительного предложения, например: *По Пермской губернии идет превосходная широкая дорога, давно наезженная и которую я видел до этого времени всего только раз в моей жизни* (Герцен); *Имя Кассандры стало синонимом человека, предостерегающего об опасности, но которому не верят* (Н. С. Ашукин, М. Г. Ашукина); *Ящик имеет металлическую оковку из уголковой стали, обеспечивающую ему достаточную прочность и которая дает возможность подвешивать батарею при подъеме ее краном* («Водитель электротележек и автотележек»).

Встречающееся у писателей соединение в качестве однородных членов причастного и деепричастного оборотов связано с возможностью сближения их значений в условиях контекста, например: *Отец, вздохнув и очевидно смущенный, весьма скоро прервал свою речь...* (Л. Толстой); *Растроганный видом этой красивой группы и не желая мешать влюбленным, я хотел уже пройти мимо них* (Куприн).

XLVII. Сложное предложение

§ 209. Союзы и союзные слова

1. При использовании союзов (сочинительных и подчинительных) учитывается не только присущее им лексико-грамматическое значение, но и стилистическая окраска. Ср.:

1) союзы, используемые в р а з г о в о р н о й речи: *да, да и, либо, а то, не то, а не то, раз* (в значении «если») и др. Например: *Нет, я его не видал, да его и видеть нельзя* (Тургенев); *Замолчи, а то я подстрелю тебя из поганого ружья, как куропатку* (Чехов); *Раз никому нет дела до меня, останусь и буду жить, как жила* (Фадеев);

2) союзы, характерные для к н и ж н о й речи: *благодаря тому что, ввиду того что, в связи с тем что, в силу того что, вследствие того что, с тем чтобы, ибо, правда* (в значении «хотя») и др. Например: *Калугин рысцой ехал на бастион, с тем чтобы по приказанию генерала передать туда некоторые приказания* (Л. Толстой); *Для торможения слюноотделения абсолютно безразлично, активны или парализованы сосудосуживающие нервы железы, ибо торможение не должно происходить через их посредство* (акад. И. Л. Павлов);

3) союзы, имеющие у с т а р е л ы й или п р о с т о р е ч н ы й для современного языка характер: *ежели, кабы, коли, коль скоро, буде* (в значении «если»), *доколе, покамест, дабы, затем чтобы, поелику* и др. Например: *Я до тех пор не знал, что люблю тебя, покамест не расстался с тобой* (Куприн); *Ежели человек без корней, без почвы, без своего места — неверный это человек* (Гладков); *Направо, доколе хватает глаз, протянулось волнующееся Черное море* (Н. Морозов). В условиях контекста некоторые из этих союзов (*буде, дабы, ежели*) придают речи канцелярский оттенок.

2. Различается употребление в придаточных предложениях времени союза *пока* и сложного союза *пока не*.

Союз *пока* употребляется:

1) в значении союза «в то время как», т.е. для указания на одновременность (полную или частичную) действий главного и придаточного предложений, например: *Пока он полз, пушки продолжали посылать снаряды через его голову* (Симонов); *Пока мы переходили через поляну, турки успели сделать несколько выстрелов* (Гаршин);

2) в значении союза «прежде чем», например: *Много раз менял свое русло капризный Учахан, пока нашел удобное* (А. Коптяева).

Союз *пока не* употребляется:

1) для указания, что действие главного предложения приостанавливается или прекращается действием придаточного предложения, например: *Алитет залез на вышку и долго следил за шхуной, пока она не скрылась из вида* (Семушкин);

2) для указания, что действие придаточного предложения происходит как результат того, о чем говорится в главном предложении, например: *Много веков сушили эту землю ветры-суховеи и калило солнце, пока она не стала такой крепкой, будто схвачена цементом* (Первенцев).

Употребление в этих значениях союза *пока* вместо *пока не* придает высказыванию разговорный характер, например: *Они говорили до поры, пока келейник принес самовар...* (Горький); *Пей, Григорий Пантелеевич, пока почернеешь...* (Шолохов). Из двух возможных конструкций с формой совершенного вида глагола в придаточном предложении: *Я подожду, пока он не придет* и *Я подожду, пока он придет* — более обычной является первая.

3. При разграничении синонимичных союзных слов *который* и *какой* учитывается различие в оттенках значения между ними: слово *который* вносит в придаточное предложение общее значение определительности, а слово *какой* — добавочный оттенок уподобления, сравнения, качественного или количественного подчеркивания, например: *Ветер легкий и вольный, какой бывает только в степи* (Фурманов); *Невозможно перечислить все бедствия, которые несет истребление лесов* (Паустовский); *За час тут происходят изменения, какие не могут даже сниться пехоте-матушке* (Казакевич).

§ 210. Ошибки в сложных предложениях

1. Разнотипность частей сложного предложения проявляется в различной форме:

а) в качестве однородных конструкций употребляются придаточное предложение и член простого предложения, например: «На производственном совещании обсуждались вопросы улучшения качества продукции и нет ли возможности снизить себестоимость»; «В институт поступило много производственников, хорошо показавших себя в труде и характер работы которых соответствует избранной специальности» (см. также § 208, п. 10). В художественной литературе такие конструкции могут использоваться для придания высказыванию разговорного характера, ср.: *Что было бы с ней в случае моей болезни, смерти или, просто, если бы мы разлюбили друг друга?* (Чехов);

б) при общей подчиняющей части выступают в качестве однородных синтаксических элементов двусоставное предложение и односоставное назывное предложение, например: «Докладчик выдвинул два положения: 1) все большее значение приобретает борьба с коррупцией; 2) роль в этом деле правоохранительных органов»;

в) без должного основания устанавливается различный порядок слов в соподчиненных придаточных предложениях, например: «К числу достижений преподавательского коллектива гимназии следует отнести то, что в ней успешно проводится воспитательная работа, внеклассные мероприятия хорошо налажены, из года в год повышается успеваемость учащихся» (во втором придаточном предложении следовало тоже использовать обратный порядок слов).

2. Смещение конструкции может найти свое выражение в том, что главное предложение «перебивается» находящимся внутри его придаточным, например: «Главное, чему необходимо уделить внимание, это художественной стороне произведения» (вместо: *Главное, чему необходимо уделить внимание, — это художественная сторона произведения*); «Последнее, на чем следует остановиться, это на композиции книги» (вместо: *Последнее, на чем следует*

остановиться, – это композиция книги). Перебой конструкции в этих случаях заключается в том, что именное сказуемое главного предложения, оторванное от своего подлежащего, ставится в том падеже, какого требует сказуемое придаточного предложения. Такие предложения имеют разговорный характер. Ср. также: *К этому времени все, кто мог и хотел уйти из Краснодона и ближайших районов, ушел или выехал на восток* (Фадеев) (при подлежащем главного предложения *все* ожидается сказуемое в форме множественного числа – *ушли или выехали*, но под влиянием подлежащего придаточного предложения *кто* и по аналогии со сказуемыми при нем *мог и хотел уйти* в главном предложении сказуемые тоже оказались в форме единственного числа – *ушел или выехал*).

Сложное предложение может «перебиваться» включением главного предложения в состав придаточного (в нормативном плане главное предложение может находиться впереди придаточного, после него или включать в себя придаточное, но не включаться в состав последнего), например: «Но цитаты эти неизвестно, откуда автор их заимствовал» (вместо: *Неизвестно, откуда автор заимствовал эти цитаты*). Подобные конструкции имеют разговорный характер. Ср. их использование в языке художественных произведений: *Впрочем, обе дамы нельзя сказать, чтобы имели в своей натуре потребность наносить неприятность...* (Гоголь); *Но слова эти мне неудобно, чтобы ты сказала* (Герцен); *Вышла замуж за недворянина и вела себя нельзя сказать, чтобы очень доброжелательно* (Чехов).

3. Неправильное употребление союзов и союзных слов проявляется в различных случаях:

а) союз или союзное слово заменяется другим союзом или союзным словом, которые не подходят для данного контекста, например: «Можно было согласиться лишь с теми положениями доклада, где не содержалось никаких внутренних противоречий» (вместо наречия *где* при отвлеченном существительном *положениями* следовало употребить союзное слово *в которых*) ; «Создалась обстановка, когда мало что благоприятствовало улучшению работы» (слово *когда* с присущим ему значением времени не подходит для контекста; можно было сказать: *Создалась обстановка, которая мало благоприятствовала улучшению работы*);

б) встречается плеонастическое употребление союзов (постановка рядом однозначных союзов), например: «Условия для реализации мирных договоренностей были налицо, *однако тем не менее* добиться урегулирования конфликта до сих пор не удалось»;

в) союз оказывается лишним после вводного слова, которое ошибочно принимается за часть главного предложения, например: «Докладчик привел новые данные, которые, кажется, *что* где-то частично были уже опубликованы»;

г) лишним может оказаться соотносительное слово (указательное местоимение в главном предложении), например: «Укажите *то* кратчайшее расстояние, которое разделяет обе точки» (кратчайшее расстояние может быть только одно);

д) не следует повторять частицу *бы* в придаточных предложениях, в которых сказуемое выражено глаголом в форме условно-сослагательного наклонения (получаются сочетания *чтобы... бы, если бы... бы*), например: «Было выражено пожелание, *чтобы* контакты, установившиеся между российскими и чешскими деятелями науки и культуры, *получили бы* свое дальнейшее развитие»; «*Если бы* предложения западных держав *были бы* приняты, ничего не изменилось бы, разве что была бы создана комиссия по инвентаризации вооружения». Такие конструкции придают высказыванию разговорный характер. Ср.: *Мне надо, чтобы каждое слово, каждая фраза попадала бы в тон, к месту* (Короленко);

е) отступлением от литературной нормы является загромождение сложного предложения одинаковыми союзами или союзными словами при последовательном подчинении придаточных предложений, например: «Врачи считают, *что* болезнь настолько опасна, *что* приходится опасаться за жизнь больного»; «Комиссия отказалась принять ряд объектов, на строительство *которых* были отпущены необходимые средства, *которые*, однако, в значительной мере были использованы не по назначению»;

ж) встречаются неудачные построения с парными сопоставительными союзами, например: «В современной Венгрии сельское хозяйство настолько отличается от того, что было до второй мировой войны, как вообще вся экономика страны отличается от довоенной» (не существует парного союза *настолько — как*; можно было написать: *...в такой же мере отличается... в какой вся экономика страны...*).

4. Н е п р а в и л ь н ы й   п о р я д о к   с л о в в сложном предложении с придаточным определительным порождает двузначность или искажает смысл высказывания. Например, в предложении: «Студенты проходили практику в одном из цехов завода, который недавно был реконструирован» — союзное слово *который* может иметь двоякую соотнесенность (был реконструирован один из цехов или завод в целом?), хотя по правилу слова *который, какой, чей* замещают ближайшее к ним существительное в форме того же рода и числа.

Правка в одних случаях достигается заменой придаточного предложения причастным оборотом. Ср.: 1) *...в одном из цехов завода, недавно реконструированном;* 2) *в одном из цехов завода, недавно реконструированного.*

В других случаях в главное предложение вводится указательное местоимение *тот* или *такой*, соотносительное союзному слову *который* или *какой*, например: *Посетители выставки подолгу задерживались у тех картин наших молодых художников, которые показывают радость повседневного труда.*

Наконец, возможно повторение существительного, определяемого придаточным предложением, например: *Многих читателей наших «толстых» журналов в первую очередь интересуют теоретические статьи экономистов и социологов, статьи, которые ставят проблемные вопросы.*

5. С м е ш е н и е   п р я м о й   и   к о с в е н н о й   р е ч и находит свое выражение в том, что придаточное предложение, образующее косвенную речь,

сохраняет элементы прямой речи (формы личных местоимений и глаголов), например: *Автор сгоряча сказал рецензенту, что как же вы можете не замечать того нового, что имеется в книге; Не признавая критики по своему адресу, он всегда отвечал, что пусть бы лучше не вмешивались в его дела.* Такие предложения имеют разговорный характер. Ср.: *Вот теперь трактирщик сказал, что не дам вам есть, пока не заплатите за старое* (Гоголь); *Приехал один важный господин из столицы и купил у Гросса жилетку, а теперь увидел вашу и кричит, что непременно подавай ему точь-в-точь такую же, как ваша!* (Бунин).

XLVIII. Параллельные синтаксические конструкции

§ 211. Причастные обороты

1. В современном литературном языке не употребляются формы на *-щий* от глаголов совершенного вида (со значением будущего времени), например: «вздумающий составить», «попытающийся уверить», «сумеющий объяснить».

Не употребляются также причастия в сочетании с частицей *бы*, так как от глаголов в форме сослагательного наклонения причастия не образуются, например: «проект, вызвавший бы возражения», «сотрудники, пожелавшие бы записаться в кружки самодеятельности». Изредка, правда, такие формы встречались у писателей-классиков, встречаются и сейчас, например: *Спит ум, может быть обретший бы внезапный родник великих средств* (Гоголь); *Не были введены положительные рыболовы-любители в пропорции, удовлетворившей бы самые придирчивые требования* (Михалков); *...Устранение от должности, вызвавшее бы громоподобное впечатление* (Малышкин); *Стоит зайти в любую из бесчисленных церквей Венеции, попросить служителя зажечь свет, и из тьмы проступят великолепные краски полотен, составивших бы гордость любой картинной галереи* (Н. Прожогин).

2. Обособленный причастный оборот обладает большей смысловой нагрузкой по сравнению с тем же оборотом в случае его необособления. Ср.: *Написанная мелким почерком, рукопись читалась с трудом* (распространенное определение, выраженное обособленным причастным оборотом, содержит добавочное причинное значение). — *Написанная мелким почерком рукопись читалась с большим трудом* (необособленный причастный оборот имеет только определительное значение).

Необособленный причастный оборот теснее примыкает к определяемому существительному. Ср.: *покрытое крупными морщинами лицо* (устойчивый признак) — *лицо, покрытое крупными каплями пота* (временный признак, играет также роль лексический состав обеих конструкций).

3. Причастию, как глагольной форме, присущи значения времени, вида, залога.

1) Значение в р е м е н и в причастии относительное: в одних случаях наблюдается соотносительность времен, выраженных причастием и глаголом-сказуемым, например: *видел детей, играющих на бульваре* (видел в то время, когда они играли), в других случаях время, выраженное причастием, соотносится с моментом речи, предшествует ему, например: *видел детей, игравших на бульваре*. Ср.: 1) *В одной из комнат я нашел молодого парня, разбирающего за столом бумаги* (Солоухин); 2) *В эту ночь, как нарочно, загорелись пустые сараи, принадлежавшие откупщикам* (Герцен).

При прошедшем времени глагола-сказуемого причастие настоящего времени указывает на постоянный признак, причастие прошедшего времени – на временный признак. Например: *Нас заинтересовал домик, стоящий на опушке леса* (ср.: *...который стоит...*). – *Артем схватил тяжелый молот, стоявший у наковальни...* (Н. Островский) (ср.: *...который стоял...*).

Ср. также: *На совещание прибыли все делегаты, за исключением двух, отсутствующих по болезни* (совещание еще происходит). – *В работе совещания приняли участие все делегаты, за исключением двух, отсутствовавших по болезни* (совещание уже закончилось).

Неточная форма времени причастия использована в предложении: «Работа была выполнена в течение пяти дней вместо *предполагаемых* шести» (предположение относится к прошлому, поэтому не подходит форма настоящего времени причастия *предполагаемых;* не подходит также форма *предположенных*, имеющая значение совершенного вида, тогда как по смыслу фразы нужно причастие несовершенного вида – от глагола *предполагать*, а не от *предположить;* правильная форма для данного случая – *предполагавшихся*). Наоборот, нужна форма настоящего, а не прошедшего времени причастия в предложении: «*Существовавшее* до сих пор положение в области использования электровозов не удовлетворяет уже возросшим требованиям транспорта» (если оно не удовлетворяет, то, значит, оно еще существует, поэтому следовало сказать: *Существующее до сих пор положение...*).

Различие между сочетаниями *книга издана* и *книга была издана* заключается не в большей или меньшей отдаленности во времени (ср.: *книга была издана в прошлом году* – *книга издана в XVII веке*, где связка *была* отнюдь не вносит значения большей давности), а в том, что при отсутствии связки имеется в виду наличие результата в настоящем, при наличии – отнесение результата к прошлому, ср.: «*Мертвые души» написаны Гоголем. – Второй том «Мертвых душ» был написан Гоголем* (но сожжен); *«Евгений Онегин» написан Пушкиным. – Десятая глава «Евгения Онегина» была написана Пушкиным* (но не издана).

2) Значение з а л о г а учитывается в формах причастий на *-ся*: в них возможно смешение возвратного и страдательного значений (ср. § 173, п. 4). Явно неудачно сочетание «коровы, отправляющиеся на убой» (вместо: *коровы, отправляемые на убой*). В подобных случаях следует, где это возможно, заменять

формы на *-ся* другими (обычно формами на *-мый*). Например, вместо «девочка, воспитывающаяся бабушкой» следует сказать: *девочка, воспитываемая бабушкой; работы, выполняемые студентами-заочниками*.

4. В зависимости от значения возможно различное согласование причастий. Ср.: *Часть книг,* **предназначенная** *для выставки, уже получена* (получены все книги, предназначенные для выставки). – *Часть книг,* **предназначенных** *для выставки, уже получена* (получены не все книги, предназначенные для выставки). Такие варианты согласования встречаются в тех случаях, когда причастный оборот определяет не отдельное слово, а словосочетание. Ср. также: *количество электроэнергии,* **потребляемое**... (подчеркивается количественная сторона) – *количество электроэнергии,* **потребляемой**... (характеризуется объект, о части которого идет речь); *две тысячи рублей,* **взятых взаймы** – *десять тысяч рублей,* **взятые** *у сестры* (Л. Толстой).

Различные смысловые оттенки имеются в сочетаниях: *вижу свою страну освобожденной от рабства – вижу свою страну, освобожденную от рабства*. В первом варианте указывается не только объект восприятия (страна), но и характер этого восприятия *(вижу освобожденной)*; во втором варианте дается только определение предмета при помощи обособленного причастного оборота.

В некоторых случаях причастные обороты, подобно придаточным определительным предложениям (см. § 210, п. 4), допускают двоякую соотнесенность, на почве чего возникает двузначность предложения, например: «Заявление председателя комитета, занимающегося этими вопросами» (занимается председатель или комитет?). Возможные варианты правки: *Заявление, сделанное председателем комитета, занимающимся этими вопросами – ... занимающегося этими вопросами*.

5. Причастный оборот может находиться или после определяемого слова *(письмо, полученное от автора)*, или перед ним *(полученное от автора письмо)*, но не должен включать в себя определяемое слово («полученное письмо от автора»). Чаще причастный оборот находится после определяемого слова.

6. Причастия обычно сопровождаются пояснительными словами, необходимыми для полноты высказывания. Так, стилистически неудачны сочетания: «вошедших граждан просят уплатить за проезд» (ср.: *вошедших в автобус граждан*...); «поступившие рукописи посланы на рецензирование» (ср.: *поступившие в редакцию рукописи*...). Пояснительные слова могут опускаться, если их отсутствие оправдывается условиями контекста, смыслом самого предложения, ситуацией высказывания и т.д., например: *Рассматриваемая работа имеет ряд положительных сторон* (из рецензии); *Все внесенные предложения заслуживают внимания* (из речи на собрании); *Намеченные планы успешно реализованы* (об этих планах речь шла раньше).

7. Причастные обороты используются для замены синонимичных придаточных определительных предложений в ряде случаев:

1) если высказывание имеет книжный характер, например: *Многочисленные факты, накопленные наукой, подтвердили правильность гипотезы, выдвинутой молодым ученым; Лодки наши, влекомые течением, плыли посредине реки* (Арсеньев). Ср. также оттенок торжественности, вносимый в речь такими формами, как *ведомый*, редко используемыми в современном языке;

2) если в сложном предложении повторяется союзное слово *который*, в частности при последовательном подчинении придаточных предложений (см. § 210, п. 3, подпункт «е»), например: «На научно-методической конференции, *которая* была посвящена вопросам преподавания иностранных языков, был сделан ряд сообщений, *которые* содержали интересные данные о применении системы программированного обучения» (каждое из придаточных предложений или оба они могут быть заменены причастными оборотами);

3) если нужно устранить двузначность, связанную с возможной различной соотнесенностью союзного слова *который* (см. § 210, п. 4), например: «Жирным шрифтом выделены слова в предложениях, которые используются для грамматического разбора» (или *используемые*, или *используемых*, в зависимости от смысла предложения);

4) если высказыванию придается оправданная стилистическими соображениями краткость. Например: «Обоз стоял на большом мосту, *тянувшемся* через широкую реку. Внизу над рекой темнел дым, сквозь него виден был пароход, *тащивший* на буксире баржу. Впереди за рекой пестрела громадная гора, *усеянная* домами и церквами…» (Чехов).

Используя преимущества причастного оборота, следует вместе с тем учитывать такой существенный недостаток причастий, как их неблагозвучие в случае скопления форм на **-ший** и **-вший** (ср. известные высказывания по этому поводу М. Горького).

§ 212. Деепричастные обороты

1. Действие, обозначаемое деепричастием (деепричастным оборотом), относится, как правило, к подлежащему данного предложения, например: *Подведя итоги прений, председатель собрания отметил общность взглядов докладчика и участников совещания.*

Если же производитель действия, обозначенного глаголом-сказуемым, и производитель действия, обозначенного деепричастием, не совпадают, употребление деепричастного оборота стилистически ошибочно, например: «Переходя через рельсы, стрелочника оглушил неожиданный свисток паровоза» (*переходя* относится к стрелочнику, а *оглушил* – к свистку). Встречающиеся у писателей-классиков отступления от этой нормы представляют собой либо галлицизмы, либо результат влияния народного языка, например: *Поселившись теперь в* деревне, его мечта и идеал были в том, чтобы воскресить ту форму жизни, которая была при деде (Л. Толстой).

В ряде случаев возможно употребление деепричастного оборота, не выражающего действие подлежащего:

1) если производитель действия, обозначенного деепричастием, совпадает с производителем действия, обозначенного другой глагольной формой (инфинитивом, причастием, деепричастием), например: *Автору было предложено внести в рукопись дополнения, учитывая последние достижения науки в данной области; Ничем нельзя было удержать напора волн, нахлынувших на берег, сметая все на своем пути;*

2) в безличном предложении при инфинитиве, например: *Приходилось работать в трудных условиях, не имея в течение многих недель ни одного свободного дня для отдыха.* Если же в безличном предложении нет инфинитива, к которому мог бы относиться деепричастный оборот, то употребление последнего стилистически неоправданно, например: «Уезжая из родного города, мне стало грустно»; «Прочитав рукопись, редактору показалось, что она нуждается в серьезной доработке»;

3) в обороте со словами *исходя из,* образующем особую конструкцию без значения добавочного действия, например: *Расчет составляется исходя из средних норм выработки.*

Не отвечает норме употребление деепричастного оборота в страдательной конструкции, так как производитель действия, выраженного сказуемым, и производитель действия, выраженного деепричастием, не совпадают, например: «Получив признание широких читательских масс, книга была переиздана».

2. Деепричастный оборот обычно предшествует сказуемому, если обозначает:

а) предшествующее действие, например: *Оттолкнув меня, бабушка бросилась к двери...* (Горький);

б) причину другого действия, например: *Испугавшись неведомого шума, стая тяжело поднялась над водой* (Первенцев);

в) условие другого действия, например: *Напрягши силы, человек самых средних способностей может добиться чего угодно* (В. Панова).

Деепричастный оборот обычно следует за сказуемым, если обозначает:

а) последующее действие, например: *Однажды в лесу я провалился в глубокую яму, распоров себе сучком бок и разорвав кожу на затылке* (Горький);

б) образ действия, например: *Тут, около телег, стояли мокрые лошади, понурив головы, и ходили люди, накрывшись мешками от дождя* (Чехов).

3. Деепричастные обороты синонимичны другим конструкциям. При выборе нужного варианта учитываются его грамматико-стилистические особенности.

Деепричастный оборот придает высказыванию книжный характер. Преимуществом этой конструкции по сравнению с придаточным обстоятельственным предложением является его сжатость. Ср.: *Когда вы будете читать эту рукопись, обратите внимание на подчеркнутые места. – Читая эту рукопись, обратите внимание на подчеркнутые места.*

С другой стороны, преимуществом придаточных предложений является наличие в них союзов, придающих высказыванию различные оттенки значения, которые теряются при замене придаточного предложения деепричастным оборотом. Ср.: *когда он вошел..., после того как он вошел..., как только он вошел..., едва он вошел...* и т.п. и синонимический вариант *войдя*, указывающий только на предшествующее действие, но лишенный тонких оттенков временного значения. При использовании деепричастного оборота в подобных случаях следует потерю союза восполнять, где это необходимо, лексическими средствами, например: *войдя... он сразу же* (*тотчас же, немедленно* и т.п.).

Деепричастные обороты могут быть синонимичны и другим конструкциям. Ср.:

ходил, укутавшись в теплую шубу – ходил, укутанный в теплую шубу;

смотрел, высоко подняв голову – смотрел с высоко поднятой головой;

торопился, предчувствуя что-то недоброе – торопился в предчувствии чего-то недоброго;

читал рукопись, делая выписки – читал рукопись и делал выписки.

§ 213. Конструкции с отглагольными существительными

1. Отглагольные существительные широко используются в различных стилях языка.

1) В науке и технике в качестве терминов, образованных различными способами:

при помощи суффикса **-ни-е (-ани-е, -ени-е)**, например: *бетонирование, рыхление; представление, ощущение; вычитание, сложение; согласование, управление;*

при помощи суффикса **-к-а**, например: *кладка, шпаклевка* (процесс и результат процесса); при наличии вариантов обоих типов (*клеймение – клеймовка, маркирование – маркировка, прессование – прессовка, фрезерование – фрезеровка, шлифование – шлифовка*) первый вариант имеет более книжный характер;

бессуффиксным способом, например: *вылет, жим, обжиг, промер, сброс;* при наличии вариантов (*нагрев – нагревание, обжиг – обжигание, слив – сливание*) за формами на **-ние** сохраняется большая степень книжности.

2) В официально-деловой речи, например: *Началось выдвижение кандидатов; Переговоры завершились установлением дипломатических отношений; Достигнуто продление соглашения на следующие пять лет; Просьба о предоставлении отпуска удовлетворена.*

3) В заголовках, например: *Запуск космической ракеты; Показ новых фильмов; Вручение орденов и наград; Возвращение на родину*. Обычная формулировка пунктов плана – назывные предложения с отглагольным существительным в качестве главного слова.

2. Несомненное преимущество конструкций с отглагольными существительными – их краткость. Ср.: *Когда наступила весна, развернулись полевые работы. – С наступлением весны развернулись полевые работы; Если появятся первые симптомы болезни, обратитесь к врачу. – При появлении первых симптомов болезни обратитесь к врачу*.

Однако конструкциям с отглагольными существительными присущ ряд недостатков.

1) Н е я с н о с т ь   в ы с к а з ы в а н и я, связанная с тем, что отглагольные существительные лишены, как правило, значения времени, вида, залога. Например: «Студенты говорили о выполнении контрольной работы» (неясно, идет ли речь о том, что контрольная работа выполнена, или о ходе ее выполнения, или о необходимости ее выполнить и т.д.).

2) И с к у с с т в е н н ы е   о б р а з о в а н и я, созданные по определенной модели, но не принятые в литературном языке, например: «вследствие неимения нужных деталей», «утащение государственного имущества», «раздевание и разутие детей». Употребление подобных слов может быть оправдано только стилистическим заданием, например: *Умерщвление произошло по причине утонутия* (Чехов).

3) Н а н и з ы в а н и е   п а д е ж е й (см. § 204, п. 1) нередко вызывается употреблением отглагольных существительных, например: «В целях улучшения дела постановки распределения молодых специалистов...».

4) Р а с щ е п л е н и е   с к а з у е м о г о (см. § 177, п. 2) обычно связано с использованием отглагольных существительных, например: «Произвести опечатание склада», «Идет занижение требований».

5) К а н ц е л я р с к и й   х а р а к т е р высказывания нередко обусловлен наличием в нем отглагольных существительных, например: «В новом романе автором дается широкий показ разорения деревни»; «Критика отметила неиспользование режиссером всех возможностей цветного кино». Если в связи с развитием терминологизации в речи научно-технической, профессиональной, публицистической многие выражения с отглагольными существительными приобрели уже права гражданства (ср.: *самолет идет на снижение, машина пошла на разворот, сад вступил в плодоношение, выемка писем производится пять раз в сутки* и др.), то использование их в других стилях речи производит отрицательное впечатление.

3. Стилистическая правка рассматриваемых конструкций достигается различного рода заменами. Для этой цели используются:

а) придаточное предложение, например: «Завод не выполнил заказа вследствие неполучения необходимого сырья» – *...так как не получил необходимое сырье;*

б) оборот с союзом *чтобы,* например: «В рукопись внесены исправления для устранения повторений и улучшения ее стиля» – ...*чтобы устранить повторения и улучшить ее стиль;*

в) деепричастный оборот, например: «Необходимо углубить знания и закрепить навыки студентов за счет привлечения добавочного материала» – ... *привлекая добавочный материал.*

СЛОВАРЬ-УКАЗАТЕЛЬ

Словарь-указатель включает характерные слова и части слов (суффиксы, окончания), которые должны помочь читателю разыскать в справочнике ту или иную рекомендацию или правило. В незначительном числе введены некоторые грамматические термины (главным образом, когда розыск по слову или части слова невозможен или затруднителен). Слова и части слов выделены курсивом, термины набраны прямым. Цифры в скобках – номера пунктов и подпунктов. Располагая слова по алфавиту, составитель соблюдал следующий порядок при побуквенном совпадении рубрик: рубрики из одного слова предшествуют рубрикам составным, начинающимся с того же слова, целые слова – совпадающим с ними частям слов.

А

а, союз:
  между однородными подлежащими, согласование сказуемого с ними 273 (3)
  – частями сложносочиненного предложения, пунктуация 143 (2)
  перед вводным словом, пунктуация 135 (6)
  – деепричастным оборотом, пунктуация 118

а, частица перед повторяющимся обращением, пунктуация 138 (2)

-а на конце наречий 62

-а (-я) окончание сущ. м. р.:
  в им. п. мн. ч. 212 – 214
  в род. п. ед. ч. 207 – 208

а именно, пунктуация:
  между частями сложносочиненного предложения 143 (5)
  перед подчинительным союзом 146 (примеч. 3)
  после обобщающего слова 104
  при пояснительных словах 126 (1)

а также, пунктуация:
  между однородными членами 100 (4)
  перед подчинительным союзом 146 (примеч. 3)

а то между частями сложносочиненного предложения, пунктуация 143 (2)

а то и между однородными членами, пунктуация 100 (4)

аббревиатура:
  написание 7 (1, примеч.), 9 (§ 6, 1)
  род 203 (7)
  согласование определения с ней 276 (7)
  – сказуемого с ней 269 (3)

авеню, род 200

авиа-, элемент сложного слова 42 (4)

авось, пунктуация 134

авто, род 201

авто-, элемент сложного слова 43 (1)

агрикультура, написание 43 (7)

аэро-, элемент сложного слова 43 (1)

адресат, вин. п. 209 (6)

азотфиксирующий и т. п. 42 (3)

ай да, пунктуация 141 (д)

алмаатинцы 45 (12)

альфа-, часть сложного слова 45 (11)

амнистия кому – для кого 307 (6)

ампер, род. п. мн. ч. 215 (4)

ангстрем, род. п. мн. ч. 215 (4)

аневризм – аневризма, род 193

анемон – анемона, род 193

аннотация на что-либо (о чем-либо, чего-либо) 300

-анный (-янный) в страдательных причастиях 59 (§ 51, 3)

анти-, приставка 42 (7, примеч. 1)

антимоний – антимония 197

апельсинов, род. п. мн. ч. 215 (4)

арабеск – арабеска, род 193

арго, род 201

архи-, приставка 42 (7, примеч. 1)

аршин, род. п. мн. ч. 215 (4)

астрономические названия:
  написание 22
  согласование с родовыми словами 285 (8)

атаковывал 240 (1)

аул, согласование с ним названий 284 (4)

ах, частица перед *ты* и *вы* с последующим обращением, пунктуация 140 (примеч. б)

ах и, пунктуация 141 (д)

ах вы, пунктуация 141 (д)

ах он, пунктуация 141 (д)

ах ты, пунктуация 141 (д)
-ащ- (-ящ-), суффиксы причастий 58 (§51, 1)
аэро-, элемент сложного слова 43 (1)

Б

базироваться на чем-либо 300
бакенбарда – бакенбард 196
баклажанов – баклажан 215 (4)
бактерии, вин. п. 208 (1)
бал-маскарад, склонение 203 (4)
балкар, род. п. мн. ч. 214 (1, 2)
бандероль, -и – -я 196
банкнот – банкнота 195
барж – баржей 215 (2)
басить, форма 1-го лица ед. ч. наст. вр. 238 (1)
бациллы, вин. п. 208 (1)
башкир, род. п. мн. ч. 214 (1, 2)
бедуинов, род. п. мн. ч. 214 (1, 2)
бездна в составе подлежащего, согласование сказуемого 263 (14)
безличные предложения, стил. значение 247 (2, 3)
безличный оборот, стил. значение 247 (4)
безусловно, пунктуация 131
бенгали, род 201
бер- – бир- 7 (12)
берберов, род. п. мн. ч. 214 (1, 2)
бере, род 201
березняк – березник 218 (§ 158, 2)
бери-бери, род 201
бескрайний – бескрайный 38 (§ 39, 2)
бессмыслица – бессмысленность 218 (§158, 3)
бибабо, род 201
био-, элемент сложного слова 43 (1)
благодаря:
  обособление обстоятельства с ним 123 (4)
  употребление 293 (5)
блест- – блист- 7 (12)
близ и синонимичные ему предлоги 290 (3)
близкий чему – к чему 308
блок-, часть сложного слова 44 (примеч. 2)
блюдец, род. п. мн. ч. 215 (3)
боги, написание имен 16 (7)
бой-, часть сложного слова (*бой-баба*) 45 (10)
бойче – бойчее 222 (1)
болгар, род. п. мн. ч. 214 (1, 2)
более – больше, выбор 222 (1)
болотцев, род. п. мн. ч. 215 (3)
больше в составе подлежащего, согласование сказуемого 262 (10)

больше чем, пунктуация 153 (3)
большинство в составе подлежащего, согласование сказуемого 257 – 259
бомбардировщик, вин. п. 209 (6)
боровы – боровá 213
борт-, часть сложного слова 44 (примеч. 1)
ботфорт – ботфорта 195
бояться, падеж управляемого слова 288 (1)
браслет – браслетка 193 (1)
брат с сестрой:
  согласование сказуемого с подлежащим такого типа 266 – 267
  число определения при сочетаниях такого типа 282 (5)
брезгать – брезговать 242 (4)
бренди, род 201
бросить что – чем 302 (1)
брызгаем – брызжем 239 (4)
будней, род. п. 216 (4)
будто, пунктуация 154 (1)
будь то, согласование слов при нем с обобщающим словом 283 (3, 3)
бункеры – бункерá 212 (2)
бурят, род. п. мн. ч. 214 (1, 2)
бухта, согласование названий с этим словом 285 (7)
бушменов, род. п. мн. ч. 214 (1, 2)
бы, частица в придаточном с *чтобы* 319 (д)

В

в добавление о (во) 295 (9)
  и на, выбор 291 – 292
  после сущ. *глубиной, длиной, весом, скоростью* и т. п., когда далее указывается размер или величина 287 (1)
в адрес – по адресу 288
в волнении – с волнением 288
в глазах слезы – на глазах слезы 291
в... годы – в... годах 296 (2)
в деле, злоупотребление 187
в довершение всего, пунктуация 135 (3)
в заключение – в заключении 68 (§ 60, 2)
в конце XIX и начале XX века 280 (6)
в конце концов, пунктуация 133
в меру сил – по мере надобности 289
в направлении – по направлению к 294 (7)
в области, предлог 294 (8)
в огороде – на огороде 291
в особенности, обособление конструкции с этим сочетанием 128
в отношении к – по отношению к 294 (7)
в поезде – на поезде 291
в продолжение – в продолжении 68 (§60, 2)

в случае если, сложный союз, пунктуация 147
в спортивных играх – на Олимпийских играх 291
в сравнении с – по сравнению с 294 (7)
в течение – в течении 68 (§ 60, 2)
в то время как, сложный союз, пунктуация 146
в том числе, обособление конструкции с этим сочетанием 128
в части, злоупотребление 187
в частности, пунктуация:
   в начале уточняющего или присоединительного оборота 128
   перед подчинительным союзом 146 (примеч. 3)
вагон-ресторан, склонение 204 (4)
вакуум-, часть сложного слова 44 (4)
Валь – Валей, род. п. мн. ч. 215 (2)
ватер-, элемент сложного слова 44 (примеч. 1)
ватт, род. п. мн. ч. 215 (4)
вафель, род. п. мн. ч. 215 (4)
вблизи и синонимичные ему предлоги 290 (3)
вброд – в брод 64 (6, примеч. 1)
вверху – в верху 65 (7, примеч. 2)
ввиду – в виду 68 (§60, 1)
ввиду:
   обособление обстоятельства с этим словом 123 (4)
   употребление 293 (5)
вводные слова:
   в начале и в конце обособленного оборота 135 (5)
   классификация их по значению 129 – 131
   ложные, их перечень 134 (примеч.)
   место их в предложении 256 (1)
   перед подчинительным союзом 148 (3)
   стоящие рядом 135 (4)
вводные предложения, пунктуация 136 (1)
ведомость чего – на что 307 (6)
велико-, часть сложного прилагательного 52 (примеч. 3)
вело-, элемент сложного слова 44 (1)
вера во что-либо 301
вернее после союза *или*, пунктуация 127 (примеч.)
верно, пунктуация 131
вертеть пальцы – пальцами 302 (1)
вертикально-, часть сложных прилагательных 51 (примеч. 2)
верховьев, род. п. мн. ч. 215 (3)
вершить судьбами – судьбы 295 (1), 302 (1)
взаимообразно – заимообразно 182
взяток – взятка 198
видеть – видать 242 (4)
визави, род 201 (3, 3)
вина, написание сортов, марок 17 (3)

винить в чем – за что 302 (1)
виски, род 201
вице-, элемент сложного слова 45 (8)
вместе при подлежащем, согласование сказуемого 266 (2)
вместо:
   обособление оборота с ним 124
   управление оборотом с ним 287 (3)
внедрить куда – где 302 (1)
внизу – в низу 65 (7, примеч. 2)
во всяком случае, пунктуация 134
воздать что – чем 302 (1)
возле и синонимичные ему предлоги 290 (3)
возможно, пунктуация 131
возы – воза́ 212 (2)
военно-, часть сложного прилагательного 49 (7, примеч. 1)
войны, написание названий 23 (4)
вольера – вольер 193
вольт, род. п. мн. ч. 215 (4)
вообще, пунктуация 133
воплотить в чем – во что 302 (1)
вопреки, обособление обстоятельства с ним 123 (4)
вопросительный знак:
   в конце сложных предложений 88 (2 – 5)
   в прямой речи 168 (4)
   и восклицательный, их сочетание 177
   и кавычки закрывающие 177 (2 – 4)
   и многоточие 179 (§ 137, 1)
   и скобки 178 (§ 136, 2)
   после членов предложения 88 (1, примеч.)
воробышек – воробушек 218 (§ 158, 1)
восклицательный знак:
   в прямой речи 168 (4)
   и кавычки закрывающие 177 (2 – 4)
   и многоточие 179 (§ 137, 1)
   и скобки 178 (136, 2)
   после однородных членов 89 (примеч. 2)
восьмью – восемью 226 (1а)
вот перед личным местоимением с приложением, пунктуация 117 (6)
вперемежку – вперемешку 10 (1)
вправду – в правду 64 (6, примеч. 1)
вправе – в праве 64 (7, примеч. 1)
враг чего – чему 307 (6)
врастяжку – в растяжку 64 (6, примеч. 1)
вращать что – чем 302 (1)
вроде – в роде 68 (§ 60, 1)
все при счетном обороте, согласование сказуемого 261 (8)
все равно кто (где, какой, куда, откуда, чей, что), пунктуация 153 (4)
всего в составе подлежащего, согласование сказуемого 261 (8)

вследствие – в следствие 68 (§ 60, 1)
вследствие:
  обособление обстоятельства с ним 123 (4)
  употребление 293 (5)
  вставное предложение, пунктуация:
    внутри вставного предложения 137 – 138
    выделение тире или скобками 137
встать – стать 182
встряхнуть что – чем 302 (1)
всякий:
  значение и выбор 235 (1)
  при однородных подлежащих, согласование сказуемого 274 (4)
втайне – в тайне 64 (6, примеч. 1)
вуаль, -и – вуаль, -я 196
-вши в деепричастиях 254 (1)
вы:
  в составе обращения, пунктуация 139 (3)
  форма прилагательного при нем 221 (7)
выздороветь, личные формы 238 (2)
выкрутасов – выкрутас 216 (4)
выпить воду – воды 306 (2)
выправь – выправи 240 (5)
выставь – выстави 240 (5)
высунув – высуня 246 (§ 175, 2)
высунь – высуни 240 (5)
высыпь – высыпи 240 (5)
выхухоль, -я, - -и 193
вычесть – вычитать 182

Г

га, род 201
газеты, написание названий 28 (§ 26, 1), 173 (1)
газификация 43 (7)
галоша – калоша 10 (2)
Галь – Галей, род. п. мн. ч. 215 (2)
гар- – гор- 6 (1)
гардемаринов – гардемарин 215 (3)
гарнитур – гарнитура 198
гас – гаснул 244 (7)
где без запятой перед ним 153 – 154 (4, 5, 6)
где бы ни – где бы не 84 (примеч. 1)
гектаров, род. п. мн. ч. 215 (4)
гелио-, элемент сложного слова 43 (1)
гео-, элемент сложного слова 43 (1)
географические названия:
  в сочетании с нариц. сущ., согласование определения 264 (3)
  – – – – , согласование сказуемого 264 (3)
  иноязычные, написание 20 - 21 (5, 6)
  начинающиеся с основы *восточно-, западно-, северно-* (*северо-*)*, южно-* (*юго-*) 52 (11)
  несклоняемые, род 202 (5)

  сложные 20 (4)
  составные с названиями титулов, званий, должностей 20 (3)
георгин – георгина 194
герц, род. п. мн. ч. 215 (1)
гидро-, элемент сложного слова 43 (1)
гипер-, приставка 43 (7, примеч. 1)
главным образом, пунктуация:
  в начале присоединительного и уточняющего оборота 135 (5)
  обособление в качестве вводного сочетания 134
глаголы движения 243
глазков – глазок 215 (1)
глист – глиста 194
гнушаться чего – чем 302
говорит за то – о том 288
говорить что – о чем 303
годы – года́ 212 (2)
гоп-компания 45 (10)
гора, согласование названия с этим словом 285 (7)
горе- в сложном слове 45 (10)
горизонтально-, часть сложных прилагательных 51 (примеч. 2)
город, согласование названия с ним 283 (1)
города:
  нариц. сущ. в их названиях 20 (2)
  окончание названий в тв. п. ед. ч. 35 (5)
городище, род 197
государства, написание названий:
  групп, союзов, объединений 21 (8)
  древних 22 (1)
  современных 21 (8)
граблей – грабель 216 (4)
граммов – грамм 216 (4)
гран, род. п. мн. ч. 216 (4)
графство, согласование названий с ним 284 (6)
гребень – гребенка 195 (1)
гренадер, род. п. мн. ч. 215 (3)
гробы – гроба́ 212 (2)
гроздь – гроздья 196
грузин, род. п. мн. ч. 214 – 215 (1, 2)
гумми-, элемент сложного слова 44 (примеч. 1)
гусар, род. п. мн. ч. 215 (3)

Д

да, пунктуация:
  в присоединительной конструкции 128 (1)
  между частями сложносочиненного предложения 142 – 143
  утвердительное слово 141 (1)

«да», субстантивированное слово, род 201 (2)
да и, пунктуация:
   в присоединительной конструкции 128 (1, примеч.)
   между частями сложносочиненного предложения 143 (4)
да и вообще, обособление присоединительной конструкции с этим сочетанием 128 (1)
даже, обособление присоединительной конструкции с ним 128
даже если, пунктуация 148 (примеч.)
далее – дальше 222 (1)
далее, обособление в качестве вводного слова 132
дать, падеж дополнения 307 (4)
два, три, четыре:
   в конце составного числительного, вин. п. 209 (4)
   – – – – со словами типа *сутки, сани, ножницы* 227 (3)
   в сочетании со словом *более*, падеж управл. сущ. 228 (6)
   в счетном обороте, согласование определения:
      перед счетным оборотом 277 (4)
      после счетного оборота 277 (5)
   при субстантивированном прилагательном 278 (6)
   – сущ. ж. р. 276 (2)
   – – м. и ср. р. 276 (1)
   притяжательного прилагательного 277 (3)
   в счетном обороте, согласование сказуемого 260 (5)
дверями – дверьми 216
двигает – движет 239
двигать ногу – ногой 303
двое, трое, четверо:
   в счетном обороте, согласование определения при субстантивированном прилагательном 278 (6)
   – сказуемого 260 (5)
   сочетаемость с другими словами 229 – 230
двоеточие:
   в бессоюзном сложном предложении:
      при второй части – прямом вопросе 161 (5)
      – – – разъяснении первой («а именно») 160 (1)
      при второй части – причине первой 161 (4)
      – – следствии первой 162 (примеч.)
      при первой части – предупреждении 160 (2) – 161 (3)
   в прямой речи с авторскими словами внутри, перед второй частью ее 168 (6)
   в сложноподчиненном перед придаточным 151 (§ 112)

перед перечислением однородных членов без обобщающего слова 104 (1)
   после обобщающего слова перед однородными членами 104 (1)
Дворцы... написание названий 27 (2)
дву- – двух-, выбор 230 (1)
двумястами рублями – рублей 227 (1в)
де, частица 71 (1)
девяносто в сложных словах 43 (6)
деепричастие одиночное:
   на *-а* (*-я*) неупотребительное 246
   необособляемое 122 (примеч.)
   обособление 121 (2, 3)
деепричастный оборот:
   замена им придаточных 324 (3)
   место его в предложении 324 (2)
   необособляемый 119 (примеч.) – 121
   обособление 119 (1)
   ошибки в употреблении 323 (1)
   после союза, пунктуация 119 (1)
действительный оборот, стилистическое значение 246 (4)
дело, злоупотребление 187
День... в названиях праздников 23
департамент, согласование с ним названий 284 (2)
дер- – дир- 7 (12)
дергать что – чем 303
деревня, согласование названий с этим словом 284 (2)
дефис:
   в восточных личных наименованиях 15 (4)
   в географических сложных названиях 20 (4)
   в китайских именах 16 (5)
   в наречиях 66
   в нерусских именах 14 (3)
   в сложных прилагательных 48 – 52
   в сложных словах с *пол-* 55 (1б)
   в сложных существительных 44 – 46
   висячий 46 (13), 52 (примеч. 4)
   между повторяющимися словами 107 – 108
   – приложением и определяемым сущ. 113 (примеч.) – 116
   при парных сочетаниях 95 (примеч. 2) – 96
диалог, пунктуация 169
дизель, часть сложного слова 44 (4)
динамо, род 201
динаров, род. п. мн. ч. 215 (4)
дискутировать – дискуссировать 10 (2)
для того чтобы, пунктуация 147
дней, в составе счетного оборота, согласование сказуемого 260 (4)
договоры – договора 212 (2)
договоры, написание их названий 27
дои – дой 240 (5)

документы, написание их названий 27
долей, род. п. мн. ч. 214 (2)
должности, написание их названий 27
должность женщины в форме м. р. 198 (1)
– – – – – согласование определения 275 (§ 192, 2)
Дома... написание названий 26 (7)
домен, род. п. мн. ч. 214 (2)
домишко, склонение 203 (1)
домище, склонение 203 (2)
дон в именах 15 (4)
достоин 38 (§39, 1, примеч.)
дочерями – дочерьми 216
драгун, род. п. 215 (3)
дроби, управление сущ. 229 (8)
дробные числительные в словесной форме 54 (3)
дробь простая с *два, три, четыре* 278 (7)
дровней, род. п. мн. ч. 215 (4)
дрожать за кого – что – над кем – чем 303
друг кого – кому 307 (6)
дупел – дупл 215 (3)
духи, вин. п. 210 (7)
дьяконы – дьякона́ 212 (2)
дышел – дышл 215 (3)

Е

е, соединительная гласная в сложных словах 42
-е, окончание предл. п. сд. ч. сущ. м. р. 210 – 212
-ев-, -еват-, -евит-, суффиксы прилагательных 39 (2)
-ева-, суффикс глагола 58
единицы измерения сложные 4(5), 276 (6)
езжай – поезжай 240
-ей – -ее, суффикс сравнительной степени прилагательных 222 (1)
-ейший – -айший, суффикс превосходной степени прилагательных 222 (2)
-ем-, суффикс страдательных причастий 59 (§51, 2)
-ен, окончание прилагательных на *-иный* в краткой форме 38 (примеч.)
-ен – -енен, варианты окончания кратких прилагательных и причастий 221 (1, 2)
-енеть, составной суффикс некоторых глаголов 58 (§ 50, 3)
-енный, суффикс страдательных причастий 59 (6)
-енский, суффикс прилагательных 41 (11)
если в начале вводного предложения 136 (2)
естественно, пунктуация 131
ё (о) после шипящих 7 (2), 8 (5, 3), 34

Ж

ж – ш, проверка сомнительных согласных 10 (§ 8, 2)
жар – жара 198
жду что – чего 306 (3)
же, союз между частями сложносочиненного предложения, пунктуация 142 (1, 2)
жёваный 61 (5, примеч. 1)
жег- – жиг-, чередование гласных в корне 7 (12)
желатин – желатина 194
жертвовать что – чем 303
животные:
имена их в сочетании с родовым сущ., согласование сказуемого 264 (3)
названия в вин. п. при их счете 209
написание кличек, пород 17 (1)
род несклоняемых сущ. 202 (4)
жираф – жирафа, род 193
жители городов или стран, пишущихся через дефис 45 (12)
-жог в сущ. 8 (примеч. 2)
журналы, написание названий 28 (§26, 1), 173 (1)
жюри, род 202 (3)

З

за исключением, обособление оборота с этим сочетанием 124
за подписью и печатью – с подписью и печатью 288
за счет 187
забредший – забрёвший 245
заведовать – заведывать 240
заведующий – заведующая 199
завесить – взвесить 182
заводы, написание названий 26 (3)
завсегда – всегда 181
завязать узел – узлом 303
задаром – даром 182
заиметь 182
заимствованное несклоняемое слово, согласование сказуемого 269 (2)
заискивать в ком-нибудь – заискивать перед кем-нибудь 288
заклейменный – заклеймлённый 245 (1)
закупорь – закупори 240 (5)
закут – закута 193
зал – зала 195
залив, согласование названий с ним 285 (7)
заморозков, род. п. мн. ч. 216 (4)

333

занавес – занавесь 195 (2)
заплатить за что – заплатить что 303
заполучить – получить 182
запятая:
   заменяющая тире 113 (11)
   и скобка 138
   и тире 105 (примеч.), 137, 149, 164, 176
зар- – зор- 6 (2)
зародыши, вин. п. 208 (1)
заслужить что – заслуживать чего 303
застава, согласование названий с ним 284 (4)
затем – за тем 69 (4)
зато, союз между частями сложносочинённого предложения, пунктуация 143 (1, 2)
зато – за то 69 (4)
заусенец – заусеница 194
зацепить что – зацепить за что 303
зачем – за чем 69 (4)
звания, написание 27
звать (-ся), именная часть составного сказуемого при нем 251 (3)
звонче – звончее 222 (1)
звукоподражательные слова, пунктуация 141 (2)
зебу, род 202 (4)
зеркалец, род. п. мн. ч. 215 (3)
зиждиться в разных формах 238 (3)
змей, вин. п. 210 (8)
знать что – о чем 303
значит 133
зоо-, элемент сложного слова 43 (1)
зубы – зубья 214
зыблется – зыбился 238 (3)

И

и, пунктуация:
   в присоединительной конструкции 128 (1)
   и вводные слова 135 (6), 136 (7)
   между однородными членами одиночное 100 (§86, 1)
   – частями сложносочинённого предложения 142 (1), 143 (2)
   перед подчинительным союзом 146 (примеч. 2б)
   повторяющееся не при однородных членах 103 (8)
   не у всех однородных членов 102 (5, 6)
   – при однородных членах 101 (1), 101 (2, 3), 102 (7), 309
   – – – подлежащих, согласование сказуемого 247 (2)
   присоединяющее повторяющееся слово 106 (3)

и притом, обособление присоединительной конструкции 128 (1)
и, ы после приставки на согласную 33
-ива-, суффикс глагола 58
иваси, род 202 (4)
играть чем – с чем 303
идиома – идиом 193
идол (в сочетании *сотворить себе идола*) 209 (7)
идти (в сочетании со средствами транспорта) 298 (6)
   – по воду – за водой 288 (1)
   – по грибы – за грибами 288 (1)
из, антоним *в* 292 (5)
из боязни – из-за боязни 288 (1)
из дома – из дому 208 (7)
известный как, согласование приложений, присоединяемых этим сочетанием 283 (3, 2)
изморозь – изморось 10 (1)
изо-, элемент сложного слова 43 (1)
-изова- – -изирова- 242 (3)
изрешеченный – изрешетённый 245 (§174, 1)
икс-, часть сложного слова 45 (11)
или:
   в значении «то есть» 127 (2)
   между двумя сущ., число определения 281 (1, 2)
   – однородными подлежащими, согласование сказуемого 272 (2)
   – частями сложносочинённого предложения 143 (3)
   перед подчинительным союзом 146 (примеч. 2б)
-им, суффикс страдательных причастий 59 (§ 51, 2)
имена:
   артикли, предлоги, частицы в них 15 (4) – 16
   бирманские 16 (5), склонение 206 (8)
   богов 16 (7)
   вьетнамские 16 (5), склонение 206 (8)
   образование прилагательных от них 49 (примеч. 3)
   действующих лиц в баснях, сказках, пьесах 17
   и клички в роли приложения 116 (4)
   и фамилии, прилагательные, образованные от их сочетания 48 (5)
   иностранные на согласный, склонение 204 (2)
   китайские 16 (5), образование прилагательных от них 49 (примеч. 3)
   корейские 16 (5), склонение 206 (8), образование прилагательных от них 49 (примеч. 3)
   лиц, превратившиеся в нарицательные 16 (6)
   – прилагательные от них 18 (1, 2, 3, 4)

мифологических существ 18 (7)
  на *о*, склонение 204 (1)
  с параллельными формами на *-о – -а*, склонение 204 (1)
  составные 14 –15 (3, 4)
  стягивание двойных согласных в уменьшительной форме 11 (исключ.)
именная часть сóставного сказуемого, падеж 248 (3)
именно, обособление пояснительных слов с ним 126 (1)
имя кого – кому (чему) 307 (6)
– человека в сочетании с нариц. сущ., согласование сказуемого 264 (3)
-ин (-ын), суффикс притяжательных прилагательных 223 (1)
-ина, род сущ. с таким суффиксом 197 (5)
инверсия подлежащего и сказуемого 251
– согласованного определения 251
инженер-экономист, склонение 204 (4)
инженю, род 201 (3, 2)
инкогнито, род 201 (3, 3)
-инский, суффикс прилагательных 41 (11)
инспекторы – инспекторá 212 (2)
инструкторы – инструкторá 212 (2)
интер-, приставка 43 (7, примеч. 1)
интервью кому – с кем 307 (6)
инфра-, приставка 43 (7, примеч. 1)
искать что – чего 303 (3)
исключая, обособление оборота с ним 124
исключая что 296 (3)
использовать на – для 289
использовать – использовывать 240 (1)
истребитель, вин. п. 209 (6)
истукан, вин. п. 209 (7)
исходя из:
  необособляемое сочетание 121
  употребление 324 (1, 3)
итак – и так 71 (5)
итог чего – чему 307 (6)
-иха, суффикс парных названий 200 (3)

Й

й в иноязычных словах 9

К

кабельтовых, род. п. мн. ч. 215 (4)
кавычки:
  выделение ими:
    знаков различия 174 (§ 130)
    малоизвестных терминов 173 (3)
    марок машин 175
    медалей 174
    названий кондитерских изделий 176 (2)
    – литературных произведений 173 (2)
    – органов печати 173
    – орденов 174
    – парфюмерных изделий 176 (2)
    – предприятий и т. п. 174
    прямой речи 164 (1), 166 (примеч.)
    слов в ироническом значении 173 (5)
    – в необычном значении 173 (2)
    – в условном значении 173 (6)
    – непривычных 173 (1)
    – устарелых 173 (4)
    сортов растений 176
    цитируемых подлинных выражений 170
  «слочки» и «лапки» 178 (5)
  закрывающие и вопросительный знак 177 (3)
  – и восклицательный знак 177(3)
  – и многоточие 177 (2)
  – и точка, запятая, двоеточие, тире 177 (1)
  при цитировании 170 – 171
кадет – кадетов 215 (3)
каждый:
  значение и выбор 223 (1)
  при однородных подлежащих, согласование сказуемого 274 (4)
какаду, род 202 (4)
как, пунктуация:
  в значении «в качестве» 117 (примеч.), 156 (3)
  в начале вводного предложения 137 (1)
  в оборотах, не выделяемых запятыми 156 (3) – 158
  в приложениях 116 (5)
  в сравнительных оборотах 154 (2) – 156
  в устойчивых сочетаниях 158
  с частицей *о, ну, ах, ох* 141 (2)
как будто в начале сравнительного оборота, пунктуация 154 (1)
как же, пунктуация 142 (2)
как, так, форма прилагательных при них 221 (6)
как, так и при однородных подлежащих, согласование сказуемого 273 (4а)
какой:
  не отделяемое от предшествующего слова 153 (5)
  с частицей *о, ну, ах, ох* 142 (г) и *который*, выбор 318 (3)
какой, такой, форма прилагательных при них 221 (6)
калмыков, род. п. мн. ч. 214 – 215 (1, 2)
камешек – камушек 218 (§ 158, 1)

камни – каменья 214
канал, согласование с ним названий 285 (7)
капает – каплет 239 (4)
каприфолий – каприфоль 193
караси, вин. п. 209 (2)
каратов – карат 215 (4)
карточные фигуры, вин. п. 210 (7)
карьер – карьера 198
кас- – кос(н)- 6 (2)
касательно, стилистическая характеристика 290 (2)
катаракт – катаракта 196
квази-, составная часть слова 43 (примеч. 2)
кеглей, род. п. мн. ч. 215 (2)
кегль – кегля 198
кенгуру, род 202 (4)
киви-киви, род 202 (4)
кидать что – чем 303
килограммов – килограмм 215 (4)
кильки, вин. п. 209 (2)
кино-, элемент сложного слова 43 (1)
кирасир, род. п. мн. ч. 215 (2)
киргизов, род. п. мн. ч. 214 (1, 2)
кислородсодержащий 42 (3)
кислый – кисел 221 (3)
кислый – киснувший 245 (§ 174, 2)
кишлак, согласование названий с ним 284 (4)
клавикордов, род. п. мн. ч. 216 (4)
клавиш – клавиша 194
клан- – клон- 6 (4)
клеверы – клевера́ 212 (2)
клипсов, род. п. мн. ч. 216 (4)
кличет – кликает 240 (4)
клоки – клочья 214
кованый 61 (5, примеч. 1)
когда без запятой перед ним 157 (5)
кое- (кой-), частица 72 (1, 3)
кое-что (кой-что), значение 236
коленец, род. п. мн. ч. 216 (3)
коленей – колен 216 (3)
колени – колена 214
колибри, род 202 (4)
колыхается – колышется 239 (4)
командированный – командировочный 183
компании иностранные, согласование сказуемого с их названиями 270 (5)
конгрессы, написание названий 23 (2)
конец чего – чему 307 (6)
конечно, пунктуация 133
консоль, -и – -я 196
консультироваться с кем – у кого 303
контр-, приставка 43 (7, примеч. 1)
контральто – контральт 196
конференции, написание названий 23 (2)
коптить – коптеть 242 (4)

копытцев – копытец 216 (3)
корить за что – чем 303
кормы – корма́ 212 (2)
корни – коренья 214
коробы – короба́ 212 (2)
корпусы – корпуса́ 213
корректоры – корректора́ 212 (2)
корреспондент – корреспондентка 199
корытец – корытцев 216 (3)
костями – костьми 216
который:
  в деепричастном обороте 120 (в)
  и *какой,* выбор 317 (3)
кофе, род 201
кочерег, род. п. мн. ч. 215 (2)
краешек – краюшек 218 (§ 158, 1)
крейсеры – крейсера́ 213 (2)
Кремль – кремль 18 (§ 17, 1)
креп-, элемент сложного слова 44 (примеч. 1)
кровель, род. п. мн. ч. 215 (2)
крои – крой 240 (5)
кроме:
  обособление оборота с ним 124
  управление оборотом с ним 287 (3)
круглый – крул 221 (3)
кружевцев – кружевец 216 (3)
крюки – крючья 214
кто:
  без запятой перед ним 153 – 154 (4, 5, 6)
  согласование сказуемого с ним 267 (1, 2)
кто бы ни – кто бы не 84 (примеч. 1)
кто-то:
  значение 236
  согласование сказуемого о ним 268 (4)
куда без запятой перед ним 153 – 154 (4, 5)
куда ни – куда не 84 (5)
кудахтает – кудахчет 239 (4)
кузовы – кузова́ 213 (2)
кукебурре, род 202 (4)
куклуксклановский, куклуксклановец 45 (12)
кукла, вин. п. 209 (7)
кулонов, род. п. мн. ч. 215 (2)
культовые книги, написание названий 25 (§21, 13)
кумир, вин. п. 210 (7)
купить булку – хлеба 306 (2)
кучками – в кучки 285
купированный – купейный 185
кушать – есть 182

Л

лаборант – лаборантка 199

лаг- – лож- 6 (5)
лагери – лагеря 213
лазить – лазать 242 (4)
лакомься – лакомись 240 (5)
лангуст – лангуста 193
лежать на постели – в постели 303
лезгин, род. п. мн. ч. 214 (1, 2)
лейб-, элемент сложного слова 45 (8)
лекари – лекаря 213 (2)
лекции на темы – по темам 289
леса – лесу, смысловое различие 208
лет в составе счетного оборота, согласование сказуемого 260 (4)
летает – летит 243
либо-:
  и *-нибудь*, выбор 237
  между частями сложносочиненного предложения 143 (3)
  перед подчинительным союзом 146 (примеч. 2б)
ли... или:
  между частями сложносочиненного предложения 143 (3)
  при однородных придаточных 149
  – – членах предложения 102 (4)
ли... ли в сложносочиненном предложении 143 (3)
листы – листья 214
литературные произведения, согласование сказуемого с их составными названиями 270 (6)
лицо, вин. п. 209 (6)
лицо у девушки – девушки 286
личинки, вин. п. 209 (1)
личное местоимение в ряду однородных подлежащих, согласование сказуемого с ними 274 (6)
личное предложение с опущенным подлежащим-местоимением 246 (1)
ловче – ловчее 222 (1)
лозняк – лозник 218 (§ 158, 2)
лоскуты – лоскутья 214
лоточник, лоточный – лотошник, лотошный 41 (9, примеч. 2)
лохмотьев, род. п. мн. ч. 216 (4)
лошадями – лошадьми 216
любой:
  значение и выбор 235 (1)
  при однородных подлежащих, согласование сказуемого 274 (4)
лягушечий – лягушачий 39 (3)

М

мак-, мок- 6 (6)

макро-, элемент сложного слова 43 (1)
мало в составе подлежащего, согласование сказуемого 262 (12)
мандаринов, род. п. мн. ч. 215 (4)
манер – манера 198
манжет – манжета 194
марионетка, вин. п. 209 (7)
масса в составе подлежащего, согласование сказуемого 263 (14)
массово-, часть сложного прилагательного 50 (7, примеч. 1)
матч-турнир, склонение 204 (4)
махает – машет 239 (4)
мегрелов, род. п. мн. ч. 214 (1, 2)
медали, написание названий 28 (2)
медресе, род 201
междометия 85, 140 – 141
между двумя огнями – двух огней 296 (3)
между чего – чем (*колен – коленями*) 296 (3)
между тем как 148 (примеч.)
менее – меньше 222 (1)
меньше в счетном обороте, согласование сказуемого 262 (10)
меньше чем, пунктуация 153 (3)
меньшинство в составе подлежащего, согласование сказуемого 257 – 259
мер- – мир- 7 (12)
меренный 59 (примеч.)
мерзнул – мерзнувший 245 (§ 174, 2)
мерить – мерять 242 (4)
меры к – для 289
местечко, согласование с ним названий 284 (4)
местоимение:
  личное, пропуск его 233 (2)
  неопределенное, согласование сказуемого с ним 268 (4)
  отрицательное, согласование сказуемого с ним 268 (4)
месяцев в составе счетного оборота, согласование сказуемого 260 (4)
метает – мечет 240 (4)
метео-, элемент сложного слова 43 (1)
-метр, вторая часть сложного слова 44 (примеч. 1)
мехи – меха 213
микро-, элемент сложного слова 43 (1)
микробы, вин. п. 208 (1)
микронов – микрон 215 (4)
миллиард в счетном обороте, согласование сказуемого 261 (7)
-миллиардный, часть порядкового числительного 54 (5)
миллион в счетном обороте, согласование сказуемого 261 (7)

-миллионный, часть порядкового числительного 54 (5)
минеров, род. п. мн. ч. 215 (3)
министерства, написание названий 25 (1)
мирт – мирта 195
мичманов, род. п. мн. ч. 215 (3)
много в составе подлежащего, согласование сказуемого 262 (12)
многоточие 90
   – в прямой речи на месте разрыва ее авторскими словами 168 (5)
   – в цитатах 172
   – и точка в конце предложения 172 (2)
   – сочетание его с другими знаками препинания 179
   – – с закрывающими кавычками 177 (2)
могикан, род. п. мн. ч. 214 (1,2)
может быть, пунктуация 132
мозоль, *-и – -я* 196
мок – мокнул 244 (7)
мок-, корень в глаголах 6 (6)
мокасин, род. п. мн. ч. 216 (4)
мокко, род 201
мокрый – мокр 221(3)
моложе – младше 222 (1)
монголов, род. п. мн. ч. 214 (1, 2)
моно-, элемент сложного слова 43 (1)
мордвин, род. п. мн. ч. 214 (1, 2)
Москва-река, склонение 204(5)
мото-, элемент сложного слова 43 (1)
мужи – мужья 2
музеи, написание названий 26 (1)
мурлыкает – мурлычет 239(4)
мучить – мучать 242 (4)
мыс, согласование с ним названия 285(7)
мягкий знак
   – – в глагольных формах 57
   – – в прилагательных от существительных на *-нь* и *-рь 40* (8)
   – – в числительных 54 (6)
   – – на конце наречий 62 (§ 54)
мяукает – мяучит 240 (4)

Н

н:
   в кратких причастиях 61 (6)
   в суффиксах отглагольных прилагательных с приставкой *не-* 60 (примеч. 2)
   – – сложных прилагательных с наречием типа *мало-, мелко-, свеже-* 60 (примеч. 3)
на благо кому (чему) – кого (чего) 307 (6)
на трамвай – в трамвай 292 (5)
наблюдать что – за чем 304

наблюдения за – над 289
набок – на бок 64 (примеч. 1)
наверху – на верху 65 (примеч. 2)
наголову – на голову 64 (примеч. 1)
назавтра – на завтра 62 (примеч. 1)
назло – на зло 64 (примеч. 1)
назубок – на зубок 64 (примеч. 1)
называться, именная часть составного сказуемого при нем 251 (3)
наиболее – самый, выбор формы превосходной степени 223
наименее – самый 223
найти в сочетании с *кто, что где, куда, когда* 154 (6)
наконец, пунктуация 132 (3)
нанизывание:
   дательных падежей 309 (3)
   инфинитивов 309 (4)
   предложных падежей 309 (2)
   родительных падежей 308 (1)
   творительных падежей 309 (2)
нападок, род. п. мн. ч. 216 (4)
наподобие, обособление обстоятельства с ним 123 (4)
напомнить что – о чем 304
напополам – пополам 182
наполненный чем-либо 301
например:
   в начале уточняющего или присоединительного оборота 135 (5)
   обособление присоединительной конструкции с ним 128 (1)
   после обобщающего слова при однородных членах 104 (1)
наргиле, род 201
народно-, часть сложного прилагательного 50 (7, примеч. 1)
наряду с:
   обособление оборота с этим сочетанием 124
   управление оборотом с этим сочетанием 287 (3)
насмерть – на смерть 64 (примеч. 1)
насовсем – на совсем 182
насчет – на счет 68 (§60, 1)
наутро – на утро 64 (примеч. 1)
научно-, часть сложного прилагательного 50 (7, примеч. 1)
начиная с, необособляемое сочетание 120 (г)
не:
   между повторяющимися словами 107 (4)
   перед подчинительным союзом 146 (примеч. 2а), 147 (1)
   при глаголах, влияние на падеж дополнения:
   винительный падеж – родительный падеж

с глаголами, раздельное написание 78 (1)
– – слитное написание 78 (примеч. 1)
– с глаголом *доставать* 78 (примеч. 2)
– – *хватает* 78 (примеч. 2)
с местоимениями 78
с наречиями на *-о* 81 (4)
– – при слове *совсем* 81 (4, примеч.)
– – раздельное написание 80 (3), 81 (4), 82 (примеч. 1)
– – слитное написание 79 (1, 2), 82 (6)
с прилагательными *больший, лучший, меньший, худший* 76 (9)
– – в вопросительном предложении 77 (11)
– – в зависимости от толкования смысла 71 (1, примеч.)
– – в сравнительной степени 76 (9)
– – краткими 75 (7)
– – отглагольными на *-мый* при наличии пояснительных слов 76 (10)
– – при слове *вовсе* 74 (6)
– – – – *совсем* 75 (примеч. 3)
– – при противопоставлении 74 (5)
– – раздельное написание 74 (3, 4)
– – слитное написание 73 (1, 2), 74 (6)
с причастиями в значении прилагательного 80 (примеч. 3)
– – краткими 80 (3)
– – на *-мый* при наличии пояснительных слов 76 (10)
– – раздельное написание 79 (2), 80 (3, 4)
– – слитное написание 79 (1)
с существительными, раздельное написание 73 (4, 5)
– – слитное написание 72 (1, 2, 3)
со служебными словами 83 (7с)
с числительными 78
не иначе как, сочетание, не расчленяемое запятой 153 (2)
не кто иной – никто иной 56 (3)
не кто иной, как, согласование сказуемого с подлежащим 268
не столько... сколько при однородных подлежащих, согласование сказуемого 273 (4б)
не так чтобы, сочетание, не расчленяемое запятой 153 (2)
не то между частями сложносочиненного предложения 142 (2)
не то... не то в сложносочиненном предложении 143 (3)
не то что, сочетание, не расчленяемое запятой 153 (2)
не то что.., а при однородных членах 103 (3)
не то чтобы, сочетание, не расчленяемое запятой 153 (2)

не то чтобы.., а при однородных членах 103 (3)
не только.., но и при однородных подлежащих, согласование 273 (46)
сказуемого, употребление 314 (8)
не что иное – ничто иное 56 (3)
небось, пунктуация 134
невзирая – не взирая 78 (примеч. 3)
него, ней – его, ей 233 (5)
негров, род. п. мн. ч. 214 (1, 2)
недаром – не даром 82 (6б)
недо-, падеж дополнения при глаголах с такой приставкой 300 (4)
недо-, приставка глаголов 79 (2)
нежели, союз в сравнительном обороте 154 (1)
неизвестно кто (где, какой, куда, откуда, чей, что), нерасчленяемое сочетание 153 (4)
нее – ней 233 (4)
некий, склонение 237
некролог кого-либо, кому-либо, о ком-либо 296
некто, согласование сказуемого с ним 268 (4)
нелепица - нелепость 218 (§ 158, 3)
немало в составе подлежащего, согласование сказуемого 262 (12)
немного в составе подлежащего, согласование сказуемого 262 (12)
нео-, элемент сложного слова 43 (1)
непонятно кто (где, какой, куда, откуда, чей, что), нерасчленяемое сочетание 153 (4)
несколько:
в составе подлежащего, согласование сказуемого 262 (11)
– вин. п. сочетания этого слова с сущ. одушевленным 209 (5)
несмотря на, обособление обстоятельства с этим сочетанием 122 (4)
несмотря на то, что, сложный подчинительный союз 146
нет, пунктуация 140 (г)
не-я 78 (§ 68)
ни:
в устойчивых оборотах 84 (4)
перед подчинительным союзом 146 (примеч. 26)
повторяющееся при однородных членах фразеологического оборота 101 (3)
– – – подлежащих, согласование сказуемого 272 (2)
ни за чем – незачем 83 (1)
ни к кому – не к кому 83 (1)
ни к чему – не к чему 83 (1)
ни... ни в сложносочиненном предложении 142 (1, 1)
ни один – не один 83 (1, примеч.)
ни разу – не раз 83 (1, примеч.)

-нибудь и *-то,* выбор 237
нигде – ни где 83 (2, примеч.)
низовьев, род. п. мн. ч. 215 (3)
никак, пунктуация 134
никто – ни кто 83 (2, примеч.)
никто, согласование сказуемого с ним 268 (4)
никто иной 56 (3)
них – их 233 (5)
ничто иное 56 (3)
нн:
  в прилагательных 41 (10)
  – – кратких отглагольных 61 (6)
  – – на *-ёванный* 61 (5)
  – – – *-ованный* 61 (5)
  в причастиях 59 – 61
  в существительных 41 (10, примеч. 2)
но:
  между однородными подлежащими, согласование сказуемого 272 (2, 3)
  – частями сложносочиненного предложения 142 (1, 2)
  рядом с вводными словами 134 (6), 136 (7, примеч.)
ноль 55 (7)
носков, род. п. мн. ч. 214 (1)
ну, частица с усилительным значением 140 (в)
-ну-, суффикс в глаголах и причастиях 244 (7), 245 (§ 174, 2)
нужный как, согласование приложений, присоединяемых этим сочетанием 282 (3, 2)
нуль 55 (7)
ньютонов, род. п. мн. ч. 216 (4)
нянь, род. п. мн. ч. 215 (2)

О

о:
  после шипящих 34
  со значением «ах» перед обращением 138 (2)
  соединительная гласная 42
  частица перед обращением 138 (2), 140 (примеч. а)
о – а в корне глаголов (*-ыва, -ива*) 241 (2)
оазис, согласование названий с ним 285 (7)
оба – обе 228 (4)
обгрызенный – обгрызанный 245 (§174, 1)
обезопасенный – обезопашенный 245 (§174, 1)
обер-, элемент сложного слова 45 (8)
обеспечить кого чем – кому что 304
обидеться на что-либо 300
обижен чем-либо 300
обними – обойми 240

обобщающее слово:
  перед однородными членами, двоеточие после него 104 (1)
  – – – которыми предложение не заканчивается 105 (3)
  – – – тире после него 105 (3)
  после однородных членов, тире перед ним 104 (2)
  согласование с ним однородных членов 314 (9)
обок – о бок 64 (примеч. 1)
обосновывать чем-либо 301
обрадоваться чему-либо 301
обрадован чем-либо 301
образы – образа́ 213
обращать внимание на что-либо 301
обращение:
  знаки препинания 138 – 139
  ложные 139 (примеч. 2)
  место в предложении 256 (2)
  разбитые на несколько частей другими словами 139 (4)
  связанные неповторяющимися союзами 139 (5)
обстоятельства:
  времени, место в предложении 255
  выраженные наречиями, обособление 123 (5)
  – существительными в косвенных падежах с предлогом, обособление 123 (4)
  меры и степени, место в предложении 255 (2)
  места, место в предложении 255 (4)
  образа действия, место в предложении 254 (1)
  причины и цели, место в предложении 257 (5)
объединить во что – в чем 304
обязан кому чем 307 (5)
-ов (-ев), суффикс притяжательных прилагательных 224 (1)
-ов, -оват, -овит, суффиксы прилагательных 39 (2)
-ов- – -овский (*отцов – отцовский*), выбор формы 224 (2)
-ова-, суффикс глагола 58
-овлять – -авливать в глаголах 241 (2, 4)
оводы – овода́ 213 (2)
овощ – овощь 196
овощи, род. п. при слове *килограмм* 217 (§ 157, 2)
оглобель, род. п. мн. ч. 215 (2)
ограничить чем – в чем 304
одеть – надеть 182
одеялец, род. п. мн. ч. 216 (3)
один в составном числительном счетного оборота, согласование сказуемого 261 (6)

однако:
  вводное слово, пунктуация 133
  союз между частями сложносочинённого предложения 142 (§ 104, 1, 2)
одним словом после однородных членов перед обобщающим словом 104
однородные подлежащие, близкие по смыслу, согласование сказуемого 273 (3)
однородные члены:
  не соединённые союзом, запятая между ними 95 (§83, 1)
  – – – тире между ними 96 (3)
  – – – точка с запятой между ними 96 (2)
одолжить, падеж дополнения при нем 307 (4)
озеро, согласование названий 285 (7)
ойротов, род. п. мн. ч. 214 (1, 2)
около:
  в счётном обороте, согласование сказуемого 262 (10)
  и синонимичные ему предлоги 290 (3)
округ – округа 198
Оль – Олей, род. п. мн. ч. 215 (2)
омары, вин. п. 209 (2)
омов – ом 215 (4)
он (*она, оно*):
  дублирование подлежащего – сущ. 233 (3)
  замена им сущ. 232 (1)
оперировать чем 286 (1)
опираться на что-либо 301
оплатить что-либо 301
опостылеть, личные формы 238 (2)
определение к нескольким существительным, его число 281 – 283
определения:
  несогласованные, обособление: инфинитив 113 (11);
  прилагательные в форме сравнительной степени 113 (10);
  сущ. в косвенных падежах 112 (9)
  – место их в предложении 252 (3)
  необособляемые (причастия, прилагательные)
  оторванные от определяемого сущ. 111 (7)
  перед определяемым сущ. 111 (6)
  после определяемого сущ. 111 (4)
  при личном местоимении 111 (8)
  распространённые (с зависимыми словами) 108 (1)
  согласование с сущ., имеющим при себе приложение 275 – 276
  согласование сказуемого с сущ., имеющим при себе несколько определений 279
  согласованные, место каждого при нескольких подряд 252 (2)
опротиветь, личные формы 238 (1)

организовывать 241 (1)
органы печати, род несклоняемых сущ. – названий 202 (6)
ордена, написание названий 28
ордены – ордена 213
осетин, род. п. мн. ч. 214 (1, 2)
основываться на чём-либо 301
особенно:
  обособление присоединительной конструкции с ним 128
  перед подчинительным союзом 146 (примеч. 3)
остр – остёр 221 (3)
остров, согласование названий 285
отзыв о чём-либо (на что-либо) 301
откуда без запятой перед ним 153 (4)
откупорь – откупори 240 (5)
отличить что от чего 301
отнести кому – к кому 304
относительно, стилистическая характеристика 290 (2)
отпуски – отпуска 213 (2)
отрепьев, род. п. мн. ч. 216 (4)
отроду – от роду 64 (примеч. 1)
оттого – от того 69 (4)
отчего – от чего 69 (4)
отчества женские с *-ич-* 40 (9, примеч.1)
– – склонение 207 (12)
отчитаться в чём-либо – *отчёт* о чём-либо 301
ох эти, цельное сочетание, пунктуация 141 (д)
охотиться на кого – за кем 304
очутиться, форма 1-го лица ед. ч. наст. – буд. вр. 238 (1)
ощутить, форма 1-го лица ед. ч. наст. – буд. вр. 238 (1)

П

палео-, элемент сложного слова 43 (1)
памятник кому – чего 307 (6)
пан-, составная часть слова 43 (примеч. 2)
панталон, род. п. мн. ч. 216 (4)
пантов, род. п. мн. ч. 216 (4)
пара 228 (5)
  – в составе подлежащего, согласование сказуемого 263 (13)
парафраза – парафраз 196
парные названия профессий, должностей женщин 198 – 200
парные союзы между однородными членами 103
пароходы, вин. п. их условных названий 210 (8)
партизан, род. п. мн. ч. 215 (1, 3)

партии политические, написание названий 25 (1), 45 (6)
пекари – пекаря 213 (2)
пенальти, род 201
пеней, род. п. мн. ч. 215 (2)
пер- – пир- 7 (12)
пере-, приставка во второй части сложных образований типа глаженый – переглаженый 60
перекати-поле 44 (2, исключ.)
перемежаться чем – с чем 304
перечисление без обобщающего слова, двоеточие перед ним 104 (1)
период, пунктуация 151 (3)
перифраза – перифраз 193
персонаж, вин. п. 209 (6)
песен – песней 215 (2)
петрушки, вин. п. 209 (7)
петь всю дорогу – во всю дорогу 286 (1)
пи-, часть сложного слова 45 (11)
пистоль, -я – -и 194
письмо матери – к матери 286 (1)
плов- – плов- 6 (2)
плавают – плывут 243 (5)
планеты, вин. п. 210 (7)
плацкарта – плацкарт 196
плеоназмы 188 – 189
плескает – плещет 239 (4)
плетями – плетьми 216
плеч – плечей 216 (3)
плов-, корень 6 (7)
плыв-, корень 6 (7)
плюс между однородными членами 103 (10)
по:
  злоупотребление предлогом 289
  падеж сущ. и местоимения при нем 294 (6)
  управление числительными 294 (7)
по-, приставка в наречиях 66 (§ 57, 1)
по имени:
  в обособленном приложении 116 (5)
  согласование приложений, присоединяемых этими словами 283 (3)
по линии, злоупотребление 187
по причине, обособление обстоятельства с этим сочетанием 123 (4)
по прозвищу:
  в обособленном приложении 116 (5)
  согласование приложений, присоединяемых этими словами 283 (3)
по фамилии:
  в обособленном приложении 116 (5)
  согласование приложений, присоединяемых этими словами 283 (3)
победить, форма 1-го лица ед. ч. наст. – буд. вр. 238 (1)

повидло – повидла 197
повторяющиеся слова, пунктуация 106 – 107
погон – погона 196
погон, род. п. мн. ч. 214 (1)
под и синонимичные ему предлоги 290 (3)
подалась и поддалась 11 (5, примеч.)
подклет – подклеть 195
подле и синонимичные ему предлоги 290 (3)
подмастерьев, род. п. мн. ч. 215 (3)
подмен – подмена 195
поднимать – подымать 243 (4)
подобно, обособление обстоятельства с этим предлогом 123 (4)
подонков, род. п. мн. ч. 216 (4)
подтверждение чего – чему 308 (6)
пожалуйста, пунктуация 132
пожарище, род 197
позднее – позже 222 (1)
позже чем, пунктуация 153 (3)
пой – пои 240 (5)
пойди – поди 240
пойнтеры – пойнтера́ 213 (2)
пока и пока не, употребление 316 (2)
пол- в составе сложного слова:
  написание 55
  склонение 203 (3)
  согласование определения 277 (4)
  – сказуемого 263 (15)
полный чего-либо – кем (чем) 301
половина в составе счетного оборота, согласование сказуемого 260 (4)
положив – положа 246 (2)
положить куда – где 304
полон – полн 221 (3)
полоскает – полощет 239 (4)
полотенец, род. п. мн. ч. 216 (3)
полтора:
  склонение 229 (9)
  согласование определения 277 (4)
полу- в сложных сущ. 203 (3)
полуостров, согласование с ним названий 285 (7)
поместить куда – где 304
помидоров, род. п. мн. ч 215 (4)
помимо:
  обособление оборота с ним 124
  управление оборотом с ним 287 (3)
помногу – по многу 63 (3, примеч.)
пони, род 202 (4)
поперечно-, часть сложных прилагательных 51 (примеч. 2)
попросить, падеж дополнения при нем 307 (4)
поражаться чем – чему 304
порт, согласование названий с этим словом 285 (7)

порядок слов, ошибки в сложном предложении 319 (4)
пост-, приставка 43 (7, примеч. 1)
поставить куда — где 305
потёмок, род. п. мн. ч. 216 (4)
потому — по тому 69 (4)
почем — по чем 70 (4)
почему — по чему 69 (4)
пошить — сшить 182
пояснительные слова при подлежащем, согласование сказуемого 264 (4)
поясы — пояса 213
правда, пунктуация 132
праздники, написание названий 23 (§ 20, 1)
пре-, приставка 32
превосходство над чем-либо 301
преградить, личные формы 238 (1)
предприятия, написание названий в кавычках 26 (4)
предлог:
  при однородных членах, повторение 311 (1, 2)
  пропуск 312 (3)
председатель — председательница 199 (2)
представлять собой — из себя 287 (1)
прежде всего, пунктуация 132
преимущество перед чем-либо 301
пресс-, элемент сложного слова 44 (примеч. 2)
преподаватель — преподавательница 199 (2)
препятствовать чему-либо 301
при и синонимичные ему предлоги 290 (3)
при-, приставка 33
при наличии, обособление обстоятельства с этим сочетанием 123 (4)
приблизительное количество в счётном обороте, согласование сказуемого с ним 262 (10)
пригоршней, род. п. мн. ч. 215 (2)
придаточные предложения, пунктуация:
  из одного союзного слова 146 (примеч. 2в)
  не соединённые союзами 148 (1)
  соединённые неповторяющимся союзом 148 (3)
  — повторяющимся союзом 148 (3)
придать что — чего 305
призраки, вин. п. 210 (7)
приложение:
  к отсутствующему слову, пунктуация 117 (7)
  одиночное, пунктуация 114 (2)
  при имени собственном, пунктуация 116 (5)
  — личном местоимении, пунктуация 117 (6)
  — подлежащем, согласование сказуемого 250 (1, 2, 3)

распространённое, пунктуация 113 (1)
приложения:
  в скобках, относящиеся к обобщающему слову, согласование их 283 (3, 4)
  неоднородность их, её условия 99 (§85, 2)
  однородность их, её условия 99 (§85, 1)
пример чего — чему 308 (6)
примерно, пунктуация 134 (примеч.)
принадлежать кому — к кому 305
приобретший — приобревший 245 (§ 74, 1)
приплётший — приплевший 245 (§ 174, 1)
присоединительные бессоюзные конструкции, обособление 128 (2)
приставки на *з* 31
— — согласную с последующим *и* (*ы*) 33 (§ 34)
притом, обособление присоединительной конструкции с ним 128 (1)
притом — при том 69 (3)
причастие:
  и пояснительные слова при нём 322 (6)
  на *-ся*, употребление 321 (2)
  — *-щий*, употребление 320 (1)
  согласование его с определяемым словом 322 (4)
причастный оборот:
  замена им придаточного определительного 322 (7)
  место его в предложении 322 (5)
  необособляемый 108 (примеч.) — 109
  обособление его 108 (1)
  после местоимений 109 (2 — 3)
причем — при чем 69 (3)
причина чего — чему 308 (6)
про, стилистическая характеристика 290 (2)
провинция, согласование названия с этим словом 284 (6)
проводы — провода 214
продольно-, часть сложных прилагательных 51 (примеч. 2)
прожекторы — прожектора 213 (2)
прозвища:
  как приложение, согласование с определяемым словом 282 (1)
  написание 14 (§ 13, 1)
  человека, согласование сказуемого 270 (7)
произведения искусства, написание названий 27
— литературы, написание названий 28
пролаз — пролаза 198
пролив, согласование с ним названия 285 (7)
промыслы — промысла 213 (2)
промышлять что — чем 305
пронзенный — пронженный 245 (§174, 1)
пропасть в составе подлежащего, согласование сказуемого 263 (14)
пропуски — пропуска 213

343

просека – просек 194
просить что – чего 307 (3)
простынь, род. п. мн. ч. 215 (2)
протеже, род 201 (3, 3)
противительные союзы между определениями к сущ., его число 279 (3)
противник чего – чему 308 (6)
профессии женщины в форме м. р. 198 (1), 275 (4)
прочитать – прочесть 243 (4)
прямая речь:
   внутри авторских слов, пунктуация 168
   и косвенная, их смешение 319 (5)
   перед авторскими словами, пунктуация 166
   после авторских слов, пунктуация 164 – 166
   с авторскими словами внутри 167 – 168
прятать куда – где 308
псалтырь, *-и – -я* 195
псевдо-, составная часть слова 43 (примеч. 2)
птицы, род несклоняемых сущ. 202 (4)
пустыня, согласование с этим словом названия 285 (7)
пушту, род 201
пятьюдесятью – пятидесятью и т. п. 227 (1б)

Р

равн- – ровн- 6 (8)
равноправны друг с другом 286
радио-, элемент сложного слова 43 (1)
разделительные союзы между определениями к одному сущ., его число 279 (3)
разинув – разиня 46 (2)
различать что и что 301
ракета-носитель, согласование второй части с первой 282 (2)
раки, вин. п. 209 (2)
ранее – раньше 222 (1)
раньше чем, пунктуация 154 (3)
рантье, род 201 (3, 1)
расправа с кем – над кем 308 (6)
рассердиться на что-либо 301
рассержен чем-либо 301
раст- – рос- 6 (9)
растения, сложные названия 45 (9)
расценка – расценок 196
«расщепление» сказуемого 247 (1)
революции, написание названий 22 (1)
редакторы – редактора 213 (2)
рейтар, род. п. мн. ч. 215 (3)
рейтузов – рейтуз 216 (4)
река, согласование названия с этим словом 284 (3)

рельс – рельса 196
рельсов, род. п. мн. ч. 215 (4)
ремесел – ремесл 215 (3)
рентгенов – рентген 215 (4)
республики зарубежные, согласование названий со словом *республика* 284 (5)
рецензия на что-либо 301
ровн- – равн- 6 (8)
род несклоняемых существительных:
   иноязычного происхождения 200 (1)
   обозначающих животных 202 (4)
   – лиц 201 (3)
   – птиц 202 (4)
родом в обособленном приложении 116 (5)
рожков – рожок 215 (1)
розог, род. п. мн. ч. 215 (2)
ропщу – ропчу 238 (1)
рубрики перечисления, знаки препинания при них 87 (4)
румын, род. п. мн. ч. 214 (1, 2)
русел – русл 215 (3)
рыбы, вин. п. 209 (2)
рыскает – рыщет 239 (4)
ряд в составе подлежащего, согласование сказуемого 257 – 259

С

с-, приставка 32
с одной стороны, с другой, пунктуация 131 (примеч. 1)
с помощью – при помощи 289
с тем чтобы 147
с целью – в целях 289
саженей – сажен 215 (2)
саклей, род. п. мн. ч. 215 (2)
салями, род 201
сам – самый 236 (2)
самый, в составе формы превосходной степени 222 (2)
сангина – сангин 194
саперов 215 (3)
сарацин, род. п. мн. ч. 214 (1, 2)
сардины, вин. п. 209 (2)
сарматов – сармат 214 (1, 2)
сапог, род. п. мн. ч. 214 (1)
сапогов-скороходов 214 (1)
сбоку – с боку 64 (примеч. 1) – 65
свадеб, род. п. мн. ч. 215 (2)
сванов, род. п. мн. ч. 214 (1, 2)
сверх, обособление оборота с ним 124
светлый – светел 221 (3)
свечей – свеч 215 (2)
свидетельство чего – чему 308 (6)

свидетельствовать что – о чем 305
свистеть – свистать 243 (4)
свой, употребление 235 (2)
свыше, в счетном обороте, согласование сказуемого 262 (10)
связка, согласование ее с именной частью сказуемого 271
себя, употребление 231 (1)
секторы – сектора́ 213 (2)
село, согласование с ним названия 284 (2)
синтаксический – синтактический 10 (2)
сирокко, род 201
скак- – скоч- 7 (10)
-ски, наречие с этим суффиксом в сложном прилагательном 53 (примеч. 2)
скирда – скирд 194
складывать куда – где 305
скобки:
    при вставных предложениях 137 (2) – 138
    сочетание с другими знаками препинания 178
сколько:
    в начале вводного предложения 137 (1)
    в составе подлежащего, согласование сказуемого 262 (12)
    вин. п. сочетания этого слова с сущ. одушевленным 209 (5)
    без запятой перед ним 153 (5)
скорее (в значении «скорее говоря») после союза или разделительного 127 (примеч.)
скрепив – скрепя 246 (12)
ску́теры – скутера́ 213 (2)
скучать о доме – по дому 294 (6)
слаще – слаже 222 (1)
слесари – слесаря 213 (2)
слишком – с лишком 64 (примеч. 1) – 65
словно, союз в сравнительном обороте 154 (1)
словом после однородных членов перед обобщающим словом 105 (2)
сложносокращенное слово – подлежащее, согласование сказуемого с ним 269 (3)
сложносокращенные слова 29 – 30
сложносоставные слова:
    склонение 203 (4)
    согласование определения с ними 276 (5)
    – сказуемого с ними 265 (5)
    – составных частей 283 (5)
сломив – сломя 246 (2)
служба у кого – кому 308 (6)
служебные слова:
    в именах и фамилиях 15 (4)
    в географических названиях 21 (6)
слыть чудаком – за чудака 286
слышать – слыхать 245 (4)
смещение конструкции 247 (5), 300 (6), 314 (9), 317 (2)

смотреть что – на что 305
смотря по, необособляемое сочетание 121
смуглый – смугл 221 (3)
сначала – с начала 65 (примеч. 1)
сноска, сочетание ее знака со знаками препинания 179
соболи – соболя 213
соборы, написание названий 25 (12)
совместно при подлежащем, согласование сказуемого 266 (2)
согласиться на что – с чем – о чем 305
согласно чему 296 (1)
солдата, род. п. мн. ч. 215 (3)
сообразно чему – с чем 296 (3)
сообщить что – о чем 305
соревноваться за что – на что – в чем 305
сорок в сложных словах 43 (6)
соскучиться о музыке – по театру 294 (6)
состоять в чем – из чего 305
сотня в составе подлежащего, согласование сказуемого 263 (13)
сох – сохнул 244 (7)
союзы:
    в сложном предложении, ошибки в употреблении 318 (3) – 319
    стилист. окраска 315 (1)
спазм – спазма 195
спеленатый – спелененный 245 (§174, 1)
сплетен, род. п. мн. ч. 215 (2)
спортивные мероприятия, написание названий 23 (примеч. 2)
справедлив к – с 289
спряжения глаголов (личные окончания) 56 (1)
спустив – спустя 246 (2)
спутник, вин. п. 210 (8)
сравнительные обороты при подлежащем, согласование сказуемого 264 (4)
сс или с в прилагательных на стыке основы и суффикса 40 (7)
-сс-, удвоение согласной 10 (2), 12 (примеч. 2)
ставня – ставень 194
станция, согласование названий с этим словом 285 (7)
стариться – стараться 243 (4)
стать куда – где 305 – 306
стел- – стил- 7 (12)
стелить, личные окончания глагола 57 (примеч. 1)
стелить(ся) в разных формах 238 (3)
стерео-, элемент сложного слова 43 (1)
стили, написание названий 27 (3)
сто в сложных словах 43 (6)
стол о трех ножках – на трех ножках 289
столько:

345

в составе подлежащего, согласование сказуемого 262 (12)

вин. п. сочетания этого слова с сущ. одушевленным 209 (5)

стоп-, часть сложного слова 44 (4)

страдательный оборот, стилистическое значение 247 (4)

страны света промежуточные, написание 45 (7)

страшилище, род 197

строчная буква после восклицательного знака 13 (2, примеч.)

строчные буквы в начале цитаты 172 (§126, 1)

суб-, приставка 43 (7, примеч. 1)

субстантивированная неизменяемая часть речи как подлежащее, согласование сказуемого 269 (1)

субстантивированные несклоняемые слова, род 201 (2)

субъект, вин. п. 209 (6)

сумерек, род. п. мн. ч. 216 (4)

супер-, приставка 43 (7, примеч. 1)

счётчики, вин. п. 209 (6)

счёты – счета́ 219

считать кем – за кого 286

съезды, написание названий 23 (2)

сыны – сыновья 214

сыплет – сыпет 240

-ся в глаголах 244 (1, 2)

Т

табель, -я – -и 196

тавтология 188 – 189

таджиков, род. п. мн. ч. 214 (1, 2)

так:

в авторских словах после прямой речи 166 (примеч.)

во второй части сложного бессоюзного предложения, тире перед ним 164 (8)

между повторяющимися словами 107 (4б)

так что 148 (примеч.)

также – так же 69 (2)

-таки, частица 72 (4), 257 (3)

таким образом, пунктуация 132

таков во второй части сложного бессоюзного предложения, тире перед ним 164 (8)

такой, пунктуация 164 (8)

твар- – твор- 7 (11)

твёрдый знак 31

театры, написание названий 25 (1)

теле-, элемент сложного слова 43 (1)

телеграфные агентства 21 (4), 174 (примеч. д)

тенденция чего – к чему 308 (6)

тёплый – тепел 221 (3)

тер- – тир- 7 (12)

-ти – -ть (*почисти – почисть*) 240 (5)

тип, вин. п. 209 (6)

тире:

в бессоюзном сложном предложении:

при быстрой смене событий 162 (1)

– резком противопоставлении 162 (2)

– сравнении во 2-й части 162 (6)

– указании следствия во 2-й части 162 (3)

с подразумеваемым *если* в 1-й части 163 (6)

– – *когда* в 1-й части 162 (4)

– – *что* перед 2-й частью 163 (7)

– – *это* перед 2-й частью 164 (8)

в неполном предложении:

при пропуске сказуемого 93 (1, 2)

– – одного из членов 94 (3)

в сложноподчинённом предложении 150

между именами 95 (2)

– однородными членами 96 (3)

– подлежащим и сказуемым:

перед словами *это, значит* и т. п. 92 (3)

при идиоме-сказуемом 92 (6)

– инфинитиве одного из них 91 (2), 92 (5)

– местоимении-подлежащем 93 (7, 8, 9)

– наречии на *-о* в сказуемом 92 (5)

– отсутствии связки 90 (1)

– числительном в одном из них 92 (4)

в сложносочинённом предложении 145

между членами предложения 95 (1, 2)

после прямой речи (без запятой) 166 (примеч.)

при вставных предложениях 137

– приложениях 117 (8)

то при однородных подлежащих, согласование сказуемого 272 (2)

– часть двойного союза 149 (1)

-то 71 (§64, 2)

то есть:

перед подчинительным союзом 146 (примеч. 3)

между частями сложносочинённого предложения 143 (5)

после обобщающего слова 103 (1)

при пояснительных словах 126 (1)

то... то в сложносочинённом предложении 143 (5)

тогда как 148 (примеч.)

тоже – то же 69 (§ 61, 2)

токари – токаря́ 213 (2)

токи – тока́ 213

толь, -я 196

только и.., что, пунктуация 154 (7)

томатов, род. п. мн. ч. 215 (4)

томы – тома́ 213 (2)

тонно-, часть сложной единицы измерения 45 (5)

тоны – *тона́* 213
тополи – *тополя́* 213 (2)
топорище, род 197
тормозить что-либо 301
тормозы – *тормоза́* 213
тосковать о – по 294 (6)
тот с последующим уточняющим определением 126 (3)
тот и другой, число сущ. при них 280(5)
точка:
   в конце цита́ты, заканчивающейся многоточием 171 (2)
   вместо двоеточия перед прямой речью 165 – 166
   внутри скобок 178 (2)
   точка с запятой:
     в бессоюзном сложном предложении 159 (2)
     между однородными придаточными без союзов 148 (2)
     – однородными членами 96 (2), 106 (5)
     – частями сложносочиненного предложения 144
точнее после союза *или* разделительного 127 (примеч.)
точно, союз в сравнительном обороте 154 (1)
транс-, приставка 43 (7, примеч. 1)
требовать что – чего 307 (3)
три, вин. п. при составном числительном, оканчивающемся на *три*, см. *два, три, четыре* 209 (4)
трое, см. *двое, трое, четверо, тройка* и т. п. в составе подлежащего, согласование сказуемого 260 (5), 263 (13)
трудо-, часть сложной единицы измерения 45 (5, исключ.)
трясти что – чем 306
тунгусов, род. п. мн. ч. 214 (1, 2)
туркмен, род. п. мн. ч. 214 (1, 2)
турок, род. п. мн. ч. 214 (1, 2)
туфель – *туфля* 195
тухлый – *тухл* 221 (3)
ты в составе обращения 139 (3)
ты с братом, согласование сказуемого 267 (3)
тысяча:
   в счетном обороте, согласование сказуемого 261 (7)
-тысячный, часть порядкового числительного 54 (5)
тягол – *тягл* 215 (3)

У

у и синонимичные ему предлоги 290

у (ю) после шипящих 7 (1)
-у (-ю), окончание род. п. 207 – 208; предл. п. 210 – 212
убедить, форма 1-го лица ед. ч. наст. – буд. вр. 238 (1)
уведомь – *уведоми* 240 (5)
уверенность в чем-либо 301
увещевать – *усовещивать* 58 (2, примеч.)
угодно с кто, что, какой и *где, куда, откуда*, пунктуация 153 (5)
уделять внимание чему-либо 301
удивляться чему-либо – *удивлен* чем-либо 301
удовлетворять что – чему 306
удостоить чего – чем 306
узбеков, род. п. мн. ч. 214 (1, 2)
уйма в составе подлежащего, согласование сказуемого 263 (14)
указать что – на что 306
улан, род. п. мн. ч. 215 (3)
улица, согласование названий с этим словом 285 (7)
улицы, написание названий 19 (1)
ультра-, приставка 43 (7, примеч. 1)
умерщвлю – *умертвлю* 238 (1)
унтер-, элемент сложного слова 45 (8)
уплатить за что-либо 301
уполномочить на что – к чему 306
управляющий – *управляющая* 199 (2)
упрекать в чем – за что 306
урду, род 201
усадеб – *усадьб* 215 (2)
условные имена собственные 30
– – – как приложения, согласование их с определяемыми словами 282 (1)
– – – согласование определения при сочетании их с родовым нарицательным словом 276 (4)
– – – сказуемого 269 (5)
усмотреть кого-что – за кем-чем 306
усовещивать – *увещевать* 58 (2, примеч.)
устрицы, вин. п. 209 (2)
устьев, род. п. мн. ч. 215 (3)
утаи – *утай* 240 (5)
уточняющие обстоятельства, обособление 125 (1)
– определения 126 (2, 3)
– слова при подлежащем, согласование сказуемого 264 (4)
ух и, пунктуация 140 (д)
ух ты, пунктуация 140 (д)
учебно-, часть сложного прилагательного 50 (7, примеч. 1)
учебные заведения, написание названий 25 (1)
-учи (-ючи), деепричастные формы с таким суффиксом 246 (3)

учители – учителя 213
учреждения, написание названий:
   высшие РФ 25 (1)
   зарубежные центральные 26 (2)
   международные важнейшие 25 (1)
   местные РФ 26 (4)
-ущ- (*-ющ-*), суффиксы причастий 58 (§51, 1)

Ф

файдешин 44 (1, примеч. 1)
факт, злоупотребление 187
фамилии:
   во мн. ч. 218 (3)
   иностранные на гласные, склонение 205 (6)
   на *-аго, -яго, -ых, ово*, склонение 205 (5)
   нерусские на неударяемые *-а, -я*, склонение 205 (6)
   окончание в тв. п. ед. ч. 35 (5)
   русские двойные, склонение 206 (9)
   русские и иноязычные на согласный, склонение 205 (4)
   славянские на ударяемое *а*, склонение 205 (6)
   украинские на *-ко* (*-енко*), склонение 206 (7)
фамилия:
   при двух женских именах, число 206 (10, 2)
   – – мужских именах, число 206 (10, 1)
   – – нарицательных сущ. лиц разного пола (*господин и госпожа*), число 207 (10, 4)
   – женском и мужском именах, число 207 (10, 3)
   – нарицательном сущ., согласование определения при них 275 (§ 192, 2)
   – слове *братья*, число 207 (10, 6)
   – – *супруги*, число 207 (10, 5)
   – числительном *оба, двое*, число 207 (11)
фильдекос 44 (1, примеч. 1)
фильдеперс 44 (1, примеч. 1)
фильм – фильма 196
фирмы, написание 26 (3), согласование сказуемого 270 (5)
флигели – флигеля 213 (2)
фото-, элемент сложного слова 43 (1)
фразеологические обороты, пунктуация 152, использование 190 – 193
фрейлейн, род 201 (3, 2)

Х

хакасов, род. п. мн. ч. 214 (1, 2)
хинди, род 201
хлебы – хлеба́ 213
хлевы – хлева́ 213 (2)

хлестче – хлеще 222 (1)
ходит – идет 243 (5)
ходулей – ходуль 216 (4)
хазар, род. п. мн. ч. 114 (1, 2)
хорватов, род. п. мн. ч. 114 (1, 2)
хребет, согласование названий с этим словом 285 (7)
хутор, согласование названий с этим словом 284 (2)

Ц

ц, написание гласных после него 8, 34, 39 (2)
цапель род. п. мн. ч. 215 (2)
цвет, его оттенки в сложных прилагательных, написание 50 (9)
цветы – цвета́ 214
целый при счетном обороте с *два, три, четыре*, согласование 277 (4)
цена чего – чему 308 (6)
церкви, написание названий 25
цехи – цеха́ 213 (2)
цеце, род 202 (4)
цитаты 170 – 173
цицеро, род 201
цыган, род. п. мн. ч. 214 (1, 2)

Ч

часов в составе счетного оборота, согласование сказуемого 260 (4)
части света, написание 21 (7)
частицы:
   место в предложении 258 (3)
   перед сложным подчинительным союзом 147 (2)
часть в составе подлежащего, согласование сказуемого 257 – 259
часы, сочетание с числительным 230
чего ни... – *чего не...* 84 (5)
чей без запятой перед ним 153 (4)
человеко-, часть сложной единицы измерения 45 (5)
чем без запятой перед ним 153 (3)
   – в сравнительном обороте 154 (1)
черед – череда 195
-чет- – *-чит-* 7 (12)
четверть- в сложных словах 55 (3)
   – в счетном обороте, согласование сказуемого 260 (4)
четыре, вин. п. сущ. при составном числительном на *четыре*, см. *два, три, четыре* 209 (4)

четверо, см. *двое, трое, четверо*
чинара – чинар 196
числительное – подлежащее, согласование сказуемого 261 (9)
– количественное – определения при одном сущ., число 274 (5)
число и месяц, склонение сочетания 206 (7)
что:
   в начале вводного предложения 137 (1)
   без предшествующей запятой 153 (4)
   в начале сравнительного оборота 154 (1)
   отделение запятой 142 (2)
   согласование сказуемого с ним 268 (3)
что бы ни – что бы не 84 (примеч. 1)
чтобы – что бы 68 (§61, 1)
что ж – что же, пунктуация 142 (2)
что касается меня – до меня 286
что-то, значение 236
чтят – чтут 239 (3)
чудить, форма 1-го лица наст. вр. 238
чуждый чему – чего 308
чулок, род. п. мн. ч. 214 (1)

Ш

-ша, суффикс парных названий в разговорной речи 200 (3)
шаровар, род. п. мн. ч. 216 (4)
шимпанзе, род 202 (4)
шипящие, написание гласных после них 7 – 8, 34, 39 (2)
шкодить, личные формы 238 (1)
шомполы – шомпола́ 213 (2)
шпон, род. п. мн. ч. 215 (4)
шпроты, вин. п. 209 (2)
штаб-, элемент сложного слова 45 (8)
штабели – штабеля́ 213 (2)
штампы речевые 185 – 187
штат, согласование собственных названий с ним 284 (6)
штурманы́ – штурмана́ 213 (2)

Щ

щебень – щебёнка 195 (1)
щиплет – щипет 240
щупальце, 197 (4), род. п. мн. ч. 216 (3)

Ы

ы (и) после шипящих 7 (1)
-ыва-, суффикс глагола 58

Э

э (е) 9
эй и, пунктуация 140 (д)
эк его, пунктуация 140 (д)
экс-, элемент сложного слова 45 (8)
экстра-, приставка 43 (7, примеч. 1)
экю, род 201
электрификация 43 (7)
электро-, элемент сложного слова 43 (1)
эмбрионы, вин. п. 209 (1)
эполет 196
эпохи, написание названий 22 (1)
эпюр – эпюра 196
эргов, род. п. мн. ч. 215 (4)
эрстед, род. п. мн. ч. 215 (4)
эсперанто, род 201
этот в присоединительной конструкции, пунктуация 166 (примеч.)
– с последующим уточняющим определением 126 (3)
эх и, пунктуация 140 (д)
эх ты, пунктуация 140 (д)

Ю

юнкеры – юнкера́ 214

Я

я с братом, согласование сказуемого 267 (3)
яблок – яблоков 216 (3)
яслей, род. п. 216 (4)
яблонь – яблоней 215 (2)
ягоды, ед. и мн. ч. 217
якори – якоря́ 213 (2)
якутов, род. п. мн. ч. 214 (1, 2)
-ян- – -ен- в прилагательных 41 (примеч. 3, 4)
ястребы – ястреба́ 213 (2)

СОДЕРЖАНИЕ

Предисловие 3

ОРФОГРАФИЯ
I. Правописание гласных в корне 5
§ 1. Проверяемые безударные гласные 5
§ 2. Непроверяемые безударные гласные 5
§ 3. Чередующиеся гласные 6
§ 4. Гласные после шипящих 7
§ 5. Гласные после ц 8
§ 6. Буквы *э – е* 9
§ 7. Буква *й* 9

II. Правописание согласных в корне 9
§ 8. Звонкие и глухие согласные 9
§ 9. Двойные согласные в корне и на стыке приставки и корня 10
§ 10. Непроизносимые согласные 12

III. Употребление прописных букв 13
§ 11. Прописные буквы в начале текста 13
§ 12. Прописные буквы после знаков препинания 13
§ 13. Собственные имена лиц 14
§ 14. Клички животных, названия видов растений, сортов вин 17
§ 15. Имена действующих лиц в баснях, сказках, пьесах 17
§ 16. Имена прилагательные и наречия образованные от индивидуальных названий 18
§ 17. Географические и административно-территориальные названия 18
§ 18. Астрономические названия 22
§ 19. Названия исторических эпох и событий 22
§ 20. Названия календарных периодов и торжеств 23
§ 21. Названия, связанные с религией 23
§ 22. Названия органов власти, учреждений, организаций, обществ, партий 25
§ 23. Названия документов, памятников, предметов и произведений искусства 27
§ 24. Наименования должностей, званий, титулов 27
§ 25. Названия орденов и медалей, наград, знаков отличия 28
§ 26. Названия литературных произведений и органов печати 28
§ 27. Сложносокращенные слова и аббревиатуры 29
§ 28. Условные имена собственные 30

IV. Разделительные ъ и ь 31
§ 29. Употребление ъ 31
§ 30. Употребление ь 31

V. Правописание приставок 31
§ 31. Приставки на з- 31
§ 32. Приставка с- 32
§ 33. Приставки *пре-* и *при-* 32

§ 34. Гласные **ы** и **и** после приставок 33

VI. Гласные после шипящих и ц в суффиксах и окончаниях 34
§ 35. Гласные *о* и *е* после шипящих 34
§ 36. Гласные после *ц* 34

VII. Правописание имен существительных 35
§ 37. Окончания имен существительных 35
1. Окончания дательного и предложного падежей существительных с основой на *и* (35). 2. Окончания предложного падежа существительных среднего рода на *-ье* (35). 3. Окончания родительного падежа множественного числа существительных на *-ья* и *-ье* (35). 4. Окончания родительного падежа множественного числа существительных на *-ня* (35). 5. Окончания *-ым* и *-ом* в творительном падеже имен собственных (35). 6. Окончания существительных с суффиксами *-ищ-*, *-ушк-*, *-юшк-*, *-ишк-* (36). 7. Окончания существительных с суффиксом *-л-* (36).

§ 38. Суффиксы имен существительных 36
1. Суффиксы *-ик* и *-ек* (36). 2. Суффиксы *-ец* и *-иц* (37). 3. Суффиксы *-ичк-* и *-ечк-* (37). 4. Сочетания *-инк-* и *-енк-* (37). 5. Суффиксы *-оньк-* и *-еньк-* (37). 6. Суффиксы *-чик* и *-щик* (37). 7. Суффиксы *-ние* и *-нье* (38). 8. Слова с редкими суффиксами (38).

VIII. Правописание имен прилагательных 38
§ 39. Окончания имен прилагательных 38
§ 40. Суффиксы имен прилагательных 39
1. Суффиксы *-ив-*, *-лив-*, *-чив-* (39). 2. Суффиксы *-ов-*, *-оват-*, *-овит-*, *-ев-*, *-еват-*, *-евит-* (39). 3. Прилагательные на *-чий* (39). 4. Суффиксы *-ат-*, *-чат-* (39). 5. Конечное *ц* основы перед суффиксом *-чат-* (39). 6. Прилагательные на *-д-ский*, *-т-ский*, *-ч-ский*, *-ц-кий* (39). 7. Прилагательные с суффиксом *-ск-* (40). 8. Прилагательные от основ на *-нь* и *-рь* (40). 9. Прилагательные и существительные с сочетаниями *чн* и *шн* на стыке корня и суффикса (40). 10. Суффиксы *-н-*, *-енн-*, *-онн-*, *-ин-*, *-ан-*, *-ян-* (41). 11. Прилагательные на *-инский* и *-енский* (41).

IX. Правописание сложных слов 42
§ 41. Соединительные гласные *о* и *е* 42
§ 42. Сложные слова без соединительной гласной 42
§ 43. Правописание сложных существительных 43
1. Слова с элементами **авто-**, **агро-**, **аэро-**, **био-**, **вело-**, **гелио-**, **гео-**, **гидро-**, **зоо-**, **изо-**, **кино-**, **макро-**, **метео-**, **микро-**, **моно-**, **мото-**, **нео-**, **палео-**, **радио-**, **стерео-**, **теле-**, **фото-**, **электро-** и др. (43). 2. Слова типа **вертишейка** (44). 3. Сложносокращенные слова (44). 4. Слова типа **вакуум-аппарат**, **динамо-машина**, **кресло-кровать** (44). 5. Слова типа **грамм-атом** (45). 6. Слова типа **анархо-синдикализм** (45). 7. Названия промежуточных стран света (45). 8. Слова с элементами **вице-**, **лейб-**, **обер-**, **унтер-**, **штаб-**, **экс-** (45). 9. Слова типа **любишь-не-любишь** (45). 10. Слова типа **бой-баба** (45). 11. Слова типа **альфа-частица** (45). 12. Слова типа **алма-атинцы** (45). 13. Слова типа **вагоно-** и **паровозостроение** (46).

§ 44. Правописание сложных прилагательных 46
1. Сложные прилагательные, выражающие подчинительные отношения (46). 2. Слитное написание сложных прилагательных, употребляемых в роли терминов (46). 3. Сложные прилагательные, одна из частей которых

самостоятельно не употребляется (48). 4. Прилагательные, образованные от существительных с дефисным написанием (48). 5. Прилагательные, образованные от сочетания имени и фамилии, имени и отчества или двух фамилий (48). 6. Сложные прилагательные, выражающие сочинительные отношения (49). 7. Сложные прилагательные, части которых указывают на неоднородные признаки (49). 8. Сложные прилагательные, обозначающие качество с дополнительным оттенком (50). 9. Сложные прилагательные, обозначающие оттенки цветов (50). 10. Дефисное написание сложных прилагательных, употребляемых в роли терминов (50). 11. Сложные прилагательные в составе географических или административных названий (52). 12. Сложные прилагательные типа *литературно-художественный* (52). 13. Словосочетания, состоящие из наречия и прилагательного или причастия (52).

X. Правописание имён числительных 54
§ 45. Числительные количественные, порядковые, дробные 54
§ 46. Числительное *пол-* 55

XI. Правописание местоимений 55
§ 47. Отрицательные местоимения 55

XIII. Правописание глаголов 56
§ 48. Личные окончания глаголов 56
§ 49. Употребление буквы *ь* в глагольных формах 57
§ 50. Суффиксы глаголов 58

XIII. Правописание причастий 58
§ 51. Гласные в суффиксах причастий 58
§ 52. Правописание *нн* и *н* в причастиях и отглагольных прилагательных ... 59

XIV. Правописание наречий 62
§ 53. Гласные на конце наречий 62
§ 54. Наречия на шипящую 62
§ 55. Отрицательные наречия 63
§ 56. Слитное написание наречий 63

1. Наречия типа *донельзя, навсегда* (63). 2. Наречия типа *вдвое, подвое* (63). 3. Наречия типа *задолго, помногу* (63). 4. Наречия типа *вплотную* (63). 5. Наречия типа *впросак, начеку* (63). 6. Наречия типа *вовремя, навырез, вразрядку, в рассрочку* (64). 7. Наречия типа *вверх, вконец, навеки* (65).

§ 57. Дефисное написание наречий 66

1. Наречия типа *по-видимому, по-дружески, по-волчьи* (66). 2. Наречия типа *во-первых* (66). 3. Наречия типа *все-таки* (66). 4. Наречия типа *едва-едва, мало-помалу, не сегодня-завтра, с бухты-барахты* (66). 5. Технический термин *на-гора* (66).

§ 58. Раздельное написание наречных сочетаний 66

1. Сочетания типа *бок о бок* (66). 2. Сочетания типа *честь честью* (67). 3. Сочетания типа *без ведома, в старину, до отказа, на лету, под стать, с разбегу, на днях* (67). 4. Сочетания типа *за границу, под мышкой, в сердцах* (67). 5. Сочетания предлога *в* с существительным, начинающимся с гласной буквы (67).

XV. Правописание предлогов 68
§ 59. Сложные предлоги 68
§ 60. Слитное и раздельное написание предлогов и предложных сочетаний   68

XVI. Правописание союзов	68
§ 61. Слитное написание союзов	68

1. Союз *чтобы* (68). 2. Союзы *тоже* и *также* (69). 3. Союзы *причем* и *притом* (69). 4. Союз *зато*, наречия *зачем, затем, отчего, оттого, почему, потому, посему, поэтому, почем* (69). 5. Союз *итак* (71).

§ 62. Раздельное написание союзов	71
XVII. Правописание частиц	71
§ 63. Раздельное написание частиц	71
§ 64. Дефисное написание частиц	71
Правописание *не* и *ни*	**72**
§ 65. Правописание *не* с именами существительными	72

1. Слова типа *невежда* (72). 2. Слова типа *неприятель* (72). 3. Слова типа *неспециалист* (72). 4. Частица *не* при противопоставлении (73). 5. Частица *не* при существительном в вопросительном предложении (73).

§ 66. Правописание *не* с именами прилагательными	73

1. Слова типа *небрежный* (73). 2. Слова типа *небольшой* (73). 3. Частица *не* при противопоставлении (74). 4. Частица *не* с относительными прилагательными (74). 5. Написание частицы *не* при противопоставлении, выраженном союзом *а* или *но* (74). 6. Написание *не* с прилагательными, имеющими при себе пояснительные слова (74). 7. Написание *не* с краткими прилагательными (75). 8. Написание *не* со словами *готов, должен, рад* и т. п. (76). 9. Отрицание *не* при сравнительной степени прилагательных (76). 10. Прилагательные типа *несравнимый* (76). 11. Частица *не* при прилагательным в вопросительном предложении (77).

§ 67. Правописание *не* с именами числительными	78
§ 68. Правописание *не* с местоимениями	78
§ 69. Правописание *не* с глаголами	78
§ 70. Правописание *не* с причастиями	79
§ 71. Правописание *не* с наречиями	80
§ 72. Правописание *ни*	83
XVIII. Правописание междометий и звукоподражательных слов	85
§ 73. Дефисное написание междометий и звукоподражаний	85
XIX. Правописание иностранных слов	85
§ 74. Транскрипция иностранных слов	85

ПУНКТУАЦИЯ

XX. Знаки препинания в конце предложения и при перерыве речи	87
§ 75. Точка	87
§ 76. Вопросительный знак	88
§ 77. Восклицательный знак	89
§ 78. Многоточие	90
XXI. Тире между членами предложения	90
§ 79. Тире между подлежащим и сказуемым	90

1. Подлежащее и сказуемое – существительные в именительном падеже (90). 2. Подлежащее и сказуемое – неопределенная форма глагола (или существительное и неопределенная форма глагола (91). 3. Тире перед словами *это, вот, значит* и др. (92). 4. Сказуемое – имя

числительное (92). 5. Сказуемое – предикативное наречие на *о* (92). 6. Сказуемое – идиоматический оборот (92). 7. Подлежащее – слово *это* (92). 8. Подлежащее – личное местоимение (92). 9. Сказуемое – вопросительное местоимение (93). 10. Сказуемое – имя прилагательное, местоименное прилагательное, предложно-именное сочетание (93). 11. Тире в сносках (93).

§ 80. Тире в неполном предложении 93
1–2. Тире в эллиптических предложениях (93). 3. Тире в неполном предложении, образующем часть сложного предложения (94). 4. Тире в однотипно построенных частях сложного предложения (94).

§ 81. Интонационное тире 94
§ 82. Соединительное тире 94
1. Тире для обозначения пределов пространственных, временных, количественных (94). 2. Тире между собственными именами, образующими названия учений, научных учреждений и т. д. (95).

XXII. Знаки препинания в предложениях с однородными членами 95
§ 83. Однородные члены, не соединенные союзами 95
1. Запятая между однородными членами (95). 2. Точка с запятой между однородными членами (96). 3. Тире между однородными членами (96).

§ 84. Однородные и неоднородные определения 96
§ 85. Однородные и неоднородные приложения 99
§ 86. Однородные члены, соединенные неповторяющимися союзами 100
1–3. Однородные члены, связанные одиночными соединительными и разделительными союзами (100). 4. Однородные члены, связанные противительными союзами (100).

§ 87. Однородные члены, соединенные повторяющимися союзами 101
§ 88. Однородные члены, соединенные парными союзами 103
§ 89. Обобщающие слова при однородных членах 104
1. Однородные члены с предшествующим обобщающим словом (104). 2. Однородные члены с последующим обобщающим словом (104). 3. Однородные члены после обобщающего слова, не заканчивающие предложения (105). 4. Обобщающее слово и однородные члены в середине предложения (105). 5. Точка с запятой между однородными членами при наличии обобщающего слова (106).

XXIII. Знаки препинания при повторяющихся словах 106
§ 90. Запятая при повторяющихся словах 106
§ 91. Дефисное написание повторяющихся слов 107

XXIV. Знаки препинания в предложениях с обособленными членами 108
§ 92. Обособленные определения 108
1. Распространенное определение, стоящее после определяемого существительного (108). 2. Определение в сочетании с неопределенным местоимением (109). 3. Определительные, указательные и притяжательные местоимения в сочетании с причастным оборотом (109). 4. Два одиночных определения (110). 5. Одиночное определение (110). 6. Определение с обстоятельственным оттенком (111). 7. Определение в отрыве от определяемого существительного (111). 8. Определение при личном местоимении (111). 9. Несогласованные определения, выраженные косвенными падежами существительных (112). 10. Несогласованные определения, выраженные сравнительной степенью прилагательных (113). 11. Несогласованные определения, выраженные неопределенной формой глагола (113).

§ 93. Обособленные приложения 113
    1. Распространенное приложение при нарицательном существительном (113). 2. Одиночное нераспространенное приложение (114). 3. Приложение при собственном имени (116). 4. Собственные имена лиц или кличка животного в роли приложения (116). 5. Приложения, присоединяемые союзами (116). 6. Приложение при личном местоимении (117). 7. Приложение, относящееся к отсутствующему определяемому слову (117). 8. Употребление тире при обособленном приложении (117).

§ 94. Обособленные обстоятельства 118
    1. Деепричастный оборот (118). 2. Два одиночных деепричастия (121). 3. Одиночное деепричастие (122). 4. Обстоятельства, выраженные именами существительными (122). 5. Обстоятельства, выраженные наречиями (123).

§ 95. Обособленные дополнения 124

XXV. Знаки препинания в предложениях с уточняющими, пояснительными и присоединительными членами предложения 125

§ 96. Уточняющие члены предложения 125
    1. Уточняющие обстоятельства (125). 2. Уточняющие определения (126). 3. Определения, конкретизирующие значение местоимений *этот, тот, такой* (126). 4. Слова *вернее, точнее, скорее* в роли вводных слов (126).

§ 97. Пояснительные члены предложения 126
    1. Конструкции со словами *а именно, то есть* (126). 2. Конструкции с пояснительным союзом *или* (127).

§ 98. Присоединительные члены предложения 128
    1. Конструкции со словами *даже, особенно, например, в частности, в том числе, да и, и притом* и др. (128). 2. Бессоюзные присоединительные конструкции (128). 3. Знаки при присоединительной конструкции (129).

XXVI. Знаки препинания при словах, грамматически не связанных с членами предложения 129

§ 99. Вводные слова и словосочетания 129
    1. Разряды вводных слов по значению (129). 2. Разграничение вводных слов и членов предложения (131). 3. Пунктуация при словах *наконец, в конце концов, однако, конечно, значит, вообще, главным образом, во всяком случае* (132). 4. Запятая при встрече двух вводных слов (135). 5. Вводные слова в составе обособленных оборотов (135). 6. Вводные слова после сочинительного союза (135). 7. Вводные слова после присоединительного союза (136).

§ 100. Вводные и вставные предложения 136
§ 101. Обращение 138
§ 102. Междометие 140
§ 103. Утвердительные, отрицательные и вопросительно-восклицательные слова 141

XXVII. Знаки препинания в сложносочиненном предложении 142

§ 104. Запятая в сложносочиненном предложении 142
§ 105. Точка с запятой в сложносочиненном предложении 144
§ 106. Тире в сложносочиненном предложении 145

XXVIII. Знаки препинания в сложноподчиненном предложении 145

§ 107. Запятая между главным и придаточным предложениями ... 145

§ 108.	Запятая при сложных подчинительных союзах	146
§ 109.	Пунктуация в сложноподчинённом предложении с несколькими придаточными	148
§ 110.	Запятая на стыке двух союзов	149
§ 111.	Тире в сложноподчинённом предложении	150
§ 112.	Двоеточие в сложноподчинённом предложении	151
§ 113.	Запятая и тире в сложноподчинённом предложении и в периоде	151

XXIX. Пунктуация при оборотах, не являющихся придаточными предложениями ... 152

§ 114. Цельные по смыслу выражения ... 152

1. Обороты типа *сделать как следует, ночевать где придётся, идти куда глаза глядят* и т. п. (152). 2. Сочетания *не то что, не то чтобы* и т. п. (153). 3. Сочетания *(не) больше чем, (не) раньше чем* и т. п. (153). 4. Сочетания *неизвестно кто, непонятно где, все равно какой* и т. п. (153). 5. Сочетания *кто угодно, как попало* и т. п. (153). 6. Обороты типа *есть чем заняться, найду куда обратиться* и т. п. (154). 7. Сочетание *только и ... что* (154).

§ 115. Сравнительный оборот ... 154

1. Обороты с союзами *словно, будто, точно* и др. (154). 2. Обороты с союзом *как* (155). 3. Отсутствие запятой при оборотах с союзом *как* (156).

XXX. Знаки препинания в бессоюзном сложном предложении ... 159

§ 116.	Запятая и точка с запятой в бессоюзном сложном предложении	159
§ 117.	Двоеточие в бессоюзном сложном предложении	160
§ 118.	Тире в бессоюзном сложном предложении	162

XXI. Знаки препинания при прямой речи ... 164

§ 119.	Прямая речь после авторских слов	164
§ 120.	Прямая речь впереди авторских слов	166
§ 121.	Авторские слова внутри прямой речи	167
§ 122.	Прямая речь внутри авторских слов	168
§ 123.	Знаки препинания при диалоге	169

XXXII. Знаки препинания при цитатах ... 170

§ 124.	Кавычки при цитатах	170
§ 125.	Многоточие при цитатах	171
§ 126.	Прописные и строчные буквы в цитатах	172
§ 127.	Пунктуация при ссылке на автора и на источник цитаты	172

XXXIII. Употребление кавычек ... 173

§ 128.	Слова, употребляемые в необычном, условном, ироническом значении	173
§ 129.	Названия литературных произведений, органов печати, предприятий и т. д.	173
§ 130.	Названия орденов и медалей	174
§ 131.	Названия фабричных марок машин, производственных изделий и т. д.	175
§ 132.	Названия сортов растений и пород животных	176

XXXIV. Сочетания знаков препинания ... 176

§ 133.	Запятая и тире	176
§ 134.	Вопросительный и восклицательный знаки	177
§ 135.	Кавычки и другие знаки	177
§ 136.	Скобки и другие знаки	178
§ 137.	Многоточие и другие знаки	179

§ 138. Последовательность знаков при сноске 179

ЛИТЕРАТУРНАЯ ПРАВКА
XXXV. Выбор слова 180
   § 139. Смысловой и стилистический отбор лексических средств 180
   § 140. Устранение канцеляризмов и штампов 185
   § 141. Плеоназм и тавтология 188
   § 142. Благозвучие речи 189
   § 143. Использование фразеологических средств 190

XXXVI. Формы имен существительных 193
   § 144. Колебания в роде имен существительных 193
      1. Слова, имеющие параллельные формы мужского и женского рода (193). 2. Слова, употребляемые в форме мужского рода (195). 3. Слова, употребляемые в форме женского рода (196). 4. Слова, употребляемые в форме среднего рода (196). 5. Слова, образованные при помощи суффиксов (197).
   § 145. Дифференциация значений в зависимости от родовых окончаний ... 197
   § 146. Род названий лиц женского пола по профессии, должности и т. д. ... 198
      1. Слова без парных образований (198). 2. Парные образования, принятые в нейтральных стилях речи (199). 3. Парные образования, используемые в разговорной речи (200).
   § 147. Род несклоняемых существительных 200
      1. Слова, обозначающие неодушевленные предметы (200). 2. Субстантивированные слова (201). 3. Слова, обозначающие лиц (201). 4. Слова, обозначающие животных, птиц и т. д. (202). 5. Географические названия (202). 6. Названия органов печати (202). 7. Аббревиатуры (203).
   § 148. Особенности склонения некоторых слов и словосочетаний 203
      1. Слова типа *домишко* (203). 2. Слова типа *домище* (203). 3. Сложные слова типа *полчаса* (203). 4. Сложносоставные слова типа *плащ-палатка*, *вагон-ресторан* (203). 5. Сочетание *Москва-река* (204). 6. Сложные географические названия типа *Орехово-Зуево*, *Гусь-Хрустальный* (204). 7. Сочетания типа *пятое марта* (204).
   § 149. Склонение некоторых имен и фамилий 204
      1. Имена типа *Левко*, *Гаврило* (204). 2. Сочетания типа *Жюль Верн* (204). 3. Имена и фамилии типа *Карел Чапек* (204). 4. Фамилии, оканчивающиеся на согласный звук (205). 5. Несклоняемые фамилии на *-аго*, *-ых* и др. (205). 6. Иностранные фамилии, оканчивающиеся на гласный звук (205). 7. Украинские фамилии на *-ко* (206). 8. Корейские, вьетнамские, бирманские фамилии (206). 9. Двойные фамилии (206). 10. Нерусские фамилии, относящиеся к двум лицам (206). 11. Сочетания типа *два Петрова* (207). 12. Женские отчества (207).
   § 150. Окончания родительного падежа единственного числа существительных мужского рода *-а (-я) — -у (-ю)* 207
   § 151. Формы винительного падежа существительных одушевленных и неодушевленных 208
   § 152. Окончания предложного падежа единственного числа существительных мужского рода *-е — -у* 210
   § 153. Окончания именительного падежа множественного числа существительных мужского рода *-ы (-и) — -а (-я)* 212
   § 154. Окончания родительного падежа множественного числа 214
   § 155. Окончания творительного падежа множественного числа *-ями— -(ь)ми* 216

§ 156. Употребление единственного числа в значении множественного 216
§ 157. Употребление отвлеченных, вещественных и собственных имен существительных во множественном числе 217
§ 158. Варианты суффиксов имен существительных 218
1. Слова типа *воробышек – воробушек* (218). 2. Слова типа *березняк – березник* (218). 3. Слова типа *бессмысленность – бессмыслица* (218).

XXXVII. Формы имен прилагательных 218
§ 159. Полная и краткая форма качественных прилагательных 218
§ 160. Вариантные формы кратких прилагательных 221
1. Формы типа *родствен, свойствен* (221). 2. Формы типа *определенен, откровенен* (221). 3. Формы типа *светел, смугл* (221).
§ 161. Формы степеней сравнения имен прилагательных 222
§ 162. Употребление притяжательных прилагательных 223
1. Прилагательные типа *отцов, дядин* (223). 2. Прилагательные типа *отцовский, материнский* (224). 3. Прилагательные типа *слоновый, змеиный* (224). 4. Прилагательные типа *лисий* (224).
§ 163. Синонимическое использование прилагательных и косвенных падежей существительных 224

XXXVIII. Формы имен числительных 226
§ 164. Сочетания числительных с существительными 226
1. Формы *восьмью – восемью, пятьюдесятью – пятидесятью, с тремястами рублями – с тремястами рублей, тысячей – тысячью* (226). 2. Формы составных числительных (227). 3. Сочетания типа *22 суток* (227). 4. Формы *обоих – обеих* (228). 5. Счетное слово *пара* (228). 6. Сочетания типа *два и более* (228). 7. Сочетания предлога *по* с числительными (228). 8. Сочетания типа *35,5 процента* (229). 9. Числительные *полтора* и *полтораста* (229).
§ 165. Употребление собирательных числительных 229
§ 166. Числительные в составе сложных слов 230
1. Слова с элементом *дву-* и *двух-* (230). 2. Числительное *пол-* (231). 3. Сложные слова типа *2500-летие* (232).

XXXIX. Употребление местоимений 232
§ 167. Личные местоимения 232
1. Местоимение и контекст (232). 2. Пропуск местоимения-подлежащего при сказуемом-глаголе (233). 3. Плеонастическое повторение личного местоимения в роли подлежащего (233). 4. Формы *у нее – у ней* (233). 5. Начальное *н* у местоимений 3-го лица (233).
§ 168. Возвратные и притяжательные местоимения 234
1. Местоимение *себя* (234). 2. Местоимение *свой* (235).
§ 169. Определительные местоимения 235
1. *Всякий – каждый – любой* (235). 2. *Сам – самый* (236).
§ 170. Неопределенные местоимения 236

XL. Употребление форм глагола 238
§ 171. Образование некоторых личных форм 238
1. Недостаточные глаголы типа *победить* (238). 2. Личные формы глаголов типа *выздороветь* (238). 3. Глаголы *зиждиться, зыбиться, стелить, чтить* (238). 4. Изобилующие глаголы типа *полоскать, двигать* (239). 5. Некоторые формы повелительного наклонения (240).
§ 172. Варианты видовых форм 240
1. Глаголы типа *заведовать – заведывать* (240). 2. Глаголы типа

обусловливать – обуславливать (241). 3. Глаголы типа *популяризовать – популяризировать* (242). 4. Глаголы *брезговать, видать, коптеть, лазать, мерять, мучать, подымать, прочесть, свистать, слыхать, стариться* (242). 5. Глаголы движения (243). 6. Сочетание глаголов движения с названиями видов транспорта (244). 7. Формы типа *мок – мокнул* (244).

§ 173. Возвратные и невозвратные формы 244
 1. Глаголы типа *белеть – белеться* (244). 2. Глаголы типа *грозить – грозиться* (244). 3. Глаголы типа *кружить – кружиться, плескать – плескаться* и др. (244). 4. Двузначность конструкций с глаголами на *-ся* (244).

§ 174. Формы причастий 245
§ 175. Формы деепричастий 245

XLI. Строй простого предложения 246
§ 176. Типы предложения 246
 1. Конструкции типа *я предлагаю – предлагаю* (246). 2. Конструкции типа *просят не курить – запрещается курить* (246). 3. Конструкции типа *я хочу – мне хочется* (246). 4. Обороты действительный, страдательный и безличный (247). 5. Предложения со «смещённой» конструкцией (247).

§ 177. Формы сказуемого 247
 1. Разговорные формы сказуемого (247). 2. «Расщепление» сказуемого (248). 3. Именительный и творительный падеж в составном сказуемом (248).

XLII. Порядок слов в предложении 249
§ 178. Место подлежащего и сказуемого 250
§ 179. Место определения в предложении 251
 1. Согласованное определение (251). 2. Несколько согласованных определений (252). 3. Несогласованное определение (253).

§ 180. Место дополнения в предложении 253
 1. Прямой и обратный порядок слов (253). 2. Местоположение нескольких дополнений (254). 3. Конструкция типа *мать любит дочь* (254).

§ 181. Место обстоятельства в предложении 254
§ 182. Местоположение вводных слов, обращений, частиц, предлогов 256

XLIII. Согласование сказуемого с подлежащим 257
§ 183. Сказуемое при подлежащем, имеющем в своем составе собирательное существительное 257
 1. Конструкции типа *большинство голосовало* (257). 2. Конструкции типа *большинство населения голосовало* (258). 3. Условия постановки сказуемого во множественном числе (258).

§ 184. Сказуемое при подлежащем – количественно-именном сочетании (счетном обороте) 259
 1. Обозначение совместного и раздельного действия (260). 2. Обозначение нерасчленённого и расчленённого целого (260). 3. Обозначение меры веса, пространства и т. д. (260). 4. Сочетание со словами *лет, месяцев* и т. д. (260). 5. Сочетания с числительными *два, три, четыре* (260). 6. Составные числительные, оканчивающиеся на *один* (261). 7. Сказуемые при словах *тысяча, миллион, миллиард* (261). 8. Сочетания со словами *все, эти, только* и др. (261). 9. Подлежащее – числительное без существительного (261). 10. Значение приблизительного количества (262). 11. Сочетания со словом *несколько* (262).

12. Сочетания со словами *много, мало* и т. п. (262). 13. Сочетания со словами типа *тройка* (263). 14. Сочетания со словами типа *масса, уйма* (263). 15. Слова типа *полчаса* (263).

§ 185. Согласование сказуемого с подлежащим, имеющим при себе приложение . 263
1. Грамматическое согласование и согласование по смыслу (263). 2. Сочетание родового и видового понятий (264). 3. Сочетание нарицательного и собственного имени (264). 4. Согласование с подлежащим при наличии уточняющих слов, присоединительных конструкций и т. п. (264). 5. Сказуемое при словах типа *кафе-столовая* (265).

§ 186. Сказуемое при подлежащем типа *брат с сестрой* 266

§ 187. Сказуемое при подлежащем — местоимении вопросительном, относительном, неопределенном, отрицательном 267
Подлежащее: 1. Вопросительное местоимение (267); 2. Относительное местоимение *кто* (267); 3. Относительное местоимение *что* (268); 4. Неопределенное местоимение (268).

§ 188. Сказуемое при подлежащем — несклоняемом существительном, сложносокращенном слове, нерасчленимой группе слов 269
Подлежащее: 1. Субстантивированное слово (269); 2. Заимствованное несклоняемое слово (269); 3. Русская аббревиатура (269); 4. Иноязычная аббревиатура (269); 5. Условное название (269); 6. Нерасчленимая группа слов (270); 7. Прозвище лица (270).

§ 189. Согласование связки с именной частью сказуемого 271

§ 190. Согласование сказуемого с однородными подлежащими 271
1. Влияние порядка главных членов предложения (271). 2. Роль союзов (272). 3. Смысловая близость однородных подлежащих (273). 4. Расположение подлежащих в порядке градации (274). 5. Влияние лексического значения сказуемого (274). 6. Личные местоимения в составе подлежащих (274).

XLIV. Согласование определений и приложений 274
§ 191. Определение при существительном общего рода 274
§ 192. Определение при существительном, имеющем при себе приложение 275
§ 193. Определение при существительном, зависящем от числительных *два, три, четыре* 276
§ 194. Два определения при одном существительном 278
§ 195. Определение при существительных — однородных членах 281
1. Определение в форме единственного числа (281). 2. Определение в форме множественного числа (281). 3. Определение при существительных с повторяющимся предлогом (282). 4. Определение при существительных в форме множественного числа (282). 5. Определение при сочетании типа *брат с сестрой* (282).

§ 196. Согласование приложений 282
1. Прозвища или условные названия (282). 2. Сочетания типа *ракета-носитель* (282). 3. Сочетания типа *по имени, известный как, будь то,* слова-вставки (283). 4. Сочетания типа *витрина-стенд* (283).

§ 197. Приложения — географические названия 283

XLX. Управление 285
§ 198. Беспредложное и предложное управление 285
1. Варианты беспредложных и предложных конструкций (285). 2. Конструкции со слабым управлением (287). 3. Обороты со словами *кроме, вместо* и др.(287).

§ 199. Выбор предлога 288
1. Сочетания *в адрес – по адресу, с помощью – при помощи, с*

целью – в целях (288). 2. Предлоги с изъяснительным значением (290). 3. Предлоги с пространственным значением (290). 4. Предлоги с временным значением (292). 5. Предлоги с причинным значением (*благодаря, ввиду, вследствие* и др.) (293). 6. Предлоги *по – о* при глаголах, обозначающих душевные переживания (294). 7. Отыменные предлоги *в отношении – по отношению* и др. (294). 8. Новые предлоги *в деле, в области, в части, за счет, по линии* (294). 9. Сочетания типа *в введении – во введении* (295).

§ 200. Выбор падежной формы 295
    1. Стилистические варианты падежных форм (295). 2. Сочетания *в отсутствие, в двадцатых годах* и др. (296). 3. Предлоги *исключая, между, сообразно* (296). 4. Конструкции с двойной зависимостью (297).

§ 201. Падеж дополнения при переходных глаголах с отрицанием 297
    1. Родительный падеж (297). 2. Винительный падеж (298). 3. Факультативное употребление обоих падежей (300). 4. Дополнение при глаголе с приставкой *недо-* (300). 5. Отрицание *не* не при глаголе-сказуемом (300). 6. Падеж дополнения в предложениях со смещенной конструкцией (300).

§ 202. Управление при синонимических словах 300
§ 203. Различные предложно-падежные формы при одном управляющем слове . 302
    1. Дополнения при глаголах *бросить, жертвовать, заслужить, наблюдать* и др. (304). 2. Конструкции типа *выпить воду – выпить воды* (306). 3. Конструкции типа *искать место – искать места* (306). 4. Родительный временного пользования (307). 5. Конструкции типа *обязан кому чем* (307). 6. Конструкции типа *друг отца – друг отцу* (307). 7. Конструкции типа *близкий чему – близкий к чему* (308).

§ 204. Нанизывание одинаковых форм 308
    1. Нанизывание родительных падежей (308). 2. Нанизывание других падежей (308). 3. Стечение падежных форм с одинаковыми предлогами (309). 4. Стечение инфинитивов (309). 5. Родительный субъекта и родительный объекта (309).

§ 205. Управление при однородных членах предложения 309

XLVI. Предложения с однородными членами 310
§ 206. Союзы при однородных членах 310
§ 207. Предлоги при однородных членах 311
§ 208. Ошибки в сочетаниях однородных членов 312
    1. Несопоставимость понятий (312). 2. Лексическая несочетаемость (313). 3. Несочетаемость видовых и родовых понятий (313). 4. Скрещивающиеся понятия (313). 5. Неясность при разных рядах однородных членов (313). 6. Неправильное попарное соединение однородных членов (313). 7. Морфологическая несочетаемость (313). 8. Ошибки при использовании сопоставительных союзов (314). 9. Нарушение связи между однородными членами и обобщающим словом (314). 10. Неоднородные синтаксические конструкции (315).

XLVII. Сложное предложение 315
§ 209. Союзы и союзные слова 315
    1. Стилистическая окраска союзов (315). 2. Союзы *пока* и *пока не* (316). 3. Союзные слова *который* и *какой* (317).

§ 210. Ошибки в сложных предложениях 317
    1. Разнотипность частей сложного предложения (317). 2. Смещение конструкции (317). 3. Неправильное употребление союзов и

союзных слов (318). 4. Неправильный порядок слов (319). 5. Смешение прямой и косвенной речи (319).

XLVIII. Параллельные синтаксические конструкции 320
    § 211. Причастные обороты 320
        1. Отсутствие у причастий форм будущего времени и сослагательного наклонения (320). 2. Причастный оборот обособленный и необособленный (320). 3. Значение времени, вида, залога у причастий (321). 4. Согласование причастий (322). 5. Порядок слов в причастном обороте (322). 6. Пояснительные слова при причастии (322). 7. Замена придаточных определительного предложения причастным оборотом (322).
    § 212. Деепричастные обороты 323
        1. Нормативное употребление деепричастных оборотов (323). 2. Место деепричастного оборота (324). 3. Синонимика деепричастного оборота и других конструкций (324).
    § 213. Конструкции с отглагольными существительными 325
        1. Сфера использования отглагольных существительных (325). 2. Недостатки конструкций с отглагольными существительными (326). 3. Приемы правки (326).

Дитмар Эльяшевич Розенталь

**СПРАВОЧНИК ПО ПРАВОПИСАНИЮ
И ЛИТЕРАТУРНОЙ ПРАВКЕ**

Технический редактор: *С. С. Коломеец*
Компьютерная верстка: *Г. В. Доронина*
Корректор: *К. Р. Арзуманян*

Подписано к печати 26.12.96. Формат 60 × 90/16. Бум. газ. Гарнитура «Тип Таймс». Печать офсетная. Усл. печ. л. 23. 1-ый доп. тираж 20000 экз. Заказ № 1046.
ЛР № 064657 от 27.06.96 г.
ООО «Рольф» г. Москва, пр. Мира, 106
тел. (095) 956-05-34, 956-50-21

Текст отпечатан на бумаге, предоставленной ЗАО «МИЧ»

Отпечатано в полном соответствии
с качеством предоставленных диапозитивов
в ОАО «Можайский полиграфический комбинат».
143200, г. Можайск, ул. Мира, 93.

Издательство "АЙРИС" представляет серию ДОМАШНИЙ РЕПЕТИТОР

Д. Э. Розенталь, И. Б. Голуб
"Русский язык. Орфография и пунктуация"

- Правила и упражнения по орфографии и пунктуации.
- Тексты для диктантов и изложений.
- Краткий орфографический словарь.

☐ Тираж 40 тыс., 352 с., обл. ☐

Д. Э. Розенталь, И. Б. Голуб
"Секреты стилистики"

- Изучение правильного употребления грамматических форм и синтаксических конструкций.
- "Секреты" использования выразительных средств русского языка.
- Анализ распространенных стилистических ошибок в школьных сочинениях и устной речи.

☐ Тираж 30 тыс., 208 с., обл. ☐

Издательство "АЙРИС" представляет СЕРИЮ
ДОМАШНИЙ РЕПЕТИТОР

Т. В. Торкунова
"Как писать сочинение"

- ☞ Самостоятельная подготовка к письменному экзамену по литературе в соответствии с программой 1995/1996 года.

- ☞ Методика написания сочинения "шаг за шагом".

- ☞ Более 100 образцов сочинений.

- ☞ Анализ типичных ошибок.

- ☞ Краткий словарь литературоведческих терминов.

❑ Тираж 50 тыс., 224 с., обл. ❑

И. Миловидова
"Проверяем свою грамотность"

- ☞ Более 40 тестов различных уровней сложности.

- ☞ Анализ наиболее распространенных грамматических, стилистических и речевых ошибок.

- ☞ Тексты-диктанты для самопроверки. Ключи к диктантам и тестам.

❑ Тираж 40 тыс., 176 с., обл. ❑

Издательство "АЙРИС"
Фирма "Ай.Пи. Трейдинг"

956 - 50 - 21   956 - 05 - 34   956 - 16 - 84

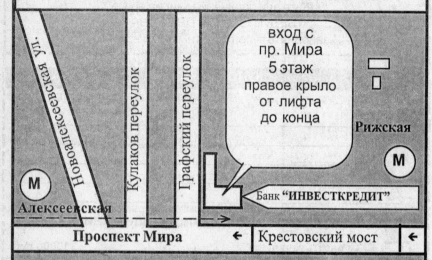

Проезд от станции метро **"Рижская"** до остановки "Крестовский мост" троллейбусом N9, 14, 48, автобусом N85, 714. Пешком от станции метро **"Алексеевская"** 10 мин.

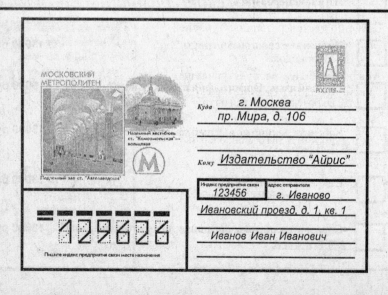

КНИГИ - ПОЧТОЙ

**В квадрате рядом с названием укажите
количество экземпляров заказываемой книги**

Цены даны с учетом пересылки,
не включая АВИА тариф.
Оплата при получении книг на почте.
УБЕДИТЕЛЬНАЯ ПРОСЬБА
заполнять купон печатными буквами!

КУПОН-ЗАКАЗ

Ф.И.О._____

Адрес:_____
_____
_____

Я заказываю следующие книги:

☐ **"Как писать сочинение"** — 13000 руб.
Т. В. Торкунова

☐ **"Математика для старшеклассников"** — 13000 руб.
Д. Т. Письменный

☐ **"Изучаем информатику"** — 13000 руб.
Т. Н. Быля, О. И. Быля

☐ **"Проверяем свою грамотность"** — 13000 руб.
И. Миловидова

☐ **"Русский язык. Орфография и пунктуация"** — 15000 руб.
Д. Э. Розенталь, И. Б. Голуб

☐ **"Конспект лекций по высшей математике"** — 13000 руб.
В. Г. Власов

☐ **"Секреты стилистики"** — 13000 руб.
Д. Э. Розенталь, И. Б. Голуб

☐ **"Справочник по правописанию и литературной правке"** — 18000 руб.
Д. Э. Розенталь